21世纪

高职高专规划教材·**会计系列**

江苏高校品牌专业建设工程
一期项目会计专业建设成果

Management Accounting Practice

管理会计实务

主编◎王际峰

中国人民大学出版社
·北京·

序

随着我国经济转型的不断深化和供给侧结构性改革的不断推进，以新零售、共享经济、社交化等为代表的新的商业模式不断创新，传统的会计执业重心正经历由以核算为主的财务会计向参与战略管理和流程优化的管理会计转型的过程中。以“互联网+”、大数据、人工智能、区块链等为代表的信息技术进一步推动了企业组织变革和效率提升，为企业财务转型提供了最为有利的武器。会计第三次革命悄然而至，会计人才新需求正在发生颠覆性的变革，企业对会计人员的管理能力有了更高的要求。为全面推进和落实《会计行业中长期人才发展规划（2010—2020年）》《会计改革与发展“十三五”规划纲要》和《财政部关于全面推进管理会计体系建设的指导意见》等文件精神，深入推进会计强国战略，全面提升会计工作总体水平，推动经济更有效率、更加公平、更可持续发展，服务国家建立现代财政制度，推进国家治理体系和治理能力现代化，完善现代企业制度，激发管理活力，增强企业价值创造力，推进行政事业单位绩效管理等国家战略，促进高职管理会计人才培养，我们编写了《管理会计实务》这本教材。

江苏财经职业技术学院拥有江苏省A类品牌专业——会计专业，是江苏高校品牌专业建设工程一期项目会计专业建设者，有责任站在传统财务会计向管理会计转型的最前沿，谋划现代管理会计体系建设，而教材建设又是管理会计能否真正落地的一项重要内容。作为A类品牌会计专业建设者，我们理应成为管理会计教材建设的领头人。有鉴于此，荣获全国高职院校首届“新道杯”管理会计技能大赛总分第一的指导老师王际峰副教授，带领相关老师，在中国人民大学出版社的大力支持下，按照财政部最新颁布的《管理会计基本指引》《管理会计应用指引》《管理会计案例索引》和《管理会计实践索引》，根据高职院校学生生源的多样性和对管理会计教学内容的新要求，并结合当下管理会计人才培养的需要，高质量地编写了《管理会计实务》这本教材。全书共分为9个项目：认识管理会计、成本管理、营运管理、预算管理、投融资管理、风险管理、绩效管理、战略管理与战略地图、管理会计报告与管理会计信息系统。本教材体系完整，结构合理，案例丰富，语言通俗易懂，适宜于高职院校管理会计课程教学，也有助于社会会计人员自学。

衷心期待本书的出版能够为高职院校管理会计教学探索出一条特色之路，以充分满足培养高素质管理会计人才的需要。

斯为序。

程淮中

2020 年 3 月

前　言

根据江苏省政府办公厅《江苏高校品牌专业建设工程实施方案》（苏政办发〔2014〕86号）精神，江苏省教育厅启动了江苏高校品牌专业建设工程一期项目。2015年6月，江苏财经职业技术学院会计专业成功入选江苏高校品牌专业建设工程一期项目的品牌专业（A类）。本教材根据专业建设的要求，以高等职业教育新专业教学标准为依据，兼顾中高职衔接，以培养学生职业能力为主线，以知识学习与能力训练有机结合为途径，体现以学生为本、工学结合、教学做一体化、能力与素质培养相统一的现代高等职业教育理念，力争成为教师好用、学生爱用的优质教学资源。在编写特色上，本教材非常注意结构和内容能紧扣最新的制度，充分考虑教学过程与学生认识和能力形成过程的有机配合。本教材具有以下特点：

1. 融教、学、做于一体。本教材在结构上做了精心安排，既考虑了知识的循序渐进，又考虑了知识转化与学生能力聚合的关联性，把知识内容分解为不同的任务，每个知识点形成不同的任务，完成任务即完成学习，并在每一个任务后安排任务训练，把教、学、做融为一体。

2. 兼顾中高职衔接。今后将会有越来越多的中职财会类毕业生进入高职院校学习深造，做好中高职管理会计课程知识的衔接是教材编写必须考虑的问题。

3. 兼顾目前全国会计大赛的管理会计赛项，在内容安排上尽可能全面覆盖大赛内容。

4. 教学资源丰富。从知识目标、能力目标、工作任务和案例导读，到教学内容，都注意吸收最新的《管理会计应用指引》，并增加教学资源。同时增加了配套的实训教材，实训教材将项目基础训练、分项目的综合实训和模拟竞赛题的综合实训集合在一起。另外，本教材还充实了教学大纲、电子教案、教学课件、习题库、实训库、教学视频等教学资源，欢迎选用本教材的教师、学校联系索取。

本教材由江苏财经职业技术学院王际峰副教授主编，对全书进行了总纂和定稿，参加编写和负责相关项目的人员分别是：吴洁（项目一、项目二）、王际峰（项目三、项目四）、徐大诏（项目五、项目六）、王安超（项目七、项目八）、贾建刚（项目九），吴洁、徐大诏、贾建刚还参与了全书的校对和修改。

由于编者水平有限，书中难免存在错漏之处，敬请读者批评指正。

王际峰

2020 年 2 月于江苏财经职业技术学院

目　录

认识管理会计

【知识目标】

- 熟悉管理会计的发展历史。
- 掌握我国管理会计的发展历程。
- 熟悉我国管理会计体系建设的框架体系。
- 掌握我国管理会计指引的主要内容。

【能力目标】

- 通过学习管理会计的产生与发展，认识管理会计的重要性。
- 通过学习管理会计概论，领会经济的发展对管理会计的影响和对经济的重要性。
- 学习我国管理会计体系，为以后学习管理会计各内容、从事管理会计工作提供保障。
- 能树立正确的职业道德观，进行知识储备，为以后从事管理会计工作奠定基础。

【工作任务】

- 了解管理会计的发展历史，认识我国管理会计的发展现状。
- 认识并领会管理会计的职业道德体系内容，树立正确的职业道德观，打好从事管理会计工作的基础。

【案例导读】

老李是一个有30年会计经验的老会计，最近参加了公司组织的《管理会计职业道德》及《管理会计应用指引》培训，认识到企业要在愈演愈烈的竞争中更具竞争力，必须在成本管理上下功夫，而企业能否生存，取决于运用管理会计的能力，管理会计系统产生的内在动力，才是企业提高效益与效率的根本。管理会计中的许多非财务信息，都需要非会计人员参与，也就是说，将会有越来越多的非会计人员参与企业的管理会计工作。这无疑会增加对管理会计人员的需求。

问题：

(1) 什么是管理会计？管理会计人员需要掌握哪些专业知识？

(2) 管理会计在我国已进入成长阶段，那么管理会计是怎样产生和发展的？

(3) 作为一名管理会计人员，要遵守哪些规范？

(4) 我国管理会计的体系如何？

任务一

管理会计的发展历史

管理会计作为会计学科发展的新领域，是以财务会计信息为主要依据，借助经济数学方法的手段，对企业的经营管理活动进行规划和控制，以实现企业经济效益最大化的一个会计分支。在当代市场经济条件下，管理会计以强化企业内部经营管理、实现最佳经济效益为最终目的。

随着经济的高速发展，管理会计越来越受到重视。20 世纪 50 年代，作为会计与管理相结合的管理会计逐步从传统的财务会计中分离出来，逐渐形成两个独立的会计分支，即以反映和监督为主的财务会计与以规划和控制、管理为主的管理会计。管理会计是与传统的财务会计相独立的概念，目的是服务于企业的内部经营管理。

一、管理会计的产生

管理会计的形成阶段大约在 20 世纪 20 年代到 20 世纪 50 年代。多数人认为，管理会计最初出现于 20 世纪 20 年代前后。那时，资本主义经济已经有了相当程度的发展，但在一般企业的管理工作中，凭经验和直觉的粗放管理模式仍然占统治地位。工厂经营混乱，管理粗放，开工率不足，经济资源过度浪费不断上演，生产过程窝工、停工现象比较严重。因此，怎样采用先进的科学管理模式代替落后的传统管理模式、有效地改善工厂和车间的管理工作、适应资本主义经济迅速发展的需要，就成为当时亟待解决的重大课题。而正是在这种情况下，集中体现了科学管理思想的“泰勒制”应运而生。弗雷德里克・温斯洛・泰勒（Frederick Winslow Taylor）于 1911 年出版了《科学管理原理》一书，开创了企业管理的新纪元。泰勒的主要贡献是在认真总结传统管理经验与教训的基础上，着重强调从时间、动作的合理有序和协调配合上，研究生产工人的实际操作过程，目的在于通过科学分析工人在劳动中的机械工作，省去多余的动作和改良笨拙的动作，并切实执行较为完善的核算与监督制度，使工人的生产作业科学化，从而最大限度地提高生产（工作）效率。泰勒的这种科学管理思想受到当时社会和企业界的极大重视，给企业管理理论和实践带来了重要的影响与变革。

泰勒的科学管理的推行，使企业的管理得到空前加强，生产效率得到显著提高。在企业的生产经营活动全面实现制度化和标准化的同时，原有会计体系也发生了相应的变化，呈现出一种新的发展趋向。这种变化和发展的主要表现是：与泰勒制的科学管理原则紧密相连的某些新的会计观念和技术方法，如标准成本、预算控制、差异分析等相继出现了，并在实践中不断地充实和完善。会计领域中这些新原理和新方法的出现，不仅给原有的成本会计增加了许多新的内容，而且为会计直接服务于企业管理开辟了一条新的途径。这时，企业会计已经突破单纯的事后核算而开始进行事前预算，并有意识地将事前预算与事后分析相结合，因而在提高生产效率、改善经营管理、提高资源利用效率、加强企业内部各部门的经济责任等方面，发挥着越来越重要的作用。标准成本、预算控制和差异分析这类新会计技术方法的出现，表明原有会计核算体系的主体内容有所增加，职能范围有所扩展，基本结构发生了一定程度的变化。此时，管理会计实际上已经孕育形成并处在初级发展阶段。有关文献一般把这个时期的管理会计称为执行性管理会计，或者说管理会计处在其整个发展的执行性管理会计阶段。

二、管理会计的发展

20 世纪 50 年代以后，管理会计从孕育形成阶段跨入进一步完善与发展阶段。技术革命的浪潮日益高涨，迅速推动社会生产力的进步。新装备、新工艺、新技术得到广泛采用，尤其是泰勒制的实施，如标准成本、预算控制、差异分析等会计技术的应用在相当程度上加强了企业管理。但由于资本主义经济的进一步发展和企业生产经营过程复杂程度的提高，加上当时科学技术水平的限制，企业内部管理中的许多实际问题难以在多种因素的相互影响和不断变动的条件下得到正确的解决。此外，泰勒制本身也存在着某些弊病和不足之处。泰勒制所主张的科学管理基本思想并未得到完全的贯彻，没有也不可能解决新经济形势下企业经营管理工作中出现的新情况、新问题。与上述情形相联系的是：当时会计理论界把标准成本、预算控制和差异分析等，仅仅看作若干零星、分散的会计技术方法，只是将它们作为原有会计体系的附属成分。在当时的会计实践上，人们仅仅把这类新的会计技术和会计方法作为具体实施泰勒制的配合手段，将它们的出现当作会计在新的历史条件下，辅助推行泰勒制、为企业内部管理提供某种新服务的附属结果。这就是说，从总体而言，伴随泰勒制的推广问世的管理会计并未形成一整套独立的、科学的完整理论方法体系，它暂时还处在初期孕育阶段，其理论的进一步完善和发展是从 20 世纪 50 年代以后开始的。

20 世纪 50 年代以后，西方资本主义企业的生产经营发生了很大的变化，其主要特征是：多样资本集中，企业兼并，跨国公司不断出现，生产规模进一步扩大；生产经营的社会化程度和产品的工艺技术水平空前提高，企业内部各部门、各单位甚至每个职工个人之间的联系普遍增强；企业从事生产经营的外部环境日益复杂，市场更加多变，竞争更加激烈。面对这种严峻的现实条件，每个企业都必须预先确定正确的经营目标，妥善处理内部和外部的各种经济利益关系，建立并健全合理的规章制度，普遍采用科学的生产和工作方法，使其在新的生存环境条件下具有强大的竞争能力、快速的反应能力和较高的适应能力，全面实现企业管理的现代化。

然而，怎样才能实现企业管理现代化呢？唯一正确的答案就是：必须以更先进、更科学的企业管理理论取代已陈旧过时的泰勒制，并使其在企业的各个环节、各个领域得到全面而彻底的贯彻执行。泰勒制只是侧重于对单个生产工人和单个生产作业进行较深入的研究，其目的只是提高生产（作业）效率。至于怎样才能以全局观点科学筹划未来，怎样才能有效地实现企业内部和外部的协调配合，以及如何紧紧围绕企业经营目标，全方位地开展各项经营活动等一系列关键性问题，泰勒制却未予以考虑。换言之，泰勒制没有也不可能把经营预测和经营决策问题列入考虑范围，并将其摆在企业管理工作的首位。显然，曾经在企业管理中发挥过重要作用的泰勒制，已经不能适应现代企业的经营特点和它所面临的客观现实。正是在这种背景下，现代管理科学才得以产生和发展，并迅速取代泰勒制而成为指导企业管理实践的理论支柱。

现代管理科学的创立和在企业管理中的成功应用，不仅极大地提高了企业经营管理的水平，有力地推动了资本主义经济的快速发展，而且其科学的管理理论还武装了企业会计。许多行之有效的现代技术方法被广泛用于会计领域，充实和丰富了管理会计的内容，加速了管理会计的演进过程（如预测分析、决策分析等重要理论与方法的确立），并最终促成了管理会计与财务会计的分离。此时，管理会计已成为有别于且优于传统会计的一整套新的理论和方法体系，成为加强企业管理、提高经济效益的重要工具。在这个问题上，现代管理科学对管理会计基本理论的不断深化和基本方法的日臻完善所起的作用是不可低估的。

尤其是在20世纪70年代之后，由于科学技术的飞速进步和社会经济的迅猛发展，现代企业的经营环境比过去任何时候都更为错综复杂，市场竞争也比过去任何时候都更加激烈，企业管理面临着前所未有的困难和挑战。与此相联系，为企业管理服务的管理会计必然也面临许多急需解决的重大理论问题和实际问题。其中，最为关键的问题是：管理会计如何适应现代企业管理已经和即将发生的巨大而深刻的变化，适时、适当地提出一系列新的理论，创立一系列新的技术方法，更加科学、有效地获取信息、加工信息和利用信息。只有这样，管理会计才能在现代企业生产经营的主客观条件和内外部环境发生重大变化的情况下，依旧可以充分满足企业管理者（决策者）的特定信息需要，帮助他们克服困难，迎接挑战。基于现代企业管理的这种现实需要，人们不仅对管理会计原有的某些不太适宜的理论和方法进行了补充、修正乃至更新，而且吸收、融汇了更多的相关学科的内容，开辟了若干新的管理会计研究领域，创建了若干新的具有时代特征的管理会计的理论和方法。其中，人力资源管理会计、环境管理会计、战略管理会计、作业成本法、产品生命周期成本控制和质量成本控制等，就是在这个时期出现的，以广为人知的新的管理会计理论方法被使用。此类管理会计的新基本职能，使管理会计跨入了一个崭新的发展阶段。

综上所述，管理会计的形成和发展既是为了适应经济的发展和科学技术的进步要求，必须对企业实行现代化管理的迫切需要，也是为了将现代管理理论与会计理论密切结合，使会计在企业管理中的作用日益增强，是会计科学自身不断充实、丰富和发展的必然结果。管理会计的形成与发展是会计科学成功地跨入新的历史阶段的明显标志，而随着经济的发展和科技的进步，管理会计理论和方法将更加丰富，更加成熟，更能在新的经济环境下的现代企业经济管理中发挥其特殊作用。

三、我国管理会计的发展

我国管理会计大约从20世纪70年代末、改革开放后，向发达国家学习引进管理理论开始起步，其过程大致经历了以下发展阶段。

（一）孕育萌芽阶段

这段时期经历了5年左右的时间。在这个阶段，大量的理论、书籍传入我国，会计理论工作者也翻译了许多西方教材。1979年，机械工业部组织翻译出版了第一部《管理会计》教材；几年之后，国家有关部门委托国内著名专家、教授编写的用于各种类型财经院校教学使用的教材，包括《经营管理会计》《管理会计》等，先后与读者见面。此后，我国又大量出版了有关管理会计的普及性读物。至此管理会计正式登上我国会计舞台。

（二）初期成长阶段

20 世纪 90 年代，我国会计学界兴起学习管理会计、应用管理会计、建立具有我国特色的管理会计体系的热潮。许多会计工作者积极参与“学习管理会计、吸收管理会计、运用管理会计”的活动，不少企业成功地运用管理会计的方法解决一些实际问题，尝到管理会计的甜头。但是，由于受到当时我国经济体制改革的初级阶段，以及各种条件和政策、认识等的制约，尤其是我国财务会计管理体制还没有打破计划经济模式的条条框框，因此管理会计在我国实际运用中不能充分发挥其应有的功能，管理会计的发展出现了停滞，甚至滑坡。

（三）茁壮成长阶段

在党中央做出大力发展我国社会主义市场经济的决策，特别是 1993 年会计改革后，会计界开始与国际惯例接轨，管理会计在我国的发展迎来了新的契机。迅速掌握能够适应市场经济发展需要的经济、管理方面的知识，借鉴发达国家管理会计的成功经验，来指导新的形势下我国会计工作，不仅是广大会计工作者的迫切要求，而且已变成他们的自觉行动。现代企业制度的建立、健全，以及新的宏观经济管理机制，为管理会计搭建了前所未有的舞台。许多专家学者从我国实际出发，通过调查研究管理会计在我国企业应用的案例等方式，积极探索一条在实践中行之有效的“中国式管理会计之路”。从此，我国进入了管理会计改革创新和良性循环的新发展阶段。

（四）成熟发展阶段

党的十八届三中全会对全面深化改革做出了总体部署，提出了在会计领域贯彻落实全面深化改革要求，其中非常重要的一项内容就是要大力加强管理会计工作，强化管理会计应用。财政部作为国家的会计主管部门为此做了大量工作，并取得了丰硕成果：2012 年 2 月召开的全国会计管理工作会议，提出了建设“会计强国”的宏伟目标；2013 年《企业产品成本核算制度》的发布，拉开了管理会计体系建设的序幕；2014 年 1 月，根据《会计改革与发展“十二五”规划纲要》，并在总结我国管理会计理论发展与实践经验的基础上，财政部印发《关于全面推进管理会计体系建设的指导意见（征求意见稿）》，经过广泛征求意见和修订，该指导意见稿于 2014 年 10 月正式发布，在全国范围内部署推进；2014 年 3 月，财政部启动了管理会计咨询专家选聘工作；2016 年制定发布《管理会计基本指引》的任务被纳入《财政部会计司 2016 年工作要点》，该指引于 2016 年 6 月正式发布；2016 年 10 月，财政部制定发布《会计改革与发展“十三五”规划纲要》，明确了推进管理会计广泛应用。

四、“十三五”时期推动管理会计发展的主要措施

为贯彻落实《关于全面推进管理会计体系建设的指导意见》，全面推进管理会计体系建设，“十三五”期间，财政部将继续发挥牵头作用，充分依托相关协会、专家、院校和企业，脚踏实地，推动管理会计入企业、入学术、入院校、入国际，采取多种形式和措施，深入推

动管理会计的广泛应用，以深入实施管理会计指引体系为抓手，积极推动企业和其他单位会计工作转型升级。

（一）集思广益，科学构建管理会计指引体系

为保证管理会计指引的科学性和操作性，“十三五”期间，在指引体系建设过程中，财政部将继续坚持充分借助和发挥各方专家力量，集思广益，博采众长，共同做好指引建设工作。同时，以财政部管理会计专项课题为依托，结合相关财经院校承担的财政部管理会计共建课题，财政部组织开展相关管理会计指引体系建设研究，与相关课题组共同组成各项管理会计应用指引起草小组和案例库建设小组，整合优势资源，促进形成管理会计产学研联盟，推动管理会计课题研究成果转化为实践，确保指引体系建设的先进性。

另外，综合考虑公信力、影响力、参与度、遵守保密纪律等因素，财政部自2014年建立专家咨询机制起，每两年公开选聘一次管理会计咨询专家，优化咨询专家队伍结构，完善专家咨询机制，充分发挥咨询专家的智库资源作用。通过研讨会、参与课题研究等多种方式，财政部组织管理会计咨询专家参与管理会计指引体系建设，建立“科研院校＋企业”的互补机制，为制定管理会计指引和构建案例库形成良好的咨询和意见反馈渠道，确保指引体系建设的科学性。

（二）多措并举，积极营造管理会计发展的良好氛围

“十三五”期间，财政部还将充分利用各种媒体和相关各方力量，广泛采取多种形式，组织开展中央和地方企业经验交流会议、系列专题论坛等系列大型活动，推动各单位开展管理会计研究，加强社会各界对管理会计的重视，营造管理会计发展的良好氛围。同时，财政部要依托现有会计人才培养工程，突出管理会计人才培养；依托全国会计专业学位研究生教育指导委员会，抓好管理会计后备人才培养；依托中国会计学会，深化管理会计实践总结和理论创新；依托中国总会计师协会等行业组织，共同推进管理会计的广泛应用；依托国外管理会计师组织，加强对外宣传与交流，从而积极推动管理会计的广泛应用。

（三）热切响应，管理会计举措成效显著

自财政部全面推进管理会计工作以来，通过顶层设计、指引制定、征文活动、课题研究、专家咨询、案例总结等多种有效推动方式，管理会计在全社会的呼声日益高涨。各地区积极行动，紧锣密鼓地开展本地区管理会计体系建设工作。例如，浙江搭建产学研一体化平台，专家与企业组成团队，共同推进试点企业管理会计应用，积极探索管理会计发展的新模式。山西从管理会计角度出发，开展了“山西省国库现金管理研究”和“山西省省直行政事业单位资产确认和计量分析”两方面的调研，努力使管理会计既有利于企业微观部门，也有利于政府宏观决策，制定了详细的《关于全面推进管理会计体系建设的指导意见》贯彻实施方案，将管理会计工作落到实处。全国各地纷纷组建管理会计咨询专家团队，发挥专家智库资源优势，共谋当地管理会计事业发展。

企业、行政事业单位也纷纷抓住机遇，主动作为，大力推进本单位管理会计应用。通过加强管理会计应用，有机融合财务与业务活动，在单位规划、决策、控制和评价等方面发挥其重要作用，增加单位的价值创造能力，已经成为不少单位的广泛共识和努力方向。包括全

面预算管理等预算管理模式，平衡计分卡等绩效评价方法，作业成本法、标准成本法等成本管理方法在内的管理会计工具方法陆续在我国企业中运用，企业对管理会计的应用意识有所增强，应用水平有所提高。兵器装备集团公司、国家开发银行、中国电信、中国工商银行、北汽福田、三一重工等一批企业专门设置了管理会计机构或岗位，积极开展管理会计工作，取得了较好成效。同时，管理会计在行政事业单位预算编制、执行、决算分析和评价等工作中也得到了一定应用。一些行政事业单位强化预算管理工作，及时掌控预算执行和项目进度，深入开展决算分析与评价，及时发现预算执行中存在的问题并提出改进意见和建议，管理水平和资金使用水平不断提高。例如，华中科技大学同济医学院附属同济医院通过实施战略导向的全面预算管理，初步实现了医疗资源的有效配置和医疗成本的合理控制，使医院的发展规划和战略目标逐年得以实现。

预计到 2020 年后，管理会计指引体系将在企业、行政事业单位得到广泛应用，系统指导广大单位不断加强管理会计工作，提升价值创造能力。管理会计工作在不同性质、不同规模、不同发展阶段的单位将得到广泛开展，管理会计理论研究不断深化，产学研合作不断加强。同时，管理会计人才能力框架基本建立，并纳入现行人才培养体系，具有理财能力、管理能力和决策能力的高级管理会计人才队伍逐步建立。管理会计信息化蓬勃发展，管理会计咨询服务业务不断拓展，推动管理会计事业加快发展。

五、管理会计体系的架构

（一）管理会计的指引体系

1. 管理会计基本指引的定位和作用

管理会计基本指引在管理会计指引体系中起统领作用，是制定应用指引和建设案例库的基础。基本指引是将管理会计普遍规律上升到标准，是对管理会计基本概念、遵循的原则、工具方法、管理目标等内容的总结和提炼。管理会计基本指引只是对管理会计普遍规律和基本认识的总结升华，并没有对应用指引中未做出描述的事项或问题提供处理依据。这一点，与企业会计准则不同。

2. 管理会计应遵循的原则

管理会计在运用中，应当遵循以下原则：

（1）战略导向原则。管理会计的应用应以战略规划为导向，以持续创造价值为核心，促进单位可持续发展。

（2）融合性原则。管理会计应嵌入单位相关领域、层次、环节，以业务流程为基础，利用管理会计工具方法，将财务和业务等有机融合。

（3）适应性原则。管理会计的应用应与单位应用环境和自身特征相适应。单位自身特征包括单位性质、规模、发展阶段、管理模式、治理水平等。

（4）成本效益原则。管理会计的应用，应权衡实施成本和预期效益，合理、有效地推进管理会计应用。管理会计应用主体视管理决策主体确定，可以是单位整体，也可以是单位内部的责任人。

3. 管理会计要素

单位应用管理会计，应包括应用环境、管理会计活动、工具方法、信息与报告要素。这四项要素构成了管理会计应用的有机体系，单位应在分析管理会计应用环境的基础上，合理运用管理会计工具方法，全面开展管理会计活动，并提供有用信息，生成管理会计报告，支持单位决策，推动单位实现战略规划。

(1) 应用环境。管理会计应用环境是单位应用管理会计的基础。单位在应用管理会计时，首先应充分了解和分析其应用环境，包括外部环境和内部环境。外部环境主要包括国内外经济、社会、文化法律、技术等因素，内部环境主要包括与管理会计建设和实施相关的价值创造模式、组织架构、管理模式、资源、信息系统等因素。

①价值创造模式。单位应准确分析和把握价值创造模式，推动财务与业务等的有机融合。

②组织架构。单位应根据组织架构特点，建立、健全能够满足管理会计活动所需的由财务、业务等相关人员组成的管理会计组织体系。

③管理模式。有条件的单位可以设置管理会计机构，组织开展管理会计工作化管理模式，单位应根据管理模式确定责任主体，明确各层级以及各层级内部门的管理会计责任权限，制定管理会计实施方案，以落实管理会计责任。

④资源。单位应从人力、财力、物力等方面做好资源保障工作，加强资源整合，提高资源利用效率，确保管理会计工作顺利开展。单位应注重管理会计理念、知识培训，加强管理会计人才培养。

⑤信息系统。单位应将管理会计信息化需求纳入信息系统规划，通过信息系统整合或新建等途径，及时、高效地提供与管理相关的信息，推进管理会计的实施。

(2) 管理会计活动。管理会计活动是单位管理会计工作的具体开展，是单位利用管理会计信息，运用管理会计工具方法，在规划、决策、控制、评价等方面服务于单位管理需要的相关活动。在了解其应用环境的基础上，单位应将管理会计活动嵌入规划、决策、控制、评价等环节，形成完整的管理会计循环。

(3) 工具方法。管理会计工具方法是实施管理会计目标的具体手段，是单位应用管理会计时所采用的，如战略地图、滚动预算、作业成本、绩效管理、平衡计分卡等模型、技术、方法、流程的统称。

管理会计工具方法包括战略管理、预算管理、成本管理、营运管理、投融资管理、绩效管理、风险管理、管理会计报告与管理会计信息系统八个方面。各个方面的侧重点不同，具体的内容，许多还在完善中，工具方法也不是仅限于已公布的。例如：战略管理领域应用的管理会计工具方法，就包括但不限于战略地图、价值链管理等；预算管理领域应用的管理会计工具方法，也并不仅仅包括全面预算管理、滚动预算、作业预算管理、零基预算管理、弹性预算管理等。单位在应用管理会计时，应结合自身实际情况根据管理特点和实际需要选择适合自身需要的管理会计工具方法，并加强管理会计工具方法的系统化、集成化应用。

(4) 信息与报告。管理会计信息包括管理会计应用过程中所使用和生成的财务信息和非财务信息，是管理会计报告的基本元素，单位应充分利用内外部各种渠道，通过采集、转换等多种方式，获得相关、可靠的管理会计基础信息，并有效利用现代信息技术，对管理会计基础信息进行加工、整理、分析和传递，以满足管理会计应用的需要。单位生成的管理会计信息应是相关、可靠、及时、可理解的指令。管理会计报告是管理会计活动成果的重要表现形式，旨在为报告使用者提供满足管理的信息，是管理会计活动开展情况和效果的具体体现。

（二）管理会计应用指引的主要内容

在管理会计指引体系中，应用指引居于主体地位，是对单位管理会计工作的具体指导。为切实提高科学性和可操作性，管理会计应用指引既要遵循基本指引，也要体现实践特点；既要形成一批普遍适用、具有广泛指导意义的基本工具方法，如本量利分析、平衡计分卡、作业成本法等，也要针对一些在管理会计方面可能存在独特要求的行业和部门，研究制定特殊行业的应用指引，要兼顾不同行业、不同规模、不同发展阶段等特征，坚持广泛的代表性和适用性；既要考虑企业的情况，也要考虑行政事业单位的要求。应用指引是开放性的，是随实践发展而不断发展完善的，应用指引的实施更注重指导性，由各单位根据管理特点和实践需要选择相应的工具方法。财政部应在充分征求意见的基础上，科学总结我国先进的企业管理会计实务经验，充分借鉴发达市场经济国家或地区的有效做法，研究确定一系列应用指引，本着先急后缓、先一般业务后特殊业务、“成熟一批，发布一批”等原则，逐步发布系列管理会计应用指引，并随着实践的发展而不断丰富和完善。目前，已发布的指引有 33 个，包括战略 2 个、预算管理 5 个、成本管理 5 个、营运管理 5 个、投融资管理 5 个、绩效管理 5 个、管理会计报告 3 个、风险管理 3 个。

（三）管理会计案例库建设

案例库是对国内外管理会计经验的总结提炼，是对如何运用管理会计应用指引的实例示范。建立管理会计案例库，为单位提供直观的参考借鉴，是管理会计指引体系指导实践的重要内容和有效途径，也是管理会计体系建设区别于企业会计准则体系建设所在。在发达国家，管理会计在发展过程中，非常强调案例的重要示范作用，如美国管理会计师协会发布的管理会计公告中，就包含了一系列案例，为企业应用该公告提供了借鉴。在我国，将单位的成功经验上升为案例并嵌入指引体系，能够帮助单位更好地理解和掌握应用管理会计，也是推动管理会计应用的行之有效的方式，增强管理会计指引体系的应用效果，达到提升单位价值创造力的目标。案例库建设将坚持典型性和广泛性相结合的原则，在统一框架结构、基本要素、质量特征等案例标准，形成案例规范格式文本的基础上，分不同性质、不同行业、不同规模、不同发展阶段等情况，逐步提炼若干管理会计案例，并不断予以丰富和完善。同时，案例库建设既提炼总结管理会计整体应用案例，也针对管理会计的某些领域和应用指引中的相关工具方法提炼专项应用案例。

六、管理会计的概念

不同的学者对管理会计的概念理解不同。

美国会计学会的《基本会计理论》认为：所谓管理会计，就是运用适当的技术和概念，对经济体的实际经济数据和预计经济数据进行处理，以帮助管理人员制定合理的经济目标，并为实现该目标而进行合理决策。

美国学者罗伯特在《现代管理会计》一书中对管理会计作了如下定义：管理会计是一种

收集、分类、总结、分析和报告信息的系统，它有助于管理者进行决策和控制。

美国会计师协会管理会计实务委员会对管理会计的基本定义如下：管理会计是向管理者提供企业内部计划、评价、控制以及确保企业资源的合理使用和经管责任的履行所需财务信息，确认、计量、归集、分析、编报、解释和传递的过程。管理会计还包括编制供诸如股东、债权人、规章制定机构及税务部门等非管理集团使用的财务报表。

1982 年，英国成本与管理会计师协会修订后的管理会计定义，把管理会计的范围进一步扩大到除审计以外的会计的各个组成部分。

我国学者认为，管理会计是会计的重要分支，主要服务于单位内部（包括企业、事业、行政单位）管理需要，是通过利用相关信息，有机融合财务活动与管理业务，在单位规划、决策控制和评价等方面发挥重要作用的管理活动。

七、建立我国特色的管理会计体系

管理会计强调通过将管理会计的工具方法、知识理念嵌入单位相关领域、层次、环节，以业务流程为基础，利用管理会计工具方法，将财务和业务等有机融合，从而将会计职能从记录价值向创造价值拓展，从后台部门向业务前端拓展，提升单位价值创造能力，从而推动经济转型升级，推动会计工作转型升级。

一是从应用环节上讲，管理会计贯穿于规划、决策、控制、评价等各个管理环节，融合业务活动的全过程，形成完整的循环，贯穿于单位管理水平提升的始终。

在战略规划、决策环节，管理会计在业务活动开始就介入其中，进行信息搜集、整理、加工，通过做好相关信息支持，参与战略规划拟定，从支持其定位、目标设定、实施方案选择等方面，为单位合理制定战略规划提供支撑，并融合财务和业务等活动，及时、充分地提供和利用相关信息，支持单位各层级根据战略规划做出决策。

在控制环节，管理会计可以通过设定定量、定性标准，强化分析、沟通、协调、反馈等控制机制，支持和引导单位持续高质高效地实施单位战略规划。

在评价环节，管理会计可以基于管理会计信息等，合理设计评价体系来评价单位战略规划实施情况，并以此为基础进行考核，完善激励机制；同时，对管理会计活动进行评估和完善，以持续改进管理会计应用。

二是从应用领域上讲，管理会计强调财务与业务活动融合，涉及战略管理、预算管理、成本管理、营运管理、投融资管理、绩效管理、风险管理等各领域，辐射单位管理活动的方方面面，推动单位价值创造能力的全面提升。

在战略管理领域，管理会计可以通过应用战略地图、价值链管理等工具方法，从战略分析、制定、实施、评价和调整等环节，指导单位加强战略管理的科学性和有效性，促进单位实现战略目标。

在预算管理领域，管理会计可以通过应用滚动预算管理、零基预算管理、弹性预算管理、作业预算管理、全面预算管理等工具方法，促进单位提高预算编制、执行、控制、分析、报告、考核的水平，促进单位加强预算管理，提高资源配置的合理性和有效性。

在成本管理领域，管理会计可以通过应用目标成本管理、标准成本管理、变动成本管理、作业成本管理、生命周期成本管理等工具方法，促进单位优化成本结构，削减无效成本，拓展成本控制和分析维度，提高成本控制和分析精度，提高成本管理水平。

在营运管理领域，管理会计可以通过应用本量利分析、敏感性分析、边际分析、标杆管理等工具方法，强化营运控制，提高营运效率和质量，优化单位营运管理。

在投融资管理领域，管理会计可以通过应用贴现现金流法、项目管理、资本成本分析等工具方法，降低投融资风险，健全投融资决策机制，优化融资结构，提高投资效益。

在绩效管理领域，管理会计可以通过应用关键指标法、经济增加值（Economic Value Added，EVA）、平衡计分卡等工具方法，提升绩效管理水平，激发管理活力，促进企业可持续发展。

在风险管理领域，管理会计可以通过应用风险管理框架、风险矩阵模型等工具方法，全面梳理单位风险环节，提供有效风险应对方案，提升单位风险管理水平，为单位基业长青保驾护航。

※ 任务训练 ※

一、单选题

1. 管理会计产生和发展的根本原因是（　　）。

A. 科学技术的发展　　B. 商品经济的发展

C. 跨国公司的发展　　D. 生产力的发展

2. 管理会计所需要的资料主要来源于（　　）。

A. 统计部门　　B. 财务会计　　C. 销售部门　　D. 生产部门

3. 管理会计与财务会计在工作客体上有相似之处，具体是指（　　）。

A. 工作对象都是企业经营活动的价值运动

B. 研究对象都是企业的总成本

C. 目的都是提高企业经济效益

D. 都是只有整个企业一个核算层次

4. 管理会计的服务对象主要是（　　）。

A. 企业的投资人　　B. 企业的债权人

C. 税务部门　　D. 企业的经营管理者

5. 在某种意义上被称为“内部会计”的是（　　）。

A. 财务会计　　B. 成本会计　　C. 管理会计　　D. 责任会计

6. 管理会计的信息载体主要是（　　）。

A. 利润表　　B. 资产负债表

C. 财务状况变动表　　D. 内部报告

7. 下列各项以强化企业内部经营管理、实现最佳经济效益为目的，实现对经济过程预测、决策、规划、控制、责任考核评价等职能的会计分支是（　　）。

A. 成本会计　　B. 管理会计　　C. 责任会计　　D. 财务会计

8. 管理会计所提供的信息是为了满足内部管理的特定要求而选择的，其中涉及未来的信息不要求具备（　）。

A. 精确性　　B. 相关性　　C. 及时性　　D. 统一性

二、判断题

1. 管理会计的运用环境是单位运用管理会计的核心。（　　）

2. 现代企业会计的两个分支是财务会计和管理会计。（　　）

3. 管理会计的主要职能是反映和监督。（　　）

4. 管理会计萌生于19世纪末20世纪初。（　　）

5. 传统管理会计的主要内容是预算和控制。（　　）

6. 管理会计的资料主要来源于财务会计，它的主要工作内容是对财务会计信息进行深加工和再利用。（　　）

7. 管理会计主要为企业和外界服务，因而又可称为“外部会计”。（　　）

8. 管理会计的服务功能是帮助单位实现管理效益。（　　）

管理会计的职业道德体系建设

一、管理会计人员的职业道德

目前，我国管理会计人员不仅遵守会计人员应遵守的道德规范，而且要求更高、更严格。管理会计人员应遵守但不限于以下规范：

1-1　管理会计职业道德

1. 对专业的拓展

对专业的拓展是指对专业知识的拓展，内容包括：通过不断拓展其知识和技能，以保持适当的职业胜任能力；依据相关的法律、法规和技术标准履行自己的职责能力；在对相关的和可靠的信息进行分析后，编制完整、清晰的报告与建议书的能力。

2. 能遵守保密的纪律与规章

除法律规定外，未经批准，不得披露工作过程中所获取的机密；不得利用或变相利用在工作中所获取的机密信息为个人或通过第三方谋取不道德或非法利益。

3. 做到诚实、正直

管理会计人员应避免事实上或表面上可能引起的利益冲突，并对任何有潜在冲突的各方提出忠告；不从事道德上有损于履行职责的活动；拒绝接受影响或将影响他们做出正确行动的任何馈赠、优惠或接待；告知有利和不利的信息以及职业的判断及意见；不从事或支持各种有损企业的活动；不从事其他对企业不利或有损职业、有损企业的活动。

4. 遵循客观性原则

管理会计人员应该而且必须能客观公正地传达信息；充分披露相关信息，帮助使用者对所公布的报告、评论和建议获得正确的理解。

二、职业道德冲突解决办法

管理会计人员报告的会计信息对管理者的前程有重要影响，他们可能会迫于管理者的压力，披露不实的财务业绩信息，这样的行为肯定是不道德的。在道德行为准则应用中，管理会计人员在确认非道德行为或解决道德冲突中可能会遇到一些问题。当面对重大道德问题时，管理会计人员应该遵循企业制定的解决冲突的相关政策。如果这些政策不能解决道德冲突，管理会计人员应采取下列行动：

(1) 先同直接上司讨论问题；若直接上司也牵扯其中，则直接将问题递交给更高一级上司；如果在递交问题的时候，没有达成满意的决议，则将问题递交给再高一级上司。

(2) 如果直接上司是首席执行官或职务相当人员，则可认可的评估权威可以是审计委员会、执行委员会、董事会、托管人委员会或者所有人等组织。假设直接上司没有牵扯到事件中，应在直接上司知道的范围之内，同其更高一级的上司联系。

(3) 除非法律另有规定，将这些问题递交给非雇佣的机构或个人是不合适的。

(4) 秘密会谈职业道德顾问或者其他中立的顾问等，与他们讨论有关的职业道德问题会更好。

(5) 通过退出的办法解决。如果在重大问题上尝试过各种办法后道德冲突依然存在，那么提交一份书面辞职报告给企业合适的代表，可能是一种比较好的解决办法。

三、对管理会计人员的要求

(一) 素质要求

(1) 坚决拥护中国共产党的领导，热爱社会主义祖国，能践行社会主义核心价值观，具有正确的世界观、人生观和价值观。

(2) 具有现代公民的责任感和社会参与意识，崇尚宪法、遵纪守法、崇德向善、诚实守信，能够准确理解和把握习近平新时代中国特色社会主义思想的深刻内涵和实践要求。

(3) 具有良好的职业态度和职业道德修养。

(4) 具有质量意识、环保意识、安全意识、信息素养、工匠精神、科学思维、创新思维、国际视野和市场洞察力。

(5) 具备职业生涯规划意识和自我管理能力，有较强的集体意识和团队合作精神。

(6) 具有健康的体魄、良好的心理和健全的人格，培养一两项健康向上的艺术特长和爱好，有一定的审美观和人文素养。

(7) 具有一定的跨学科理解能力和职业面向的岗位、环境适应能力。

（二）知识要求

（1）了解经济、金融、税收、管理、经济法等专业基础知识，掌握计算机基础、数据库系统、信息系统、大数据分析等辅助工具知识。

（2）掌握财务会计、成本核算与管理、财务管理、管理会计基础、公司战略与风险管理、预算管理、绩效管理、企业内部控制与会计制度设计等专业知识。

（3）掌握管理决策过程中的重复性决策程序、非规划性决策程序、战略决策程序知识。

（4）掌握企业管理会计报告方面的信息搜集、组织、表达和传递与处理知识。

（5）了解财务危机管理知识，掌握财务报表分析、税收筹划、审计基础和管理会计应用指引方面的知识。

（6）了解并掌握生产与管理知识，熟悉企业的生产流程和设计、企业的关键控制点。

（7）掌握企业主要经营活动的相关知识，熟悉财务和投资、项目研究和开发、生产的日常经营与管理、销售和人力资源等相关的政策法规。

（8）了解经营环境方面知识，包括法律环境、经济环境、道德和社会环境。

（9）熟悉税务方面知识，如税收政策、税收要素和种类、税额计算、税收筹划与管理等。

（三）能力要求

（1）具有探究学习、终生学习、职业判断、分析问题和解决问题的能力。

（2）具有良好的语言和文字表达能力，掌握文字、表格和图像的计算机处理能力，熟练掌握 Excel 在会计中的应用能力。

（3）具备良好的沟通、协调、公共关系管理与写作能力，以及自主学习能力和创新能力。

（4）具备会计的账务处理能力，能够进行账务信息的处理、分类、分析、输出，为各层次管理人员提供决策所需的信息。

（5）具备生产运营管理能力，能够运用管理会计工具参与日常管理工作。

（6）具有成本管理与控制能力，能够合理选择产品成本计算的方法参与企业成本管理工作，运用成本管理工具进行成本的核算与分析。

（7）具有一定的理财能力，能够有效而灵活地运用财务管理的方法参与筹资、投资及营运方案的分析与决策。

（8）具有一定的预算和绩效管理能力，能够熟练并灵活使用预算和绩效管理的工具方法。

（9）具有一定的战略与风险管理能力，能够对财务风险有足够的认识，并能对风险进行及时管控。

（10）具备财务共享中心业务处理能力，能够运用新技术工具开展智能核算工作。

（11）具备企业内部管理与控制的基本能力，能够参与企业内部空间制度的设计及内部控制工作。

四、管理会计人员的职业教育

管理会计人员应不断参加学习，保持良好的职业进取精神。我国目前已逐渐完善管理会计人员的考试制度。

※ 任务训练 ※

一、选择题

1. 下列说法正确的是(　　)。

A. 客观公正要求管理会计人员端正态度，依法办事，实事求是，不偏不倚，保持应有的独立性

B. 管理会计人员应具备财务共享中心业务处理能力，运用新技术工具开展智能核算工作

C. 管理会计人员应不断参加学习，保持良好的职业进取精神

D. 管理会计人员的工作内容，就是处理企业的各项财务数据

2. 下列项目中，表述不正确的是(　　)。

A. 会计法律制度具有强制性，而管理会计职业道德具有自律性

B. 管理会计职业道德是规范管理会计人员行为的基础

C. 管理会计职业道德是指导管理会计人员行为的方向

D. 管理会计职业道德通常属于道德规范在具体职业领域的表现

3. 管理会计人员应具备相应的能力并不断提高自己的能力。这里的“能力”不包括(　　)。

A. 专业能力

B. 职业技能

C. 对业务、行业和宏观政策的把握能力

D. 团队创新能力

4. 康洁自律要求管理会计人员(　　)。

A. 公私分明　　B. 遵纪守法　　C. 不贪　　D. 清正廉洁

5. 下列各项目中，不属于管理会计职业道德与会计法律制度的区别的是(　　)。

A. 两者目的不同　　B. 两者性质不同

C. 两者作用范围不同　　D. 两者表现形式不同

6. 管理会计人员必须有充分的专业技能准备。这里的“专业技能”不包括(　　)。

A. 熟悉法律法规，利用财税法规工具及思维参与企业管理

B. 具备管理能力，参与企业的日常管理

C. 战略决策支持、投融资支持与管理

D. 较好的社交能力

7. 管理会计在决策支持、战略支持等方面，主要从事的工作是(　　)。

A. 控制工作　　B. 核算工作　　C. 服务工作　　D. 预算工作

二、判断题

1. 管理会计人员应具有良好的职业态度和职业道德修养。(　　)

2. 管理会计人员不需要遵守会计的一般要求，不需要同会计一样保守机密。(　　)

3. 管理会计的工作不一定是由会计人员来完成。(　　)

4. 管理会计只提供财务信息，不提供非财务信息。(　　)

5. 管理会计作为社会经济活动中的一种特殊职业，其职业道德具有其自身的特点。管理会计具有职业性、实践性、与公众利益的符合性特征。(　　)

6. 管理会计职业道德是会计法律法规的重要补充。(　　)

7. 会计法律制度体系和管理会计职业道德体系所要达到的目的是不同的。(　　)

8. 管理会计职业道德是国家法律体系的一部分，具有强制性，代表的是国家意志。(　　)

9. 管理会计职业道德可以形成文字，也可以不形成文字，是一种思想深处的自律意识。(　　)

10. 诚实守信是做人的基本准则，是人们在古往今来的交往中产生的最根本的道德规范，也是会计职业道德的精髓。(　　)

11. 管理会计人员不需要具有一定的预算和绩效管理能力、灵活使用预算和绩效管理工具方法的能力。(　　)

管理会计的目标定位

一、实训目标与能力要求

本实训目标是培养学生为企业进行财务目标定位的能力，其能力要求是：

(1) 正确理解管理会计的重要性。

(2) 能够运用所学知识对案例进行准确分析。

二、实训方式

根据案例资料和要求，以4～6人为一个小组，收集补充相关资料，阅读管理会计职业道德。在整理筛选资料的基础上进行相关分析，得出分析结论，并撰写讨论发言稿和实训报告。

三、实训考核

根据选择分析方法的正确性、分析结果的准确性、讨论发言和实训报告等进行评分。

四、实训案例

上海汽车股份有限公司案例

以下是上海汽车股份有限公司招股说明书摘要。

(1) 原材料供应的风险。公司所属上海汽车齿轮总厂生产的桑塔纳轿车变速器的主要原材料为优质合金钢材，其中大部分由上海第五钢铁（集团）有限公司等国内钢铁企业提供，部分从国外进口。因此，钢材价格高低以及能否及时供应生产所需的优质钢材，将会影响公司的生产经营。

(2) 对主要客户的依赖。公司生产的变速器主要供应给上海大众汽车有限公司，为桑塔纳轿车配套。上海大众汽车有限公司对该产品的需求量也将直接影响公司的生产经营。

(3) 产品价格方面的限制。因为公司生产的变速器主要为桑塔纳轿车配套，所以桑塔纳轿车市场价格的高低也会对公司所产变速器价格产生间接影响。目前国内轿车市场已逐步变为买方市场，价格竞争日趋激烈，公司产品的售价将受到较大限制。

(4) 产品结构过度集中的风险。企业的产品主要是轿车配件，产品结构相对集中。因此，当轿车市场不景气，尤其是桑塔纳轿车的销路不畅时，公司的经营会受到一定影响。

(5) 行业内部竞争的风险。目前全国生产轿车零配件的企业较多，相互之间存在竞争。虽然上海汽车齿轮总厂在行业竞争中占有较大优势，但随着其他厂家不断提高生产水平，可能会对公司形成竞争压力。

上海汽车齿轮总厂是目前国内最大的变速器生产企业，各项技术经济指标在全国同行中居领先地位，曾连续三年获得德国大众质量体系评审A级，并于1994年通过了质量认证。国内其他厂无论是规模还是技术水平都达不到上海大众汽车有限公司对齿轮产品的要求。

（资料来源：孙茂竹，文广伟，杨万贵.《管理会计学》学习指导书［M］. 北京：中国人民大学出版社，2015.）

五、实训内容

根据实训目标和能力要求，对上海汽车股份有限公司案例进行分析，并回答下列问题：

(1) 上海汽车股份有限公司的竞争优势是什么？

(2) 如何理解上海汽车股份有限公司的价值链？

(3) 如何理解上海汽车股份有限公司的发展愿景，为公司的进一步发展提出哪些建议？

六、实训步骤

(1) 教师提示：优劣分析的注意点。

(2) 教师分析案例公司的背景和基本情况，并指出案例分析过程中应注意的问题。

(3) 学生针对所选案例，收集、整理有关资料，对公司进行深入分析并形成报告。

【项目小结】

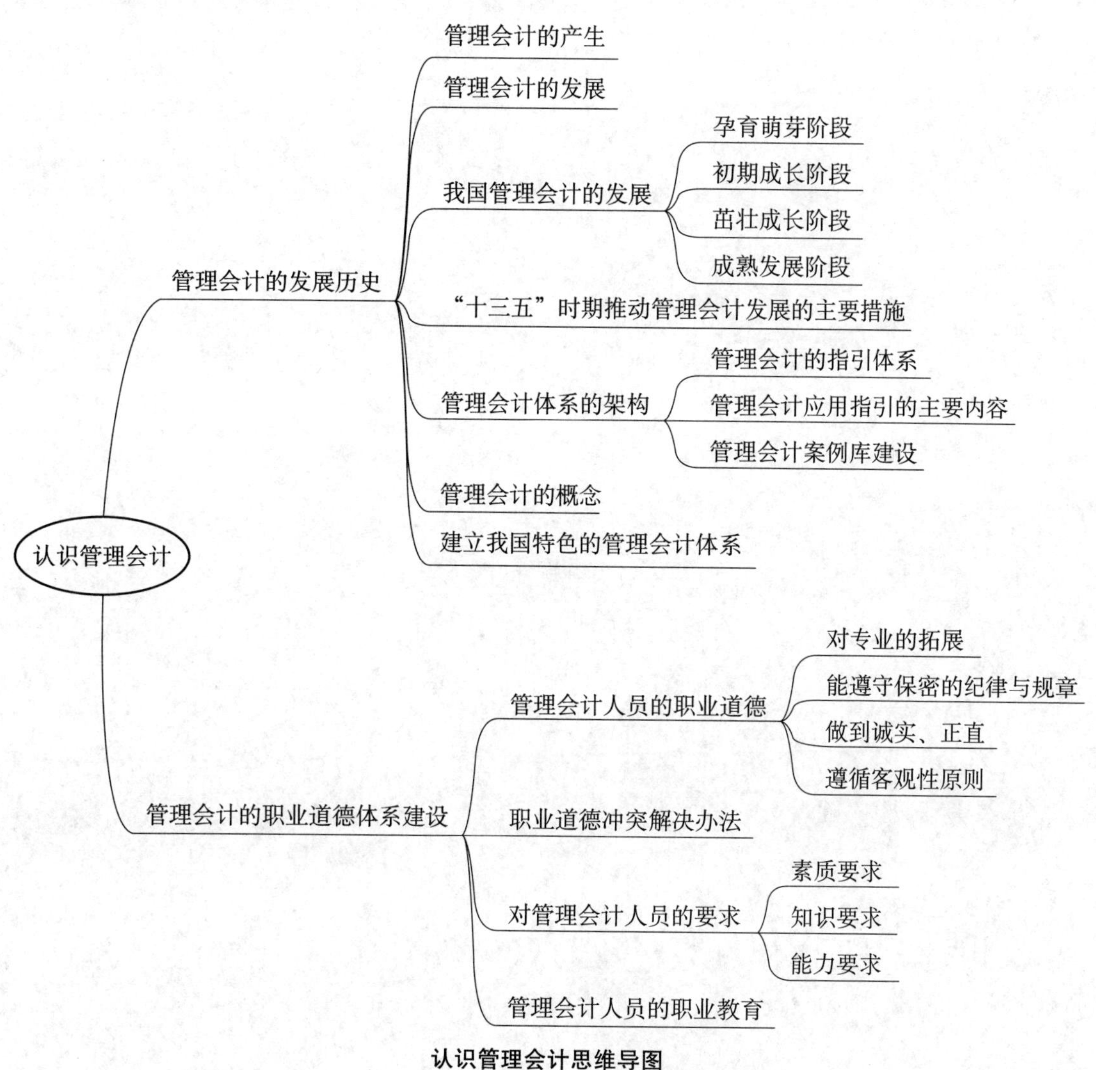

认识管理会计思维导图

项目二 成本管理

【知识目标】

- 熟悉成本管理的概念，了解成本的不同分类。
- 理解成本管理的原则，掌握成本管理工具方法的种类。
- 熟悉成本管理领域可运用的各种工具方法。
- 掌握常见的成本管理工具方法。

【能力目标】

- 通过学习成本、成本管理的相关概念，认识成本的不同分类。
- 正确理解成本管理的内涵，并能在不同情景下选择适合的成本管理工具。
- 掌握在不同情境下成本管理工具方法的运用。
- 掌握常用的成本管理工具方法之间的区别，并能在不同的企业案例中熟练运用。

【工作任务】

- 熟悉成本管理的基础知识，正确理解和感知成本管理的内容、工具方法。
- 理解目标成本法的概念，掌握目标成本法的应用程序和不同阶段目标成本的确定方法。
- 掌握变动成本法使用的前提条件和适用范围，能熟练运用性态分析的各种方法。
- 理解标准成本法的概念，掌握标准成本的制定与差异分析的方法。
- 正确理解资源、作业、成本的关系，掌握作业成本法的计算方法。

【案例导读】

怀光压缩机厂已经连续两年亏损，公司总经理召集包括销售和生产部门的负责人开会研究扭亏为盈的办法，会议要点如下：

公司去年又亏损 1 000 万元，比前年还要差，银行表示对连续三年亏损的企业将停止贷款。对怀光压缩机厂来说，如果该厂今年不能扭转亏损的局面，将会因资金断裂而被迫停产。

销售经理的观点是："问题的关键是我们将每台压缩机以 1 800 元的价格出售，但每台压缩机的成本是 1 900 元，如果提高售价，在当前竞争环境下，压缩机就卖不出去，扭亏为盈只有降低成本这条路，否则销售越多，亏损越大。"

生产经理不同意此观点，认为："每台压缩机的制造成本只有 1 550 元，我们的设备和工艺是国内最先进的，技术力量强，熟练工人多，控制物耗成本的经验得到同行业人士的肯定。问题在于生产线的设计能力是年产 10 万台，但由于销路打不开，因此去年只生产 4 万台，所销售的 5 万台中有 1 万台是前年生产的。开工不足，导致内部矛盾增加，人心涣散。"

总经理不明白："成本到底是怎么一回事？为什么销售经理和生产经理对成本认识不一致？企业亏损的根源在哪儿？"

对于销售经理和生产经理的分歧，总经理请财务经理给出具体意见，财务经理对总经理解释道："每台压缩机的变动成本是1 150元，全厂固定制造费用总额是1 700万元，销售和管理费用总额是1 350万元。建议生产部门满负荷生产，通过扩大产量来降低单位产品所负担的固定制造费用。这样即使不提价和扩大销售也能使企业扭亏为盈、度过危机。为了减少将来的风险，今年应追加60万元来改进产品质量，这笔费用计入固定制造费用；再追加50万元做广告宣传，追加100万元作为职工销售奖励。"

你认为总经理会采纳财务经理的建议吗？

问题：

(1) 什么是成本？怎样理解成本和成本管理？

(2) 生产中应该怎样运用成本管理工具？有哪些工具可以运用？

(3) 如何判断一个企业的成本管理水平？

(4) 该企业是如何管理成本的？

认知成本管理基础知识

一、成本及成本管理的概念

1. 成本的定义

成本是指在一定条件下，企业为生产一定产品所发生的各种耗费的货币表现。现代管理会计中的成本概念是指广义的成本，指为取得一定资产或为提供一定劳务而发生的各种耗费，既包括产品生产成本，也包括期间费用；既核算过去实际已经发生的耗费，也核算将来应当或可能发生的耗费。成本是综合反映企业生产经营成果的一项重要经济指标。

2. 财务会计的成本与管理会计的成本的区别

财务会计的成本，专指按某种产品或商品所归集的与其有某种关联的费用，其本质属性是"对象性"或"归属性"，其归集的方法和过程以制造企业最为典型。财务会计的成本概念强调成本的计量属性和历史属性，认为成本概念必须是可计量和可用货币表示的历史数据。财务会计学认为成本是指取得资产的代价，或是生产产品和提供劳务所发生的支出。

管理会计中成本管理的基本原则是"不同的成本服务于不同的目标"，强调形成的原因(或目的)，注重发生的必要性，因而成本的含义是由它所服务的管理目标决定的。不同的决策有不同的信息需求，而任何与会计相关的决策都离不开相应的成本信息，也就是说，企业管理者决策的多样化直接导致成本信息的多样化，即所谓的"不同目标，不同成本"。

3. 成本的分类

(1) 成本按经济职能可分为制造成本和非制造成本两大类。制造成本又称生产成本，是指企业在生产经营过程中为制造产品而发生的成本，包括直接材料、直接人工和制造费用。非制造成本又称非生产成本或期间成本，是指除生产成本以外的成本。

（2）成本按习性可分为固定成本、变动成本和混合成本三大类。成本习性亦称成本性态，是指一定条件下成本总额与特定业务量之间的依存关系。成本习性是存在于成本总额与业务量之间的规律性联系。从成本习性来认识和分析成本，可以从定性和定量两个方面把握成本的各组成部分与业务量之间的变化规律。

【想一想】 成本还有哪些分类方式？

4. 成本管理

成本管理是指企业在营运过程中实施成本预测、成本决策、成本计划、成本控制、成本核算、成本分析和成本考核等一系列管理活动的总称，有时又把这几种活动称为管理会计的职能。

二、成本管理应遵循的原则

企业进行成本管理，一般应遵循以下原则：

（1）融合性原则。成本管理应以企业业务模式为基础，将成本管理嵌入业务的各领域、各层次、各环节，实现成本管理责任到人、控制到位、考核严格、目标落实。

（2）适应性原则。成本管理应与企业生产经营特点和目标相适应，尤其要与企业发展战略或竞争战略相适应。

（3）成本效益原则。成本管理应用相关工具方法时，应权衡其为企业带来的收益和付出的成本，避免获得的收益小于其投入的成本。

（4）重要性原则。成本管理应重点关注对成本具有重大影响的项目，对于不具有重要性的项目可以适当简化处理。

三、成本管理的工具方法

1. 目标成本法

当企业的销售价格、销售额（份额）受外界（市场）的限制而难以掌控，通过内部挖潜来控制成本成为必然选择时，目标成本法是检验企业各项工作对企业盈利贡献大小的有效工具。企业的目标成本应分解、细化为其各分支机构的成本目标，才便于系统地、事前性地控制成本，否则可能因责任不清而流于形式。因此，目标成本法往往用于企业（成本）预算或（成本）竞争战略规划的场合。

2. 标准成本法

标准成本法是指企业以预先制定的标准成本为基础，通过调查、分析与技术测定而制定的，在有效经营条件下应控制与实现的产品正常成本，可作为对生产部门的实际成本、控制成本支出的效率与综合成果进行评价的基本依据或尺度。相对而言，定额成本侧重于基层的作业及其技术角度，而标准成本更应被理解为一种对生产部门或车间的管理工具。

3. 变动成本法

某项成本是否会随业务量的变动而变动，若是，则称为变动成本；若否，则称为固定成本。因此，划分变动成本和固定成本是为了识别和认清各成本项目的变动规律。这种基础性信息对于企业的成本管理及基于此的各方面经营决策而言都是相当重要的。

另外，无论是变动成本还是固定成本都不能绝对而论，即任何变动规律都是在一定的时期、一定的业务量范围、一定的管理制度条件下才适用的。超出这个限定，固定成本也会发生变化，变动成本的变化形态也会改变。

4. 作业成本法

作业成本法揭示了一种新型的成本计量与管理的思路与方法，即：实现某成本对象（可以是产品，也可以是服务、工程、订单、顾客等）需要发生哪些生产活动（制造业中的搬运、车、铣、磨、切割等；餐饮业中的烹、焖、炒等），以及这些生产活动各自需要发生或消耗多少成本或资源（物料、人工等）。

总之，企业应结合自身的成本管理目标和实际情况，在保证产品功能和质量的前提下，选择应用适合企业的成本管理工具方法或综合应用不同成本管理工具方法，以更好地实现成本管理的目标。综合应用不同成本管理工具方法时，应以各成本管理工具方法具体目标的兼容性、资源的共享性、适用对象的差异性、方法的协调性和互补性为前提，通过综合运用成本管理的工具方法实现最大效益。

四、成本管理的应用环境

成本管理的应用环境要求见表 2-1。

表 2-1　　成本管理的应用环境要求

项目	应用环境要求
总要求	(1) 应根据其内外部环境选择适合的成本管理工具方法，并符合总要求。 (2) 应建立健全成本管理的制度体系，一般包括费用审报制度、定额管理制度、责任成本制度等。 (3) 应建立健全成本相关原始记录，加强和完善成本数据的收集、记录、传递、汇总和整理工作，确保成本基础信息记录真实、完整。 (4) 应加强存货的计量验收管理，建立存货的计量、验收、领退及清查制度。 (5) 应充分利用现代信息技术，规范成本管理流程，提高成本管理的效率。
目标成本法	(1) 要求处于比较成熟的买方市场环境，且产品的设计、性能、质量、价值等呈现出较为明显的多样化特征。 (2) 应以创造和提升客户价值为前提，以成本降低或成本优化为主要手段，谋求竞争中的成本优势，保证目标利润的实现。 (3) 应成立由研究与开发、工程、供应、生产、营销、财务、信息等有关部门组成的跨部门团队，负责目标成本的制定、计划、分解、下达与考核，并建立相应的工作机制，有效协调有关部门之间的分工与合作。 (4) 企业能及时、准确地取得目标成本计算所需的产品售价、成本、利润以及性能、质量、工艺、流程、技术等方面的各类财务和非财务信息。
标准成本法	(1) 要求处于较稳定的外部市场经营环境，且市场对产品的需求相对平稳。 (2) 成立由采购、生产、技术、营销、财务、人力资源、信息等有关部门组成的跨部门团队，负责标准成本的制定、分解、下达、分析等。 (3) 能够及时、准确地取得标准成本制定所需要的各类财务和非财务信息。

续前表

项目	应用环境要求
变动成本法	(1) 所处的外部环境，一般应具备以下特点： ①市场竞争环境激烈，需要频繁进行短期经营决策。 ②市场相对稳定，产品差异化程度不大，以利于企业进行价格等短期决策。 (2) 应保证成本基础信息记录完整，财务会计核算基础工作完善。 (3) 应建立较好的成本性态分析基础，具有划分固定成本与变动成本的科学标准，以及划分标准的流程与规范。 (4) 企业能够及时、全面、准确地收集与提供有关产量、成本、利润以及成本性态等方面的信息。
作业成本法	(1) 所处的外部环境，一般应具备以下特点： ①客户个性化需求较高，市场竞争激烈； ②产品的需求弹性较大，价格敏感度高。 (2) 应用作业成本法应基于作业观，即企业作为一个为最终满足客户需要而设计的一系列作业的集合体，进行业务组织和管理。 (3) 应成立由生产、技术、销售、财务、信息等部门的相关人员构成的设计和实施小组，负责作业成本系统的开发设计与组织实施工作。 (4) 应能够清晰地识别作业、作业链、资源动因和成本动因，为资源费用以及作业成本的追溯或分配提供合理的依据。 (5) 应拥有先进的计算机及网络技术，配备完善的信息系统，能够及时、准确地提供各项资源、作业、成本动因等方面的信息。

【想一想】四种成本法的应用环境有何不同之处和相同之处？

五、成本管理的应用程序

1. 企业应用成本管理工具的程序

企业应用成本管理工具，一般按照事前成本管理、事中成本管理、事后成本管理程序进行：

(1) 事前成本管理阶段，主要是对未来的成本水平及其发展趋势所进行的预测与规划，一般包括成本预测、成本决策和成本计划等步骤。

(2) 事中成本管理阶段，主要是对营运过程中发生的成本进行监督和控制，并根据实际情况对成本预算进行必要的修正，即成本控制步骤。

(3) 事后成本管理阶段，主要是在成本发生之后进行的核算、分析和考核，一般包括成本核算、成本分析和成本考核等步骤。

2. 成本管理的工作方法

成本管理的工作方法是成本管理系列活动的总称，包括：

(1) 成本预测，是以现有条件为前提，在历史成本资料的基础上，根据未来可能发生的变化，利用科学的方法，对未来的成本水平及其发展趋势进行描述和判断的成本管理活动。

(2) 成本决策，是在成本预测及有关成本资料的基础上，综合经济效益、质量、效率和规模等指标，运用定性和定量的方法对各个成本方案进行分析并选择最优方案的成本管理活动。

(3) 成本计划，是以营运计划和有关成本数据、资料为基础，根据成本决策所确定的目标，通过一定的程序，运用一定的方法，针对计划期企业的生产耗费和成本水平进行的具有约束力的成本筹划管理活动。

（4）成本控制，是成本管理者根据预定的目标，对成本发生和形成过程以及影响成本的各种因素条件施加主动的影响或干预，把实际成本控制在预期目标内的成本管理活动。

（5）成本核算，是根据成本核算对象，按照国家统一的会计制度和企业管理要求，对营运过程中实际发生的各种耗费按照规定的成本项目进行归集、分配和结转，取得不同成本核算对象的总成本和单位成本，向有关使用者提供成本信息的成本管理活动。

（6）成本分析，是利用成本核算提供的成本信息及其他有关资料，分析成本水平与构成的变动情况，查明影响成本变动的各种因素和产生的原因，并采取有效措施控制成本的成本管理活动。

（7）成本考核，是对成本计划及其有关指标实际完成情况进行定期总结和评价，并根据考核结果和责任制的落实情况，进行相应的奖励和惩罚，以监督和促进企业加强成本管理责任制，提高成本管理水平的成本管理活动。

【想一想】企业进行成本管理会不会对成本核算产生影响？会不会影响企业的应纳所得税？

六、各工具方法评价

各工具方法评价见表2-2。

表2-2 **各工具方法评价表**

工具方法	优点	缺点
目标成本法	（1）突出从原材料到产品出货全过程成本管理，有助于提高成本管理的效率和效果； （2）强调产品寿命周期成本的全过程和全员管理，有助于提高客户价值和产品市场竞争力； （3）谋求成本规划与利润规划活动的有机统一，有助于提升产品的综合竞争力。	应用不仅要求企业具有各类所需要的人才，而且要求各有关部门和人员通力合作，管理水平要求较高。
标准成本法	（1）能及时反馈各成本项目不同性质的差异，有利于考核相关部门及人员的业绩； （2）标准成本的制定及其差异和动因的信息可以使企业预算的编制更为科学和可行，有助于企业的经营决策。	（1）要求企业产品的成本标准比较准确、稳定，在使用条件上存在一定的局限性； （2）对标准管理水平要求较高，系统维护成本较高； （3）标准成本需要根据市场价格波动频繁更新，导致成本差异可能缺乏可靠性，降低成本控制效果。
变动成本法	（1）区分固定成本与变动成本，有利于明确企业产品盈利能力和划分成本责任； （2）保持利润与销售量增减相一致，促进以销定产； （3）揭示了销售量、成本和利润之间的依存关系，使当期利润真正反映企业经营状况，有利于企业经营预测和决策。	（1）计算的单位成本并不是完全成本，不能反映产品生产过程中发生的全部耗费； （2）不能适应长期决策的需要。

续前表

工具方法	优点	缺点
作业成本法	(1) 能够提供更加准确的各维度成本信息，有助于企业提高产品定价、作业与流程改进、客户服务等决策的准确性； (2) 改善和强化成本控制，促进绩效管理的改进和完善； (3) 推进作业基础预算，提高作业、流程、作业链（或价值链）管理的能力。	(1) 部分作业的识别、划分、合并与认定，成本动因的选择以及成本动因计量方法的选择等，均存在较大的主观性； (2) 操作较为复杂，开发和维护费用较高。

※ 任务训练 ※

一、选择题

1. 企业进行成本管理，一般应遵循的原则有(　　)。

A. 融合性原则　　B. 适应性原则

C. 成本效益原则　　D. 重要性原则

2. 成本管理领域应用的管理会计工具方法，一般包括(　　)。

A. 目标成本法　　B. 标准成本法

C. 变动成本法　　D. 作业成本法

3. 企业应根据其(　　)选择适合的成本管理工具方法。

A. 内外部环境　　B. 环境

C. 资源　　D. 成本

4. 企业应建立健全成本管理的制度体系，一般包括(　　)。

A. 费用审报制度　　B. 定额管理制度

C. 责任成本制度　　D. 责任管理制度

5. 下列项目中，属于事中成本管理的是(　　)。

A. 成本计划　　B. 成本决策

C. 成本控制　　D. 成本分析

二、判断题

1. 企业应建立健全成本相关原始记录，加强和完善成本数据的收集、记录、传递、汇总和整理工作，确保成本基础信息记录真实、完整。(　　)

2. 企业应加强存货的计量验收管理，建立存货的计量、验收、领退及清查制度。(　　)

3. 成本核算属于成本管理的事中管理活动。(　　)

4. 企业应根据其内外部环境选择适合的成本管理工具方法。(　　)

5. 企业如果日常运营良好就不需要成本管理。(　　)

任务二

熟悉目标成本法的原理与运用

一、目标成本的概念

目标成本是为实现目标利润所应达到的成本水平，是企业未来一定时期成本管理工作的目标。

目标成本法是指企业以市场为导向，以目标售价和目标利润为基础确定产品的目标成本，从产品设计阶段开始，通过各部门、各环节乃至与供应商的通力合作，共同实现目标成本的成本管理方法。

目标成本法一般适用于制造业企业成本管理，也可以在物流、建筑、服务等行业应用。

二、目标成本法的应用

（一）一般程序

应用目标成本法一般需经过目标成本的设定、分解、达成到再设定、再分解、再达成多重循环，以持续改进产品方案。企业应用目标成本法，一般按照确定应用对象、成立目标成本管理团队、收集相关信息、计算市场容许成本、设定目标成本、分解目标成本、落实目标成本、考核成本管理业绩以及持续改善目标成本等程序进行。

1. 确定应用对象

企业应根据目标成本法的应用目标及其应用环境和条件，综合考虑产品的产销量和盈利能力等因素，确定应用对象。企业一般应将拟开发的新产品作为目标成本法的应用对象，或者选择那些功能与设计存在较大的弹性空间、产销量较大且处于亏损状态或盈利水平较低、对企业经营业绩具有重大影响的老产品作为目标成本法的应用对象。

2. 成立目标成本管理团队

企业在负责目标成本管理的跨部门团队之下，可以建立成本规划、成本设计、成本确认、成本实施等小组，各小组根据管理层授权协同合作完成相关工作。

（1）成本规划小组由业务及财务人员组成，负责设定目标利润，制定新产品开发或老产品改进方针，考虑目标成本等。该小组的职责主要是收集相关信息、计算市场驱动产品成本等。

（2）成本设计小组由技术及财务人员组成，负责确定产品的技术性能、规格，负责对比各种成本因素，考虑价值工程，进行设计图上成本降低或成本优化的预演等。该小组的职责主要是可实现目标成本的设定和分解等。

(3) 成本确认小组由有关部门负责人、技术及财务人员组成，负责分析设计方案或试制品评价的结果，确认目标成本，进行生产准备、设备投资等。该小组的职责主要是可实现目标成本设定与分解的评价和确认等。

(4) 成本实施小组由有关部门负责人及财务人员组成，负责确认实现成本策划的各种措施，分析成本控制中出现的差异，并提出对策，对整个生产过程进行分析、评价等。该小组的职责主要是落实目标成本责任、考核成本管理业绩等。

3. 收集相关信息

目标成本法的应用需要企业研究与开发、工程、供应、生产、营销、财务和信息等部门，收集与应用对象相关的信息。这些信息一般包括：

(1) 产品成本构成及料、工、费等财务和非财务信息；

(2) 产品功能及其设计、生产流程与工艺等技术信息；

(3) 材料的主要供应商、供求状况、市场价格及其变动趋势等信息；

(4) 产品的主要消费者群体、分销方式和渠道、市场价格及其变动趋势等信息；

(5) 本企业及同行业标杆企业产品盈利水平等信息；

(6) 其他相关信息。

4. 计算市场容许成本

市场容许成本是指目标售价减去目标利润之后的余额。目标售价的设定应综合考虑客户感知的产品价值、竞争产品的预期相对功能和售价，以及企业针对该产品的战略目标等因素。目标利润的设定应综合考虑利润预期、历史数据、竞争地位分析等因素。

【想一想】 市场容许成本和企业平均成本、行业平均成本有何不同?

5. 设定目标成本

企业应将市场容许成本与新产品设计成本或老产品当前成本进行比较，确定差异及成因，设定可实现的目标成本。企业一般采取价值工程、拆装分析、流程再造、全面质量管理、供应链全程成本管理等措施和手段，寻求消除当前成本或设计成本偏离容许成本差异的措施，使容许成本转化为可实现的目标成本。

6. 分解目标成本

企业应按主要功能对可实现的目标成本进行分解，确定产品所包含的每一零部件的目标成本。在分解时，首先应确定主要功能的目标成本，然后寻求实现这种功能的方法，并把主要功能和主要功能级的目标成本分配给零部件，形成零部件级目标成本。同时，企业应将零部件级目标成本转化为供应商的目标售价。

7. 落实目标成本

企业应将设定的可实现目标成本、功能级目标成本、零部件级目标成本和供应商目标售价进一步量化为可控制的财务和非财务指标，落实到各责任中心，形成各责任中心的责任成本和成本控制标准，并辅之以相应的权限，将达成的可实现目标成本落到实处。

8. 考核成本管理业绩

企业应依据各责任中心的责任成本和成本控制标准，按照业绩考核制度和办法，定期进行成本管理业绩的考核与评价，为各责任中心和人员的激励奠定基础。

9. 持续改善目标成本

企业应定期将产品实际成本与设定的可实现目标成本进行对比，确定其差异及其性质，分析差异的成因，提出消除各种重要不利差异的可行途径和措施，进行可实现目标成本的重新设定、再达成，推动成本管理的持续优化。

【想一想】（1）为什么要跨部门成立目标成本管理团队？

（2）为什么需要持续改善目标成本？

（二）产品设计阶段目标成本的确定与分解

2-1　丰田汽车公司目标成本法案例分析

1. 产品设计阶段目标成本的确定

产品设计阶段可以采用的目标成本测算方法有：选择预测法、倒推预测法和比率预测法。选择预测法与预测分析中提到的方法相同；倒推预测法可按照以下公式进行预测：

$$单位产品目标成本=预计售价\times(1-税金及附加率)-目标利润$$

比率预测法要求事先确定先进的成本利润率，调查用户可以接受的价格或具有竞争性的市场价格，并以此推算目标成本。相关计算公式如下：

$$单位产品目标成本=\frac{产品预计价格\times(1-税金及附加率)}{1+成本利润率}$$

【例2-1】已知：某企业准备开发一种新产品，财务人员经过调查确定的产品目标售价为10 000元，成本利润率为25%，假定按照制度规定，需要缴纳的税金及附加率为10%。要求：预测该新产品的目标成本。

解：依题意得：

$$新产品单位目标成本=\frac{10\ 000\times(1-10\%)}{1+25\%}=7\ 200（元）$$

即：该新产品的单位目标成本为7 200元。

2. 产品设计阶段目标成本的分解

产品设计阶段目标成本确定后，需要将其按照设计的生产形式分解到产品的零部件、各工序或各成本项目。可以采用的目标成本分解方法有以下几种：

（1）按成本项目占比分解。这种方法是根据新产品各成本项目占成本总额的比重，将目标成本分解为直接材料、直接人工和制造费用三个成本项目的一种成本分解方法。确定新产品各成本项目占比时，既可以依据老产品或类似产品的实际成本资料，测算料、工、费各项目占成本的比重，也可以依据设计工艺中所确定的技术定额，如所耗材料消耗定额、产品计划单价、产品工时定额、计划小时工资率等测算各成本项目的设计成本占比。将新产品的目标成本乘以各成本项目的比重，即可求得新产品的直接材料、直接人工、制造费用的目标成本。此种方法通常适用于单品种生产的新产品的目标成本分解。

（2）按产品组成分解。如果设计的新产品或改造的老产品是由若干个零部件构成，属于装配式生产组织方式，分解目标成本时可以按其产品组成或产品结构分解目标成本，即将产品目标成本分解到各零部件目标成本的一种成本分解方法。具体分解时，可以采用以下两种方法：一种是根据功能评价系数进行分解，另一种是根据各零部件的成本占比进行分解。比较这两种方法，如果从成本分解的科学性来讲，按功能评价系数分解的新产品目标成本体现了产品功能与成本的关系，比按零部件成本占比分解的目标成本更加合理，也更具科学性，因为功能评价系数揭示了成本的经济本质。

(3) 按制造过程分解。如果设计的新产品或改造的老产品是由若干个步骤连续加工完成，属于连续式生产组织方式，那么在分解目标成本时，可以按照产品成本形成的逆方向分解目标成本，即由产品目标成本依次倒推前一步骤的半成品目标成本，并将各步骤的半成品目标成本依据各步骤的成本项目占比将其分解为该步骤的直接材料、直接人工和制造费用。确定各步骤或各成本项目成本比重时，既可以根据老产品或类似产品的实际成本资料结合新产品调整确定，也可以在产品设计方案完成后根据产品的设计图纸测算产品的设计成本，它反映了新产品正常投产后的成本。在实际工件中，可以采用的测算方法有直接测算法、概算法和直接分析法。

①直接测算法。直接测算法是根据设计方案的技术定额来直接测算新产品或改造老产品设计成本的一种预测方法。如果新产品或改造老产品的技术资料齐全，可以直接测算其单位成本，即按设计方案规定的产品所耗用各种原材料的消耗定额和计划单价，测算直接材料成本；按规定的产品工时定额、计划小时工资率及相关人工计提比率，测算直接人工成本；按产品工时定额和各项费用的计划小时费用率，测算制造费用。三者加总后就是产品的设计成本。实务测算中，企业发生的共同成本常常需要在新老产品之间进行分摊，需要根据新产品成本改造老产品设计方案中、完备的各项技术经济定额以及预计年生产能力等方面的资料，并结合原有产品的相关资料，通过计算分摊确定设计产品的直接材料、直接人工和制造费用等成本项目，从而预测设计产品的各成本项目的总成本和单位产品成本。

【例 2-2】已知：某企业在生产原有产品甲与产品乙的同时，开发新产品丙，目前新产品丙的研制工作已经完成，该企业在决定将其投入批量生产之前，结合各项技术经济指标预测丙产品的设计成本，有关资料如下：

(1) 新产品预计年生产 8 000 件，销路不成问题。

(2) 新产品研究开发投资 100 万元，其中：增加专用设备 30 万元，年综合折旧率为 9%；扩大厂房投资 32 万元，年折旧率为 6%；用于专有技术投资 38 万元，按规定分 10 年摊销。专用设备年维修费按年折旧额的 40%计算，厂房年维修费按年折旧额的 25%计算。

(3) 新产品设计方案中有关材料、燃料与动力消耗情况见表 2-3。

表 2-3　材料、燃料与动力消耗表

技术经济指标		单耗	单价	合计（元）
原材料	原材料 A	14 件/千克	10 元/千克	140
	原材料 B	6 件/千克	8 元/千克	48
	原材料 C	8 件/千克	15 元/千克	120
	原材料 D	12 件/千克	7 元/千克	84
	合计	—	—	392
其他	燃料（煤）	15 千克/件	0.9 元/千克	13.5
	动力（电）	28 度/件	0.5 元/度	14
	合计	—	—	27.5

(4) 企业预计新产品投产后不需要增加新的生产工人。该企业年度生产工人工资总额及

职工福利费等为120万元。新产品的单位定额工时为10小时/件，原生产的甲产品的单位定额工时为16小时/件，乙产品的单位定额工时为14小时/件。

(5) 扣除新产品的专用设备及厂房的折旧费和维修费后，企业制造费用总额为50万元。

要求：预测丙产品的设计成本。

解：依据所给资料，进行计算：

$$丙产品直接人工单位成本=1\,200\,000\times\frac{10}{10+16+14}\div 8\,000=37.5\,(元)$$

$$专用设备折旧及维修费=300\,000\times 9\%\times(1+40\%)=37\,800\ (元)$$

$$厂房折旧及维修费=320\,000\times 6\%\times(1+25\%)=24\,000\ (元)$$

$$丙产品专用设备与厂房折旧及维修费单位成本=\frac{37\,800+24\,000}{8\,000}=7.725\ (元)$$

$$丙产品共同制造费用单位成本=\frac{500\,000\times\frac{10}{10+16+14}+\frac{380\,000}{10}}{8\,000}=20.375\ (元)$$

据此编制的丙产品设计成本预测表，见表2-4。

表2-4 **丙产品设计成本预测表** 单位：元

成本项目	单位成本	总成本（8 000件）
直接材料	392	3 136 000
燃料动力	27.5	220 000
直接人工	37.5	300 000
制造费用	28.1(=20.375+7.725)	224 800
合计	485.1	3 880 800

②概算法。实际工作中也可采用概算法，要求所选参照产品必须类似。概算法是借助于直接测算法的测算原理，依据技术定额测算直接材料的设计成本，其他成本项目比照类似产品成本中这些项目所占的比重来估算新产品设计成本的一种预测方法。

【例2-3】 接例2-2，若直接人工、制造费用两个成本项目比照类似产品的比重测算，其比重分别为9%、6%，不涉及其他费用，那么：

$$丙产品的设计成本=\frac{3\,136\,000}{1-(9\%+6\%)}=3\,689\,411.76\,(元)$$

$$直接人工=3\,689\,411.76\times 9\%=332\,047.06\ (元)$$

$$制造费用=3\,689\,411.76\times 6\%=221\,364.71\ (元)$$

③直接分析法。企业采用分析法确定目标成本，就是对成本的构成内容进行分析，确定每一构成项目的具体成本金额，从而计算产品成本的方法。

【想一想】 几种目标成本分解的不同点是什么？使用时有什么需要注意的？

（三）价值工程分析法在设计阶段目标成本控制中的应用

2-2 价值工程分析法

所谓价值工程分析法，即产品功能成本分析法，是以分析产品的零部件应具有的功能为出发点，力求以最低、最合理的成本代价来保证产品必要功能得以实现的一种技术经济分析方法。其理论依据是：产品功能决定产品成本的水平，功能高，成本就高；反之，成本就低。利用该种分析法可以有效地将产品的设计成本控制在目标成本的范围内。

【想一想】提高产品价值有哪些途径?

※ 任务训练 ※

一、选择题

1. 企业采用目标成本法进行成本管理，将目标售价减去目标利润后的余额作为目标成本。这里的目标成本是指(　　)。

A. 计划成本　　B. 市场容许成本

C. 标准成本　　D. 设计成本

2. 企业一般应将(　　)作为目标成本法的应用对象。

A. 拟开发的新产品

B. 功能与设计存在较大的弹性空间、产销量较大且处于亏损状态或盈利水平较低、对企业经营业绩具有重大影响的老产品

C. 已经开发的新产品

D. 功能与设计存在较大的弹性空间、产销量较大且处于亏损状态或盈利水平较低、对企业经营业绩具有重大影响的新产品

3. 企业在负责目标成本管理的跨部门团队之下，可以建立(　　)等小组，各小组再根据管理层授权协同合作完成相关工作。

A. 成本规划　　B. 成本设计

C. 成本确认　　D. 成本实施

4. 企业应依据各责任中心的责任成本和(　　)，并按照业绩考核制度和考核办法，定期进行成本管理业绩的考核与评价。

A. 成本管理标准　　B. 成本控制标准

C. 成本分析标准　　D. 成本量化标准

5. 企业应将设定的(　　)进一步量化为可控制的财务和非财务指标，落实到各责任中心，形成责任成本和成本控制标准。

A. 可实现目标成本　　B. 功能级目标成本

C. 零部件级目标成本　　D. 供应商目标售价

6. 企业在负责目标成本管理的跨部门团队之下，可以建立工作小组，主要负责(　　)。

A. 设定目标利润

B. 设定目标成本

C. 制定新产品开发和老产品改造

D. 收集产品的相关信息和计算市场驱动成本

二、判断题

1. 目标成本法一般适用于制造业企业成本管理，也可以在物流、建筑、服务等行业应用。(　　)

2. 企业应用目标成本法，要求处于比较成熟的买方市场环境，且产品的设计、性能、质量、价值等呈现出较为明显的多样化特征。（　）

3. 企业应以创造和提升客户价值为前提，以成本降低或成本优化为主要手段，谋求竞争中的成本优势，保证目标利润的实现。（　）

4. 各类型企业的成本管理都可以使用目标成本法。（　）

5. 市场容许成本是目标售价减去目标利润之后的余额。（　）

三、计算题

1. 企业开发一种新产品，经过调查确定的产品目标售价为 8 000 元，成本利润率为 30%，假定按照制度规定，需要缴纳的税金及附加率为 15%。要求：预测该新产品的目标成本。

2. 企业向市场推出一种新产品，目标售价为 1 000 元，成本利润率为 20%，假定按照制度规定，需要缴纳的税金及附加率为 15%。要求：预测该新产品的目标成本。

3. 某企业在生产原有产品 A 与产品 B 的同时，开发新产品甲，目前新产品甲的研制工作已经完成，企业决定将其投入批量生产之前，预测甲产品的设计成本，有关资料如下：

（1）新产品预计年生产 10 000 件，销路不成问题。

（2）新产品研究开发投资 80 万元，其中：增加专用设备 20 万元，年综合折旧率为 10%；扩大厂房投资 22 万元，年折旧率为 5%；用于专有技术投资 38 万元，按规定分 10 年摊销。专用设备年维修费按年折旧额的 40%计算，厂房年维修费按年折旧额的 20%计算。

（3）新产品设计方案中有关材料、燃料与动力消耗情况是：单件材料耗费 400 元，其他辅助耗费每件 28 元。

（4）企业预计新产品投产后不需要增加新的生产工人。该企业年度生产工人工资总额及职工福利费等为 100 万元。新产品单位定额工时为 8 小时/件，原生产的 A 产品的单位定额工时为 12 小时/件，B 产品的单位定额工时为 10 小时/件。

（5）扣除新产品的专用设备及厂房的折旧费和维修费，企业制造费用总额为 50 万元。

要求：预测甲产品的设计成本。

熟悉标准成本法的原理与运用

一、标准成本的相关概念

1. 标准成本

标准成本是指在正常的生产技术水平和有效的经营管理条件下，企业经过努力应达到的产品成本水平。

标准成本按所根据的生产技术和经营管理水平，分为理想标准成本和正常标准成本。

理想标准成本是在最优的生产条件下，利用现有规模和设备能达到的最低成本。它是理论上的业绩标准、生产要素的理想价格和可能实现的最高生产能力的利用水平。理想的业绩标准是指生产过程中毫无技术浪费时的生产要素消耗量，最熟练的工人全力以赴工作、不存在废品损失和停工时间等条件下可能实现的最优业绩。最高生产能力的利用水平是指理论上可能达到的设备利用程度，只扣除不可避免的机器修理、改换品种、调整设备的时间，而不考虑产品销路不畅、生产技术故障造成的损失。这种标准是“工厂的极乐世界”，很难成为现实，即使出现也不可能持久。它的主要用途是提供一个完美无缺的目标，揭示成本下降的潜力，不能作为考核的依据。

正常标准成本是在效率良好的条件下，根据下期一般应该发生的生产要素消耗量、预计价格和预计生产经营能力利用程度制定出的标准成本。它把难以避免的损耗和低效率等情况也计算在内，使之切实可行。从数量上看，正常标准成本大于理想标准成本，但又小于历史平均水平，实施以后实际成本可能是逆差，是要经过努力才能达到的一种标准，因而可以调动职工的积极性。

2. 标准成本法

标准成本法是指企业以预先制定的标准成本为基础，通过比较标准成本与实际成本，计算和分析成本差异、揭示成本差异动因，进而实施成本控制、评价经营业绩的一种成本管理方法。它的核心是按标准成本记录和反映产品成本的形成过程和结果，并借以实现对成本的控制。

标准成本法的主要内容包括：标准成本的制定、成本差异的计算和分析、成本差异的账务处理。其中，标准成本的制定是采用标准成本法的前提和关键，据此可以达到成本事前控制的目的；成本差异的计算和分析是标准成本法的重点，借此可以促成成本控制目标的实现，并据以进行经济业绩考评。

3. 成本差异

成本差异是指实际成本与相应标准成本之间的差额。当实际成本高于标准成本时，形成超支差异；当实际成本低于标准成本时，形成节约差异。

二、企业应用标准成本法的主要目标

企业应用标准成本法的主要目标，是通过标准成本与实际成本的比较，揭示与分析标准成本与实际成本之间的差异，并按照例外管理的原则，对不利差异予以纠正，以提高工作效率，不断改善产品成本。

三、适用范围

标准成本法一般适用于：产品及其生产条件相对稳定，或生产流程与工艺标准化程度较高的企业。

四、应用程序

企业应用标准成本法，一般按照确定应用对象、制定标准成本、实施过程控制、成本差异计算与动因分析，以及修订与改进标准成本等程序进行。

为了实现成本的精细化管理，企业应根据标准成本法的应用环境，结合内部管理要求，确定应用对象。标准成本法的成本对象可以是不同种类、不同批次或不同步骤的产品。

企业制定标准成本，可由跨部门团队采用“上下结合”的模式进行，经企业管理层批准后实施。

（一）制定标准成本的程序

在制定标准成本时，企业一般应结合经验数据、行业标杆或实地测算的结果，运用统计分析、工程试验等方法，按照以下程序进行：

（1）就不同的成本或费用项目，分别确定消耗量标准和价格标准；

（2）确定每一成本或费用项目的标准成本；

（3）汇总不同成本项目的标准成本，确定产品的标准成本。

（二）成本因素的标准成本计算

产品标准成本通常由直接材料标准成本、直接人工标准成本和制造费用标准成本构成。制造费用包括两部分，即变动制造费用和固定制造费用，因此制造费用标准成本应分为变动制造费用项目和固定制造费用项目分别确定。每一成本项目的标准成本应分为用量标准（包括单位产品消耗量、单位产品人工小时等）和价格标准（包括原材料单价、小时工资率、小时制造费用分配率等）。

1. 直接材料标准成本

直接材料标准成本是指直接用于产品生产的材料的标准成本，包括标准用量和标准单价两方面。

制定直接材料的标准用量，一般由生产部门负责，会同技术、财务、信息等部门，按照以下程序进行：

（1）根据产品的图纸等技术文件进行产品研究，列出所需的各种材料以及可能的替代材料，并说明这些材料的种类、质量以及库存情况。

（2）在对过去用料经验记录进行分析的基础上，采用过去用料的平均值、最高值与最低值的平均数、最节省数量、实际测定数据或技术分析数据等，科学地制定标准用量。

制定直接材料的标准单价，一般由采购部门负责，会同财务、生产、信息等部门，在考虑市场环境及其变化趋势、订货价格以及最佳采购批量等因素的基础上综合确定。

直接材料标准成本的计算公式为：

直接材料标准成本＝单位产品的标准用量×材料的标准单价

材料按计划成本核算的企业，材料的标准单价可以采用材料计划单价。

【例2-4】 公司生产H-1型产品需要甲材料、乙材料，H-1型产品耗用的直接材料标准成本见表2-5。

表 2-5　H-1 型产品耗用的直接材料标准成本

标准	甲材料（元）	乙材料（元）
标准/（元/千克）		
购买单价	32	50
运费	3	4
杂项费用	3	4
正常损耗	2	2
合计	40	60
用量标准/千克		
设计用量	4.5	2
允许损耗量	0.5	0.5
合计	5	2.5
标准成本/元	40×5=200	60×2.5=150
直接材料标准成本/元	200+150=350	

2. 直接人工标准成本

直接人工标准成本是指直接用于产品生产的人工标准成本，包括标准工时和标准工资率。

制定直接人工的标准工时，一般由生产部门负责，会同技术、财务、信息等部门，在对产品生产所需作业、工序安排、流程次序、各工序的工时量等进行技术测定的基础上，考虑正常的工作间隙，并适当考虑生产条件的变化，生产工序、操作技术的改善，以及相关工作人员主观能动性的充分发挥等因素，合理确定单位产品的工时标准。

制定直接人工的标准工资率，一般由人力资源部门负责，根据企业薪酬制度等制定。

直接人工标准成本的计算公式为：

直接人工标准成本=单位产品的标准工时×小时标准工资率

【例 2-5】 接例 2-4，公司生产 H-1 型产品实行计时工资制，该产品的直接人工标准成本见表 2-6。

表 2-6　H-1 型产品直接人工标准成本

标准	耗用量
小时工资率标准：	
其中：单位小时工资率（元）	7
工资附加的福利费用率（元）	3
直接人工工资率标准	10
工时标准：	
其中：生产必要劳动时间（小时）	2.2
调整设备准备时间（小时）	0.4
工间休息损耗时间（小时）	0.2
其他损耗时间（小时）	0.2
工时合计（小时）	3
直接人工标准成本（元）	10×3=30

3. 变动制造费用标准成本

变动制造费用是指通常随产量变化而成正比例变化的制造费用。变动制造费用标准成本根据标准用量和标准价格确定。

变动制造费用标准用量可以是单位产量的燃料、动力、辅助材料等标准用量，也可以是产品的直接人工标准工时，或者是单位产品的标准机器工时。标准用量的选择需考虑用量与成本的相关性，制定方法与直接材料的标准用量以及直接人工的标准工时类似。

变动制造费用的标准价格可以是燃料、动力、辅助材料等标准价格，也可以是小时标准工资率等。制定方法与直接材料的标准单价以及直接人工的标准工资率类似。

变动制造费用标准成本的计算公式为：

变动制造费用标准成本＝变动制造费用的标准用量×变动制造费用的标准价格

【例 2-6】接例 2-4 与例 2-5，公司生产 H-1 型产品，变动制造费用发生的单位工时费用率见表 2-7。单位产品生产需要 3 小时，假设产量为 4 000 件，则：标准变动制造费用为60 000 元。

表 2-7　　变动制造费用计算表

项目	单位工时费用率
辅助材料	2.5 元
间接人工	1.2 元
设备损耗	0.5 元
水电费	0.8 元
小计	5 元
单位变动制造费用	5×3＝15 元
标准变动制造费用	4 000×15＝60 000 元

4. 固定制造费用标准成本

固定制造费用是指在一定产量范围内，其费用总额不会随产量变化而变化，始终保持固定不变的制造费用。固定制造费用一般按照费用的构成项目实行总量控制；也可以根据需要，通过计算标准分配率，将固定制造费用分配至单位产品，形成固定制造费用标准成本。

制定固定制造费用标准成本，一般由财务部门负责，会同采购、生产、技术、营销、财务、人事、信息等有关部门，按照以下程序进行：

（1）依据固定制造费用的不同构成项目的特性，充分考虑产品的现有生产能力、管理部门的决策以及费用预算等，测算确定各固定制造费用构成项目的标准成本；

（2）通过汇总各固定制造费用项目的标准成本，得到固定制造费用的标准总成本；

（3）确定固定制造费用的标准分配率，标准分配率可根据产品的单位工时与预算总工时的比率确定。其中，预算总工时，是指由预算产量和单位工时标准确定的总工时。单位工时标准可以依据相关性原则在直接人工工时或者机器工时之间做出选择。

固定制造费用标准成本由固定制造费用预算确定，其计算顺序及公式如下：

固定制造费用总成本＝$\sum$ 固定制造费用项目的标准成本

固定制造费用标准分配率＝单位产品的标准工时÷预算总工时

固定制造费用标准成本＝固定制造费用总成本×固定制造费用标准分配率

【例2-7】 企业生产H-1型产品，采用变动成本计算法，H-1型产品的制造费用标准成本计算见表2-8。

表2-8　H-1型产品制造费用标准成本

标准	成本或工时
直接人工（标准工时）	10 560
变动制造费用预算值	
其中：间接材料费用	26 400
间接人工费用	12 672
设备损耗	5 280
水电费	8 448
合计/元	52 800
变动制造费用分配率标准	5
工时用量标准	3
变动制造费用标准成本	5×3＝15
其中：固定制造费用预算	
折旧费	4 000
管理人员工资	4 500
办公费、差旅费	900
其他费用	1 160
合计/元	10 560
固定制造费用分配率标准	1
工时用量标准	3
固定制造费用标准成本	1×3＝3
制造费用标准成本/元	15＋3＝18

5. 单位产品标准成本的计算

单位产品标准成本的计算，就是根据各因素的标准成本计算单位产品的标准成本。实务中往往根据单位产品的耗用量来计算。

【例2-8】 接例2-4～例2-7，公司H-1型产品的单位标准成本构成见表2-9。

表2-9　H-1型产品的单位标准成本

成本项目	价格标准	用量标准	标准成本
直接材料			
甲材料	40元/千克	5千克	200元
乙材料	60元/千克	2.5千克	150元
合计			350元
直接人工	10元/小时	3小时	30元

续前表

成本项目	价格标准	用量标准	标准成本
变动制造费用	5元/小时	3小时	15元
固定制造费用	1元/小时	3小时	3元
制造费用合计			18元
单位产品标准成本	350＋30＋18＝398（元）		

综上所述，企业应在制定标准成本的基础上，将产品成本及其各成本或费用项目的标准用量和标准价格层层分解，落实到部门及相关责任人，形成成本控制标准。

各归口管理部门（或成本中心）应根据相关成本控制标准，控制费用开支与资源消耗，监督、控制成本的形成过程，及时分析偏离标准的差异及成因，并及时采取措施加以改进。

在标准成本法的实施过程中，各相关部门（或成本中心）应对其所管理的项目进行跟踪分析。生产部门一般应根据标准用量、标准工时等，实时跟踪和分析各项耗用差异，从操作人员、机器设备、原料质量、标准制定等方面寻找差异原因，采取应对措施，控制现场成本，并及时反馈给人力资源、技术、采购、财务等相关部门，共同实施事中控制。采购部门一般应根据标准价格，按照各项目采购批次，揭示和反馈价格差异形成的原因，控制和降低总采购成本。

【想一想】怎样制定产品标准成本？请用最少的文字归纳一下。

（三）差异分析

企业应定期将实际成本与标准成本进行比较和分析，确定差异数额及性质，揭示差异形成的动因，落实责任中心，寻求可行的改进途径和措施。

成本差异的计算与分析一般按成本或费用项目进行。

1. 直接材料成本差异

直接材料成本差异，是指直接材料实际成本与标准成本之间的差额。该项差异可分解为直接材料价格差异和直接材料数量差异。

直接材料价格差异，是指在采购过程中，直接材料实际价格偏离标准价格所形成的差异；直接材料数量差异，是指在产品生产过程中，直接材料实际消耗量偏离标准消耗量所形成的差异。有关计算公式如下：

直接材料成本差异＝实际成本－标准成本

＝实际耗用量×实际单价－标准耗用量×标准单价

直接材料成本差异＝直接材料价格差异＋直接材料数量差异

直接材料价格差异＝实际耗用量×(实际单价－标准单价)

直接材料数量差异＝(实际耗用量－标准耗用量)×标准单价

【例2-9】接例2-8，以表2-9中H-1型产品的标准成本资料为准，已知2019年12月该企业实际生产H-1型产品125件。其中，实际耗用甲材料500千克，甲材料实际单价是36元/千克；实际耗用乙材料450千克，乙材料实际单价是64元/千克。计算并分析H-1型产品的直接材料成本差异如下：

甲材料成本差异＝36×500－40×5×125＝－7 000（元）

其中：

甲材料价格差异＝(36－40)×500＝－2 000（元）

甲材料数量差异=40×(500−5×125)=−5 000(元)

乙材料成本差异=64×450−60×2.5×125=10 050(元)

其中:

乙材料价格差异=(64−60)×450=1 800(元)

乙材料数量差异=60×(450−2.5×125)=8 250(元)

H-1型产品的直接材料成本差异=−7 000+10 050=3 050(元)

以上计算结果表明,H-1型产品直接材料成本形成了3 050元的不利差异。其中,甲材料发生了7 000元的有利差异,这是甲材料实际价格下降而降低2 000元成本以及耗用量减少而节约5 000元成本共同作用的结果;乙材料发生了10 050元的不利差异,这是由乙材料实际价格提高而增加1 800元成本和耗用量增加而超支8 250元成本共同造成的。因此,该企业对甲材料、乙材料的成本控制效果是不一样的,应进一步分析评价,明确相关部门的责任。

2. 直接人工成本差异

直接人工成本差异,是指直接人工实际成本与标准成本之间的差额。该差异可分解为工资率差异和人工效率差异。

工资率差异,是指实际工资率偏离标准工资率形成的差异,按实际工时计算确定;人工效率差异,是指实际工时偏离标准工时形成的差异,按标准工资率计算确定。有关计算公式如下:

直接人工成本差异=实际成本−标准成本

=实际工时×实际工资率−标准工时×标准工资率

直接人工成本差异=直接人工工资率差异+直接人工效率差异

直接人工工资率差异=实际工时×(实际工资率−标准工资率)

直接人工效率差异=(实际工时−标准工时)×标准工资率

【例2-10】 接例2-4~例2-9,2019年12月该企业为生产H-1型产品,实际耗用的人工小时数为400小时,实际发生的直接人工成本为4 200元。计算并分析H-1型产品的直接人工成本差异如下:

实际人工价格=4 200÷400=10.5(元/小时)

直接人工成本差异=4 200−3×10×125=450(元)

其中:

直接人工工资率差异=(10.5−10)×400=200(元)

直接人工效率差异=10×(400−3×125)=250(元/小时)

以上计算结果表明,H-1型产品直接人工成本形成了450元的不利差异。

3. 变动制造费用项目成本差异

变动制造费用项目成本差异,是指变动制造费用项目的实际发生额与变动制造费用项目的标准成本之间的差额。该差异可分解为变动制造费用项目价格差异和数量差异。

变动制造费用项目价格差异,是指燃料、动力、辅助材料等变动制造费用项目的实际价格偏离标准价格的差异;变动制造费用项目数量差异,是指燃料、动力、辅助材料等变动制造费用项目的实际消耗量偏离标准用量的差异。变动制造费用项目成本差异的计算和分析原理与直接材料和直接人工成本差异的计算和分析原理相同。

【例2-11】 接例2-4~例2-10,2019年12月该企业为生产H-1型产品,实际耗用的机器小时数为 400 小时，实际工时变动制造费用分配率为 6 元/小时。计算并分析 H－1 型产品的变动制造费用项目成本差异如下：

变动制造费用项目成本差异＝6×400－5×3×125＝525（元）

其中：

变动制造费用项目价格差异＝(6－5)×400＝400（元）

变动制造费用项目数量差异＝5×(400－3×125)＝125（元）

计算结果表明，H－1 型产品变动制造费用形成了 525 元的不利差异。

4. 固定制造费用项目成本差异

固定制造费用项目成本差异，是指固定制造费用项目实际成本与标准成本之间的差额。其计算公式如下：

固定制造费用项目成本差异＝固定制造费用项目实际成本－固定制造费用项目标准成本

【例 2－12】 2019 年 12 月公司车间实际发生的固定制造费用总额为 5 000 元。本月固定制造费用预算总成本为 32 000 元，预算总工时为 20 小时。H－1 型产品的单位标准工时为 3 小时/件。分析计算 H－1 型产品的固定制造费用成本差异如下：

固定制造费用标准分配率＝3÷20＝0.15

固定制造费用标准成本＝32 000×0.15＝4 800（元）

固定制造费用项目成本差异＝5 000－4 800＝200（元）

计算结果表明，H－1 型产品固定制造费用形成了 200 元的不利差异。

企业应根据固定制造费用项目的性质，分析差异形成原因，并追溯至相关责任中心。

在实际工作中，标准成本法的运用往往是直接计算差异，并寻找成本差异的原因。

【例 2－13】 华淮公司采用标准成本法计算产品成本。2019 年 6 月，该公司发生下列业务：

(1) 实际生产乙产品 10 000 件，以 200 元的单位价格全部销售。

(2) 购买材料 5 400 千克，每千克实际价格为 18 元，生产实际领用 5 400 千克。材料的标准价格每千克为 19 元，每单位产品的标准用量为 0.5 千克。

(3) 生产中实际耗用 8 000 工时，每小时实际支付职工薪酬 31.50 元，合计 24 400 元。直接人工小时的标准薪酬率为 31 元，每单位产品的标准工时为 1.5 小时。

(4) 固定制造费用预算为 270 000 元，按实际发生的工时分配，预算直接人工小时可达到 9 000 小时。变动制造费用的标准分配率为每小时 10 元。固定制造费用实际发生 276 000 元，变动制造费用实际发生 88 000 元。

要求：根据上述资料计算下列各项成本差异。

解：

实际人工价格＝270 000÷9 000＝30（元/小时）

直接材料成本差异：

直接材料价格差异＝5 400×(18－19)＝－5 400（元）

直接材料数量差异＝19×(5 400－10 000×0.5)＝7 600（元）

直接材料成本差异＝直接材料价格差异＋直接材料数量差异＝－5 400＋7 600
＝2 200（元）

直接人工成本差异：

直接人工工资率差异＝8 000×(31.5－31)＝4 000（元）

直接人工效率差异＝31×(8 000－5 000×1.5)＝15 500（元）

直接人工成本差异＝直接人工工资率差异＋直接人工效率差异＝19 500（元）

变动制造费用项目成本差异：

变动制造费用项目价格差异＝8 000×(88 000÷8 000－10)＝8 000（元）

变动制造费用项目数量差异＝10×(8 000－9 000)＝－10 000（元）

变动制造费用项目成本差异＝8 000＋（－10 000)＝－2 000（元）

固定制造费用项目成本差异：

固定制造费用项目成本差异＝固定制造费用项目实际成本－固定制造费用项目标准成本

＝276 000－240 000＝36 000（元）

特别提示，如果企业生产两种或以上产品，应分别计算各产品的标准成本。

【想一想】(1) 标准成本法下，材料、人工、变动制造费用等成本差异计算的特征是什么？

(2) 变动成本的成本差异与固定成本的成本差异计算有何本质区别？

(四) 需要注意的事项

(1) 在成本差异的分析过程中，企业应关注各项成本差异的规模、趋势及其可控性。对于反复发生的大额差异，企业应进行重点分析与处理。企业可将生成的成本差异信息汇总，定期形成标准成本差异分析报告，并有针对性地提出成本改进措施。

(2) 为保证标准成本的科学性、合理性与可行性，企业应定期或不定期地对标准成本进行修订与改进。

(3) 一般情况下，标准成本的修订工作由标准成本的制定机构负责。企业应至少每年对标准成本进行测试，通过编制成本差异分析表，确认是否存在因标准成本不准确而形成的成本差异。当该类差异较大时，企业应按照标准成本的制定程序，对标准成本进行调整。除定期测试外，当外部市场、组织机构、技术水平、生产工艺、产品品种等内外部环境发生较大变化时，企业也应及时对标准成本进行调整。

※ 任务训练 ※

一、选择题

1. 企业制定标准成本，可由跨部门团队采用(　　)的模式进行，经企业管理层批准后实施。

A. 自上而下　　B. 自下而上　　C. 上下结合　　D. 自左向右

2. 在制定标准成本时，企业一般应结合经验数据、行业标杆或实地测算的结果，运用统计分析、工程试验等方法，按照以下程序进行(　　)。

A. 就不同的成本或费用项目，分别确定消耗量标准和价格标准

B. 确定每一成本或费用项目的标准成本

C. 汇总不同成本项目的标准成本，确定产品的标准成本

D. 汇总相同成本项目的标准成本，确定产品的标准成本

3. 产品标准成本通常由(　　)构成。

A. 直接材料标准成本　　B. 直接人工标准成本

C. 制造费用标准成本　　D. 间接人工标准成本

4. 企业应用标准成本法，一般按照(　　)等程序进行。

A. 确定应用对象　　B. 制定标准成本

C. 实施过程控制　　D. 成本差异计算与动因分析

E. 修订与改进标准成本

5. 制造费用标准成本应区分变动制造费用项目和(　　)分别确定。

A. 固定制造费用项目　　B. 变动生产费用项目

C. 固定生产费用项目　　D. 混合制造费用项目

6. 制定固定制造费用标准成本，一般由财务部门负责，会同采购、生产、技术、营销、财务、人事、信息等有关部门，按照以下程序进行(　　)。

A. 依据固定制造费用的不同构成项目的特性，测算确定各固定制造费用构成项目的标准成本

B. 汇总各固定制造费用项目的标准成本，计算固定制造费用的标准总成本

C. 确定分配固定制造费用的预算总工时

D. 确定固定制造费用的标准分配率

二、判断题

1. 每一成本项目的标准成本应分为数量标准（包括单位产品消耗量、单位产品人工小时等）和价格标准（包括原材料单价、小时工资率、小时制造费用分配率等）。(　　)

2. 企业应用标准成本法的主要目标，是通过标准成本与实际成本的比较，揭示与分析标准成本与实际成本之间的差异，并按照例外管理的原则，对不利差异予以纠正，以提高工作效率，不断降低产品成本。(　　)

3. 标准成本法一般适用于产品及其生产条件相对稳定，或生产流程与工艺标准化程度较低的企业。(　　)

4. 企业应用标准成本法，要求处于不稳定的外部市场经营环境，且市场对产品的需求相对平稳。(　　)

5. 标准成本法的成本对象可以是不同种类、不同批次或不同步骤的产品。(　　)

6. 企业应不定期将实际成本与标准成本进行比较和分析，确定差异数额及性质，揭示差异形成的动因，落实责任中心，寻求可行的改进途径和措施。(　　)

7. 成本差异的计算与分析一般按成本或费用项目进行。(　　)

8. 在成本差异的分析过程中，企业应关注各项成本差异的规模、趋势及其可控性。对于反复发生的大额差异，企业应进行重点分析与处理。企业可将生成的成本差异信息汇总，定期形成标准成本差异分析报告，并有针对性地提出成本改进措施。(　　)

三、计算题

1. 已知某企业生产 A 产品，有关资料如下：

(1) 生产 A 产品，耗用甲、乙两种材料。其中：甲材料标准价格为每千克 40 元，乙材料标准价格为每千克 64 元。A 产品每件耗用甲材料为 5 千克，每件耗用乙材料为 9 千克。

(2) 甲产品单位标准工时为 26 小时，直接人工标准工资率为每小时 7.5 元。

(3) 固定制造费用预算数为 122 000 元，变动制造费用预算数为 76 000 元。标准总工时数为 20 000 小时。请制定 A 产品的标准成本，填制表 2－10。(表格参考例 2－8)

表 2－10 标准成本计算表

成本项目	价格标准	用量标准	标准成本
直接材料			
甲材料			
乙材料			
合计			
直接人工			
变动制造费用			
固定制造费用			
制造费用合计			
单位产品标准成本			

分配率＝

分配率＝

2. 某企业生产甲产品，其标准成本的相关资料如下：单位产品耗用 A 材料 10 千克，每千克标准单价为 3 元；耗用 B 材料 8 千克，每千克标准单价为 5 元；单位产品的标准工时为 3 小时，标准工资率为每小时 12 元；标准变动制造费用率为每小时 8 元，标准固定制造费用率为每小时 12 元。

假定本期实际产量为 1 300 件，发生实际工时 4 100 小时，直接人工总差异为 3 220 元，属于超支差异。

要求：

(1) 计算甲产品的单位标准成本；

(2) 计算甲产品直接人工的实际成本；

(3) 计算直接人工效率差异和直接人工工资率差异。

3. 甲公司是一家制造企业，只生产和销售防滑瓷砖一种产品，产品生产工艺流程比较成熟，生产工人技术操作比较熟练，生产组织管理水平较高，公司实行标准成本法，定期进行标准成本差异分析。甲公司生产能量为 6 000 平方米，2019 年 9 月实际生产 5 000 平方米，其他相关资料见表 2－11、表 2－12。

表 2－11 实际消耗量资料

项目	直接材料	直接人工	变动制造费用	固定制造费用
实际使用量	24 000 千克	5 000 人工小时	8 000 机器小时	5 000 机器小时
实际单价	1.5 元/千克	20 元/小时	15 元/小时	10 元/小时

表 2－12 标准成本资料

项目	直接材料	直接人工	变动制造费用	固定制造费用
用量标准（每平方米）	5 千克	1.2 小时	1.6 小时	1.5 小时
价格标准	1.6 元/千克	19 元/小时	12.5 元/小时	8 元/小时

要求：

（1）计算直接材料的价格差异、数量差异和成本差异。

（2）计算直接人工的效率差异、工资率差异和成本差异。

（3）计算变动制造费用项目的数量差异、价格差异和成本差异。

（4）计算固定制造费用项目成本差异。

（5）计算产品成本差异总额和单位成本差异。

熟悉变动成本法的原理与运用

一、变动成本的相关概念

1. 变动成本

变动成本是指在一定范围内，其总额随业务量变动而增减变动，但单位成本不随业务量增加或减少而变动的成本，如直接材料、直接人工等。

2. 固定成本

固定成本是指在一定业务量范围内，其总额不随业务量变动而增减变动，但单位成本随业务量增加而相对减少的成本，如差旅费、租赁费、保险费、广告费、劳动保护费等。

3. 成本性态

成本性态是指成本与业务量之间的相互依存关系。按照成本性态，成本可划分为固定成本、变动成本和混合成本。

4. 变动成本法

变动成本法是指企业以成本性态分析为前提条件，仅将生产过程中消耗的变动生产成本作为产品成本的构成内容，而将固定生产成本和非生产成本作为期间成本，直接由当期收益予以补偿的一种成本管理方法。

二、成本的特性

（一）固定成本

企业日常发生的成本中，有些是相对固定的，总额并不随产品产量的变化而变化，如差旅费、租赁费、保险费、广告费、劳动保护费、办公费、管理人员工资、按直线法提取的固定资产折旧费等，就是固定成本。假设固定成本总额为 a，业务量为 x_0，则单位固定成本用表达式表示为：

单位固定成本 $y=\frac{a}{x_0}$

固定成本总额模型如图 2-1 所示，单位固定成本模型如图 2-2 所示。

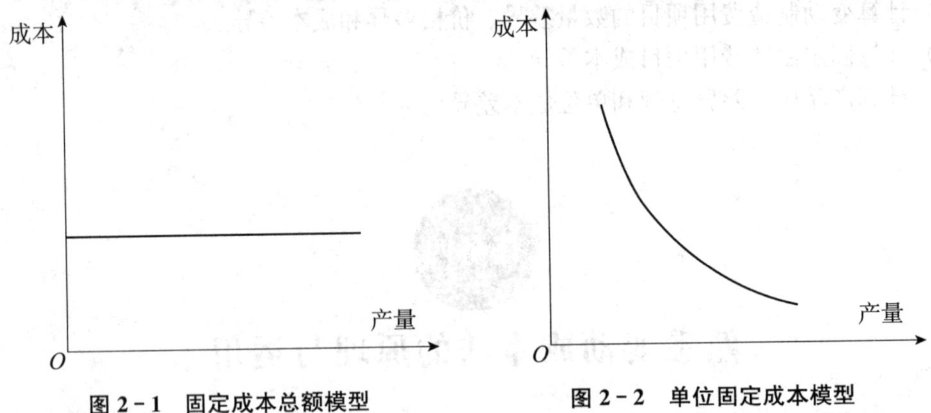

图 2-1 固定成本总额模型

图 2-2 单位固定成本模型

1. 固定成本的特点

固定成本的特点表现为：

(1) 固定成本总额不受产量变动影响，固定不变。

(2) 随着产量的变动，单位固定成本成反比例变动。

2. 固定成本的种类

根据其发生是否受外在因素，如决策层的决策等影响，固定成本可分为酌量性固定成本和约束性固定成本。

(1) 酌量性固定成本（Discretionary Fixed Cost）。酌量性固定成本是指企业管理层的决策可以改变其支出数额的固定成本，也称选择性固定成本或者任意性固定成本。如广告费、职工教育经费、技术开发费、新产品研发费、职工培训费等，这类成本的发生可以因领导的决策而做出适当的调整，其发生额与增强企业的竞争力、扩大企业规模直接相关，但与企业的业务量并无直接联系。

(2) 约束性固定成本（Committed Fixed Cost）。约束性固定成本是指企业管理层的决策无法改变其支出数额的固定成本，也称承诺性固定成本。由于约束性固定成本与企业的经营能力有关，因而也称为“经营能力成本”“能量成本”。如按直线折旧法计提厂房和机器设备的折旧费、房屋和设备的租金、不动产税金、财产保险费、管理人员的薪酬等。企业经营能力一旦形成，这类成本的数额一经确定，在短期内是不能随意改变的，具有很强的约束性。因此，企业在经营方向不变的前提下，要控制约束性固定成本，必须从合理利用企业生产能力、提高产品产量、降低单位产品负担的固定成本入手。

3. 固定成本的相关范围

固定成本总额只有在一定时期和一定业务量范围内才是固定的，它的固定性是有条件的，是在一定相关范围内具有固定不变性。如果业务量的变动超过这个范围，固定成本的特征也会发生变动。其原因在于，当企业所要完成的业务量超过现有生产能力，就需要扩大再生产，如添置机器设备、增租厂房等，因而，需要增加机器设备折旧费、厂房租金等。这样，随着业务量增加至超过一定的相关范围，固定成本总额的不变性就会发生变化。因此，讨论固定成本总额与业务量之间的变动关系，就必须在一定的相关范围内进行。

（二）变动成本

变动成本是指在一定业务量范围内，其总额随业务量变动发生相应的正比例变动，而单位成本保持不变的成本。如直接材料费、产品包装费、按件计酬的工人薪金、按件计算的推销佣金，以及按工作量计算的固定资产折旧等，均属于变动成本。相对于固定成本，变动成本总额随业务量的变化成正比例变化。

1. 变动成本的特点

根据变动成本随产量变化的表现，可以归纳出变动成本的特点是：

（1）变动成本总额随产量变动成正比例变动；

（2）单位变动成本不受产量变动影响，维持固定不变。

假设变动成本总额为 y，单位变动成本为 b，业务量为 x，则三者的关系可表达为：

$$y = bx$$

变动成本总额模型如图 2－3 所示，单位变动成本模型如图 2－4 所示。

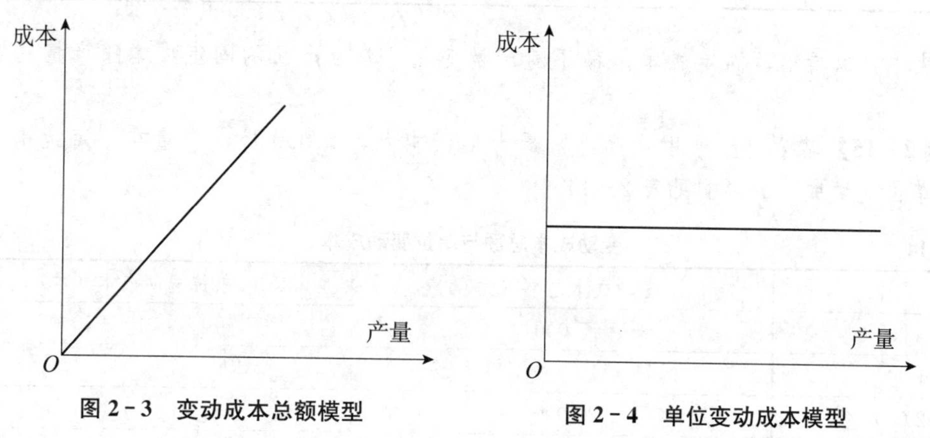

图 2－3　变动成本总额模型　　图 2－4　单位变动成本模型

2. 变动成本的种类

根据其发生受外在因素，如决策层的决策等影响程度大小，变动成本可分为酌量性变动成本和约束性变动成本。

（1）酌量性变动成本。酌量性变动成本是指企业管理层的决策可以改变其支出数额的变动成本。如按产量计酬的工人薪金、按销售收入的一定比例计算的销售佣金。

（2）约束性变动成本。约束性变动成本是指企业管理层的决策无法改变其支出数额的变动成本。这类成本受客观因素影响，其消耗量由技术因素决定，因此也称为技术性变动成本。如直接材料成本，当企业生产的产品定型后（包括外形、大小、色彩、性能等），生产工艺过程耗费的各种物质资源就定了，不受决策影响。

3. 变动成本的相关范围

由变动成本的概念可知，变动成本总额只有在一定时期和业务量范围内才会随业务量的变动成正比例变动。这就说明变动成本的变动性是有条件的，这里所说的范围就叫作相关范围。

只有在相关范围内，不管时间多久、业务量增减变动幅度多大，变动成本总额的正比例变动性都将存在，但是一旦超过相关范围，这种特征就很难存在。因此，讨论变动成本总额与业务量之间的依存关系，就必须在一定的相关范围内进行。

需要说明的是，现实经济生活中几乎不存在可以将变动成本总额与业务量的关系描述为绝对的线性关系的例子，但这不影响我们在一定的业务量范围内假设它们之间存在这种线性关系，并以此进行成本性态分析，因为复杂的问题都是由若干个简单问题组合而成的。

【例 2-14】某公司生产甲产品，其所需的设备、场地租金等费用合计 40 000 元，月最大生产能力为 5 000 件，产量在一定范围内变动时，对单位固定成本的影响见表 2-13。

表 2-13 **固定成本总额与单位固定成本**

产量	固定成本总额（元）	单位固定成本（元）
500	40 000	80
1 000	40 000	40
2 000	40 000	20
4 000	40 000	10
5 000	40 000	8

由表中可以看出，固定成本总额不随产量变化，单位产品的固定成本随产量的增加而减少。

【例 2-15】某公司生产甲产品，月最大生产能力为 5 000 件，产量在一定范围内变动时，对单位变动成本的影响见表 2-14。

表 2-14 **变动成本总额与单位变动成本**

产量	变动成本总额（元）	单位变动成本（元）
500	5 000	10
1 000	10 000	10
2 000	20 000	10
4 000	40 000	10
5 000	50 000	10

由表中可以看出，变动成本总额随产量变化而变化，单位变动成本不随产量变化。

【练一练】根据例 2-14、例 2-15，绘制：

（1）固定成本总额和变动成本总额与产量的关系图。

（2）单位固定成本和单位变动成本与产量的关系图。

（三）混合成本

混合成本是指同时具有固定成本和变动成本两种不同性质的成本。需要注意的是，现实生活中有许多成本并没有与产量之间遵循严格的线性关系或非线性关系，人们需要对这部分成本，即混合成本按性态进行相似或相近的描述处理，即混合成本如果与变动成本的性态相似或相近，就按变动成本处理，反之就按固定成本处理，也就是通常的性态分析。混合成本经性态分析后才能为决策所用。其实，企业的总成本就是一项混合成本，是一项最大的混合成本。

根据与业务量之间的关系，混合成本可以分成以下四种类型：

(1) 半固定成本。半固定成本又称为阶梯式成本。这类成本类似于固定成本，业务量在一定范围内，发生额的数量不变；业务量超过这个范围，其发生额就会突然跳跃上升到一个新的水平，并在新的业务量增长的一定范围内保持不变，直到出现另一个新的跳跃为止。如图 2-5 所示。

(2) 半变动成本。半变动成本又称为标准式混合成本。这类成本的特点是通常有一个基数，这个基数是固定不变的，体现着固定成本习性；而在这个基数之上就会随着业务量的增加而成正比例变动，呈现出变动成本习性。这种由一部分变动成本所组成的总成本称为半变动成本。如图 2-6 所示。

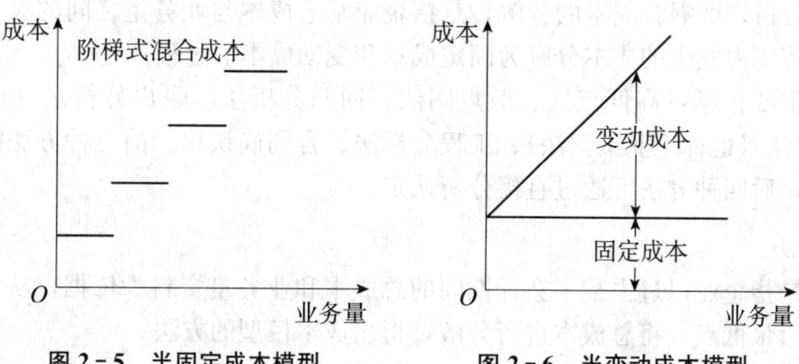

图 2-5　半固定成本模型　　图 2-6　半变动成本模型

(3) 延期变动成本。延期变动成本是指在一定的业务量范围内，成本总额保持固定不变，但一旦业务量超过一定范围，其超额部分的成本就相当于变动成本。如图 2-7 所示。

(4) 曲线变动成本。曲线变动成本通常有一个初始量，一般保持不变，相当于固定成本。在这个初始量的基础上，成本总额会随着业务量的增加呈非线性的增加，在坐标图上表现为一条抛物线。按照曲线斜率的不同变动趋势，曲线变动成本又可分为递增型曲线变动成本和递减型曲线变动成本，分别如图 2-8、图 2-9 所示。

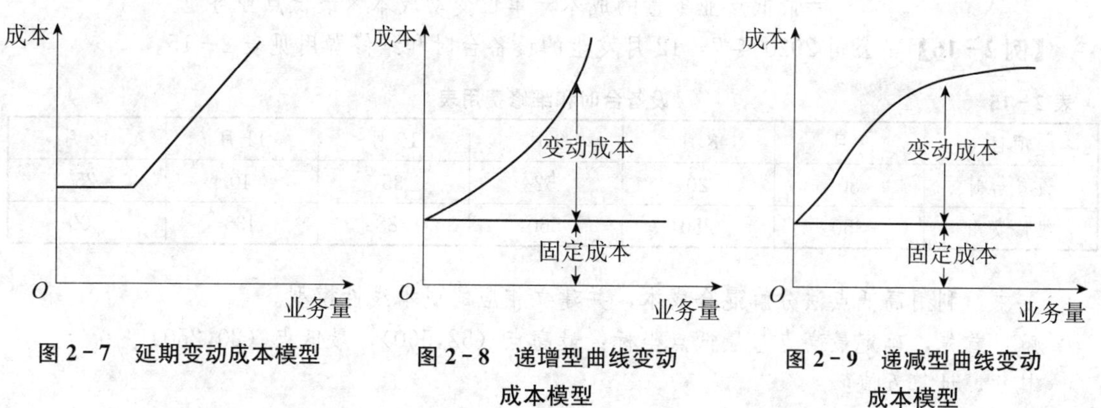

图 2-7　延期变动成本模型　　图 2-8　递增型曲线变动成本模型　　图 2-9　递减型曲线变动成本模型

三、变动成本法的适用范围

变动成本法一般适用于同时具备以下特征的企业：

(1) 企业固定成本比重较大，当产品更新换代的速度较快时，分摊计入产品成本中的固定成本比重大，采用变动成本法可以正确反映产品盈利状况；

（2）企业规模大，产品或服务的种类多，固定成本分摊存在较大困难；

（3）企业作业保持相对稳定。

四、应用程序

企业应用变动成本法，一般按照成本性态分析、变动成本计算、损益计算等程序进行。

（一）成本性态分析

成本性态分析，即混合成本的分解，是指企业基于成本与业务量之间的关系，运用技术方法，将业务范围内发生的成本分解为固定成本和变动成本的过程。

分析方法主要包括：高低点法、散点图法、回归分析法、账户分析法（也称会计分析法）、技术测定法（也称工业工程法）、工程分析法、合同确认法。前三种方法需要借助数学方法进行分解，后四种方法可通过直接分析认定。

1. 高低点法

高低点法是指企业以过去某一会计期间的总成本和业务量资料为依据，从中选取业务量最高点和业务量最低点，将总成本进行分解，得出成本模型的方法。

一般假设成本总额的直线方程式为：

$$Y=a+bx$$

单位变动成本的计算公式如下：

$$单位变动成本=\frac{最高点业务量的成本-最低点业务量的成本}{最高点业务量-最低点业务量}$$

固定成本总额＝最高点业务量的成本－单位变动成本×最高点业务量

或：

＝最低点业务量的成本－单位变动成本×最低点业务量

【例 2-16】某公司 2020 年 7—12 月发生的设备台时和维修费用见表 2-15。

表 2-15　　设备台时和维修费用表

项目	7月	8月	9月	10月	11月	12月
设备台时	30	20	52	35	40	25
维修费用	350	250	560	388	435	300

要求：利用高低点法分解混合成本，并建立相应的成本线性模型。

解：首先，确定最高点与最低点坐标：最高点（52,560），最低点（20,250）。

其次，计算 b 值：

$$b=\frac{560-250}{52-20}=\frac{310}{32}=9.69$$

计算 a 值：

$$a=560-9.69\times52=56.25$$

最后，将 a、b 值代入模型得：

$$y=a+bx=56.25+9.69x$$

注意：高低点法是利用两点连接一条直线的原理来分解混合成本的一种方法，即利用某一时期内最高业务量的混合成本与最低业务量的混合成本来进行分解的一种方法。因此，高低点坐标的选择必须以一定时期内的业务量高低而不是成本高低来确定。

值得注意的是，高低点法应用比较简单，易于理解。但由于所运用的数据来自历史资料中的高低两点，有效的参数点数太少，以此建立的成本性态分析模型可能不具有代表性，容易导致较大的计算误差，因此，这种方法只适用于成本变动趋势比较平稳的企业。

2. 散点图法

散点图法是指根据若干时期的历史资料，将其业务量和成本数据逐一在坐标图上标注，形成若干个散点，再通过目测的方法尽可能地画出一条接近所有坐标点的直线，并据以推算出固定成本总额和单位变动成本的一种成本性态分析方法。

散点图法的基本做法是：

(1) 以横轴代表业务量 (x)，以纵轴代表混合成本 (Y)，将各种业务量水平下的混合成本逐一标明在坐标图上。

(2) 通过目测，在各成本点之间画出一条反映成本变动平均趋势的直线。

(3) 这条直线与纵轴的交点就是固定成本，斜率就是单位变动成本。

利用散点图来确定反映成本变动趋势的直线，由于综合考虑了一系列观察点上的成本与产量的依存关系，比起高低点法，计算结果比较准确。但它所得到的反映成本变动趋势的直线是通过目测在各个成本点之间进行绘制的，容易因人而异，所以计算结果的主观性较强。

【例 2-17】 假定某企业某年 12 个月的电解工时（产量）和电解费用（电费）支出的有关数据见表 2-16。

表 2-16 **电解费用表**

月份	产量	电费
1	800	2 000
2	600	1 700
3	900	2 250
4	1 000	2 550
5	800	2 150
6	1 100	2 750
7	1 000	2 460
8	1 000	2 520
9	900	2 320
10	700	1 950
11	1 100	2 650
12	1 200	2 900

采用散点图法对该企业的电费进行分解如下：

第一步，在平面直角坐标系中标出电解成本的散布点。具体来说，就是以横轴代表产量，以纵轴代表电费，标出该企业 12 个月不同工时下的用电成本点。

第二步，通过目测，在坐标图中画出一条能反映用电成本平均变动趋势的直线。这样，用电这项混合成本的性态就可以通过坐标图的方式来表达，如图 2－10 所示。

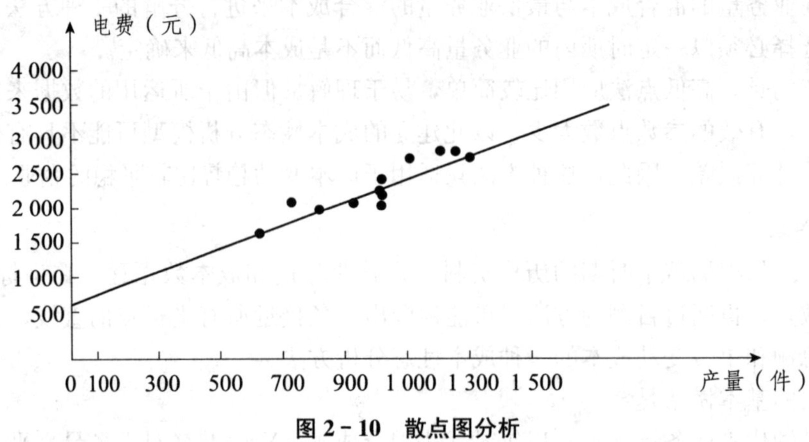

图 2－10 散点图分析

第三步，确定固定成本 a，即所画直线与纵轴的交点，本图所示为 600 元。

第四步，计算单位变动成本，即所画直线的斜率。根据所画直线，选择相关范围内任一产量，即可得出相应的电费。若选产量为 800 件，电费按坐标图量得为 2 180 元，则单位变动成本为：

$$b=\frac{y-a}{x}=\frac{2\,180-600}{800}=1.975\text{（元/件）}$$

根据散点图法得到 a 和 b 的值后，电费这项混合成本可用数学模型表示为：

$$y=600+1.975x$$

根据模型可知：在相关范围内，可以根据产量测算电费，也可以根据电费测算产量。例如：当产量为 1 040 件时，成本为：600＋1.975×1 040＝2 654（元）。

散点图法由于将全部成本数据均作为描述成本习性的依据，其准确程度比高低点法高。但因为其采用目测的方法得出固定成本，准确性受绘图人员的技术影响较大，所以计算结果也具有一定的不准确性。

【练一练】沿用例 2－16 的资料，要求：分别采用高低点法和散点图法进行成本性态分析。

3. 回归分析法

回归分析法是指企业根据过去一定期间的业务量和混合成本的历史资料，应用最小二乘法原理，计算最能代表业务量与混合成本关系的回归直线，借以确定混合成本中固定成本和变动成本的方法。

假设混合成本符合总成本模型，计算公式如下：

$$y=a+bx$$

式中，a 为固定成本部分；b 为单位变动成本；x 为产量数。回归分析法的结果较为精确，但计算较为复杂。

回归分析法又称最小二乘法。最小二乘法就是利用数理统计中常用的最小二乘法的原理，对所观测到的全部数据加以计算，从而勾画出最能代表平均成本水平的直线。这条通过回归分析而得到的直线叫作回归直线，它的截距就是固定成本，斜率就是单位变动成本。假设直线方程为 $y=a+bx$，最小二乘法利用回归直线的误差平方和最小的原理来进行分解，所以其计算结果最为准确，计算公式如下：

$$a=\frac{\sum y-b\sum x}{n}$$

$$b=\frac{n\sum xy-\sum x\sum y}{n\sum x^2-(\sum x)^2}$$

将 a、b 代入函数关系式：$y=a+bx$，求得成本模型函数。

【例 2-18】接例 2-17，采用回归分析法进行分析（见表 2-17）。

表 2-17　　回归分析计算表

月份 n	产量 x（件）	费用 y（元）	xy	x^2
1	800	2 000	1 600 000	640 000
2	600	1 700	1 020 000	360 000
3	900	2 250	2 025 000	810 000
4	1 000	2 550	2 550 000	1 000 000
5	800	2 150	1 720 000	640 000
6	1 100	2 750	3 025 000	1 210 000
7	1 000	2 460	2 460 000	1 000 000
8	1 000	2 520	2 520 000	1 000 000
9	900	2 320	2 088 000	810 000
10	700	1 950	1 365 000	490 000
11	1 100	2 650	2 915 000	1 210 000
12	1 200	2 900	3 480 000	1 440 000
合计	11 100	28 200	26 768 000	10 610 000

解：(1) 计算 a、b 所需的有关数据。

(2) 将数据代入公式，分别确定 a、b 值，代入函数式，得成本模型函数：

$$b=\frac{12\times 26\ 768\ 000-11\ 100\times 28\ 200}{12\times 10\ 610\ 000-123\ 210\ 000}=1.99$$

$$a=\frac{28\ 200-1.99\times 11\ 100}{12}=509.25$$

$$y=a+bx=509.25+1.99x$$

4. 账户分析法

账户分析法是指企业根据有关成本、费用账户及其明细账的内容，结合其与产量的依存关系，判断其比较接近的成本类别，将其视为该类成本，从而确定成本性态的一种成本分解方法。账户分析法较为简便易行，但比较粗糙且带有主观判断。

【例 2-19】以某企业的某一生产车间作为分析对象，假设某月的成本数据见表 2-18。

表 2-18　　成本表　　单位：元

账户	总成本
生产成本——材料	240 000
——职工薪酬	30 000

续前表

账户	总成本
制造费用——燃料、动力	12 000
——职工薪酬	4 000
——修理费	8 000
——折旧费	20 000
——办公费	6 000
合计	320 000

如果该车间只生产单一产品，那么本月发生的320 000元费用将全部构成该产品的成本。如果生产多种产品，假定上述属于共同费用的数据是在合理进行分析的基础上得到的，有关成本的分解过程见表2-19。

表2-19　　成本计算表

账户	总成本	固定成本	变动成本
生产成本——直接材料	240 000		240 000
——直接人工	30 000		30 000
制造费用——燃料、动力	12 000		12 000
——管理人员工资	4 000		4 000
——修理费	8 000		8 000
——折旧费	20 000	20 000	
——办公费	6 000	6 000	
合计	320 000	26 000	294 000

表2-19的分解理由是：直接材料和直接人工（即“生产成本”账户项目）通常为变动成本；燃料动力费、修理费、间接人工费虽然不与产量的变动成正比例变动关系，但有明显的变动关系，所以也确定为变动成本；折旧费和办公费与产量变动没有明显关系，因而确定为固定成本。不难看出，上述分解过程是在既定的假设条件下进行的：假设生产工人的工资实行计件工资制，那么直接人工就是变动成本；假设生产设备的折旧额不是按加工量或加工时间计算的，那么折旧费就是固定成本。如果假设条件不是这样的，分解的结果当然就不一样了。不过，相对于特定的分解对象而言，相应的假设条件由于经常使用而约定俗成为既定前提了，所以对于一些常见的成本费用，如直接材料、直接人工等，可以依据前述的既定前提，直接将其确定为固定成本或变动成本。

根据表2-19，该车间的总成本被分解为固定成本和变动成本两部分，其中：

$$a=26\,000\text{（元）}$$

设该车间当月产量为1 000件，那么：

$$b=\frac{294\,000}{1\,000}=294\text{（元/件）}$$

以数学模型来描述该车间的总成本，即：

$$y=26\,000+294x$$

账户分析法是混合成本分解的诸多方法中最为简便的一种，也是相关决策分析中应用比较广泛的一种。但由于其分析结果的可靠性在很大程度上取决于有关分析人员的判断能力，因而不可避免地带有一定的片面性和局限性。就账户分析法的对象而言，这一方法通常用于特定期间总成本的分解，而对成本性态的确认通常也只限于成本性态相对比较典型的成本项目，而对于成本性态不那么典型的成本项目，则应该选择其他成本分解方法。

5. 技术测定法

技术测定法是指企业根据生产过程中各种材料和人工成本消耗量的技术测定来划分固定成本和变动成本的方法。技术测定法仅适用于投入成本和产出数量之间有规律性联系的成本分解。

6. 工程分析法

工程分析法又称为技术测定法（Technique Determine Approach），是运用工业工程的研究方法来研究影响各有关成本数额大小的每个因素，并在此基础上直接估算出固定成本和单位变动成本的一种成本分解方法。

工程分析法分解成本的基本步骤为：

(1) 确定研究的成本情景；

(2) 对导致成本形成的生产过程进行观察与分析；

(3) 确定生产过程的最佳操作方法；

(4) 以最佳操作方法为标准方法，测定标准方法下成本情景的每一个构成内容，并按成本性态分别确定为固定成本和变动成本。

工程分析法的特点有：

(1) 作为一种独立的分析方法，不需要依赖历史成本数据；

(2) 是从投入与产出之间的关系入手的，可以排除一些无效支出或不正常的支出；

(3) 采用工程分析法所得到的分析结果，更有利于标准成本的制定和预算的编制；

(4) 分析成本较高，人工投入较大；

(5) 对于不能直接将其归属于特定投入与产出过程的成本，或者不能单独进行观察的联合过程中的成本，如间接成本的分解，不能采用该方法。

【例 2-20】某元件制造车间对精密金属零件采取一次成型、电炉烧结的方法进行加工。如果以电费作为成本研究对象，经研究发现电费成本与电炉的预热和烧结两个过程的操作有关。按照最佳的操作方法，电炉从开始预热至达到可烧结的温度需耗电 2 000 千瓦时，烧结每千克零件耗电 600 千瓦时。每一个工作日加工一班，每班电磁炉预热一次，全月共 22 个工作日。电费价格为 0.8 元/千瓦时。

设每月电费总成本为 y，每月固定电费成本为 a，单位电费成本为 b，烧结零件重量为 x，则有：

$a=22\times 2\,000\times 0.8=35\,200$（元）

$b=600\times 0.8=480$（元）

该车间电费总成本分解的数学模型即为：

$y=35\,200+480x$

【练一练】某企业注塑车间的工作任务是熔化纤维溶液，其程序是先加热熔炉，然后熔化固体纤维供注丝使用。每次点炉要用点火煤 3 千克，焦炭 200 千克。熔化 1 吨纤维使用焦炭 80 千克，每个工作日点炉 1 次，全月

2-3
【练一练】答案

工作22天，点火煤单价为每千克3元，焦炭单价为每千克4.5元。求成本和产量的关系。

7. 合同确认法

合同确认法是指企业根据订立的经济合同或协议中关于支付费用的规定，来确认并估算哪些项目属于变动成本、哪些项目属于固定成本的方法。合同确认法一般要配合账户分析法使用。

【例2-21】某公司与供电局签订合同，规定该公司每月需支付供电局变压器维修费1 000元，每月用电额度50 000度，每度1.2元。若该公司每月照明平均用电1 500度，另生产产品平均每件耗电4度，则该公司电费的总成本公式为：

$$y=(1\ 000+1\ 500\times 1.2)+1.2\times 4x=2\ 800+4.8x$$

式中，x为该企业生产产品的数量，其中：$4x+1\ 500\leqslant 50\ 000$。

该方法的优点是分析比较准确，划分标准明晰；但是，其应用范围较小，只能用于已签订合同的项目，故具有一定的局限性。

综上所述，变动成本法通常用于分析各种产品的盈利能力，为正确制定经营决策，并科学进行成本计划、成本控制和成本评价与考核等工作提供有用信息。

（二）变动成本计算

在变动成本法下，为加强短期经营决策，按照成本性态，企业的生产成本分为变动生产成本和固定生产成本，非生产成本分为变动非生产成本和固定非生产成本。其中，只有变动生产成本才构成产品成本，其随产品实体的流动而流动，随产量变动而变动。

【例2-22】假设企业本年度只生产一种产品，生产量为5 000件，销售量为4 500件，期初存货量为0。销售单价为50元，直接材料成本为25 000元，直接人工成本为45 000元，单位变动制造费用为6元，固定制造费用为380 000元，单位变动销售及管理费用为4元，固定销售及管理费用为20 000元。

期末存货成本=(25 000÷5 000+45 000÷5 000+6)×500=10 000（元）

请注意，变动成本法下的成本构成与完全成本法下的成本构成有很大区别，见图2-11。

（三）利润计算

在变动成本法下，利润的计算通常采用贡献式利润表。该表一般应包括营业收入、变动成本、边际贡献、固定成本、利润等项目。其中，变动成本包括变动生产成本和变动非生产成本两部分，固定成本包括固定生产成本和固定非生产成本两部分。贡献式利润表中的利润计算包括以下两个步骤：

2-4 完全成本与变动成本的比较

1. 计算边际贡献总额

边际贡献也称为贡献边际、创利额，是指产品的销售收入减去相应的变动成本的差额。每种产品的边际贡献并不是企业的最终利润，但它可以反映每种产品创造利润的能力。

边际贡献总额的计算公式为：

边际贡献总额=营业收入总额-变动成本总额
=销售单价×销售量-单位变动成本×销售量
=(销售单价-单位变动成本)×销售量
=单位边际贡献×销售量

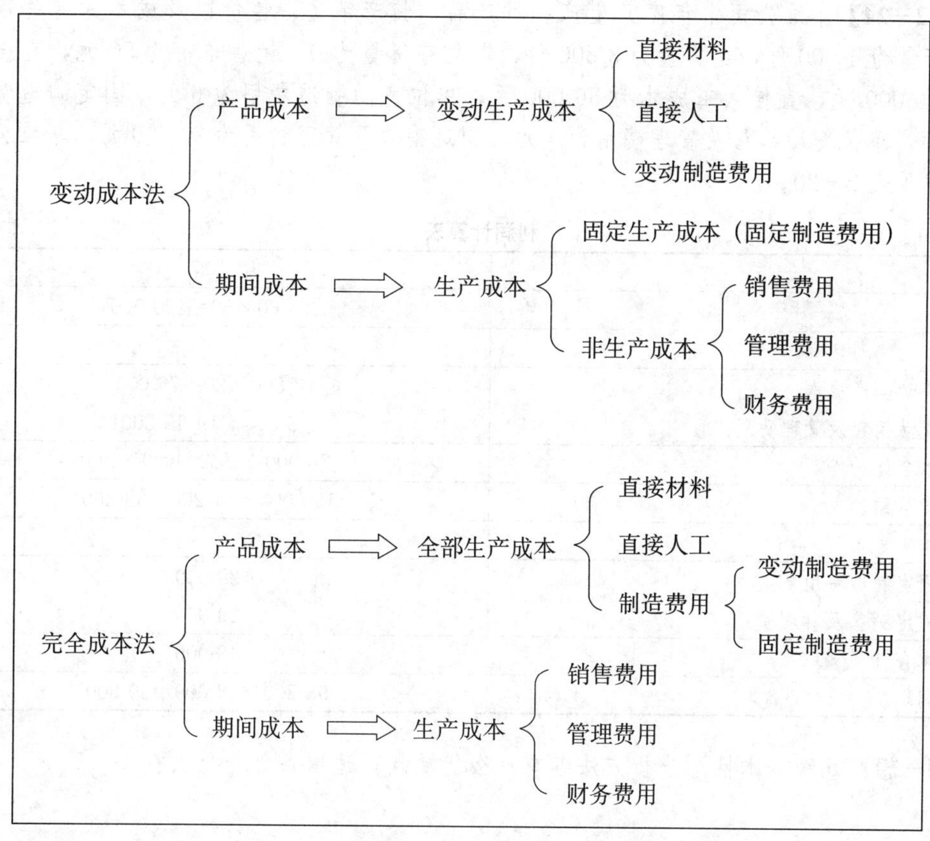

图 2-11　变动成本法与完全成本法下的成本构成

边际贡献有两种表现形式：单位边际贡献和边际贡献总额。

单位边际贡献(cm)＝销售单价(p)－单位变动成本(b)

边际贡献总额(Tcm)＝销售收入总额(px)－变动成本总额(bx)＝$(p-b)x$

2. 边际贡献率和变动成本率

边际贡献率是边际贡献额与销售收入的比率。用公式表示为：

边际贡献率＝边际贡献总额(Tcm)÷销售收入总额(px)

＝单位边际贡献(cm)÷销售单价(p)

变动成本率是变动成本额与销售收入的比率。用公式表示为：

变动成本率＝变动成本总额(bx)÷销售收入总额(px)

＝单位变动成本(b)÷销售单价(p)

【想一想】边际贡献率与变动成本率之间有何联系？

【例 2-23】某产品的边际贡献率为 40%，单位变动成本为 20 元，单价为 30 元，则：

边际贡献率＝(30－20)÷30＝33.33%（元）

变动成本率＝20÷30＝66.67%

3. 计算当期利润

利润的计算公式为：

利润＝边际贡献总额－固定成本总额

【例 2－24】华淮公司本年度只生产一种产品，其产销量、售价以及成本的有关资料如下：生产量为 4 000 件，销售量为 3 800 件，期初存货量为 0。销售单价为 50 元，直接材料成本为 20 000 元，直接人工成本为 36 000 元，单位变动制造费用为 6 元，固定制造费用为 28 000 元，单位变动销售及管理费用为 4 元，固定销售及管理费用为 20 000 元。华淮公司的利润计算见表 2－20。

表 2－20　　利润计算表　　单位：元

项目	内容
销售收入	3 800×50＝190 000
变动成本	
其中：变动生产成本 变动销售及管理费用	3 800×20＝76 000 3 800×4＝15 200
变动成本合计	76 000＋15 200＝91 200
边际贡献总额	190 000－91 200＝98 800
固定成本	
其中：固定制造费用 固定销售及管理费用	28 000 20 000
固定成本合计	48 000
营业利润	98 800－48 000＝50 800

【想一想】几种成本性态分析方法各有什么优缺点？适用条件是什么？

五、其他成本概念

1. 机会成本

机会成本是指因失去某一机会而失去的收益。即在企业进行经营决策时，必须从多个备选方案中选择某一最优方案，而放弃其他方案，此时被放弃的方案所产生的收益就被称为已选中方案的机会成本。也就是说，不选其他方案的代价，是放弃方案的获利可能。

例如：某厂有间门面房，如果出租，每年租金 40 000 元，如果自营，每年可净获利 50 000 元。如果选择用于自营，租金收入就是自营业务的机会成本，应由自营业务负担。结论：自营业务比出租业务多收益 10 000 元。

2. 边际成本

边际成本是指追加的单位产量变化引起的成本变化值。在相关范围内，增减单位产量的单位变动成本和边际成本一致。注意：边际成本与变动成本是有区别的，前者是 1 个单位产量所追加的实际成本，后者反映的是增加单位产量所追求的平均变动额。

例如：企业产量为 101 件至 110 件时，每增加 1 件，需增加成本 3 元，此时，边际成本为 3 元；企业产量为 111 件至 120 件时，每增加 1 件，需增加成本 5 元，此时，边际成本为 5 元。

3. 沉没成本

沉没成本是指过去已经发生，且对现在或将来决策都无影响的成本，即无法由现在或将来的任何决策所改变的成本。

例如：公司研发 A 产品时，做了市场需求调查，共花费 10 万元。后期公司无论生产与否，都不会改变已经花费的调查费用。这里市场调查费用就是沉没成本。可见，沉没成本在以前经营活动中已经支付现金，而在现在或将来经营期间摊入成本费用的支出，如固定资产、无形资产等均属于企业的沉没成本。

4. 相关成本

相关成本是指对决策有影响的各种形式的未来成本，如机会成本、边际成本、付现成本、专属成本、差量成本等。对决策没有影响，在决策时不予考虑的成本称为无关成本。需要注意的是，某项成本是相关成本还是无关成本，需结合具体决策来判断。

例如：企业有剩余生产能力 4 000 工时，准备开发甲产品或乙产品，此时设备的折旧、使用费用等成本就是无关成本；如果决策内容是出租而不是自己生产，那么这些设备的成本就是相关成本，至少需要考虑与收入的差的大小。

【想一想】小张的商铺如果出租，年租金 30 000 元，自己可以另外打工，月净收入 1 500 元；如果自己经营，每月收入 20 000 元，成本与各项费用需要 16 200 元。小张该怎么办呢？

※ 任务训练 ※

一、单项选择题

1. 下列各项中，能构成变动成本法产品成本内容的是(　　)。

A. 变动成本　B. 固定成本　C. 生产成本　D. 变动生产成本

2. 下列费用中属于酌量性固定成本的是(　　)。

A. 房屋及设备租金　B. 技术研发费

C. 行政管理人员的薪金　D. 不动产税金

3. 若本期完全成本法计算下的利润小于变动成本法计算下的利润，则(　　)。

A. 本期生产量大于本期销售量　B. 本期生产量等于本期销售量

C. 期末存货量大于期初存货量　D. 期末存货量小于期初存货量

4. 下列各项中，能构成变动成本法产品成本内容的是(　　)。

A. 技术开发费　B. 职工教育经费　C. 职工培训费　D. 按量计酬的工资

5. 在 $Y=a+(\quad)X$ 中，Y 表示总成本，a 表示固定成本，X 表示销售额，则 X 的系数应是(　　)。

A. 单位变动成本　B. 单位边际贡献　C. 变动成本率　D. 边际贡献率

6. 在变动成本法下，其利润表所提供的中间指标是(　　)。

A. 营业毛利　B. 边际贡献　C. 营业利润　D. 期间成本

7. 下列项目中，不能列入变动成本法下的产品成本的是(　　)。

A. 直接材料　B. 直接人工　C. 固定制造费用　D. 变动制造费用

8. 单位产品售价减去单位变动成本的差额称为(　　)。

A. 单位收入　B. 单位利润　C. 单位边际贡献　D. 单位边际贡献率

9. 按照管理会计的解释，成本的相关性是指(　　)。

A. 与决策方案有关的成本特性　B. 与控制标准有关的成本特性

C. 与资产价值有关的成本特性　D. 与归集对象有关的成本特性

10. 在变动成本法下，固定制造费用最终应当在利润表中列作(　　)。

A. 非生产成本　　B. 期间成本　　C. 产品成本　　D. 直接成本

11. 已知2020年某企业按变动成本法计算的营业利润为13 500元，假定2021年固定成本与2020年相同，产品单价及成本水平都不变，但产量有所提高，则该年按变动成本法计算的营业利润(　　)。

A. 必然大于13 500元　　B. 必然等于13 500元

C. 必然小于13 500元　　D. 可能等于13 500元

12. 如果完全成本法的期末存货吸收的固定制造费用大于期初存货释放的固定制造费用，则两种方法计算的营业利润的差额(　　)。

A. 一定等于零　　B. 可能等于零　　C. 一定大于零　　D. 一定小于零

13. 如果某期按变动成本法计算的营业利润为5 000元，该期产量为2 000件，销售量为1 000件，期初存货为0，固定制造费用总额为2 000元，则按完全成本法计算的营业利润为(　　)。

A. 0元　　B. 1 000元　　C. 5 000元　　D. 6 000元

14. 如果完全成本法的期末存货成本比期初存货成本多20 000元，而变动成本法的期末存货成本比期初存货成本多8 000元，则可断定两种成本法的广义营业利润之差为(　　)。

A. 8 000元　　B. 12 000元　　C. 28 000元　　D. 20 000元

二、多项选择题

1. 混合成本的分解方法主要包括(　　)。

A. 高低点法　　B. 回归分析法

C. 账户分析法（也称会计分析法）　　D. 技术测定法（也称工业工程法）

2. 变动成本法一般适用于同时具备以下特征的企业(　　)。

A. 企业固定成本比重较大，当产品更新换代的速度较快时，分摊计入产品成本中的固定成本比重大，采用变动成本法可以正确反映产品盈利状况

B. 企业规模大，产品或服务的种类多，固定成本分摊存在较大困难

C. 企业作业保持相对稳定

D. 企业规模不大，产品或服务的种类多，固定成本分摊存在较大困难

3. 完全成本法与变动成本法的区别在于(　　)。

A. 应用的前提条件不同　　B. 产品成本构成内容不同

C. 对固定成本的认识与处理方法不同　　D. 常用的销货成本计算公式不同

4. 在相关范围内，固定不变的是(　　)。

A. 固定成本　　B. 单位产品固定成本

C. 变动成本　　D. 单位变动成本

5. 下列各项中，属于变动成本特征的有(　　)。

A. 在相关范围内，其成本总额不受产量增减变动影响

B. 在相关范围内，其成本总额随着产量的增减成比例变动

C. 在相关范围内，其单位产品成本不受产量变动的影响而保持不变

D. 成本总额的变动与产量的变动不保持严格的比例

E. 其单位产品成本随着产量的增加而相应减少

6. 在不考虑其他附加条件的情况下，完全成本法下期末存货吸收的固定制造费用与期初存货释放的固定制造费用相比，（ ）。

A. 前者等于后者，广义营业利润差额等于零

B. 前者大于后者，广义营业利润差额大于零

C. 前者小于后者，广义营业利润差额小于零

D. 前者大于后者，广义营业利润差额小于零

7. 下列各项成本中，决策中常作为相关成本考虑的是（ ）。

A. 机会成本 B. 边际成本 C. 付现成本 D. 专属成本

8. 下列费用中，属于约束性固定成本的有（ ）。

A. 折旧费 B. 保险费 C. 广告费 D. 财产税

三、实务题

1. 光华厂 2019 年 1—6 月检验费的有关资料见表 2-21。

表 2-21 检验费与业务量

月份	业务量/kg	检验费/元
1	4 100	560
2	4 300	575
3	5 100	660
4	4 200	565
5	3 800	530
6	4 200	570

要求：分别用高低点法、回归分析法、散点图法进行成本分析。

2. 某企业的设备维修费与业务量的关系见表 2-22。

表 2-22 设备维修费与业务量

月份	业务量/机器小时	维修费/元
7	7	130
8	9	135
9	5	105
10	8	125
11	10	140
12	6	120

要求：采用回归分析法计算出设备维修费混合成本的直线方程。

3. 假设新亚公司只生产销售一种产品，有关资料如下：

(1) 2018 年产量为 8 000 件，销售量为 7 000 件，年初无存货，年末存货量为 1 000 件。

（2）已知销售单价为100元/件。

（3）直接材料为30元/件，直接人工为20元/件，变动制造费用为10元/件，固定制造费用为80 000元/年，变动销售费用为2元/件，固定销售费用为4 000元/年，固定管理费用为2 000元/年。

要求：分别用变动成本法和全部成本法计算企业的产品成本、期间成本、销货成本、期末存货成本及营业利润。

熟悉作业成本法的原理与运用

一、作业成本法的相关概念

1. 作业

作业是指企业基于特定目的而重复执行的任务或活动，是连接资源和成本对象的桥梁。一项作业既可以是一项非常具体的任务或活动，也可以泛指一类任务或活动。

按消耗对象不同，作业可分为主要作业和次要作业。主要作业是被产品、服务或客户等最终成本对象消耗的作业，次要作业是被原材料、主要作业等处于中间地位的成本对象消耗的作业。成本对象是指企业追溯或分配资源费用、计算成本的对象物。成本对象可以是工艺、流程、零部件、产品、服务、分销渠道、客户、作业、作业链等需要计量和分配成本的项目。

2. 资源费用

资源费用是指企业在一定期间内开展经济活动所发生的各项资源耗费。资源费用既包括房屋及建筑物、设备、材料、商品等有形资源的耗费，也包括信息、知识产权、土地使用权等各种无形资源的耗费，还包括人力资源耗费以及其他各种税费支出等。

3. 作业成本法

作业成本法是指以“作业消耗资源、产出消耗作业”为原则，按照资源动因将资源费用追溯或分配至各项作业，计算出作业成本，然后再根据作业动因，将作业成本追溯或分配至各成本对象，最终完成成本计算的成本管理方法。相对于传统成本计算，作业成本法更注重成本信息对决策的作用。

作业成本法一般适用于具备以下特征的企业：作业类型较多且作业链较长，同一生产线生产多种产品，企业规模较大且管理层对产品成本准确性要求较高，产品、客户和生产过程多样化程度较高，间接或辅助资源费用所占比重较大等。

4. 成本动因

成本动因是指诱导成本发生的原因，是成本对象与其直接关联的作业和最终关联的资源之间的中介。按其在资源流动中所处的位置和作用，成本动因可分为资源动因和作业动因。

5. 资源动因

资源动因是引起资源耗用的成本动因，它反映了资源耗用与作业量之间的因果关系。资源动因的选择与计量为将各项资源费用归集到作业中心提供了依据。

企业应识别当期发生的每一项资源消耗，分析资源耗用与作业中心作业量之间的因果关系，选择并计量资源动因。企业一般应选择那些与资源费用总额成正比例关系变动的资源动因作为资源费用分配的依据。

6. 作业成本归集

作业成本归集是指企业根据资源耗用与作业之间的因果关系，将所有的资源成本直接追溯或按资源动因分配至各作业中心，计算各作业总成本的过程。

二、作业成本法的应用目标

（1）通过追踪所有资源费用到作业，然后再到流程、产品、分销渠道或客户等成本对象，提供全口径、多维度的更加准确的成本信息。

（2）通过作业认定、成本动因分析以及对作业效率、质量和时间的计量，更真实地揭示资源、作业和成本之间的联动关系，为资源的合理配置以及作业、流程和作业链（或价值链）的持续优化提供依据。

（3）通过作业成本法提供的信息及其分析，为企业更有效地开展规划、决策、控制、评价等各种管理活动奠定坚实的基础。

三、应用程序

企业应用作业成本法，一般按照资源识别及资源费用的确认与计量、成本对象选择、作业认定、作业中心设计、资源动因的选择与计量、作业成本的汇集、作业动因的选择与计量、作业成本分配、作业成本信息报告等程序进行。

2-5 Sorensen公司订单处理的作业成本分析

（一）资源识别及资源费用的确认与计量

资源识别及资源费用的确认与计量，是指识别出由企业拥有或控制的所有资源，遵循国家统一的会计制度，合理选择会计政策，确认和计量全部资源费用，编制资源费用清单，为资源费用的追溯或分配奠定基础。资源费用清单一般应分部门列示当期发生的所有资源费用，其内容要素一般包括发生部门、费用性质、所属类别、受益对象等。

资源识别及资源费用的确认与计量应由企业的财务部门负责，在基础设施管理、人力资源管理、研究与开发、采购、生产、技术、营销、服务、信息等部门的配合下完成。

（二）成本对象选择

在作业成本法下，企业应将当期所有的资源费用，遵循因果关系和受益原则，根据资源动因和作业动因，分项目经由作业追溯或分配至相关的成本对象，确定成本对象的成本。企业应根据国家统一的会计制度，并考虑预算控制、成本管理、营运管理、业绩评价以及经济决策等方面的要求确定成本对象。

（三）作业认定

1. 作业认定的含义

作业认定是指企业识别由间接或辅助资源执行的作业集，确认每一项作业完成的工作以及执行该作业所耗费的资源费用，并据以编制作业清单的过程。

作业认定的内容主要包括对企业每项消耗资源的作业进行识别、定义和划分，确定每项作业在生产经营活动中的作用、同其他作业的区别以及每项作业与耗用资源之间的关系。

2. 作业认定的形式

作业认定一般包括以下两种形式：

（1）根据企业生产流程，自上而下进行分解。

（2）通过与企业每一部门负责人和一般员工进行交流，自下而上地确定他们所做的工作，并逐一认定各项作业。

企业一般应将两种形式相结合，以保证全面、准确地认定作业。

3. 作业认定的方法

作业认定的方法一般包括调查表法和座谈法。

（1）调查表法，是指通过向企业全体员工发放调查表，并通过分析调查表来认定作业的方法。

（2）座谈法，是指通过与企业员工的面对面交谈，来认定作业的方法。

企业一般应将两种方法相结合，以保证全面、准确地认定全部作业。

企业对认定的作业应加以分析和归类，按顺序列出作业清单或编制出作业字典。作业清单或作业字典一般应当包括作业名称、作业内容、作业类别、所属作业中心等内容。

（四）作业中心设计

作业中心设计是指企业将认定的所有作业按照一定的标准进行分类，形成不同的作业中心，作为资源费用追溯或分配对象的过程。作业中心可以是某一项具体的作业，也可以是由若干个相互联系的能够实现某种特定功能的作业的集。

（五）资源动因的选择与计量

1. 资源动因的选择

为便于将资源费用直接追溯或分配至各作业中心，企业还可以按照资源与不同层次作业的关系，将资源分为如下五类，便于对资源动因进行选择。

（1）产量级资源。包括为单个产品（或服务）所取得的原材料、零部件、人工、能源等。

（2）批别级资源。包括用于生产准备、机器调试的人工等。

（3）品种级资源。包括为生产某一种产品（或服务）所需的专用化设备、软件或人力等。

（4）客户级资源。包括为服务特定客户所需要的专门化设备、软件和人力等。

（5）设施级资源。包括土地使用权、房屋及建筑物，以及所保持的不受产量、批别、产品、服务和客户变化影响的人力资源等。

2. 资源动因的计量

对产量级资源费用，应直接追溯至各作业中心的产品等成本对象。对于其他级别的资源费用，应选择合理的资源动因，按照各作业中心的资源动因量比例，分配至各作业中心。企业为执行每一种作业所消耗的资源费用的总和，构成该种作业的总成本。

（六）作业成本的汇集

按不同的标准，将作业进行分类，便于根据成本计算、分析的需要进行汇集。

1. 作业的分类方式

企业可按照受益对象、层次和重要性，将作业分为以下五类，并分别设计相应的作业中心：

（1）产量级作业，是指明确地为个别产品（或服务）实施的、使单个产品（或服务）受益的作业。该类作业的数量与产品（或服务）的数量成正比例变动。包括产品加工、检验等。

（2）批别级作业，是指为一组（或一批）产品（或服务）实施的、使该组（或批）产品（或服务）受益的作业。该类作业的发生是由生产的批量数而不是单个产品（或服务）引起的，其数量与产品（或服务）的批量数成正比例变动。包括设备调试、生产准备等。

（3）品种级作业，是指为生产和销售某种产品（或服务）实施的、使该种产品（或服务）的每个单位都受益的作业。该类作业用于产品（或服务）的生产或销售，但独立于实际产量或批量，其数量与品种的多少成正比例变动。包括新产品设计、现有产品质量与功能改进、生产流程监控、工艺变换需要的流程设计、产品广告等。

（4）客户级作业，是指为服务特定客户所实施的作业。该类作业保证企业将产品（或服务）销售给个别客户，但作业本身与产品（或服务）数量独立。包括向个别客户提供的技术支持活动、咨询活动、独特包装等。

（5）设施级作业，是指为提供生产产品（或服务）的基本能力而实施的作业。该类作业是开展业务的基本条件，其使所有产品（或服务）都受益，但与产量或销量无关。包括管理作业、针对企业整体的广告活动等。

2. 作业成本汇集的原则

作业成本汇集应遵循如下原则：

（1）对于为执行某种作业而直接消耗的资源，应直接追溯至该作业中心；

（2）对于为执行两种或两种以上作业而共同消耗的资源，应按照各作业中心的资源动因量比例分配至各作业中心。

（七）作业动因的选择与计量

作业动因是引起作业耗用的成本动因，反映了作业耗用与最终产出的因果关系，是将作业成本分配到流程、产品、分销渠道、客户等成本对象的依据。

在作业中心仅包含一种作业的情况下，所选择的作业动因应该是引起该作业耗用的成本动因；在作业中心由若干个作业集合而成的情况下，企业可采用回归分析法或分析判断法，分析比较各具体作业动因与该作业中心成本之间的相关关系，选择相关性最大的作业动因，即代表性作业动因，作为作业成本分配的基础。

作业动因需要在交易动因、持续时间动因和强度动因间进行选择。其中，交易动因是指用执行频率或次数计量的成本动因，包括接受或发出订单数、处理收据数等；持续时间动因是指用执行时间计量的成本动因，包括产品安装时间、检查小时等；强度动因是指不易按照频率、次数或执行时间进行分配而需要直接衡量每次执行所需资源的成本动因，包括特别复杂产品的安装、质量检验等。企业如果每次执行作业所需要的资源数量相同或接近，应选择交易动因；如果每次执行作业所需要的时间存在显著的不同，应选择持续时间动因；如果作业的执行比较特殊或复杂，应选择强度动因。对于选择的作业动因，企业应采用相应的方法和手段进行计量，以取得作业动因量的可靠数据。

【想一想】 什么是资源，什么是作业？资源、作业、产出之间有什么联系，是怎样联系的？

（八）作业成本分配

作业成本分配是指企业将各作业中心的作业成本按作业动因分配至产品等成本对象，并结合直接追溯的资源费用，计算出各成本对象的总成本和单位成本的过程。

【例 2-25】 富达服装厂采用作业成本法核算产品成本。该企业某月发生直接材料成本 32 000 元，其中甲产品耗用 18 000 元，乙产品耗用 14 000 元；直接人工成本 19 000 元，其中甲产品应负担 11 000 元，乙产品应负担 8 000 元；制造费用 56 000 元，经分析该企业的作业情况见表 2-23；甲、乙产品的工时耗用为甲每件 4 工时、乙每件 5 工时。制造费用按工时比例分配。

表 2-23　成本作业资料

作业中心	资源分配	成本动因（作业动因）	动因量（即作业量）	
			甲产品	乙产品
材料整理	14 000 元	处理材料批数	10 批	30 批
质量检测	10 000 元	检测次数	10 次	15 次
机器调试	20 000 元	调试次数	80 次	120 次
使用机器	12 000 元	机器小时数	20 小时	80 小时

要求：

（1）计算各作业中心的动因率（即作业分配率）。

（2）假定该企业的当月产量为甲产品 500 件，乙产品 400 件，期初、期末在产品为零，计算这个月的完工产品总成本和完工产品单位成本。

解：（1）计算成本动因率，见表 2-24。

表 2-24　计算成本动因率

作业中心	资源分配	成本动因	动因量			动因率
			甲产品	乙产品	合计	
材料整理	14 000	处理材料批数	10	30	40	350
质量检测	10 000	检测次数	10	15	25	400

续前表

作业中心	资源分配	成本动因	动因量			动因率
			甲产品	乙产品	合计	
机器调试	20 000	调试次数	80	120	200	100
使用机器	12 000	机器小时数	20	80	100	120

（2）按动因率分配各资源成本到产品，见表2-25。

表2-25　　按动因率分配资源成本

作业中心	动因量		动因率	资源成本分配	
	甲产品	乙产品		甲产品	乙产品
材料整理	10	30	350	3 500	10 500
质量检测	10	15	400	4 000	6 000
机器调试	80	120	100	8 000	12 000
使用机器	20	80	120	2 400	9 600
合计				17 900	38 100

（3）计算变动成本法下的完工产品总成本和单位成本，见表2-26。

表2-26　　变动成本法下完工产品总成本和单位成本

	甲产品	乙产品
直接材料	18 000	14 000
直接人工	11 000	8 000
制造费用	17 900	38 100
完工产品总成本	46 900	60 100
完工产品产量	500	400
完工产品单位成本	93.8	150.25
单价	140	160
单位产品利润	46.2	9.75

（4）计算完全成本法下的产品成本，见表2-27。

表2-27　　完全成本法下的产品成本计算表

项目	甲产品	乙产品
材料成本	18 000	14 000
人工成本	11 000	8 000
制造费用	28 000	28 000
总成本	57 000	50 000
单位成本	114	125
销售单价	140	160
单位产品利润	26	35

从表2-27可以看出，传统成本管理下，乙产品的单位产品利润高于甲产品。其实，从

作业成本法看，结果完全不同，表2-26揭示出甲产品的盈利能力远远高于乙产品。因此，传统的成本管理低估了甲产品为企业的贡献。

综上所述，作业成本分配一般按照以下两个程序进行：

（1）分配次要作业成本至主要作业，计算主要作业的总成本和单位成本。企业应按照各主要作业耗用每一次要作业的作业动因量，将次要作业的总成本分配至各主要作业，并结合直接追溯至次要作业的资源费用，计算各主要作业的总成本和单位成本。有关计算公式如下：

次要作业成本分配率＝次要作业总成本÷该作业动因总量

$$\text{某主要作业分配的次要作业成本}=\frac{\text{该主要作业耗用的}}{\text{次要作业动因量}}\times\text{该次要作业成本分配率}$$

$$\text{主要作业总成本}=\text{直接追溯至该作业的资源费用}+\text{分配至该主要作业的次要作业成本之和}$$

主要作业单位成本＝主要作业总成本÷该主要作业动因总量

（2）分配主要作业成本至成本对象，计算各成本对象的总成本和单位成本。企业应按照各主要作业耗用每一次要作业的作业动因量，将次要作业成本分配至各主要作业，并结合直接追溯至成本对象的单位水平资源费用，计算各成本对象的总成本和单位成本。有关计算公式如下：

某成本对象分配的主要作业成本＝该成本对象耗用的主要作业成本动因量×主要作业单位成本

某成本对象总成本＝直接追溯至该成本对象的资源费用＋分配至该成本对象的主要作业成本之和

某成本对象单位成本＝该成本对象总成本÷该成本对象的产出量

为方便理解作业成本法的运用，下面的案例假设资源费用已归集完成。直接成本直接计入产品成本，而间接费用按照资源—作业中心—产品这一顺序进行确认、计量和分配。

【例2-26】 富达服装厂现有定编员工100人，按缝纫、平整两个中心组织生产。缝纫中心每月可提供8 000机时，平整中心每月可提供4 000机时。假设该厂生产作业规划资料见表2-28～表2-31。

表2-28　生产作业规划

产品批别	名称	件数（件）	单位材料定额（元）	工时定额（工时）		完工状态
				缝纫	平整	
Q-1	衬衣	4 000	40	2	1	当月完工3 000件
Q-2	风衣	10	500	12	6	当月完工

表2-29　本月资源消耗计算表

资源项目	材料费		工资费	动力费	折旧费	办公费	合计
	主材	辅材					
金额（元）	170 000	10 000	40 000	7 000	50 000	18 000	295 000

表2-30　主要参数及专属费用表

项目	订单	生产规划	采购	裁剪	缝纫	平整	协调	厂部	其他	合计
人员定编	8	12	6	4	20	16	14	16	4	100
耗电数（度）	400	1 000	100	1 000	2 500	3 000	500	1 500		10 000

续前表

项目	订单	生产规划	采购	裁剪	缝纫	平整	协调	厂部	其他	合计
Q-1未完工数量					200	800				1 000
未完工产品完工率					0	0				
折旧（元）	2 000	5 000	1 000	5 000	14 000	10 000	6 000	7 000		50 000
办公费	3 000	3 000	2 000	1 000	500	500	2 500	5 500		18 000
材料费	本月实际主料170 000元。实际辅料10 000元，其中，专属Q-1批9 500元，专属Q-2批500元。									

表2-31 **作业动因量化表**

作业名称	作业动因	参数	产品耗费		
			Q-1	Q-2	其他批别
订单	订单份数	40	1	1	38
生产规划	规划次数	30	1	1	28
采购	采购次数	82	80	2	0
裁剪	裁剪次数	82	80	2	0
缝纫	缝纫工时	7 720	7 600	120	0
平整	平整工时	3 060	3 000	60	0
生产协调	次数	50	30	30	0

要求：用作业成本法计算产品成本。

解：

(1) 将本月资源耗费分别记入各资源户。即将本月所耗各类资源（材料费180 000元、动力费7 000元、工资费40 000元、折旧费50 000元、办公费18 000元）分别记入各资源户。

(2) 将各资源户归集的价值按资源动因分配记入各作业户。

①费用的分配。由于材料直接耗用于特定产品，因此按各产品定额耗费价值记入各产品成本户，材料费用超定额差异计入期间费用，见表2-32，其他资源耗费计算见表2-33。

表2-32 **分配计算表**

资源项目作业户	材料费用	
	主料	辅料
生产成本——Q-1	40×4 000=160 000	9 500
——Q-2	500×10=5 000	500
期间费用	170 000−165 000=5 000	
合计	170 000	10 000

表2-33 **其他资源耗费计算表**

项目	总耗费	分配率	订单	生产规划	采购	裁剪	缝纫	平整	生产协调	厂部	期间费用
工资费	40 000	400	3 200	4 800	2 400	1 600	8 000	6 400	5 600	6 400	1 600
动力费	7 000	0.7	280	700	70	700	1 750	2 100	350	1 050	0
折旧费	50 000	专属	2 000	5 000	1 000	5 000	14 000	10 000	6 000	7 000	

续前表

项目	总耗费	分配率	订单	生产规划	采购	裁剪	缝纫	平整	生产协调	厂部	期间费用
办公费	18 000	专属	3 000	3 000	2 000	1 000	500	500	2 500	5 500	
合计	115 000		8 480	13 500	5 470	8 300	24 250	19 000	14 450	19 950	1 600

在表 2-33 中，工资费按定编人员数分配是假定每人工资一样，由于该厂有四名编外人员，作业成本计算法认为，该四人工资费系非增值资源耗费，故应计入期间费用，而不计入产品成本。其他资源耗费如有类似情况也应类似处理。

②将各作业汇集费用分配记入各批别产品的成本户。

订单作业的作业动因是订单份数，本月该作业争取到 40 份订单，则每份订单取得的成本为：

每份订单成本＝8 480÷40＝212（元/份）

于是：

计入生产成本 Q-1 的费用＝212×1＝212（元）

计入生产成本 Q-2 的费用＝212×1＝212（元）

计入生产成本其他批别的费用＝212×38＝8 056（元）

至于生产规划、采购作业、剪裁作业、生产协调作业，均可比照订单作业的原理计算和分配有关费用。

③缝纫作业。由于在做生产规划时，为每批产品确定了单件产品缝纫工时定额，在自动化作业条件下，这种规划能够做得很准确，因此应按此定额确定各批产品实耗工时数。Q-1 批产品在缝纫作业有 200 件未完工，且完全未经缝纫作业处理，已加工的 Q-1 批产品共耗用工时数为：

(4 000－200)×2＝7 600（工时）

Q-2 批产品全部经由该作业处理，共耗用工时数为：

10×12＝120（工时）

由于该作业实际生产能力为 8 000 工时，有理由认为有 8 000－7 600－120＝280（工时）是未使用资源耗费工时。据此则可得：

分配率＝24 250÷8 000＝3.031 25

应计入 Q-1 批产品成本＝7 600×3.031 25＝23 037.5（元）

应计入 Q-2 批产品成本＝120×3.031 25＝363.75（元）

应计入期间费用的耗费＝280×3.031 25＝848.75（元）

④平整作业。同样，平整作业也是该服装厂的主要作业，生产规划部门为每批产品设定了单件工时定额。

Q-1 批产品定额消耗工时为：

(4 000－200－800)×1＝3 000（工时）

Q-2 批产品定额消耗工时为：

10×6＝60（工时）

平整中心可供工时为 4 000 工时，则未使用工时为

4 000－3 000－60＝940（工时）

分配率＝19 000÷4 000＝4.75

应计入 Q-1 批产品成本＝3 000×4.75＝14 250（元）

应计入Q－2批产品成本＝60×4.75＝285（元）

应计入期间费用成本＝940×4.75＝4 465（元）

⑤厂部作业。厂部作为一项作业，进行的是价值管理，其职能是对可控范围内的费用开支负责。对于本厂所产产品而言，已纳入生产规划的定额材料费用投入可认为是厂部不可控费用，其他费用均可认为是可控费用，其价值投入均与厂部管理有关。根据前面计算，每批产品成本和期间费用厂部可控部分分别为：

Q－1批产品成本＝212＋450＋5 336.59＋23 037.5＋14 250＋8 670＋8 097.6
＝60 053.69（元）

Q－2批产品成本＝212＋450＋133.41＋363.75＋285＋5 780＋202.4＝7 426.56（元）

其他批别产品成本＝8 056＋12 600＝20 656（元）

期间费用＝5 000＋848.75＋1 600＋4 465＝11 913.75（元）

厂部费用分配率＝19 950÷(60 053.69＋7 426.56＋20 656＋11 913.75)＝0.199 4

应计入Q－1批产品成本的厂部费用＝0.199 4×60 053.69＝11 974.71（元）

应计入Q－2批产品成本的厂部费用＝0.199 4×7 426.56＝1 480.86（元）

应计入其他批产品成本的厂部费用＝0.199 4×20 656＝4 118.8（元）

应计入期间费用的厂部费用＝19 950－11 974.71－1 480.86－4 118.8＝2 375.63（元）

(3) 列示各批别产品及期间费用成本计算单。

根据上述计算，各批产品的成本项目按作业所示列表。成本计算单见表2－34。

表2－34　　成本计算单　　单位：元

项目	材料		订单	生产规划	采购	裁剪	缝纫	平整	生产协调	厂部	其他	合计
	主料	辅料										
Q－1	160 000	9 500	212	450	5 336.59	8 097.6	23 037.5	14 250	8 670	11 974.71		241 528.4
Q－2	5 000	500	212	450	133.41	202.4	363.75	285	5 780	1 480.86		14 407.42
其他			8 056	12 600						4 118.8		24 774.8
期间费用	5 000						848.75	4 465		2 375.63	1 600	14 289.38
合计	170 000	10 000	8 480	13 500	5 470	8 300	24 250	19 000	14 450	19 950	1 600	295 000

(4) 期末将成本在完工产品与在产品之间进行分配，计算完工产品成本。

①Q－1批产品。Q－1批产品本月没有全部完工，按照表2－30、表2－31资料，有200件产品滞留缝纫作业，且完全未经由缝纫作业；有800件产品滞留平整作业，也完全未经由平整作业。据此，不考虑材料投入，有4 000件产品经由订单、生产规划、采购、剪裁作业；有3 800件产品经由缝纫作业；有3 000件产品经由平整、生产协调作业。

完工的3 000件作业成本总计为：

(212＋450＋5 336.59＋8 097.6)×3 000÷4 000＋23 037.5×3 000÷3 800
＋(14 250＋8 670)×3 000÷3 000＝51 679.64（元）

未完工产品作业成本为：

(212＋450＋5 336.59＋8 097.6)×1 000÷4 000＋23 037.5×800÷3 800＝8 374.05（元）

由于厂部成本属于价值管理费用，因此要在完工产品和在产品之间进行分配：

分配率＝11 974.71÷(51 679.64＋8 374.05)＝0.199 4

完工产品应负担费用=51 679.64×0.199 4=10 304.92（元）

在产品应负担费用=8 374.05×0.199 4=1 669.79（元）

由于主料和辅料在生产开始时一次投入，因而应按定额（主料）和完工产品产量与在产品产量平均分配（辅料）：

完工产品应负担的主料=3 000×40=120 000（元）

在产品应负担的主料=1 000×40=40 000（元）

完工产品应负担的辅料=(9 500/4 000)×3 000=7 125（元）

在产品应负担的辅料=(9 500/4 000)×1 000=2 375（元）

因此，完工产品及在产品的总成本计算如下：

完工产品的总成本=51 679.64+10 304.92+7 125+120 000=189 109.56（元）

在产品的总成本=8 374.05+1 669.79+2 375+40 000=52 418.84（元）

②Q-2 批产品。由于 Q-2 批产品本月全部完工，因此生产成本明细账中归集的费用 14 407.42 元均为完工产品成本，见表 2-34。

③其他批别产品。由于只对已投产产品开设成本计算单，在以后成本计算期，对已投产产品应于投产时将相关成本按作业成本项目从“其他批别”明细账中转入各自成本计算单；如果某产品经研究不投产，则相关成本应转入“期间费用”账户。

④期间费用。期间费用于月末直接转入“本年利润”账户的借方，用当期利润予以补偿。

（九）作业成本信息报告

作业成本信息报告的目的，是通过设计、编制和报送具有特定内容和格式要求的作业成本报表，向企业内部各有关部门和人员提供其所需要的作业成本及其他相关信息。

作业成本报表的内容和格式应根据企业内部管理需要确定。具体内容和写法参见管理会计报告。

※ 任务训练 ※

一、选择题

1. 作业成本法适用于具有以下特征的企业（　　）。

A. 间接生产费用比重较小　　B. 作业环节较少

C. 产品品种较少　　D. 生产准备成本较高

2. 作业成本法的缺陷有（　　）。

A. 实施效果较差　　B. 实施成本较高

C. 成本决策相关性较弱　　D. 间接费用的分配与产量相关性较弱

3. 作业成本法与传统成本法的区别之一是作业成本法（　　）。

A. 存在较多的同质成本库　　B. 存在较少的同质成本库

C. 间接费用分配基础不一定是成本动因　　D. 成本决策相关性较弱

4. 按照作业的执行方式，可将作业分为（　　）。

A. 主要作业和次要作业　　B. 必需性作业和酌量性作业

C. 重复作业和不重复作业　　D. 后勤作业和质量作业

5. 下列项目中，不属于按受益对象分类的作业是(　　)。

A. 单位水平作业　　B. 工厂维持作业

C. 批次水平作业　　D. 协调平衡作业

6. 销售成本和调运成本不包括(　　)。

A. 执行订单成本　　B. 装运成本

C. 材料采购　　D. 编制商品销售价目表

7. 作业成本法所采用的成本动因(　　)。

A. 不考虑辅助作业　　B. 只考虑某些生产作业

C. 将作业与产品直接联系在一起　　D. 将作业与产品间接联系在一起

8. 华宇公司本期制造费用共计 480 000 元，采用传统成本法核算，它拥有 5 个辅助生产部门和 5 个生产部门，生产 25 种产品。其制造费用中应有(　　)分配至产品层次。

A. 48 000 元　　B. 0 元　　C. 1 920 元　　D. 480 000 元

9. 作业认定的具体方法一般包括(　　)和座谈法。

A. 观察法　　B. 测量法　　C. 考察法　　D. 调查表法

二、判断题

1. 企业应用作业成本法所处的外部环境，一般应具备以下两个特点：一是客户个性化需求较高，市场竞争激烈；二是产品的需求弹性较大，价格敏感度高。(　　)

2. 企业应用作业成本法应基于作业观，即企业作为一个为最终满足客户需要而设计的一系列作业的集合体，进行业务组织和管理。(　　)

3. 作业认定的内容主要包括对企业每项消耗资源的作业进行识别、定义和划分，确定每项作业在生产经营活动中的作用、同其他作业的区别以及每项作业与耗用资源之间的关系。(　　)

4. 作业清单或作业字典一般应当包括作业名称、作业内容、作业类别、所属作业中心等内容。(　　)

5. 企业一般应选择那些与资源费用总额成反比例关系变动的资源动因作为资源费用分配的依据。(　　)

6. 作业动因不一定需要在交易动因、持续时间动因和强度动因间进行选择。(　　)

7. 作业动因是引起作业耗用的成本动因，反映了作业耗用与最终产出的因果关系，是将作业成本分配到流程、产品、分销渠道、客户等成本对象的依据。(　　)

三、实务题

某公司有甲、乙两个部门，生产 A、B 两种产品，并假定其制造费用有 5 种类别，分别是调整准备费、质检费、物料搬运费、电费与维护费，具体见表 2－35、表 2－36。传统成本法下，制造费用以机器小时为分配标准。要求：请分别用全部成本法和作业成本法，计算整个公司两种产品的总成本和单位成本，见表 2－37～表 2－39。分配率保留 4 位小数，成本数额保留 2 位小数。（A 产品单位成本为 7.76 元/件，总成本为 7 755.55 元；B 产品单位成本为 5.12 元/件，总成本为 10 244.44 元。）

表 2－35　产品成本资料

项目	A 产品	B 产品
产量/件	1 000	2 000
直接材料成本/元	2 000	3 000
直接人工小时/小时	100	400
小时工资率/（元/小时）	10	10
调整准备次数	30	20
质检次数	70	20
物料搬运次数	6	4
千瓦小时	200	300
机器小时	400	600

表 2－36　部门资料　单位：元

项目	产品及费用	甲部门	乙部门
直接材料	A 产品	1 000	1 000
	B 产品	2 000	1 000
直接人工	A 产品	500	500
	B 产品	1 000	3 000
制造费用	调整准备费	500	500
	质检费	1 000	1 000
	物料搬运费	1 000	2 000
	电费	200	300
	维护费	700	800

表 2－37　全部成本法成本计算表

项目	A 产品	B 产品	合计
直接材料/元	2 000	3 000	5 000
直接人工/元			
制造费用合计/元			
制造费用分配率			
制造费用/元			
合计/元			
单位成本/（元/件）			

表 2-38　作业成本法下制造费用分配计算表

成本库	制造费用/元	成本动因			分配率	分配到的成本	
		A产品	B产品	合计		A产品	B产品
调整准备次数	1 000						
质检次数	2 000						
物料搬运次数	3 000						
千瓦小时	500						
机器小时	1 500						
合计	8 000						

表 2-39　作业成本法成本计算表

成本项目	A产品	1 000 件	B产品	2 000 件
	单位成本	总成本	单位成本	总成本
直接材料/元				
直接人工/元				
制造费用/元				
合计/元				

成本管理工具方法

一、实训目标与能力要求

本实训目标是培养学生理解成本管理，不同的成本工具方法对决策的影响差异较大，其能力要求是：

（1）正确理解成本管理的工具方法。

（2）能够运用所学知识对案例进行准确分析。

二、实训方式

根据案例资料和要求，以 4～6 人为一个小组，收集补充相关资料。在整理筛选资料的基础上进行相关分析，得出分析结论，并撰写讨论发言稿和实训报告。

三、实训考核

根据学生选择分析方法的正确性、分析结果的准确性、讨论发言和实训报告写作情况进行评分。

四、实训案例

中达股份公司增产不增利原因分析

中达股份有限公司生产三种电子元器件，分别是产品A、产品B和产品C。三种产品中，产品A的工艺相对复杂，每年可销售20 000件；产品B的工艺最简单，每年可销售15 000件；产品C的工艺最复杂，每年可销售2 450件。公司设有一个生产车间，主要生产工序包括原材料采购、原料处理、调整与准备、部件装配、质量检验、产品包装、工程处理、生产计划管理等。该公司所用的原材料和零部件均需外购，且一直采用传统成本计算法计算产品成本。2021年度该公司的产品成本资料、制造费用分配方法和产品成本构成分别见表2-40、表2-41、表2-42。

表2-40　产品成本资料表

编制单位：中达股份有限公司　　2021年度　　金额单位：元

产品名称	产量	工时	成本项目			合计
			直接材料	直接人工	制造费用	
产品A	20 000	60 000	800 000	1 000 000		1 800 000
产品B	15 000	80 000	1 200 000	1 400 000		2 600 000
产品C	2 450	8 000	60 000	150 000		210 000
合计		148 000	2 060 000	2 550 000	5 180 000	4 610 000

表2-41　制造费用分配表（以工时为分配标准）

编制单位：中达股份有限公司　　2021年度　　金额单位：元

产品名称	直接人工工时	分配率	分配金额
产品A	60 000		
产品B	80 000		
产品C	8 000		
合计	148 000		

表2-42　产品成本表（制造成本法）

编制单位：中达股份有限公司　　2021年度　　金额单位：元

项目	产品A	产品B	产品C
直接材料			
直接人工			
制造费用			
合计			
产量（件）			
单位成本			

中达股份有限公司所在行业的平均利润率为产品成本的20%，该公司按行业通常采用的成本加成法作为定价策略，分别将产品A的单位售价确定为234（=195×120%）元，产品

B的单位售价确定为432（＝360×120%）元，产品C的单位售价确定为240（＝200×120%）元。

近几年，该公司在产品销售方面出现了一些新情况：产品A可以按照略高于目标售价的价格正常出售；产品B由于来自外国公司的竞争迫使公司将该产品的实际单位售价降低到350元，远远低于目标单位售价432元；产品C的单位售价定于240元时，公司收到的订单数量非常多，远远超过其生产能力，为此，公司将产品C的单位售价提高到300元，即便如此，该公司收到的订单仍然很多，本行业其他公司的相同产品在市场上也无力与该公司竞争。上述情况表明，产品A的销售及盈利状况正常，产品B是一种产量较多但陷入亏损的劣势产品，产品C是一种高盈利、低产量的优势产品。因此，产品B和产品C成为公司财务人员关注的焦点。在分析中，财务人员对传统成本计算法提供的成本计算资料的正确性产生了严重怀疑，他们决定采用作业成本计算法重新计算产品的成本。

管理人员经过分析，认定了公司发生的主要作业并将其划分为几个同质作业成本库，然后将间接费用归集到各作业成本库中，归集的结果见表2-43。

表2-43　　　制造费用归集

制造费用作业项目	金额/元
原材料采购	357 000
原料处理	752 000
调整与准备	95 000
部件装配	1 770 000
质量检验	750 000
产品包装	170 000
工程处理	546 000
生产计划管理	740 000
合计	5 180 000

管理人员认定的各作业成本库的成本动因、计算的单位作业成本、制造费用和产品成本按作业项目分配的情况分别见表2-44～表2-47。

表2-44　　　成本动因分析表

编制单位：中达股份有限公司　　　2021年度

作业项目	成本动因	作业量			
		产品A	产品B	产品C	合计
原材料采购	订单数量（张）	2 000	5 000	10 000	17 000
原料处理	材料移动（次数）	6 000	4 000	6 000	16 000
调整与准备	准备次数（次数）	4 000	3 000	12 000	19 000
部件装配	机器小时（小时）	30 000	25 000	4 000	59 000
质量检验	检验时间（小时）	10 000	9 000	6 000	25 000
产品包装	包装次数（次数）	3 600	7 000	6 400	17 000
工程处理	处理时间（小时）	10 000	14 000	18 000	42 000
生产计划管理	直接人工（小时）	80 000	60 000	8 000	148 000

表 2-45 单位作业成本表（作业成本法）

编制单位：中达股份有限公司 2021 年度 金额单位：元

作业项目	成本动因	年制造费用	年作业量	单位作业成本
原材料采购	订单数量（张）	357 000	17 000	21
原料处理	材料移动（次数）	752 000	16 000	47
调整与准备	准备次数（次数）	95 000	19 000	3
部件装配	机器小时（小时）	1 770 000	59 000	30
质量检验	检验时间（小时）	750 000	25 000	40
产品包装	包装次数（次数）	170 000	17 000	10
工程处理	处理时间（小时）	546 000	42 000	13
生产计划管理	直接人工（小时）	740 000	148 000	3

表 2-46 制造费用分配表（按单位作业成本分配）

编制单位：中达股份有限公司 2021 年度 金额单位：元

制造费用作业项目	单位作业成本	产品 A		产品 B		产品 C	
		作业量	作业成本	作业量	作业成本	作业量	作业成本
原材料采购							
原料处理							
调整与准备							
部件装配							
质量检验							
产品包装							
工程处理							
生产计划管理							
合计	—	—		—		—	

表 2-47 产品成本计算表（作业成本法） 单位：元

成本项目		产品 A	产品 B	产品 C
直接材料				
直接人工				
制造费用	原材料采购			
	原料处理			
	调整与准备			
	部件装配			
	质量检验			
	产品包装			

续前表

<table>
<tr><th colspan="2">成本项目</th><th>产品A</th><th>产品B</th><th>产品C</th></tr>
<tr><td rowspan="3">制造费用</td><td>工程处理</td><td></td><td></td><td></td></tr>
<tr><td>生产计划管理</td><td></td><td></td><td></td></tr>
<tr><td>小计</td><td></td><td></td><td></td></tr>
<tr><td colspan="2">生产费用合计</td><td></td><td></td><td></td></tr>
<tr><td colspan="2">产品产量</td><td></td><td></td><td></td></tr>
<tr><td colspan="2">单位产品成本</td><td></td><td></td><td></td></tr>
</table>

采用作业成本法计算的产品成本资料，与按传统的制造成本法计算的产品成本相比：产品A的成本基本相同，产品B的成本有较大幅度的下降，而产品C的成本大幅上升。公司财务人员根据作业成本法确定的产品成本，按行业平均利润率计算出产品售价，见表2-48。

表2-48　　产品售价比较表

<table>
<tr><th colspan="2">项目</th><th>产品A</th><th>产品B</th><th>产品C</th></tr>
<tr><td rowspan="2">产品成本</td><td>制造成本法</td><td></td><td></td><td></td></tr>
<tr><td>作业成本法</td><td></td><td></td><td></td></tr>
<tr><td rowspan="2">产品售价计算
（产品成本×120%）</td><td>制造成本法</td><td></td><td></td><td></td></tr>
<tr><td>作业成本法</td><td></td><td></td><td></td></tr>
<tr><td colspan="2">估算当前实际执行售价</td><td></td><td></td><td></td></tr>
</table>

五、实训内容

根据实训目标和能力要求，对中达股份有限公司案例进行分析，并完成以下实训内容：

（1）填写表2-40、表2-41、表2-42、表2-46、表2-47、表2-48。

（2）检查各表的数据是否计算正确。

（3）根据案例研究的结果，用数据说明你的重大发现。

（4）根据研究的结论为公司提出建议。

六、实训步骤

（1）教师提示：完全成本法与作业成本法的比较。

（2）教师分析案例公司的背景和基本情况，并指出案例分析过程中应注意的问题。

（3）学生针对所选案例，收集、整理有关资料，对公司进行深入分析并形成报告。

【项目小结】

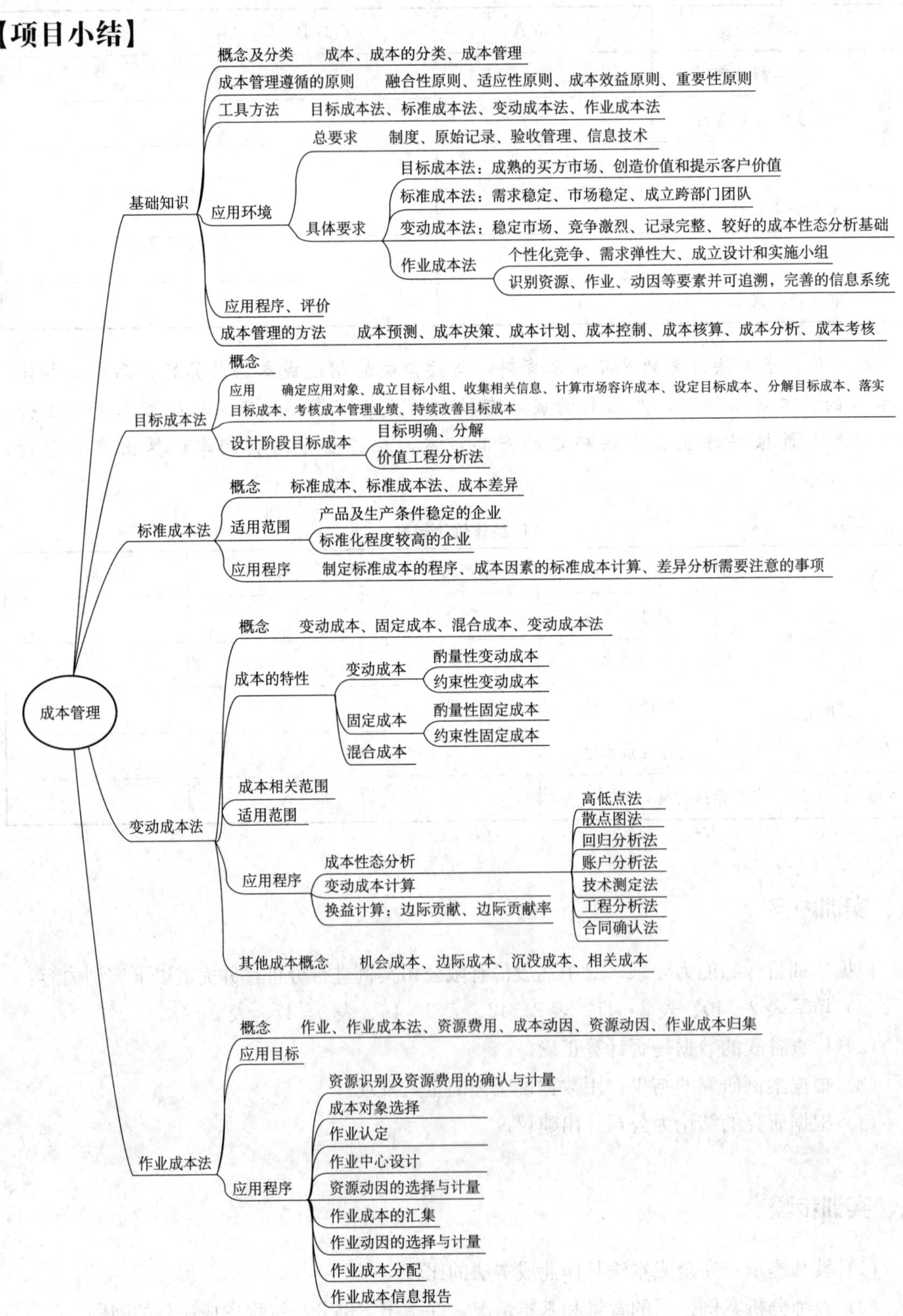

成本管理思维导图

项目三

营运管理

【知识目标】

- 熟悉营运管理的主要流程，并熟悉各阶段的管理内容。
- 掌握本量利分析的基本原理和基本假设条件，掌握单品种和多品种的本量利分析。
- 熟悉敏感分析，掌握单因素变动和多因素变动的敏感分析。
- 掌握边际分析的基本方法，能进行简单的经营决策分析。

【能力目标】

- 熟悉营运管理的概念、工具方法和程序，能再现营运管理各阶段的主要内容。
- 掌握本、量、利之间的关系，能例证本量利分析的原理，掌握单一产品和产品组合条件下的保本保利分析。
- 熟悉并掌握影响利润规划的各敏感因素，能初步运用敏感分析的手段进行单因素变动和多因素变动的敏感分析。
- 能掌握边际分析的基本原理，能灵活运用安全边际、安全边际率的原理进行经营决策分析。

【工作任务】

- 熟悉营运管理的基础知识，掌握营运管理应遵循的原则和应用环境，了解营运管理的基本程序。
- 掌握本量利分析的原理和基本前提，能掌握保本、保利分析的基本方法。
- 了解影响利润规划目标的各敏感性因素，掌握敏感分析的原理和敏感系数的计算，能进行单因素变动和多因素变动的敏感分析。
- 熟悉并掌握边际分析的工具方法，能运用边际分析的工具进行经营决策。

【案例导读】

在某电影院内附设一零食商店，到电影院观看电影的顾客也会光顾此商店。经经理估算，平均每 100 元电影票收入会有 30 元的零食收入，而且在票房数波动时，这一比率几乎不变。经测算发现，电影票销售收入的 80%是变动成本，零食商品的变动成本为商品销售收入的 70%。电影票价格基本为每位顾客每场次 30 元，每周预计顾客量为 960 人次。电影院场地每周的固定成本为 3 000 元，每周员工薪酬固定为 1 800 元。经理非常关心电影院将来的销售额，因为近期周围拆迁计划可能会夺去电影院的生意，而电影票收入是利润最为敏感的因素。

问题：

(1) 现在电影院每周利润是多少？

(2) 如果每周顾客量为 480 人次，电影院整体会有多少利润？

（3）由于拆迁影响，顾客量为每周 600 人次，但经理又想电影院保持第（1）题计算得出的每周利润，假设成本不变，此时票价应为多少？

任务一 认知营运管理基础知识

一、营运管理的概念

营运管理是指为了实现企业战略和营运目标，各级管理者通过计划、组织、指挥、协调、控制、激励等活动，实现对企业生产经营过程中的物料供应、产品生产和销售等环节的价值增值管理。

营运管理领域应用的管理会计工具方法，一般包括本量利分析（参见任务二）、敏感性分析（参见任务三）、边际分析（参见任务四）等。企业应根据自身业务特点和管理需要等，选择单独或综合运用营运管理工具方法，以更好地实现营运管理目标。

企业应用营运管理工具方法，一般按照营运计划的制定、营运计划的执行、营运计划的调整、营运监控分析与报告、营运绩效管理等程序进行。

二、营运管理应遵循的原则

企业进行营运管理，应遵循 PDCA 管理原则，即计划（Plan）、实施（Do）、检查（Check）、处理（Act）四个阶段，形成闭环管理，使营运管理工作更加条理化、系统化、科学化。

三、营运管理的应用环境

营运管理的应用环境包括组织架构、管理制度和流程、信息系统等。

1. 组织架构

组织架构是企业的流程运转、部门设置及职能规划等最基本的结构依据，常见的组织架构形式包括中央集权制、分权制、直线式以及矩阵式等。为了确保营运管理的有序开展，企业应建立健全营运管理组织架构，明确各管理层级或管理部门在营运管理中的职责，有效组织开展营运计划的制定审批、分解下达、执行监控、分析报告、绩效管理等日常营运管理工作。

2. 管理制度和流程

企业要有良好的管理制度和流程。制度就是约定和准则，流程就是做事的先后顺序。流程管理是企业应该做的事，从先后顺序和岗位分工两个方面协调搭配，进而准确地表达和界定。流程和制度同时出现，只有共同作用，才能发挥作用。企业应建立健全营运管理的制度体系，明确营运管理各环节的工作目标、职责分工、工作程序、工具方法、信息报告等内容。

3. 信息系统

信息系统（Information System）是由计算机硬件、网络和通信设备、计算机软件、信息资源、信息用户和规章制度组成的以处理信息流为目的的人机一体化系统。企业应建立完整的业务信息系统，规范信息的收集、整理、传递和使用等，有效地支持管理者决策。

四、营运管理程序

营运管理程序一般包括：营运计划的制定、营运计划的执行、营运计划的调整、营运监控分析与报告、营运绩效管理等。

（一）营运计划的制定

1. 营运计划的概念

营运计划是指企业根据战略决策和营运目标的要求，从时间和空间上对营运过程中各种资源所做出的统筹安排，主要作用是分解营运目标，分配企业资源，安排营运过程中的各项活动。企业在制定营运计划时，应开展营运预测，将其作为营运计划制定的基础和依据。

营运预测是指通过收集整理历史信息和实时信息，恰当运用科学预测方法，对未来经济活动可能产生的经济效益和发展趋势做出科学合理的预计和推测的过程。

2. 营运计划的种类

（1）按计划的时间，可分为长期营运计划、中期营运计划和短期营运计划。

（2）按计划的内容，可分为销售、生产、供应、财务、人力资源、产品开发、技术改造和设备投资等营运计划。

3. 制定营运计划应遵循的原则

制定营运计划应当遵循以下原则：

（1）系统性原则。企业在制定计划时不仅应考虑营运的各个环节，还要从整个系统的角度出发，既要考虑大系统的利益，也要兼顾各个环节的利益。

（2）平衡性原则。企业应考虑内外部环境之间的矛盾，有效平衡可能对营运过程中的研发、生产、供应、销售等存在影响的各个方面，使其保持合理的比例关系。

（3）灵活性原则。企业应当充分考虑未来的不确定性，在制定计划时保持一定的灵活性和弹性。

总之，企业在制定营运计划时，应以战略目标和年度营运目标为指引，充分分析宏观经济形势、行业发展规律以及竞争对手情况等内外部环境变化，同时应评估企业自身研发、生产、供应、销售等环节的营运能力，客观评估自身的优势和劣势以及面临的风险和机会等。

4. 营运计划的制度要求

（1）企业应用多种工具方法制定营运计划时，应根据自身实际情况，选择单独或综合应用预算管理、平衡计分卡、标杆管理等管理会计工具方法；同时，应充分应用本量利分析、敏感性分析、边际分析等管理会计工具方法，为营运计划的制定提供具体量化的数据分析，有效支持决策。

（2）企业应当科学合理地制定营运计划，充分考虑各层次营运目标、业务计划、管理指标等方面的内在逻辑联系，形成涵盖各价值链的、不同层次和不同领域的、业务与财务相结合的、短期与长期相结合的目标体系和行动计划。

（3）企业应采取自上而下、自下而上或上下结合的方式制定营运计划，充分调动全员的积极性，通过沟通、讨论达成共识。

（4）企业应根据营运管理流程，对营运计划进行逐级审批。企业各部门应在已经审批通过的营运计划基础上，进一步制定各自的业务计划，并按流程履行审批程序。

（5）企业应对未来的不确定性进行充分的预估，在科学营运预测的基础上，制定多方案的备选营运计划，以应对未来不确定性带来的风险与挑战。

（二）营运计划的执行

（1）经审批的营运计划应以正式文件的形式下达执行。企业应逐级分解营运计划，按照横向到边、纵向到底的要求分解落实到各所属企业、部门、岗位或员工，确保营运计划得到充分落实。

（2）经审批的营运计划应分解到季度、月度，形成月度的营运计划，逐月下达、执行。各企业应根据月度的营运计划组织开展各项营运活动。

（3）企业应建立配套的监督控制机制，及时记录营运计划执行情况，进行差异分析与纠偏，持续优化业务流程，确保营运计划有效执行。

（4）企业应在月度营运计划的基础上，开展月度、季度滚动预测，及时反映滚动营运计划所对应的实际营运状况，为企业资源配置的决策提供有效支持。

（三）营运计划的调整

（1）营运计划一旦批准下达，一般不予调整。宏观经济形势、市场竞争形势等发生重大变化，导致企业营运状况与预期出现较大偏差的，企业可以适时对营运计划做出调整，使营运目标更加切合实际。

（2）企业在营运计划执行过程中，应关注和识别存在的各种不确定因素，分析和评估其对企业营运的影响，适时启动调整原计划的有关工作，确保企业营运目标更加切合实际，更合理地进行资源配置。

（3）企业在做出营运计划调整决策时，应分析和评估营运计划调整方案对企业营运的影响，包括对短期的资源配置、营运成本、营运效益等的影响以及对长期战略的影响。

（4）企业应建立营运计划调整的流程和机制，规范营运计划的调整。营运计划的调整应由具体执行的所属企业或部门提出调整申请，经批准后下达正式文件。

（四）营运监控分析与报告

为了强化营运监控，确保企业营运目标的顺利完成，企业应结合自身实际情况，按照日、周、月、季、年等频率建立营运监控体系，并按照PDCA管理原则，不断优化营运监控体系的各项机制，做好营运监控分析工作。

1. 营运监控分析的目的

企业的营运监控分析是指以本期财务和管理指标为起点，通过指标分析查找异常，并进一步揭示差异所反映的营运缺陷，追踪缺陷成因，提出并落实改进措施，不断提高企业营运管理水平。

2. 营运监控的任务

营运监控的基本任务是发现偏差、分析偏差和纠正偏差。

（1）发现偏差。企业通过各类手段和方法，分析营运计划的执行情况，发现计划执行中的问题。

（2）分析偏差。企业对营运计划执行过程中出现的问题和偏差原因进行研究。

（3）纠正偏差。企业根据偏差产生的原因采取针对性的纠偏对策，使企业营运过程中的活动按既定的营运计划进行，或者对营运计划进行必要的调整。

3. 企业营运监控分析的内容

企业营运监控分析应至少包括发展能力、盈利能力、偿债能力等方面的财务指标，以及生产能力、管理能力等方面的非财务内容，并根据所处行业的营运特点，通过趋势分析、对标分析等工具方法，建立完善的营运监控分析指标体系。

企业应建立预警、督办、跟踪等营运监控机制，及时对营运监控过程中发现的异常情况进行通报、预警，按照PDCA管理原则督促相关责任人将工作举措落实到位。

企业可以建立信息报送、收集、整理、分析、报告等日常管理机制，保证信息传递的及时性和可靠性；建立营运监控管理信息系统、营运监控信息报告体系等，保证营运监控分析工作的顺利开展。

4. 企业营运监控分析的一般步骤

（1）明确营运目的，确定有关营运活动的范围；

（2）全面收集有关营运活动的资料，进行分类整理；

（3）分析营运计划与执行的差异，追溯原因；

（4）根据差异分析采取恰当的措施，并进行分析和报告。

5. 分析报告

企业应将营运监控分析的对象、目的、程序、评价及改进建议形成书面分析报告。

（1）按照分析的范围及内容，分析报告可以分为综合分析报告、专题分析报告和简要分析报告；

（2）按照分析的时间，分析报告可以分为定期分析报告和不定期分析报告。

（五）营运绩效管理

（1）企业可以开展营运绩效管理，激励员工为实现营运管理目标做出贡献。

（2）企业可以建立营运绩效管理委员会、营运绩效管理办公室等不同层级的绩效管理组织，明确绩效管理流程和审批权限，制定绩效管理制度。

（3）企业可以以营运计划为基础，制定绩效管理指标体系，明确绩效指标的定义、计算口径、统计范围、绩效目标、评价标准、评价周期、评价流程等内容，确保绩效指标具体、可衡量、可实现、相关以及具有明确期限。

（4）绩效管理指标应以企业营运管理指标为基础，做到无缝衔接、层层分解，确保企业营运目标的落实。

五、对各方法的评价

对各方法的评价见表 3－1。

表 3－1　对各方法的评价

项目	优点	缺点
本量利分析	可以广泛应用于规划企业经济活动和营运决策等方面，简便易行、通俗易懂和容易掌握。	仅考虑单因素变化的影响，是一种静态分析方法，且对成本性态较为依赖。
敏感性分析	方法简便易行，分析结果易于理解，能为企业的规划、控制和决策提供参考。	对决策模型和预测数据具有依赖性，决策模型的可靠程度和数据的合理性会影响敏感性分析的可靠性。
边际分析	可以有效地分析业务量、变动成本和利润之间的关系，通过定量分析，直观地反映企业营运风险，促进提高企业营运效益。	决策变量与相关结果之间关系较为复杂，所选取的变量直接影响边际分析的实际应用效果。

※ 任务训练 ※

一、单选题

1. PDCA 管理原则中的 P 是指(　　)。

A. 放置（Put）　　B. 计划（Plan）

C. 避免（Prevent）　　D. 工程（Project）

2. PDCA 管理原则中的 D 是指(　　)。

A. 实施（Do）　　B. 危险（Danger）

C. 敢于（Dare）　　D. 数据（Date）

3. PDCA 管理原则中的 C 是指(　　)。

A. 定制（Customize）　　B. 顾客（Customer）

C. 危机（Crisis）　　D. 检查（Check）

4. PDCA 管理原则中的 A 是指(　　)。

A. 自动化（Automatic）　　B. 授权（Authorization）

C. 增值（Augment）　　D. 处理（Act）

5. 下列不属于营运管理领域应用的管理会计工具方法的是(　　)。

A. 本量利分析　　B. 敏感性分析

C. 边际分析　　D. 挣值管理

6. 企业应用营运管理工具方法，一般按照(　　)等程序进行。

①营运计划的制定　　②营运计划的执行　　③营运计划的调整

④营运监控分析与报告　　⑤营运绩效管理

A. ③④⑤①②　　B. ①②③④⑤

C. ④⑤①②③　　D. ⑤①②③④

二、多选题

1. 下列是营运管理中的管理活动的是(　　)。

A. 计划　　B. 组织　　C. 指挥　　D. 协调

2. 营运管理程序包括(　　)。

A. 计划制定　　B. 计划执行　　C. 计划调整　　D. 绩效管理

3. 营运管理实现对企业生产经营过程中(　　)的价值增值管理。

A. 物料供应　　B. 产品生产　　C. 控制　　D. 销售

4. 下列属于营运管理领域应用的管理会计工具方法的是(　　)。

A. 本量利分析　　B. 敏感性分析　　C. 边际分析　　D. 挣值管理

5. 下列除(　　)外，均属于营运计划的制定方式。

A. 高层管理　　B. 自下而上、自上而下

C. 基层为主　　D. 上下结合

6. 下列属于企业营运管理的应用环境的是(　　)。

A. 组织架构　　B. 管理制度和流程

C. 信息系统　　D. 关键指标

7. 关于营运管理，下列说法正确的是(　　)。

A. 为确保营运管理的有序开展，企业应建立健全营运管理组织架构

B. 企业应明确各管理层级或管理部门在营运管理中的职责

C. 企业只能单独选用某一管理会计工具方法，防止不同工具之间的结果产生冲突

D. 有效组织开展营运计划的制定审批、分解下达、执行监控、分析报告、绩效管理等日常营运管理工作

8. 营运计划按计划的时间可分为(　　)等营运计划。

A. 长期营运计划　　B. 中期营运计划

C. 年度计划　　D. 月度计划

9. 营运计划按计划的内容可分为(　　)等营运计划。

A. 销售　　B. 生产　　C. 供应　　D. 财务

10. 下列(　　)情况可以调整营运计划。

A. 宏观经济形势发生变化　　B. 市场竞争环境发生变化

C. 企业战略作出调整　　D. 企业遇到自然灾害

11. 营运监控首先需要建立(　　)等日常管理机制。

A. 信息报送　　B. 信息收集　　C. 信息分析　　D. 信息报告

12. 制定营运计划应当遵循(　　)原则。

A. 系统性　　B. 谨慎性　　C. 平衡性　　D. 灵活性

任务二

熟悉本量利分析的原理与方法

一、本量利分析的概念

本量利分析是指以成本性态分析和变动成本法为基础，运用数学模型和图式，对成本、利润、业务量与单价等因素之间的依存关系进行分析，发现变动的规律性，为企业进行预测、决策、计划和控制等活动提供支持的一种方法。其中，“本”是指成本，包括固定成本和变动成本；“量”是指业务量，一般指销售量；“利”一般指营业利润。

（一）基本原理

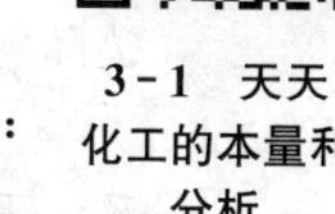

3-1　天天化工的本量利分析

本量利分析的基本公式如下：

营业利润＝(单价－单位变动成本)×业务量－固定成本

基本假设条件包括：

（1）相关范围。业务量的变化范围符合特定范围的约定，符合函数特征：$y=a+bx$。销售收入函数为：$y=px$。

（2）产销平衡。在约定的范围内，无论企业如何生产，市场都可以接受，生产出的产品，市场都可以实现销售，达到产销平衡。

（3）品种结构不变。假设企业生产多种产品，在总销量变化时，各品种产品的销售收入比重不变。

（4）线性模型假设。研究的本量利关系始终符合线性关系，即在研究的范围内，固定成本不变，变动成本与业务量成正比例变化，即线性变化。销售量与业务量也成线性变化。

【动动手】思考固定成本、变动成本、销售收入在平面直角坐标系中的特征，动手画画看。

（二）适用范围

本量利分析主要用于企业生产决策、成本决策和定价决策，也可以广泛地用于投融资决策等。

企业在营运计划的制定、调整以及营运监控分析等程序中通常会应用到本量利分析。企业应用本量利分析，应遵循营运管理对应用环境的一般要求。

二、应用程序

本量利分析法通常包括盈亏平衡分析、目标利润分析、敏感性分析、边际分析等。下面主要讲述前两种方法。

(一) 盈亏平衡分析

盈亏平衡分析（也称保本分析），是指分析、测定盈亏平衡点，以及有关因素变动对盈亏平衡点的影响等，是本量利分析的核心内容。盈亏平衡分析的原理是，通过计算企业在利润为零时处于盈亏平衡的业务量，分析项目对市场需求变化的适应能力等。盈亏平衡分析包括单一产品的盈亏平衡分析和产品组合的盈亏平衡分析。

1. 单一产品的盈亏平衡分析

单一产品的盈亏平衡分析，通常采用以下方法：

(1) 公式法。即用公式计算的方法求得盈亏平衡点销售量（即保本销售量）和盈亏平衡点销售额（即保本销售额）。有关计算公式如下：

单位边际贡献＝单位产品价格－单位变动成本

边际贡献总额＝销售收入总额－变动成本总额＝单位边际贡献×销售量

盈亏平衡点销售量（即保本销售量）＝固定成本÷(单价－单位变动成本)

即：

$$x=\frac{a}{p-b}$$

盈亏平衡点销售额（即保本销售额）＝单价×盈亏平衡点销售量

或

盈亏平衡点销售额＝固定成本÷(1－变动成本率)

边际贡献率＝单位边际贡献÷单位产品价格

或

盈亏平衡点销售额＝固定成本÷边际贡献率

即：

$$\pi=\frac{a}{1-\frac{b}{p}}$$

边际贡献率＝1－变动成本率＝$1-\frac{b}{p}$

企业的销售量等于盈亏平衡点销售量时，企业处于保本状态；企业的销售量高于盈亏平衡点销售量时，企业处于盈利状态；企业的销售量低于盈亏平衡点销售量时，企业处于亏损状态。

【例 3-1】 某企业只生产和销售一种产品，单位售价为 18 元，单位变动成本为 13 元，全月固定成本为 15 000 元。求单位边际贡献、边际贡献率、保本销售量和保本销售额。

解：

单位边际贡献＝单位产品价格－单位变动成本＝18－13＝5（元）

边际贡献率＝单位边际贡献÷单位产品价格＝5÷18×100%＝27.8%

保本销售量＝固定成本÷单位边际贡献＝15 000÷5＝3 000（件）

保本销售额＝固定成本÷边际贡献率＝15 000÷27.8%＝54 000（元）

【练一练】 假设某产品的固定成本为 30 000 元，单位变动成本为 30 元，边际贡献率为 40%。请问：该产品的单价是多少？保本销售量、保本销售额各是多少？

(2) 图示法。即用画图的方法求得保本销售量和保本销售额。一般用平面坐标系绘图法。

企业可以使用本量利关系图进行分析。本量利关系图按照数据的特征和目的分类，可以分为传统式、边际贡献式和利量式三种。

①传统式本量利关系图是最基本、最常见的本量利关系图形（见图 3-1）。绘制方法如下：

A. 在直角坐标系中，以横轴表示销售量，以纵轴表示销售收入或成本。

B. 在纵轴上找出固定成本数值，即以（0,固定成本数值）为起点，绘制一条与横轴平行的固定成本线。

C. 以（0,固定成本数值）为起点，以单位变动成本为斜率，绘制总成本线。

D. 以坐标原点（0,0）为起点，以销售单价为斜率，绘制销售收入线。

E. 总成本线和销售收入线的交点就是盈亏临界点销售量，即保本销售量。

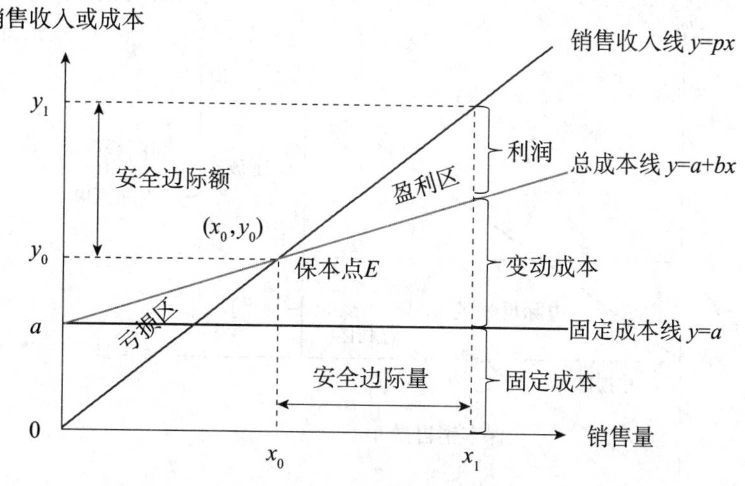

图 3-1　传统式本量利关系图

②边际贡献式本量利关系图是将固定成本置于变动成本之上，能够反映边际贡献形成过程的图形（见图 3-2）。绘制方法如下：

A. 在直角坐标系中，以横轴表示销售量，以纵轴表示销售收入或成本。

B. 从原点出发分别绘制销售收入线和变动成本线。

C. 以纵轴上的（0,固定成本数值）点为起点绘制一条与变动成本线平行的总成本线。

D. 总成本线和销售收入线的交点就是盈亏临界点销售量，即保本销售量。

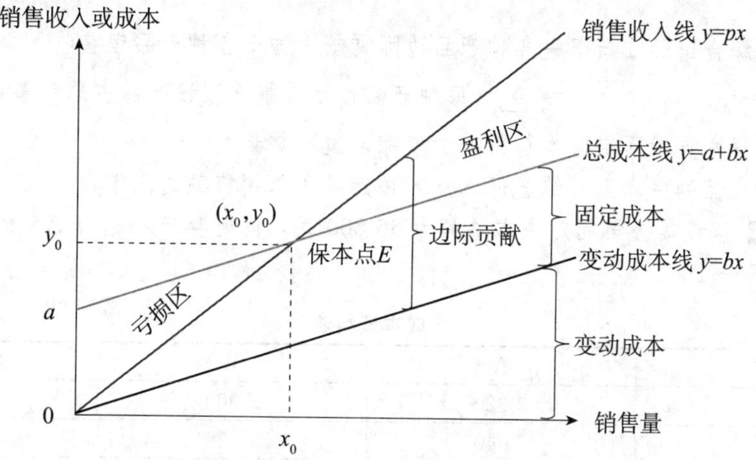

图 3-2　边际贡献式本量利关系图

③利量式本量利关系图是反映利润与销售量之间依存关系的图形（见图 3－3）。绘制方法如下：

A. 在直角坐标系中，以横轴代表销售量，以纵轴代表销售利润（或亏损）。

B. 在纵轴原点以下部分找到与固定成本总额相等的点（0,固定成本数值），该点表示销售量等于零时，亏损额等于固定成本；从点（0,固定成本数值）出发画出利润线，该线的斜率是企业边际贡献。

C. 利润线与横轴的交点即为盈亏临界点销售量，即保本销售量。

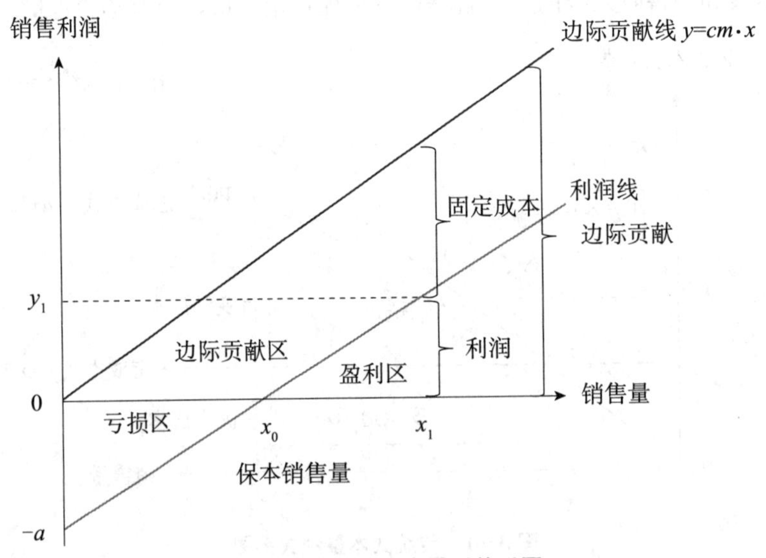

图 3－3　利量式本量利关系图

2. *产品组合的盈亏平衡分析*

产品组合的盈亏平衡分析是在掌握每种单一产品的边际贡献率的基础上，按各种产品销售额的比重进行加权平均，据以计算综合边际贡献率，从而确定多产品组合的盈亏平衡点。

（1）加权综合边际贡献率法。就是先计算产品的综合边际贡献率，再计算保本量、保本额的方法。此时是假定产品的生产结构不发生变化，即销售比例不变或数量比不变。相关计算公式如下：

加权综合边际贡献率＝各种产品边际贡献之和÷各种产品销售收入

$$=\sum(\text{每种产品边际贡献率}\times\text{该产品占总销售额的比重})$$

综合保本点＝固定成本总额÷加权综合边际贡献率

某种产品的保本点＝综合保本点×该产品占总销售额的比重

【例 3－2】 假设某公司固定成本总额为 66 600 元，同时生产和销售 A、B、C 三种产品，有关资料见表 3－2。

表 3－2　成本资料表

项目	A	B	C
产销量（件）	3 320	8 300	2 000
销售单价（元/件）	40	20	16.6
单位变动成本（元）	20	14	13.28

求：A、B、C产品的保本额（即保本点销售额）。

解：计算结果见表3-3。

表3-3 计算表

项目	A	B	C	合计
产销量（件）	3 320	8 300	2 000	
销售单价（元/件）	40	20	16.6	
单位变动成本（元）	20	14	13.28	
单位边际贡献（元）	20	6	3.32	
边际贡献总额（元）	66 400	49 800	6 640	122 840
销售收入（元）	132 800	166 000	33 200	332 000
销售收入比重（%）	40	50	10	100
边际贡献率（%）	50	30	20	37

第一步，计算加权综合边际贡献率：

加权综合边际贡献率＝$\sum$（每种产品边际贡献率×该产品占总销售额的比重）

＝40%×50%＋50%×30%＋10%×20%＝37%

第二步，计算综合保本额：

综合保本额＝固定成本总额÷加权综合边际贡献率

＝66 600÷37%＝180 000（元）

第三步，计算每种产品的保本额：

每种产品的保本额＝综合保本额×该产品占总销售额的比重

A产品的保本额＝综合保本额×该产品占总销售额的比重＝180 000×40%＝72 000（元）

B产品的保本额＝综合保本额×该产品占总销售额的比重＝180 000×50%＝90 000（元）

C产品的保本额＝综合保本额×该产品占总销售额的比重＝180 000×10%＝18 000（元）

（2）分算法。在一定条件下，将全厂固定成本按一定标准在各产品之间进行分配，计算各种产品的保本点，然后再将各种产品的保本点进行汇总。其中，各产品的计算就是单一产品的保本计算。

【例3-3】接例3-2，假设固定成本中有A产品应负担的专属成本4 800元，其余为A、B、C产品应负担的共同成本，以各种产品的边际贡献总额为标准进行分配。

第一步，计算固定成本的分配率：

固定成本的分配率＝(66 600－4 800)÷122 840≈0.503

第二步，对固定成本进行分配：

A产品应负担的固定成本＝4 800＋0.503×66 400＝38 199.2（元）

B产品应负担的固定成本＝0.503×49 800＝25 049（元）

C产品应负担的固定成本＝0.503×6 640＝3 340（元）

[分配的尾差处理：选择某一产品，不然数据不还原，如选A产品，应负担的固定成本＝66 600－25 049－3 340＝38 211（元）。]

第三步，计算每一种产品的保本点：

A产品的保本点＝38 211÷50%＝76 422（元）

B 产品的保本点＝25 049÷30％＝83 497（元）

C 产品的保本点＝3 340÷20％＝16 700（元）

（3）联合单位法。联合单位是指在事先掌握多种产品之间客观存在的相对稳定的产销实物量比例的基础上，将多种产品组合成单一的联合单位产品，确定每一联合单位的单价和单位成本，计算联合单位产品的保本点，最后再确定每种产品的保本点的方法。

【例 3-4】接例 3-2，假设 B 产品为标准产品，则 A、B、C 三种产品的销量比为 0.4∶1∶0.241。即 1 个联合单位相当于 0.4 个 A 产品、1 个 B 产品和 0.241 个 C 产品的集合。在此基础上，以联合单位和各种产品的单价及单位变动成本来计算联合单价和联合单位变动成本。

（1）计算联合单价、联合单位变动成本和联合单位边际贡献：

联合单价＝0.4×40＋1×20＋0.241×16.6＝40（元）

联合单位变动成本＝0.4×20＋1×14＋0.241×13.28＝25.2（元）

联合单位边际贡献＝联合单价－联合单位变动成本 ＝40－25.2＝14.8（元）

（2）计算综合保本点：

综合保本点＝66 600÷14.8＝4 500（联合单位）

（3）计算每种产品的保本点：

A 产品的保本点＝4 500×0.4＝1 800（元）

B 产品的保本点＝4 500×1＝4 500（元）

C 产品的保本点＝4 500×0.241＝1 085（元）

【想一想】（1）多产品条件下，保本保利计算是怎样借助单品种方法的思路的？

（2）联合单位法计算多品种产品的保本保利的基本原理是什么？

（二）目标利润分析

一般保利分析的利润是指息税前利润，如果需要计算税后的保利销售量、保利销售额，需折合为息税前的利润。目标利润分析是在本量利分析方法的基础上，计算为达到目标利润所需达到的业务量、收入和成本的一种利润规划方法。该方法应反映市场的变化趋势、企业战略规划目标以及管理层需求等。目标利润分析包括单一产品的目标利润分析和产品组合的目标利润分析。单一产品的目标利润分析重在分析每个要素的重要性，产品组合的目标利润分析重在优化企业产品组合。

1. 单一产品的目标利润分析

单一产品的目标利润分析公式如下：

实现目标利润（税前）的销售量＝(固定成本＋目标利润)÷单位边际贡献

$$\text{实现目标利润（税后）的销售量}=\frac{\text{固定成本}+\dfrac{\text{税后目标}}{1-\text{所得税率}}}{\text{单位边际贡献}}$$

实现目标利润（税前）的销售额 ＝（固定成本＋目标利润）÷边际贡献率

$$\text{实现目标利润（税后）的销售额}=\frac{\text{固定成本}+\dfrac{\text{税后目标}}{1-\text{所得税率}}}{\text{边际贡献率}}$$

【例 3-5】假设华淮公司的固定成本为 30 000 元，单价为 60 元，单位变动成本为 40 元，试计算在下列情况下要实现多少销售量：(1) 税前利润为 15 000 元；(2) 税后利润为 15 000 元，企业对应的所得税税率为 20%；(3) 经营无风险（保本率 60%以下）。

解：

(1) 税前利润为 15 000 元，销售量=(30 000+15 000)÷(60−40)=2 250（件）。

(2) 税后利润为 15 000 元，销售量$=\dfrac{30\,000+\dfrac{15\,000}{1-20\%}}{60-40}=2\,437.5\approx 2\,438$（件）。

(3) 经营无风险，企业的安全边际率至少在 40%以上，则保本率在 60%以下，此时：

保本点=30 000÷(60−40)=1 500（件）

1 500÷60%=2 500（件）

即：企业至少销售 2 500 件，才处于经营无风险状态。

企业应结合市场情况、宏观经济背景、行业发展规划以及企业的战略发展规划等确定目标利润。

企业要实现目标利润，在假定其他因素不变时，通常应提高销售数量或销售价格，降低固定成本或单位变动成本。

企业在应用该工具方法进行如何提高销售量的策略分析时，可以根据市场情况的变化对销售价格进行调整，降价通常可能使销售量增加，提价通常可能使销售量下降；在市场需求极为旺盛的情况下，可以通过增加固定成本支出（如广告费、租赁设备等）、扩大生产能力来扩大销售量。

【例 3-6】 某企业生产的产品，市场售价为 50 元，单位变动成本为 30 元，企业固定成本为 30 000 元，目前企业的销售量为 2 000 件。假如企业产品的市场容量足够大，生产能力足够强，并且希望降低售价，提高企业的利润（不考虑税费）。据测算，每降低 1 元售价，可以提高 100 件销售量。问：企业获取的最大利润是多少？价格最多降多少？

解：首先确定企业目前的利润是：

利润=(50−30)×2 000−30 000=10 000（元）

所以企业处于盈利状态。

假设企业降价 x 元，则企业的利润为：

$$\text{利润}=(50-30-x)\times(2\,000+100x)-30\,000$$
$$=10\,000-100x^2$$

可以确定：当 $x=0$ 时利润最大，利润为 10 000 元，即企业不能采取降价措施。

【想一想】 (1) 假如企业的降价措施是每降价 1 元，可以提高销售量 200 件，结果又会怎样呢？

(2) 企业每降价 1 元，必须保证最低增加多少件产品的销售，才可以采取降价促销以提高利润的措施？

3-2
【想一想】答案

2. 产品组合的目标利润分析

在单一产品的目标利润分析的基础上，依据分析结果进行优化调整，寻找最优的产品组合。基本思路是，把产品组合视为一种产品，按单一产品的方法计算保利销售量或保利销售额。基本分析公式如下：

实现目标利润的销售额=(综合目标利润+固定成本)÷(1−综合变动成本率)

实现目标利润率的销售额=固定成本÷(1−综合变动成本率−综合目标利润率)

企业在应用该工具方法进行优化产品产量结构的策略分析时，在既定的生产能力基础上，可以提高具有较高边际贡献率的产品的产量。

【例 3-7】 假设企业生产 A、B、C 三种产品，销量依次为 5 600 件、4 200 件和 2 800 件，单价依次为 25 元、20 元和 20 元，单位变动成本为 20 元、14 元和 8 元，企业固定成本为 62 000 元。假如企业生产结构比较稳定，有一部分剩余生产能力，计算：企业保本销售量为多少？盈亏临界点销售额为多少？

解：

销售收入比为：

A∶B∶C=(5 600×25)∶(4 200×20)∶(2 800×20)=5∶3∶2

加权平均边际贡献率=50%×20%+30%×30%+20%×60%=31%

盈亏临界点销售额=62 000/31%=200 000（元）

假设 A 产品销量为 x 件，B、C 两种产品按品种构成比例销售时，有：

$$5x+6\times\frac{4\ 200}{5\ 600}x+12\times\frac{2\ 800}{5\ 600}x=62\ 000 \qquad \text{（即：边际贡献＝固定成本）}$$

x=4 000（件）

即：当 A 销售 4 000 件、B 销售 3 000 件$\left(4\ 000\times\frac{4\ 200}{5\ 600}\right)$、C 销售 2 000 件时，企业处于保本状态。

若改变为：A∶B∶C=4∶3∶3，则：加权平均边际贡献率变为 35%（请同学们自己计算），盈亏临界点销售额$=\frac{62\ 000}{35\%}$=177 142.86（元）。

可见，当结构变化时，盈亏临界点也发生变化。对于企业剩余生产能力的利用，首先应考虑边际贡献率高的产品，本例中，首选 C 产品，其次 B 产品，最后 A 产品。

需要说明的是，我们研究的盈亏临界点，都是在产销平衡时，事实上，不平衡才是经常的现象。在产销平衡时，变动成本法与完全成本法在损益计算的结果上并无差异，或者最多是形式上的差异；当产销不平衡时，两种损益结果存在差异，且越不平衡差异越大。

【想一想】 请推导完全成本法下和变动成本法下的损益值换算关系式。

3-3
【想一想】 答案

※ 任务训练 ※

一、单选题

1. 本量利分析的基本公式为(　　)。

A. 营业利润=单价-单位变动成本×业务量-固定成本

B. 营业利润=(单价-单位变动成本)×业务量-固定成本

C. 营业利润=(单价-单位变动成本)×业务量+固定成本

D. 营业利润=营业收入-营业成本-期间费用

2. 下列公式表述不正确的是(　　)。

A. 盈亏平衡点销售量=固定成本÷(单价-单位变动成本)

B. 盈亏平衡点销售额=单价×盈亏平衡点的业务量

C. 盈亏平衡点销售量＝固定成本－(单价－单位变动成本)

D. 盈亏平衡点销售额＝固定成本÷(1－变动成本率)

3. 下列有关单一产品的目标利润分析公式，表达错误的是(　　)。

A. 实现目标利润的销售额＝(目标利润＋固定成本)÷(单价－单位变动成本)

B. 实现目标利润的销售额＝(目标利润＋固定成本)÷边际贡献率

C. 实现目标利润的业务量＝(目标利润＋固定成本)÷(单价－单位变动成本)

D. 实现目标利润的销售额＝单价×实现目标利润的业务量

4. 短期营运决策中的敏感性分析主要应用于(　　)。

A. 是否深加工分析　　B. 回归分析

C. 保本分析　　D. 目标利润规划

5. 下列有关利润的公式，表达正确的是(　　)。

A. 利润＝销售量×(单价－单位变动成本)－固定成本总额

B. 利润＝销售量×(单价－单位变动成本)＋固定成本总额

C. 利润＝销售量×单价－单位变动成本－固定成本总额

D. 利润＝销售量×(单价－单位变动成本－固定成本总额)

6. 下列除了(　　)，都是分析和识别影响利润基准值的因素。

A. 销售量　　B. 利润

C. 单位变动成本　　D. 固定成本

7. 下列说法除了(　　)，都表达了保本分析的某方面意义。

A. 企业根据本量利公式分析固定成本的大小对目标利润的影响

B. 在保利规划分析中，利润规划的决策目标是利润率最大化

C. 在确定税前利润值时，企业通常根据正常状态下的产品销售量、定价和成本状况，使用本量利公式测算目标利润值

D. 进行安全边际分析时，可视具体情况和以往经验，在内外部环境稳定的条件下进行分析

8. 下列说法中，只有(　　)是对的。

A. 单因素的保本分析，是指每次只保持一个因素不变，而其他因素保持变动时所做的分析

B. 企业在进行多产品盈亏临界分析时，通过计算多产品的综合边际贡献率，推算多产品的保本销售额，进一步推算各产品的保本量

C. 进行多产品保本、保利分析时，只要产品品种不变且生产稳定，结构的变化并不会影响盈亏临界值的计算

D. 保本点和保利点越高，说明产品的变动成本率越小

9. 下列说法中，正确的是(　　)。

A. 某产品的利润率＝产品的安全边际率×保本点作业率

B. 边际利润率值越小，该产品保本点越低

C. 某因素敏感系数＝因素值变动百分比÷目标值变动百分比

D. 在目标利润规划中，目标值为销售量、单价、单位变动成本和固定成本其中之一，变动因素为目标利润

二、多选题

1. 下列说法正确的是(　　)。

A. 营运计划一旦批准下达，不予调整

B. 企业做出营运计划调整决策时，应分析和评估营运计划调整方案对企业营运的影响

C. 企业应建立营运计划调整的流程和机制，规范营运计划的调整

D. 研究盈亏临界点的前提是产销平衡

2. 下列说法正确的是(　　)。

A. 企业在营运计划执行过程中，应关注和识别存在的各种不确定因素，分析和评估其对企业营运的影响

B. 企业在营运计划执行过程中，适时启动调整原计划的有关工作，确保企业营运目标更加切合实际，更合理地进行资源配置

C. 企业应在年度营运计划的基础上，开展月度、季度滚动预测，及时反映滚动营运计划所对应的实际营运状况，为企业资源配置的决策提供有效支持

D. 宏观经济形势、市场竞争形势等发生重大变化，导致企业营运状况与预期出现较大偏差的，企业可以适时对营运计划做出调整，使营运目标更加切合实际

3. 下列说法正确的是(　　)。

A. 企业应按照PDCA管理原则，不断优化营运监控体系的各项机制，做好营运监控分析工作

B. 为了强化营运监控，确保企业营运目标的顺利完成，企业应结合自身实际情况，按照日、周、月、季、年等频率建立营运监控体系

C. 营运计划的调整应由具体执行的所属企业或部门提出调整申请，经批准后下达正式文件

D. 营运管理监控的基本任务是发现偏差、分析偏差和纠正偏差

4. 营运管理监控的基本任务是(　　)。

A. 检查计划　　B. 分析偏差　　C. 纠正偏差　　D. 发现偏差

5. 企业营运监控分析应至少包括(　　)等方面的财务指标。

A. 发展能力　　B. 盈利能力　　C. 偿债能力　　D. 生产能力

6. 企业营运监控分析应至少包括(　　)等方面的非财务指标。

A. 发展能力　　B. 管理能力　　C. 偿债能力　　D. 生产能力

7. 下列说法正确的是(　　)。

A. 盈亏平衡分析的原理是，通过计算企业在产销平衡时的业务量，分析项目对市场需求变化的适应能力等

B. 盈亏平衡分析只能进行单一产品的盈亏平衡分析

C. 保本分析是指分析、测定盈亏平衡点，以及有关因素变动对盈亏平衡点的影响等，是本量利分析的核心内容

D. 企业在营运计划的制定、调整以及营运监控分析等程序中通常会应用到本量利分析

8. 下列适用单一产品的盈亏平衡分析方法的是(　　)。

A. 代数法　　B. 图示法　　C. 工程法　　D. 公式法

9. 下列公式表述正确的是(　　)。

A. 盈亏平衡点销售量＝固定成本÷(1－变动成本率)

B. 盈亏平衡点销售量＝固定成本÷边际贡献率

C. 边际贡献率＝1－变动成本率

D. 盈亏平衡点销售额＝单价×盈亏平衡点销售量

10. 下列说法正确的是(　　)。

A. 企业的业务量等于盈亏平衡点销售量时，企业处于保本状态

B. 企业的业务量低于企业的最高生产能力的业务量时，企业处于亏损状态

C. 企业的业务量高于盈亏平衡点销售量时，企业处于盈利状态

D. 企业的业务量低于盈亏平衡点的业务量时，企业处于亏损状态

三、计算题

1. 某公司生产单一产品，单价为 18 元，单位变动成本为 12 元，固定成本为 30 000 元，企业销售量为 9 000 件。问：边际贡献率是多少？利润是多少？保本销售量和保本销售额各是多少？

2. 公司生产三种产品，产量分别为 4 000 件、5 000 件和 6 000 件，售价分别为 30 元、20 元和 40 元，单位变动成本分别为 20 元、12 元和 24 元。如果固定成本为 20 000 元，问：企业的综合边际贡献率是多少？各产品的边际贡献率是多少？企业销售多少金额产品才能保本？保本时各产品销售多少件？

3. 某企业生产的产品，市场售价为 40 元，单位变动成本为 24 元，企业固定成本为 24 000 元，目前企业的销售量为 1 800 件。假如企业产品的市场容量足够大，生产能力足够强，并且希望降低售价、提高企业的利润（不考虑税费），据测算，每降低 1 元售价，可以提高 150 件销售量。问：企业能获取的最大利润是多少？价格最多降多少？

熟悉敏感性分析的原理与方法

一、敏感性分析的概念

3-4　王朝酒业缘何陨落

敏感性分析是指对影响目标实现的因素变化进行量化分析，以确定各因素变化对实现目标的影响及其敏感程度。敏感性分析可以分为单因素敏感性分析和多因素敏感性分析。

敏感性分析具有广泛适用性，有助于识别、控制和防范短期营运决策、

长期投资决策等相关风险，也可以用于一般经营分析。

企业在营运计划的制定、调整以及营运监控分析等程序中通常会应用到敏感性分析。敏感性分析也常用于长期投资决策等，短期营运决策中的敏感性分析主要应用于目标利润规划。

二、短期营运决策中敏感性分析的应用程序

短期营运决策中敏感性分析的应用程序，一般包括确定短期营运决策目标、根据决策环境确定决策目标的基准值、分析确定影响决策目标的各种因素、计算敏感系数、根据敏感系数对各因素进行排序等。

1. 敏感因素分析

在利润规划敏感性分析中，利润规划的决策目标是利润最大化，有关计算公式如下：

利润＝销售量×(单价－单位变动成本)－固定成本总额

实现目标利润的模型是盈亏临界点模型的拓展与延伸，导致盈亏临界点变化的各个因素都可能对实现目标利润产生影响。此外，在进行实现税后目标利润的分析时，所得税税率的变动也会有影响。以下通过案例分析，分别进行具体说明。

【例 3-8】 设某企业生产和销售单一产品。该企业计划年度内预计销售产品 3 600 件，全年固定成本预计为 50 000 元。该产品单价为 50 元，单位变动成本为 25 元，则计划年度的目标利润为：

目标利润＝3 600×(50－25)－50 000＝40 000（元）

或者先确定计划年度的目标利润为 40 000 元，则实现目标利润的销售量为：

$$实现目标利润的销售量=\frac{40\ 000+50\ 000}{50-25}=3\ 600（件）$$

（1）固定成本变动对实现目标利润的影响。从实现目标利润的模型中可以看出，若其他条件既定，固定成本与目标利润之间是此消彼长的关系。固定成本降低，则目标利润增大，或者会使实现目标利润的销售量降低。

假设例 3-8 中的其他条件不变，只是固定成本减少了 10 000 元，则目标利润不仅可以实现，还能超过目标 10 000 元，或者在比预计销售量低的销售量下实现目标利润，即：

$$实现目标利润的销售量=\frac{40\ 000+40\ 000}{50-25}=3\ 200（件）$$

（2）单位变动成本变动对实现目标利润的影响。假设例 3-8 中的其他条件不变，只是单位变动成本由 25 元降为 20 元，则预计可实现利润 58 000（＝3 600×(50－20)－50 000）元，即比原定目标多实现 18 000 元，或者实现目标利润的销售量降为：

$$实现目标利润的销售量=\frac{40\ 000+50\ 000}{50-20}=3\ 000（件）$$

（3）单位售价变动对实现目标利润的影响。正如在盈亏临界点分析中所指出的，单位售价的变动对盈亏临界点的影响最为直接，对实现目标利润的影响也是一样。

假设例 3-8 中的产品单价由 50 元下降到 45 元，其他条件不变，则可实现利润 22 000（＝3 600×(45－25)－50 000）元，即比目标利润少 18 000 元，此时实现目标利润的销售量应为：

$$实现目标利润的销售量=\frac{40\ 000+50\ 000}{45-25}=4\ 500（件）$$

如果销售量可以超过预计的 3 600 件而达到 4 500 件，则目标利润尚能实现，否则无法实现。

（4）多种因素同时变动对实现目标利润的影响。在现实经济生活中，除了所得税税率这一因素，上述影响利润的诸因素之间是有关联的，只不过有的关联较强，有的较弱。比如为了提高产品的产量，往往需要增加生产设备，这就会使折旧费用这项固定成本增加；而为了使产品顺利地销售出去，可能又会增加广告费这项固定成本，企业采取诸如降低固定成本、单位变动成本或者提高单价等单项措施，可以使利润提高，但往往更多地采取综合措施以实现目标利润，这就需要反复进行权衡和测算。

【例 3-9】设某企业生产和销售单一产品。当年的有关数据如下：销售产品 3 000 件，产品单价 50 元，单位变动成本 25 元，固定成本 50 000 元，实现利润 25 000（=3 000×(50−25)−50 000）元，计划年度的目标利润定为 40 000 元。如果其他条件均可保持不变，则实现目标利润的销售量为：

$$实现目标利润的销售量=\frac{40\ 000+50\ 000}{50-25}=3\ 600（件）$$

如果计划年度各个因素的变化较为复杂，则我们假设企业采取了如下步骤以求实现目标利润：

第一步，经生产部门分析研究，确认虽然尚有增加产品产量的潜力，但生产能力最高也只能达到 3 500 件，同时销售部门也提出，为确保 3 500 件产品顺利地销售出去，销售价格至少应下降 4%。在上述条件下，计划年度的可实现利润为 30 500 元，即 3 500×[50×(1−4%)−25]−50 000=30 500（元）。虽然可实现利润数与目标利润数相差 9 500 元，但当年利润还是可以增加 5 500 元，方案可取。

第二步，在分析研究了产销量和销售价格变动的影响后，可实现利润与目标利润仍相差 9 500 元，应该考虑成本开支上是否有潜力可挖。这里先考虑单位变动成本，在上述产销量和单价已确定的条件下，能使目标利润实现的单位变动成本计算如下：

$$利润=单价×销售量-单位变动成本×销售量-固定成本$$

$$单位变动成本=\frac{单价×销售量-固定成本}{销售量}$$

$$=\frac{48×3\ 500-50\ 000-40\ 000}{3\ 500}=22.29（元/件）$$

也就是说，如果单位变动成本能从 25 元降至 22.29 元，则目标利润可以实现。如果生产部门经过分析研究，认为通过降低直接材料、直接人工和其他直接成本，这个目标可以实现，则实现目标利润的分析也就可以到此为止了；否则，就其影响要在降低固定成本方面进行分析研究。

第三步，假定生产部门经过分析研究，认为单位变动成本最低只能降至 23 元。那么，在上述条件下，可使目标利润实现的固定成本为 47 500 元，即：

$$固定成本=销售量×单位边际贡献-目标利润$$

$$=3\ 500×[50×(1-4\%)-23]-40\ 000=47\ 500（元）$$

也就是说，在产销量增至 3 500 件、降价 4%和单位变动成本降至 23 元的同时，固定成本尚需压缩 2 500（=50 000−47 500）元。如能压缩，则目标利润可以实现。

需要说明的是，上述分析过程并不是分析多种因素同时变动对实现目标利润的影响时的唯一视角，当然也不是唯一的顺序。企业应该结合自身的情况，从对实现目标利润影响较大的因素开始，按由大到小顺序分析，而且这种分析往往要反复进行。例如，在上例中，假定固定成本不能压缩或者不能压缩 2 500 元，就需要回头再寻找增收节支的办法并再次测算。

此外，产品品种构成变动对实现目标利润的影响问题在此没有涉及，可参见品种构成变动对盈亏临界点的影响的内容，其道理同样适用于实现目标利润的分析。

2. 确定目标利润基准值

在确定利润基准值时，企业通常根据正常状态下的产品销售量、定价和成本状况，使用本量利公式测算目标利润基准值。

企业根据本量利公式分析，可以确定影响目标利润基准值的因素是销售量、单价、单位变动成本和固定成本。企业在进行敏感性分析时，可视具体情况和以往经验选取对目标利润基准值影响较大的因素进行分析。

3. 敏感系数

企业在进行因素分析时，通过计算各因素的敏感系数，衡量因素变动对决策目标基准值的影响程度。企业可以进行单因素敏感性分析或多因素敏感性分析。

（1）单因素敏感性分析。单因素敏感性分析是指每次只变动一个因素而其他因素保持不变时所做的敏感性分析。敏感系数反映的是某一因素值变动对目标值变动的影响程度，有关公式如下：

某因素敏感系数＝目标值变动百分比÷因素值变动百分比

在目标利润规划中，目标值为目标利润，变动因素为销售量、单价、单位变动成本和固定成本。敏感系数的绝对值越大，该因素越敏感。

销售量、单价、单位变动成本和固定成本的变化都会对利润产生影响。当这种影响是消极的且达到一定程度时，就会使企业的利润为零而进入盈亏临界状态；如果这种变化超出上述程度，企业就转入了亏损状态，发生了质的变化。敏感性分析的目的就是确定能引起这种质变的各因素变化的临界值，简单来说，就是求取达到盈亏临界点的销售量和单价的最小允许值以及单位变动成本和固定成本的最大允许值。所以，这种方法也称为最大最小法。

【例 3-10】设某企业新开发一款产品，预计年度内市场可接受的销售量为 6 000 件，单价为 80 元，单位变动成本为 50 元，固定成本为 60 000 元。则目标利润为：

$$P=6\ 000\times(80-50)-90\ 000=90\ 000\text{（元）}$$

（1）销售量的临界值（最小值）：

$$V=\frac{90\ 000}{80-50}=3\ 000\text{（件）}$$

即产品销售量的最小允许值（即盈亏临界点销售量）为 3 000 件。若产品销售量低于 3 000 件，则会发生亏损；或者说，实际销售量只要达到计划年度预计销售量的 50%（即 3 000/6 000），企业就可以保本。

（2）单价的临界值（最小值）：

$$SP=\frac{FC}{V}+VC=\frac{90\ 000}{6\ 000}+50=65\text{（元）}$$

即产品的单价不能低于 65 元这个最小值，或者说单价降低的幅度不能超过 18.75%（即

15/80×100%)，否则便会发生亏损。

(3) 单位变动成本的临界值（最大值）：

$$VC = SP - \frac{FC}{V} = 80 - \frac{90\ 000}{6\ 000} = 65\ (\text{元})$$

这意味着，当单位变动成本由 50 元上升到 65 元时，企业的利润将由 90 000 元变为零。65 元为企业所能承受的单位变动成本的最大值，此时其变动率为 30%（即 15/50×100%）。

(4) 固定成本的临界值（最大值）：

$$FC = V(SP - VC) = 6\ 000 \times (80 - 50) = 180\ 000\ (\text{元})$$

固定成本的临界值也可以直接将原固定成本与目标利润相加而得到，即由固定成本将目标利润简单地“吃掉”，此时的固定成本总额增加了 100%。

【例 3-11】设某企业生产和销售的产品，根据市场调查，全年预计销售量为 5 000 件，市场接受的单价为 50 元，产品的单位变动成本为 20 元，固定成本为 60 000 元。假设销售量、单价、单位变动成本和固定成本均分别增长了 20%，计算各因素的敏感系数。

(1) 销售量的敏感系数。销售量增长 20%，则有：

$V=5\ 000\times(1+20\%)=6\ 000$ （件）

$P=6\ 000\times(50-20)-60\ 000=120\ 000$ （元）

$$\text{利润变化百分比}=\frac{120\ 000-90\ 000}{90\ 000}\times 100\%=33.33\%$$

$$\text{销售量的敏感系数}=\frac{33.33\%}{20\%}=1.67$$

(2) 单价的敏感系数。单价增长 20%，则有：

$SP=50\times(1+20\%)=60$ （元）

$P=5\ 000\times(60-20)-60\ 000=140\ 000$ （元）

$$\text{利润变化百分比}=\frac{140\ 000-90\ 000}{90\ 000}\times 100\%=55.56\%$$

$$\text{单价的敏感系数}=\frac{55.56\%}{20\%}=2.78$$

(3) 单位变动成本的敏感系数。单位变动成本增长 20%，则有：

$VC=20\times(1+20\%)=24$ （元）

$P=5\ 000\times(50-24)-60\ 000=70\ 000$ （元）

$$\text{利润变化百分比}=\frac{70\ 000-90\ 000}{90\ 000}\times 100\%=-22.22\%$$

$$\text{单位变动成本的敏感系数}=\frac{-22.22\%}{20\%}=-1.11$$

(4) 固定成本的敏感系数。固定成本增长 20%，则有：

$FC=60\ 000\times(1+20\%)=72\ 000$ （元）

$P=5\ 000\times(50-20)-72\ 000=78\ 000$ （元）

$$\text{利润变化百分比}=\frac{78\ 000-90\ 000}{90\ 000}\times 100\%=-13.33\%$$

$$\text{固定成本的敏感系数}=\frac{-13.33\%}{20\%}=-0.67$$

从上面的计算可以看出，在影响利润的诸因素中，最敏感的是单价（敏感系数为 2.78，意味着利润将以 2.78 的速率随单价的变化而变化），其次是销售量（敏感系数为 1.67），再次是单位变动成本（敏感系数为－1.11），最后是固定成本（敏感系数为－0.67）。其中，敏感系数为正值，表示该因素与利润为同向增减关系；敏感系数为负值，表示该因素与利润为反向增减关系。在进行敏感程度分析时，敏感系数是正值或负值无关紧要，关键是数值的大小，数值越大，则敏感程度越高。

必须说明的是，上述各因素敏感系数的排序是在设定条件的基础上得到的，如果条件发生了变化，则各因素敏感系数之间的排列顺序也可能发生变化。如果例中的单位变动成本改变为 30 元，固定成本改变为 50 000 元，其他条件不变，则目标利润为 50 000（＝5 000×(50－30)－50 000）元。当各个因素分别增长 20%时，各因素的敏感系数分别为：

$$\text{销售量的敏感系数}=\frac{5\ 000\times(1+20\%)\times(50-30)-50\ 000-50\ 000}{50\ 000\times 20\%}=2$$

$$\text{单价的敏感系数}=\frac{5\ 000\times[50\times(1+20\%)-30]-50\ 000-50\ 000}{50\ 000\times 20\%}=5$$

$$\begin{aligned}\text{单位变动成本的敏感系数}&=\frac{5\ 000\times[50-30\times(1+20\%)]-50\ 000-50\ 000}{50\ 000\times 20\%}\\&=-3\end{aligned}$$

$$\text{固定成本的敏感系数}=\frac{5\ 000\times(50-30)-50\ 000\times(1+20\%)-50\ 000}{50\ 000\times 20\%}=-1$$

上述四个因素按敏感系数排列的顺序是：单价（敏感系数为 5）、单位变动成本（敏感系数为－3）、销售量（敏感系数为 2）、固定成本（敏感系数为－1）。与上例条件下各因素按敏感系数的排序相比，单位变动成本与销售量两个因素相互调换了位置。

关于敏感性分析还有两个问题需要说明：

第一，敏感性分析中的临界值问题与敏感系数问题，实际上是一个问题的两个方面。某一因素达到临界值前的允许或者说容忍的程度越高，则利润对这项因素就越不敏感；反之，容忍的程度越低，则表明利润对该因素越敏感。在例 3 - 11 中，临界值对固定成本这项因素的容忍程度最高（允许增加到原来的 250%，请同学们自己计算），但其敏感系数最小（－0.67）；临界值对单价这一因素的容忍程度最低（降价不能超过 36%，请同学们自己计算），而其敏感系数最大（2.78）。

第二，关于营业杠杆。营业杠杆又称经营杠杆，是指销售量的敏感系数。"杠杆"一词原指由于力矩的影响，可以用较小的力量撬起较重的物体。营业杠杆的意思是，销售量的一个较小的变动可以导致利润的较大变动，其原理就是基于固定成本在实现利润过程中的特殊作用。

【想一想】用公式推导法探究各因素的敏感性强弱与哪些因素有关。

(2) 多因素敏感性分析。多因素敏感性分析是指假定其他因素不变时，分析两种或两种以上不确定性因素同时变化对目标的影响程度所做的敏感性分析。企业在进行目标利润规划时，通常以利润基准值为基础，测算销售量、单价、单位变动成本和固定成本中两个或两个以上的因素同时发生变动时，对利润基准值的影响程度。

企业应根据敏感系数绝对值的大小对其进行排序，按照有关因素的敏感程度优化规划和决策。有关因素只要有较小幅度变动就会引起利润较大幅度变动的，属于敏感性因素；有关因素虽有较大幅度变动但对利润影响不大的，属于弱敏感性因素。在短期利润规划决策中，销售量、单价、单位变动成本和固定成本都会对利润产生影响，应重点关注敏感性因素，及时采取措施，加强控制敏感性因素，确保利润规划的完成。

3－5　影响本量利分析的因素

综合以上内容不难看出，在对利润规划进行敏感性分析时，企业应确定导致盈利转为亏损的有关变量的临界值，即确定销售量和单价的最小允许值、单位变动成本和固定成本的最大允许值。有关计算公式如下：

销售量的最小允许值＝固定成本÷(单价－单位变动成本)

单价的最小允许值＝(单位变动成本×销售量＋固定成本)÷销售量

$$单位变动成本的最大允许值=\frac{单价\times销售量-固定成本}{销售量}$$

固定成本的最大允许值＝(单价－单位变动成本)×销售量

三、敏感性分析在长期投资决策中的应用

长期投资决策中的敏感性分析是指通过衡量投资方案中某个因素的变动对该方案预期结果的影响程度，做出对项目投资决策的可行性评价。

长期投资决策敏感性分析的一般步骤参考前述的短期营运决策分析。

(1) 长期投资决策模型中决策目标基准值通常包括净现值、内含报酬率、投资回收期、现值指数等。企业通常需要结合行业和项目特点，参考类似投资的经验，对决策目标基准值的影响因素进行识别和选取。决策目标基准值的影响因素通常包括项目的期限、现金流和折现率。

(2) 长期投资决策中的敏感性分析，通常分析项目期限、折现率和现金流量等变量的变化对投资方案的净现值、内含报酬率等产生的影响。

(3) 以净现值为目标值进行敏感性分析的，可以计算投资期内的年现金净流量、有效使用年限和折现率的变动对净现值的影响程度，也可以计算净现值为零时的年现金净流量和有效使用年限的下限。

以内含报酬率为基准值进行敏感性分析，可以计算投资期内的年现金净流量和有效使用年限变动对内含报酬率的影响程度。

四、工具方法的运用

常见的工具方法包括净现值、内含报酬率、投资回收期、现值指数等方法，具体计算请参看项目五投融资管理部分。

※ 任务训练 ※

一、单选题

1. 在短期利润规划决策中，下列(　　)不会对利润产生影响。

A. 销售量　　B. 安全边际贡献率

C. 单位变动成本　　D. 固定成本

2. 关于敏感性分析，下列公式正确的是(　　)。

A. 销售量的最大允许值＝固定成本÷(单价－单位变动成本)

B. 单价的最小允许值=(单位变动成本×销售量+固定成本)÷销售量
C. 固定成本的最小允许值=(单价−单位变动成本)×销售量
D. 单位变动成本的最小允许值=(单价×销售量−固定成本)÷销售量

3. 关于敏感性分析，下列公式正确的是(　　)。
A. 销售量的最小允许值=固定成本÷(单价−单位变动成本)
B. 单价的最大允许值=(单位变动成本×销售量+固定成本)÷销售量
C. 单位变动成本的最大允许值=(单价×销售量)÷销售量−固定成本
D. 固定成本的最小允许值=(单价−单位变动成本)×销售量

4. 长期投资决策中，决策目标基准值的影响因素通常包括下列项目，除了(　　)。
A. 投资期　　B. 现金流
C. 内含报酬率　　D. 折现率

5. 当进行多产品决策时，边际贡献与变动成本之间存在如下关系(　　)。
A. 综合边际贡献率反映了多产品组合给企业做出贡献的能力，该指标通常越小越好
B. 综合边际贡献率=综合变动成本率−1
C. 综合边际贡献率=1−综合变动成本率
D. 综合边际贡献率反映了多产品组合获利能力，该指标越大，通常说明多产品组合每个产品的利润越高

二、多选题

1. 下列说法正确的是(　　)。
A. 敏感性分析是指对影响目标实现的因素变化进行量化分析
B. 敏感性分析可以分为单因素敏感性分析和多因素敏感性分析
C. 敏感性分析具有广泛适用性，有助于短期营运决策、长期投资决策等相关风险
D. 敏感性分析可以用于一般经营分析

2. 下列(　　)是分析和识别影响利润基准值的因素。
A. 销售量　　B. 单价
C. 单位变动成本　　D. 固定成本

3. 关于敏感系数，下列表达错误的是(　　)。
A. 某因素敏感系数=目标值变动百分比÷因素值变动百分比
B. 敏感系数的绝对值越小，该因素越敏感
C. 某因素敏感系数=因素值变动百分比÷目标值变动百分比
D. 在目标利润规划中，目标值为销售量、单价、单位变动成本和固定成本其中之一，变动因素为目标利润

4. 下列说法正确的是(　　)。
A. 企业应根据敏感系数绝对值的大小对其进行排序，按照有关因素的敏感程度优化规划和决策
B. 有关因素虽有较大幅度变动但对利润影响不大的，属于弱敏感性因素

C. 有关因素只要有较小幅度变动就会引起利润有较大幅度变动的，属于敏感性因素

D. 在短期利润规划决策中，应重点关注非敏感性因素或弱敏感性因素，及时采取措施，加强控制敏感性因素，确保利润规划的完成

5. 在短期利润规划决策中，下列(　　)会对利润产生影响。

A. 销售量　　B. 单价

C. 单位变动成本　　D. 固定成本

6. 关于敏感性分析，下列公式错误的是(　　)。

A. 销售量的最大允许值＝固定成本÷(单价－单位变动成本)

B. 单价的最小允许值＝(单位变动成本×销售量＋固定成本)÷销售量

C. 固定成本的最小允许值＝(单价－单位变动成本)×销售量

D. 单位变动成本的最小允许值＝(单价×销售量－固定成本)÷销售量

7. 关于敏感性分析，下列公式错误的是(　　)。

A. 销售量的最小允许值＝固定成本÷(单价－单位变动成本)

B. 单价的最大允许值＝(单位变动成本×销售量＋固定成本)÷销售量

C. 单位变动成本的最大允许值＝(单价×销售量)÷销售量－固定成本

D. 固定成本的最小允许值＝(销售收入－变动成本)×销售量

8. 长期投资决策中，决策目标基准值的影响因素通常包括(　　)项目。

A. 投资期　　B. 现金流

C. 内含报酬率　　D. 折现率

9. 长期投资决策模型中，下列(　　)是决策目标的基准值。

A. 现值指数　　B. 投资回收期

C. 净现值　　D. 内含报酬率

10. 下列说法正确的是(　　)。

A. 敏感分析的优点是简单易行、结果易于理解

B. 敏感分析的缺点是过度依赖于决策模型

C. 过度依赖预测数据是敏感分析的主要缺点

D. 敏感分析的可靠性受模型的可靠性和数据的合理性影响

三、实务题

1. 某公司生产产品 A，单价为 18 元，单位变动成本为 12 元，固定成本为 30 000 元，企业销售量为 8 000 件。问：如果仅有一种因素可变，其他因素不变，各因素变化的最大值或最小值是多少？

2. 某公司只生产一种产品，市场售价为每件 30 元，单位变动成本为 18元，固定成本为 30 000 元，企业销售量为 12 000 件。问：(1) 如果只有一种因素可变，其他因素不变，各因素变化的最大值或最小值是多少？(2) 假如企业单价和单位变动成本同时变化，在单价下降的同时，单位变动成本同步上升，速度相同（即等值变化），则单价和单位变动成本的变化区间是多少？

熟悉边际分析的原理与方法

一、边际分析的概念

边际分析是指分析某可变因素的变动引起其他相关可变因素变动的程度的方法，以评价既定产品或项目的获利水平，判断盈亏临界点，提示营运风险，支持营运决策。

企业在营运管理中，通常在进行本量利分析、敏感性分析的同时运用边际分析工具方法。企业在营运计划的制定、调整以及营运监控分析等程序中通常会应用到边际分析。

二、应用程序

边际分析工具方法主要有边际贡献分析、安全边际分析等。

1. 边际贡献分析

边际贡献分析是指通过分析销售收入减去变动成本总额之后的差额，衡量产品为企业贡献利润的能力。边际贡献分析主要包括边际贡献和边际贡献率两个指标。

边际贡献总额是产品的销售收入扣除变动成本总额后给企业带来的贡献，进一步扣除企业的固定成本总额后，剩余部分就是企业的利润。相关计算公式如下：

边际贡献总额＝销售收入－变动成本总额

单位边际贡献＝单价－单位变动成本

边际贡献率是指边际贡献在销售收入中所占的百分比，表示每1元销售收入中边际贡献所占的比重。

$$边际贡献率=\frac{边际贡献}{销售收入}\times 100\%=\frac{单位边际贡献}{单价}\times 100\%$$

企业在进行单一产品决策时，评价标准如下：

当边际贡献总额大于固定成本时，利润大于0，表明企业盈利；

当边际贡献总额小于固定成本时，利润小于0，表明企业亏损；

当边际贡献总额等于固定成本时，利润等于0，表明企业保本。

企业在进行多产品决策时，边际贡献与变动成本之间存在如下关系：

企业面临资源约束，需要对多个产品线或多种产品进行优化决策或对多种待选新产品进行投产决策的，可以通过计算边际贡献和边际贡献率，评价待选产品的盈利性，优化产品组合。对产品组合，可使用综合边际贡献率决策。综合边际贡献率的计算公式为：

综合边际贡献率＝1－综合变动成本率

综合边际贡献率反映了多产品组合给企业做出贡献的能力，该指标通常越大越好。

企业可以通过边际分析对现有产品组合进行有关优化决策，如计算现有各条产品线或各种产品的边际贡献并进行比较，增加边际贡献或边际贡献率高的产品组合，减少边际贡献或边际贡献率低的产品组合。

【例3-12】 甲产品销售量为600件，单价为50元，单位变动成本为30元，固定成本为20 000元，则边际贡献＝600×(50－30)＝12 000（元），小于20 000元的固定成本，所以企业处于亏损状态。如果固定成本为10 000元，则企业处于盈利状态。

2. 安全边际与安全边际率

(1) 安全边际。安全边际是一个与保本点密切相关的概念，它是指实际的销售量或销售额超过保本点的差额，反映企业抵御经营风险的能力。有两种表现方式：

安全边际量＝实际销售量－保本点销售量

安全边际额＝实际销售额－保本点销售额

(2) 安全边际率。安全边际率是指安全边际量（或安全边际额）与实际销售量（或销售额）的比率。计算公式如下：

安全边际率＝安全边际量÷实际销售量

安全边际率＝安全边际额÷实际销售额

可以看出，安全边际率越大，企业的经营越安全。

安全程度分析见表3-4。

表3-4　安全程度分析表

安全边际率	10%以下	10%～20%	20%～30%	30%～40%	40%以上
安全程度	危险	值得注意	比较安全	安全	很安全

利用安全边际的概念，可以推导出利润率的计算公式：

利润＝安全边际量×单位边际贡献＝安全边际销售收入×边际贡献率

销售利润率＝安全边际率×边际贡献率

【例3-13】 华淮公司第四车间生产M-G-7产品，单价为60元，销量为2 100件。单位变动成本为40元，固定成本为30 000元。则：

保本销售量＝30 000÷(60－40)＝1 500（件）

安全边际量＝2 100－1 500＝600（件）

边际贡献率＝(60－40)÷60＝33.33%

安全边际率＝600÷2 100＝28.57%

销售利润率＝28.57%×33.33%＝9.523%

或：

销售利润＝(60－40)×2 100－30 000＝12 000（元）

销售利润率＝12 000÷(60×2 100)＝9.523%

保本点作业率又称为盈亏临界点作业率，是指盈亏临界点的销售量占企业正常销售量的百分比。所谓正常销售量，是指在正常市场环境和企业正常开工情况下产品的销售量。保本点作业率的计算公式为：

保本点作业率＝保本点销售量÷正常销售量

保本点作业率表明企业实现保本的业务量在正常业务量中所占的比重。由于企业通常应该按照正常的销售量来安排产品生产，在合理库存下，产品产量与正常销售量应该大体一致，因此，保本点作业率还可以表明企业在保本状态下生产能力的利用程度。

在例 3-13 中，保本点作业率=1 500÷2 100=71.43%。

【练一练】 假如企业的边际贡献率为 40%，固定成本为 50 000 元，如果生产处于无风险状态，则产量至少为多少才可行（不考虑税费的影响）?

三、边际分析在经营决策中的运用

1. 单位资源边际贡献分析法

当企业生产只受到某一项资源的约束，并已知备选方案中各种产品的单位边际贡献和单位产品资源消耗额时，可考虑采用单位资源边际贡献分析法进行短期经营决策。

判断标准：哪个方案的该项指标大，哪个方案就为优。

【例 3-14】 某企业尚有一定闲置的设备台时，拟用于开发 A、B 两种产品。A 产品的预计单价为 200 元/件，单位变动成本为 160 元，消耗机器工时定额为 10 小时/件；B 产品的预计单价为 100 元/台，单位变动成本为 70 元/台，消耗机器工时定额为 6 小时/台。开发新产品不需要追加专属成本，请做出开发何种新产品更有利的决策。

解：

A 产品的单位边际贡献=200－160 = 40（元/件）

B 产品的单位边际贡献=100－70 = 30（元/件）

开发 A 产品可获得的单位资源边际贡献=40/10=4（元/小时）

开发 B 产品可获得的单位资源边际贡献=30/6=5（元/小时）（>4 元/小时）

因此，开发 B 产品更有利。

2. 边际贡献总额分析法

当有关决策方案的相关收入均不为零，相关成本全部为变动成本时，可以将边际贡献总额作为决策评价指标。

判断标准：哪个方案的该项指标大，哪个方案就为优。

【例 3-15】 接例 3-14，假定设备可提供机器工时 60 000 小时，计算利用设备分别开发 A、B 两种产品的相关业务量。请用边际贡献总额分析法做出开发哪种新产品更有利的决策。

解：

开发 A 产品的相关业务量=60 000/10=6 000（件）

开发 B 产品的相关业务量=60 000/6=10 000（件）

开发 A 产品的边际贡献总额=(200－160)×6 000=240 000（元）

开发 B 产品的边际贡献总额=(100－70)×10 000=300 000（元）

因此，开发 B 产品更有利。

可见，结论与例 3-14 一致。

3. 差别损益分析法

差别损益的计算公式为：

差别损益=差别收入－差别成本

其中：

差别收入等于两方案相关收入之差，即 $\Delta R=R_A-R_B$。

差别成本等于两方案相关成本之差，即 $\Delta C=C_A-C_B$。

判断标准：

$$\Delta P=\Delta R-\Delta C$$

若差别损益 $\Delta P>0$，则 A 方案优于 B 方案。

若差别损益 $\Delta P=0$，则 A 方案与 B 方案的效益相同。

若差别损益 $\Delta P<0$，则 B 方案优于 A 方案。

【例 3-16】 接例 3-15，但假定开发过程中要装备不同的专用模具，相应地分别需要追加专属成本 8 000 元和 70 000 元。用差别损益分析法做出开发新产品的决策，见表 3-5。

表 3-5 **差别损益分析表**

	开发 A 产品	开发 B 产品	差异额
相关收入	200×6 000=1 200 000	100×10 000=1 000 000	200 000
相关成本合计： 增量成本 专属成本	968 000 160×6 000=960 000 8 000	770 000 70×10 000=700 000 70 000	198 000
差别损益			+2 000

3-6 练一练

可见，开发 A 产品可多获得 2 000 元利润。

4. 半成品是否深加工的决策

半成品是否深加工的决策，是指企业对于那种既可以直接出售，又可以经过深加工变成产成品之后再出售的半成品所做出的决策。半成品是否深加工的决策，主要看深加工后有无利润，或利润总额能否超过深加工前的利润。

无论是何种情况下的决策，半成品成本均属于沉没成本，决策中不予考虑。只有追加的加工成本才属于决策的相关成本。

【例 3-17】 某企业组织甲半成品的生产，单位成本为 80 元/件，市场售价为 100 元/件，年产量为 1 000 件。甲半成品经过深加工可转为乙成品，售价为 200 元/件，每深加工 1 件需要追加的变动成本为 80 元/件。请确定是否深加工并说明理由。

解：深加工的相关收入为：200×1 000=200 000（元）。

相关成本为：80×1 000=80 000（元）。

相关损益为：200 000−80 000=120 000（元）。

直接出售的相关收入为：100×1 000=100 000（元）。

相关成本为：0

相关损益为：100 000 元

结论：可以深加工。

需要注意的是：

本类题也可以这样处理：把深加工部分作为独立事件，看看有没有利润，有则深加工。本例中，深加工段增加的边际贡献为[(200−100)−80]×1 000=20 000（元），所以应深加工。

如果企业已具备 100%深加工的能力，但深加工能力能够转移，则决策时需要考虑转移产生的收益。例 3-17 中，若预计一年对外出租可获得 15 000 元贡献边际，该设备年折旧为 6 000 元，做出是否深加工的决策并说明理由。此时，折旧为固定成本，是否深加工都会发生，属于无关成本。据例 3-17，深加工多获利 20 000 元，考虑 15 000 元机会成本后，仍有 5 000 元盈余，故仍应深加工。

如果企业不具备深加工能力，则需考虑为获得此能力而发生的专属成本。仍以例 3-17 为例，如果每年企业支付 21 000 元租入一台设备专门从事深加工，其他条件不变，深加工在当时条件下多获利 20 000 元，但此时需要考虑专属成本 21 000 元，因为 21 000 元>20 000 元，故应直接出售，否则企业将少获利 1 000 元。

如果企业只具备部分深加工能力，比如具备将 80%的半成品深加工的能力，而且此能力可以对外转移，那么在考虑是否深加工时，除考虑深加工与直接出售的相关业务量外，还需考虑加工成本、机会成本等因素。如对外出租可获得 15 000 元年收入，设备折旧为 6 000 元，其他条件不变，计算结果见表 3-6。计算结果表明可以将 80%的半成品进行深加工。

表 3-6　　收入差异计算表

	将 80%的半成品深加工	将 80%的半成品直接出售	差异额
相关收入	160 000（200×800）	80 000（100×800）	+80 000
相关成本 加工成本 机会成本	79 000 64 000（80×800） 15 000	 0	+79 000
收益	81 000	80 000	+1 000

如果企业具备将全部半成品深加工的能力，且不可转移，但甲和乙的投入产出比为 1∶0.9，其他条件不变，分析：相关业务量不同，深加工的相关业务量为 900 件，直接出售的相关业务量为 1 000 件。则：

全部深加工时的相关收入为：200×900=180 000（元）

相关成本为：80×900=72 000（元）

相关损益为：180 000-72 000=108 000（元）

直接出售的相关收入为：100×1 000=100 000（元）

相关成本为：0

相关损益为：100 000 元<108 000 元

因此，深加工能多获利 8 000 元。

5. 亏损产品是否停产的决策

亏损产品是否停产，主要看单位产品的边际贡献是否大于零，即有无正的边际贡献值，有则不能停产，负的则可以停产。注意，实际工作中处置亏损产品的决策方法很多，如停产或转产或扩大生产等。

【例 3-18】 某企业某年生产的甲产品产销量为 1 000 件，单位售价为 100 元/件，单位变动成本为 80 元/件，固定成本为 30 000 元，完全成本为 110 000 元，亏损额为 10 000 元。若产品的市场容量、价格、变动成本均不变，做出下年度是否继续生产该产品的决策。

解：

当年销售收入=1 000×100=100 000（元）

变动成本＝80×1 000＝80 000（元）

则：

下年度的贡献边际＝100 000－80 000＝20 000（元）＞0

因此，继续生产对企业有利，可以使企业少损失 20 000 元。

6. 其他决策

其他决策包括成本无差别点决策、利润无差别点决策等方法。

（1）成本无差别点决策。是利用两种或两种以上方案的成本等值点，即无差别点来判断是否取舍某方案。计算公式为：

$$\text{成本无差别点业务量}(x_0)=\frac{\text{两方案相关固定成本之差}}{\text{两方案相关单位变动成本之差}}=\frac{a_1-a_2}{b_2-b_1}$$

若业务量 $X>X_0$，则固定成本较高的 A 方案优于 B 方案；

若业务量 $X<X_0$，则固定成本较低的 B 方案优于 A 方案；

若业务量 $X=X_0$，则两方案的成本相等，效益无差别。

【例 3－19】某企业生产所需的某部件以前一直从市场采购，当采购量小于 5 000 件时，采购单价为 8 元；当采购量大于 5 000 件时，采购单价为 7 元。若追加投入 12 000 元的专属成本，则该企业可以自己制造此部件，预计单位变动成本为 5 元。请做出自制或外购的决策并说明理由。

分析：不知道需用量，否则可以用相关成本法比较。

采购量不同，单价不同，有两个成本无差别点存在。

解：采购量不足 5 000 件时，设成本无差别点业务量为 X，则：

$12\,000+5X=8X$

$X=4\,000$（件）

采购量超过 5 000 件时，设成本无差别点业务量为 Y，则：

$12\,000+5Y=7Y$

$Y=6\,000$（件）

自制或外购分析如图 3－4 所示。

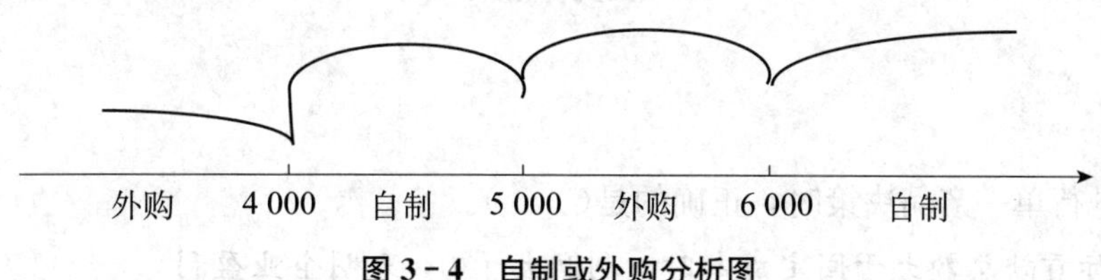

图 3－4　自制或外购分析图

（2）利润无差别点决策。销售量是指某种产品为确保原有盈利能力，在调价后应至少达到的销售量指标。计算公式如下：

$$\text{利润无差别点销售量 }x_0=\frac{\text{固定成本}+\text{调价前可获利润}}{\text{拟调单价}-\text{单位变动成本}}=\frac{a+P}{p_1-b}$$

若调价后的销售量＞X_0，则调价可行；

若调价后的销售量＜X_0，则不能调价；

若调价后的销售量＝X_0，则调价与不调价等效。

【例 3－20】 某公司甲产品的售价为 50 元/件时，可销售 20 000 件，固定成本为 200 000 元，单位变动成本为 30 元/件，实现利润 200 000 元。假定企业现有最大生产能力为 35 000 件。

要求：利用利润无差别点法评价以下各不相关条件下调价方案的可行性。

解：

（1）销售价格调整为 42 元时，预计销售量为 34 000 件。则：

利润无差别点销售量＝(200 000＋200 000)/(42－30)＝33 333（件）

因为最大生产能力 35 000 件＞预计销售量 34 000 件＞利润无差别点销售量 33 333 件，所以应予以调价。

（2）销售价格调整为 40 元时，预计销售量为 36 000 件。则：

利润无差别点销售量＝(200 000＋200 000)/(40－30)＝40 000（件）

因为最大生产能力 35 000 件＜预计销售量 36 000 件＜利润无差别点销售量 40 000 件，所以不应予以调价。

（3）销售价格调整为 40 元时，再增加 30 000 元利润，最大生产及预计销售量为 45 000 件。则：

利润无差别点销售量＝(200 000＋30 000＋200 000)/(40－30)＝43 000（件）

因为最大生产能力和预计销售量 45 000 件＞利润无差别点销售量 43 000 件，所以应予以调价。

（4）销售价格调整为 55 元时，预计销售量为 14 000 件。则：

利润无差别点销售量＝(200 000＋200 000)/(55－30)＝16 000（件）

因为预计销售量 14 000 件＜利润无差别点销售量 16 000 件，所以不应予以调价。

（5）预计销售量为 14 000 件，固定成本减少 100 000 元。则：

利润无差别点销售量＝(200 000＋200 000－100 000)/(55－30)＝12 000（件）

因为预计销售量 14 000 件＞利润无差别点销售量 12 000 件，所以应予以调价。

※ 任务训练 ※

一、多选题

1. 企业进行单一产品决策时，正确的是（　　）。

A. 当边际贡献总额大于固定成本时，利润大于 0，表明企业盈利

B. 当边际贡献总额小于固定成本时，利润小于 0，表明企业亏损

C. 当边际贡献总额小于固定成本时，利润大于 0，表明企业盈利

D. 当边际贡献总额大于固定成本时，利润小于 0，表明企业亏损

2. 企业进行多产品决策时，正确的是（　　）。

A. 当各产品的边际贡献之和大于固定成本时，利润大于 0，表明企业盈利

B. 当各产品的边际贡献之和等于固定成本时，利润小于 0，表明企业亏损

C. 当各产品的边际贡献之和小于固定成本时，利润大于0，表明企业盈利

D. 当各产品的边际贡献之和等于固定成本时，利润等于0，表明企业保本

3. 当进行多产品决策时，边际贡献与变动成本之间的关系是( )。

A. 综合边际贡献率是表达出多产品组合给企业做出贡献的能力，该指标越小越好

B. 综合边际贡献率=综合变动成本率-1

C. 综合边际贡献率=1-综合变动成本率

D. 综合边际贡献率反映出组合产品给企业做出贡献的能力，该指标通常越大越好

4. 下列表达正确的是( )。

A. 安全边际=实际销售量或预期销售量-保本点销售量

B. 安全边际率=实际销售量或预期销售量×100%

C. 安全边际率=安全边际÷实际销售量或预期销售量×100%

D. 安全边际=实际销售量或预期销售量×保本点销售率

5. 边际分析方法的主要优点是( )。

A. 可有效地分析业务量、变动成本和利润之间的关系

B. 定量分析能直观地反映企业营运风险，并促进企业提高营运效益

C. 边际分析的决策变量与相关结果之间关系较为复杂，不能简单表达

D. 所选取的变量会直接影响边际分析的实际应用效果

二、判断题

1. 边际分析工具方法主要有边际贡献分析、安全边际分析等。( )

2. 边际分析工具方法主要有边际贡献率分析、安全边际分析率等。( )

3. 边际贡献分析是指通过分析销售收入和变动成本总额之间的差额，衡量产品为企业贡献利润的能力。( )

4. 边际贡献分析是通过边际贡献和边际贡献率两个指标进行分析，衡量贡献大小。( )

5. 边际贡献总额是产品的销售收入与变动成本总额的差，是给企业带来的贡献，进一步减除企业的固定成本总额后，剩余部分就是企业的利润。( )

6. 边际贡献率是指边际贡献占销售收入的百分比，表示企业每1元的销售收入中边际贡献的数额。( )

7. 安全边际分析是指通过分析正常销售额超过盈亏临界点销售额的差额，衡量企业在保本的前提下，能够承受因销售额下降带来的不利影响的程度和企业抵御营运风险的能力。( )

8. 安全边际分析是指通过分析正常销售额低于盈亏临界点销售额的差额，衡量企业在保本的前提下抵御营运风险的能力。( )

三、计算题

1. 某公司生产和销售A、B两种产品，单位售价A产品为50元，B产品为25元，A产

品贡献边际率为40%，B产品贡献边际率为30%，全月固定成本为720 000元。要求：

(1) 设本月各产品的预计销售量为：A产品30 000件，B产品40 000件。请计算：保本点销售额，A、B两种产品的保本点销售量，用金额表示的安全边际，本月的预计利润。

(2) 设本月增加广告费97 000元，可使A产品的销售量增加到40 000件，而B产品的销售量下降到32 000件，请具体分析采取这一措施是否合算。

(3) 根据(2)的有关数据，重新计算保本点销售额。

2. 某企业的产品，单价为40元，单位变动成本为28元，固定成本为50 000元，企业销售量为32 000件。求：

(1) 安全边际量；

(2) 安全边际率、保本点作业率；

(3) 假如企业销售量为15 000件，企业希望通过提价来达到增加利润的目的，但提价会减少销售量，经测算，每提高1元，减少销售量10%。问：提价是否可行？若可行，最大提价幅度是多少？

3. 某企业生产A产品，售价为80元/件，单位变动成本为44元，固定成本总额为100 000元，当年产销量为20 000件。试计算单位贡献毛益、贡献毛益总额、贡献毛益率、变动成本率及利润。

4. 中达公司生产甲产品，销售单价为25元，单位变动成本为15元，固定成本总额为50 000元。要求：

(1) 计算保本点销售量和保本点销售额。

(2) 若该公司税前目标利润为40 000元，计算目标销售量和目标销售额。

(3) 若该公司税后目标利润为30 000元（所得税税率为25%），计算目标销售量和目标销售额。

(4) 假设变动成本中有50%为人工成本，固定成本中有20%为人工成本。若人工成本上升10%，计算保本点销售量。

5. 某公司计划期预计产销甲产品120台，每台售价为5 000元，单位变动成本为3 000元，固定成本总额为10万元。要求：

(1) 计算计划期保本点销售量和保本点销售额。

(2) 计算安全边际量、安全边际额、安全边际率及保本点作业率。

(3) 计算预计可能实现的利润。

6. A公司目前产销甲产品40 000件，单位售价为20元，单位变动成本为12元，全年固定成本总额为300 000元。要求：

(1) 计算现有条件下的利润额。

(2) 若使目标利润提高50%，在其他条件不变的情况下，试计算销售量、单位变动成本、固定成本及售价应达到什么水平才能保证实现目标利润。

（3）对各有关因素的敏感性进行排序（由大到小）。

7. 甲公司每月产销 A 产品 9 000 个，单位售价为 8 元，单位变动成本为 5 元，全月固定成本为 20 000 元。为了使目标利润提高 3 000 元，甲公司准备从三个方面采取措施：扩大销售量、降低售价、降低单位变动成本。

要求：若销售量扩大 50%、售价降低 20%，试计算单位变动成本降低到多少时才能实现目标利润。

单一品种的本量利分析

一、实训目标与能力要求

本实训目标是培养学生正确体会本量利分析在企业日常管理中的运用，其能力要求是：

（1）正确理解本量利分析的重要性、本量利经济模型的原理以及运用的环境。

（2）能够运用所学知识对案例进行准确分析。

二、实训方式

根据案例资料和要求，以 4～6 人为一个小组，认真阅读本项目的内容。在整理筛选资料的基础上进行相关分析，得出分析结论，并撰写讨论发言稿和实训报告。

三、实训考核

根据学生选择分析方法的正确性、分析结果的准确性、讨论发言和实训报告写作情况进行评分。

四、实训案例

常印加工厂的经营决策

常印曾是一家乡镇企业的经营策划者，他一直渴望能够成为一个老板，因此，他随时都在寻找发展事业的大好时机。常印的家就在镇政府所在地，该镇每逢公历的 2、5、8 日都有集市，方圆近百里的人都到这里赶集。常印发现，每逢集市，都有百里以外的企业到这里批发或零售雪糕、冰激凌。大小商贩、个人要排很长的队才能买到，尤其是天气转热以后更是如此。有的人很早来排队，但到最后还是两手空空悻悻而归。他也时常看到乡村的小孩花高价却吃到了劣质的冰激凌。于是他想自己创办一个冰激凌加工厂，让家乡的父老乡亲吃到廉价可口的冰激凌。常印坚定了信心，开始进行市场调查。

(1) 需求量资料：周边5个乡镇，每个乡镇约有人口8万，总计约40万。按现有生活水平和消费观念估算，即使在11—12月、1—4月淡季，每日也需要4 000支冰激凌；在5—10月，每日则需要80 000～90 000支。经咨询，有关部门测算，若考虑乡间距离的远近和其他竞争市场的因素，该加工厂只要能保证冰激凌的质量，价格合理，就能占60%～65%的市场份额，即在淡季日需求量达到24 000～26 000支，旺季日需求量达到48 000～58 500支。

(2) 成本费用资料：为了减少风险，常印打算去某个冷饮厂租设备，全套设备年租金需要45 000元（可用房地产等实物作抵押，不必支付货币现金）；租用库房和车间每月需要固定支付租金2 000元；工人可到市场随时招聘，按现行劳务报酬计算，每生产1 000支冰激凌应支付各类工人（包括熬料、打料、拔模及包装工人）计件工资238元；聘用管理人员、采购人员各1名，月薪分别为1 500元；聘用技术人员1名，月薪为2 000元（包括设备维护和修理）；每月固定支付卫生费和税金100元。在生产冰激凌时，按市场价格计算所耗各种费用如下（以每锅料为标准，每锅料能生产100支冰激凌）：主要材料188元，其中淀粉100元、奶粉56元、白砂糖30元、食用香精2元；其他费用52元，其中水费3元（其中1元为冰激凌所耗用）、电费15元、煤炭费5元、氨（制冷用）4元、包装棍和纸25元。

(3) 生产能力：从设备的运转能力看，日生产能力12锅；考虑机器设备的维修、节假日和天气情况（阴雨天）等原因，预计全年可工作300天左右。

(4) 定价：按现行同等质量冰激凌的市场平均价格，定价为0.35元/支。

(5) 资金来源：依靠个人储蓄（不考虑利息费用）。

五、实训内容

根据实训目标与能力要求，对案例进行分析，并回答下列问题：

(1) 试用本量利模型分析常印冰激凌厂是否应开业。

(2) 计算每年获利额。

(3) 能实现年获利18万元吗？若不能实现，还需要采用哪些措施或考虑哪些问题？

六、实训步骤

(1) 教师提示：本量利分析中，影响因素的变化对利润的影响。

(2) 教师分析案例公司的背景和基本情况，并指出案例分析过程中应注意的问题。

(3) 学生针对所选案例，收集、整理有关资料，对公司进行深入分析并形成报告。

【项目小结】

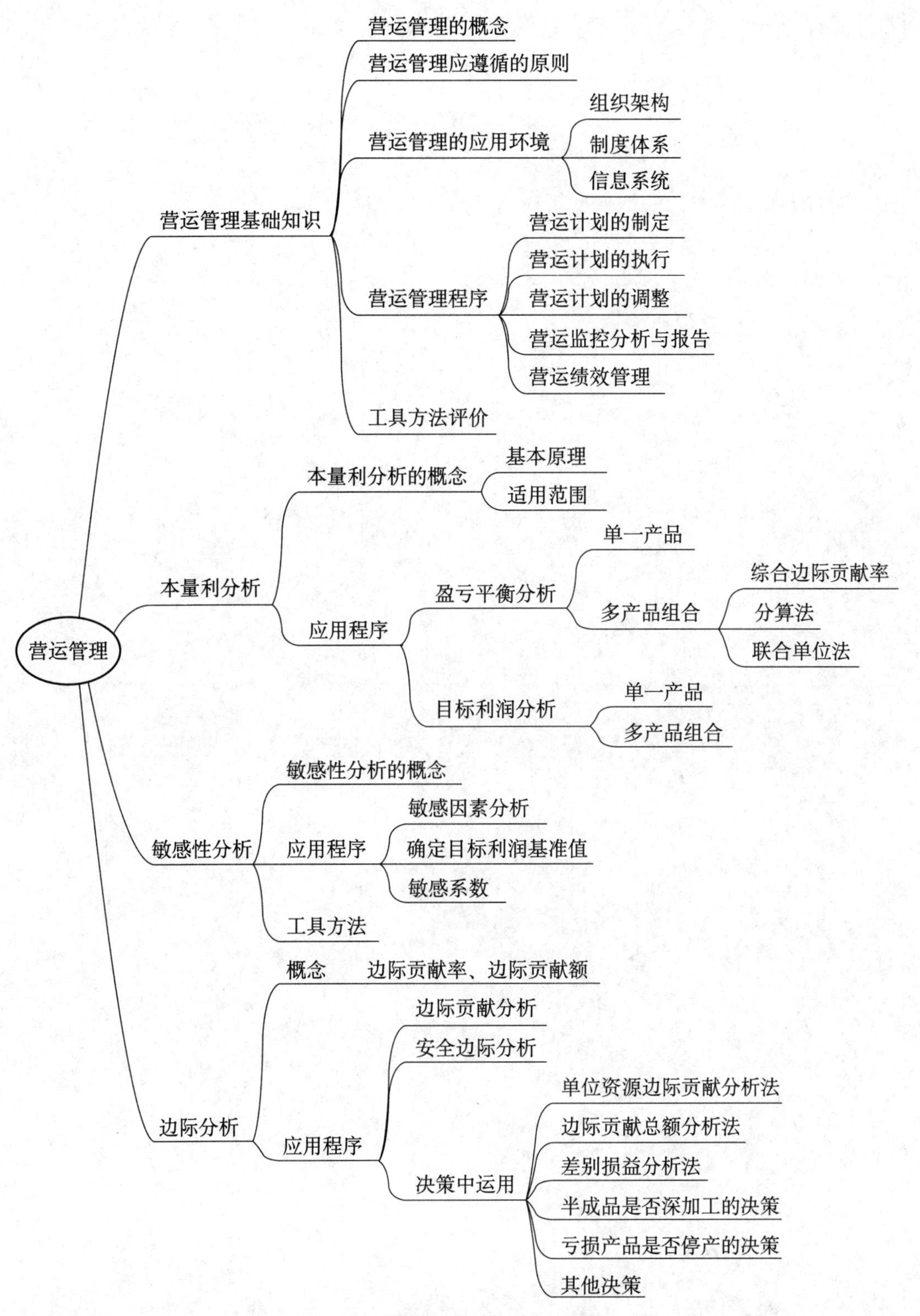

营运管理思维导图

预算管理

【知识目标】

- 熟悉预算管理的概念，了解预算的不同分类。
- 理解预算管理应遵循的原则，掌握预算管理工具方法的种类。
- 熟悉预算管理领域可运用的管理会计工具方法。
- 掌握全面预算、滚动预算的工具方法的运用。

【能力目标】

- 通过学习预算管理的相关概念，认识预算管理的不同分类。
- 正确理解预算管理的内涵，认识企业可根据不同情景选择适合的预算管理方法。
- 掌握全面预算管理的工具方法。
- 学习常用的预算管理工具方法，能根据情景的需要熟练运用不同的预算管理方法。

【工作任务】

- 熟悉预算管理的基础知识，掌握预算管理的原理、类型、适用环境。
- 了解滚动预算法，掌握滚动预算的原理与方法。
- 熟悉零基预算法，掌握零基预算的原理与方法。
- 熟悉弹性预算法，掌握弹性预算的原理与方法。
- 熟悉作业预算法，掌握作业预算的原理与方法。

【案例导读】

某公司开发一种新型玩具，由于市场定位准确，深受消费者喜爱。在确定今年产品销售量时，公司部门之间产生分歧：市场部认为玩具会畅销，今年销售在 2 000 万箱以上；销售部不认为可以达到这个量，最多销售 1 500 万箱；生产部门担心因无库存而不能及时供货，最终制定了 1 300 万箱的计划；财务部根据公司对财务费用的考核指标，为降低利息，把预算定在 1 200 万箱。

问题：

(1) 什么是预算？预算有哪些类型？

(2) 编制预算的依据是什么？

(3) 预算中需要考虑哪些问题？

认知预算管理基础知识

一、预算管理的概念

4-1　三九集团的财务危机

预算管理是指企业以战略目标为导向，通过对未来一定期间内的经营活动和相应的财务结果进行全面预测和筹划，科学、合理地配置企业各项财务和非财务资源，并对执行过程进行监督和分析，对执行结果进行评价和反馈，指导经营活动的改善和调整，进而推动实现企业战略目标的管理活动。预算管理关系图如图4-1所示。

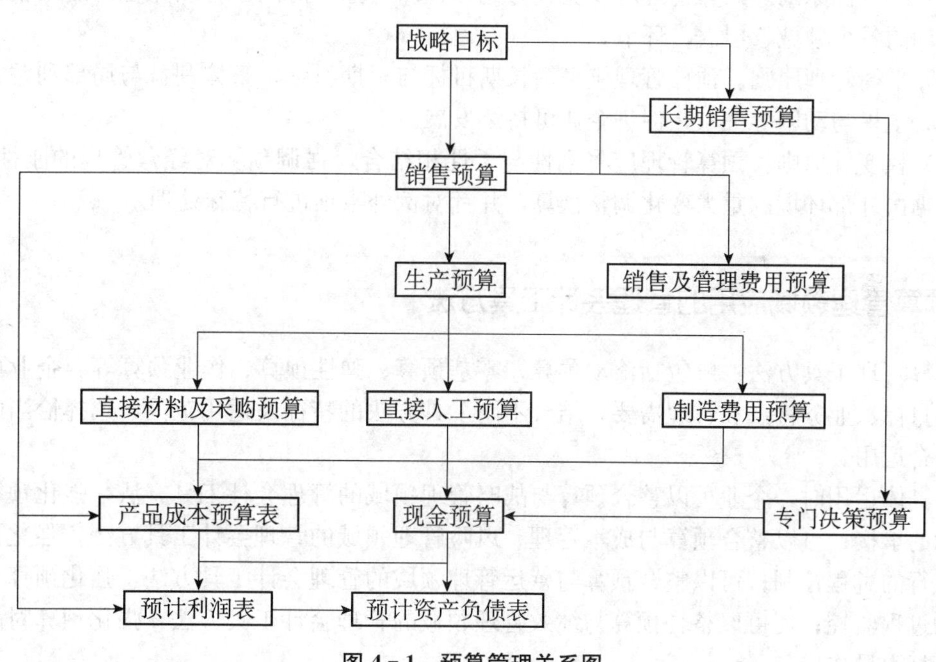

图4-1　预算管理关系图

二、预算管理分类

1. 按内容不同分

按内容不同分，预算管理可以分为经营预算、专门决策预算和财务预算。

(1) 经营预算（也称业务预算），是指与企业日常业务直接相关的一系列预算，包括销售预算、生产预算、采购预算、费用预算、人力资源预算等。

(2) 专门决策预算，是指企业重大的或不经常发生的、需要根据特定决策编制的预算，包括投融资决策预算等。

(3) 财务预算，是指与企业资金收支、财务状况或经营成果有关的预算，包括资金预算、预计资产负债表、预计利润表等。

2. 按方法不同分

按方法不同分，预算管理可以分为滚动预算、零基预算、弹性预算、作业预算等。(具体内容见后面各任务。)

三、预算管理应遵循的原则

企业进行预算管理，一般应遵循以下原则：

(1) 战略导向原则。预算管理应围绕企业的战略目标和业务计划有序开展，引导各预算责任主体聚焦战略、专注执行、达成绩效。

(2) 过程控制原则。预算管理应通过及时监控、分析等把握预算目标的实现进度并实施有效评价，为企业经营决策提供有效支撑。

(3) 融合性原则。预算管理应以业务为先导、以财务为协同，将预算管理嵌入企业经营管理活动的各个领域、层次、环节。

(4) 平衡管理原则。预算管理应平衡长期目标与短期目标、整体利益与局部利益、收入与支出、结果与动因等关系，促进企业可持续发展。

(5) 权变性原则。预算管理应将刚性与柔性相结合，强调预算对经营管理的刚性约束，又可根据内外部环境的重大变化调整预算，并针对例外事项进行特殊处理。

四、预算管理领域应用的管理会计工具方法

预算管理工具方法一般包括滚动预算、零基预算、弹性预算、作业预算等。企业可根据其战略目标、业务特点和管理需要，结合不同工具方法的特征及适用范围，选择恰当的工具方法综合运用。

在具体运用时，企业可以整合预算与战略管理领域的管理会计工具方法，强化预算对战略目标的承接；可以整合预算与成本管理、风险管理领域的管理会计工具方法，强化预算对战略执行的过程控制；可以整合预算与营运管理领域的管理会计工具方法，强化预算对生产经营的过程监控；还可以整合预算与绩效管理领域的管理会计工具方法，强化预算对战略目标的标杆引导作用。

五、企业应用预算管理工具方法的程序

企业应用预算管理工具方法的程序，一般按照预算编制、预算执行（包括预算控制和预算调整）、预算考核的步骤进行。

1. 预算编制

企业一般按照分级编制、逐级汇总的方式，采用自上而下、自下而上、上下结合或多维度相协调的流程编制预算。预算编制阶段包括预算编制、预算审批、预算下达等具体环节。

2. 预算执行

预算执行一般按照预算控制、预算调整的步骤进行。

（1）预算控制，是指企业以预算为标准，通过预算分解、过程监督、差异分析等促使日常经营不偏离预算标准的管理活动。预算控制是包括事前控制、事中控制、事后控制的全过程控制。

（2）预算调整，是指在预算执行时，由各预算责任主体根据经营管理要求、环境或政策变化，提出预算目标调整申请，经审批后，对预算进行修订的过程。年度预算经批准后，原则上不做调整。企业应在制度中，严格明确预算调整的条件、主题、权限和程序等事宜，当内外战略环境发生重大变化或突发重大事件等，导致预算编制的基本假设发生重大变化时，可进行预算调整。

3. 预算考核

（1）预算考核主要针对定量指标进行考核，是企业绩效考核的重要组成部分。

（2）企业应按照公开、公平、公正的原则实施预算考核。

（3）企业应建立健全预算考核制度，并将预算考核结果纳入绩效考核体系，切实做到有奖有惩、奖惩分明。

（4）预算考核主体和考核对象的界定应坚持上级考核下级、逐级考核、预算执行与预算考核职务相分离的原则。

（5）预算考核以预算完成情况为考核核心，通过预算执行情况与预算目标的比较，确定差异并查明产生差异的原因，进而据以评价各责任中心的工作业绩，并通过与相应的激励制度挂钩，促进其与预算目标相一致。

六、预算管理的应用环境

预算管理的应用环境见表 4－1。

表 4－1　预算管理的应用环境

项目	环境要求	
总要求	1. 良好的基础环境	基础环境包括战略目标、业务计划、组织架构、内部管理制度、信息系统等。其中：按照战略目标，确立预算管理的方向、重点和目标；将战略目标和业务计划具体化、数量化作为预算目标，促进战略目标落地；业务计划是指按照战略目标对业务活动的具体描述和详细计划。
	2. 设置专门的机构组织	可设置预算管理委员会等专门机构组织，监督预算管理工作。机构的主要职责包括：审批公司预算管理制度、政策；审议年度预算草案或预算调整草案并报董事会等机构审批，监控、考核本单位的预算执行情况并向董事会报告，协调预算编制、预算调整及预算执行中的有关问题等。机构设置、职责权限和工作程序应与企业的组织架构和管理体制互相协调，保障预算管理各环节职能衔接，流程顺畅。
	3. 企业应建立健全有关制度	建立健全预算管理制度、会计核算制度、定额标准制度、内部控制制度、内部审计制度、绩效考核和激励制度等内部管理制度，夯实预算管理的制度基础。
	4. 利用现代信息技术	企业应充分利用现代信息技术，规范预算管理流程，提高预算管理效率。

续前表

项目	环境要求
滚动预算	除应遵循预算管理对应用环境的一般要求外，还应遵守： (1) 应用滚动预算工具方法，应具备丰富的预算管理经验和能力。 (2) 建立先进、科学的信息系统，及时获取充足、可靠的外部市场数据和企业内部数据，以满足编制滚动预算的需要。 (3) 重视预算编制基础数据，统一财务和非财务信息标准，确保预算编制以可靠、翔实、完整的基础数据为依据。
零基预算	除应遵循预算管理对应用环境的一般要求外，还应遵守： (1) 结合预算项目实际情况、要求和应用成本，选择使用零基预算工具方法。 (2) 应用零基预算工具方法，应明确预算管理责任部门和预算编制责任部门。
弹性预算	除应遵循预算管理对应用环境的一般要求外，还应遵守： (1) 应用工具方法，应合理识别与预算项目相关的业务量，长期跟踪、完整记录预算项目与业务量的变化情况，并对二者的数量依存关系进行深入分析。 (2) 应用工具方法，应成立由财务、战略和有关业务部门组成的跨部门团队。 (3) 应合理预测预算期的可能业务量，借助信息系统或其他管理会计工具方法，匹配和及时修订弹性定额。
作业预算	(1) 企业应用工具方法，应遵循预算管理对应用环境的一般要求。 (2) 应具有满足作业管理、资源费用管理要求的信息系统，能通过外部市场和企业内部可靠、完整、及时地获取作业消耗标准、资源费用标准等基础数据。

七、预算管理各工具方法的评价

预算管理各工具方法的评价见表 4-2。

表 4-2　预算管理各工具方法的评价

方法	优点	缺点
滚动预算	动态反映市场，建立跨期综合平衡，从而有效指导企业营运，强化预算的决策与控制职能。	预算滚动的频率越高，对预算沟通的要求越高，预算编制的工作量越大； 过高的滚动频率容易增加管理层的不稳定感，导致预算执行者无所适从。
零基预算	不受历史期经济活动中的不合理因素影响，能够灵活应对内外部环境的变化，预算编制更贴近预算期企业经济活动需要； 有助于增加预算编制透明度，有利于进行预算控制。	预算编制工作量较大，成本较高； 预算编制的准确性受企业管理水平和相关数据标准准确性影响较大。
弹性预算	考虑了预算期可能的不同业务量水平，更贴近企业经营管理实际情况。	除编制工作量大外，市场及其变动趋势预测的准确性、预算项目与业务量之间依存关系的判断水平等会对弹性预算的合理性造成较大影响。

续前表

方法	优点	缺点
作业预算	基于作业需求量配置资源，避免了资源配置的盲目性； 将资源充分应用于增值作业，通过总体作业优化实现最低的资源费用耗费，创造最大的产出成果； 可以促进员工对业务和预算的支持和拥护，有利于预算的执行。	预算的建立过程复杂，需要详细地估算生产和销售对作业量的需求以及资源量需求，并测定作业消耗率和资源消耗率，数据收集成本较高。

※ 任务训练 ※

一、单选题

1. 下列说法正确的是(　　)。

A. 预算编制流程与编制方法的选择应与企业现有管理模式相适应

B. 预算编制流程与编制方法的选择应与企业营销目标或利润目标相适应

C. 预算编制流程与编制方法的选择应与企业战略目标相适应

D. 预算编制流程与编制方法的选择应与企业规模相适应

2. 下列说法不正确的是(　　)。

A. 企业应按照公开、公平、公正的原则实施预算考核

B. 企业应建立健全预算考核制度，并将预算考核结果纳入绩效考核体系，切实做到有奖有惩、奖惩分明

C. 预算考核主体和考核对象的界定应坚持考核职务相分离的原则

D. 预算考核主体和考核对象的界定应坚持考核职务相容性原则

3. 《管理会计应用指引》的解释单位是(　　)。

A. 财政部　　B. 企业决策层

C. 企业管理层　　D. 主管部门

4. 关于弹性预算，下列说法错误的是(　　)。

A. 企业选择的弹性预算适用项目一般应与业务量有明显的数量依存关系

B. 企业在选择成本费用类弹性预算适用项目时，还要考虑该预算项目是否具备较好的成本性态分析基础

C. 企业应分析、确定与预算项目变动直接相关的业务量指标，确定其计量标准和方法，作为预算编制的起点

D. 一般按照明确预算编制标准、制定业务计划、编制预算草案、审定预算方案等程序进行

5. 下列有关弹性预算的基本公式，其中符合经济学意义的是(　　)。

A. 预算总额＝固定基数＋$\sum$(与业务量相关的弹性定额×预计业务量)

B. 固定基数＝预算总额－$\sum$(与业务量相关的弹性定额×预计业务量)

C. 固定基数＝预算总额＋ $\sum$(与业务量相关的弹性定额×预计业务量)

D. 预算总额－固定基数＝ $\sum$(与业务量相关的弹性定额×预计业务量)

6. 下列公式中，符合经济学意义的是(　　)。

A. 产量级作业需求量＝ $\sum$ 各产品(或服务) 预测的产出量(或服务量)＋该产品(或服务) 作业消耗率

B. 产量级作业需求量＝各产品(或服务) 预测的产出量(或服务量)× $\sum$ 该产品(或服务) 作业消耗率

C. 产量级作业需求量＝ $\sum$ 各产品(或服务) 预测的产出量(或服务量)×该产品(或服务) 作业消耗率

D. 产量级作业需求量＝ $\sum$ 各产品(或服务) 预测的产出量(或服务量)× $\sum$ 该产品(或服务) 作业消耗率

二、多选题

1. 预算管理的内容主要包括(　　)。

A. 经营预算　B. 专门决策预算　C. 财务预算　D. 非财务预算

2. 下列属于经营预算的是(　　)。

A. 销售预算　B. 生产预算　C. 采购预算　D. 费用预算

E. 人力资源预算

3. 企业进行预算管理，一般应遵循以下原则(　　)。

A. 战略导向原则　B. 过程控制原则　C. 融合性原则　D. 平衡管理原则

4. 企业按照规定编制完成预算后经审议批准，应以除(　　)的形式下达执行。

A. 通知　B. 告示　C. 通告　D. 口头传达

5. 专门反映企业未来一定预算期内财务状况、经营成果和现金收支的一系列预算，不是(　　)。

A. 全面预算　B. 财务预算　C. 经营预算　D. 资本预算

6. 企业进行预算编制时，各个预算都是由某目标细化和分解而来，下列(　　)不是这一目标。

A. 资本预算　B. 现金预算　C. 企业战略　D. 生产预算

7. 企业预算管理的非常设机构一般不会设在(　　)。

A. 财会部门　B. 董事会办公室　C. 总经理办公室　D. 销售部门

8. 预算管理领域应用的管理会计工具方法，一般包括(　　)。

A. 滚动预算　B. 零基预算　C. 弹性预算　D. 作业预算

三、判断题

1. 预算管理是指企业以战略目标为导向，通过对未来一定期间内的经营活动和相应的财务结果进行全面预测和筹划，为企业科学、合理地配置各项财务和非财务资源，并对执行过程进行监督和分析，对执行结果进行评价和反馈，对经营活动的改善和调整起指导作用，进而推动实现企业战略目标的管理活动。（　）

2. 预算管理是指企业以利润目标为导向，通过对未来一定期间内的经营活动和相应的财务结果进行全面预测和筹划，科学、合理地配置企业各项财务和非财务资源，并对执行过程进行监督和分析，对执行结果进行评价和反馈，指导经营活动的改善和调整，进而推动实现企业战略目标的管理活动。（　）

3. 企业预算管理的良好前提是，建立包括战略目标、业务计划等在内的完整的制度体系和信息系统。（　）

4. 预算管理的内容主要包括经营预算、专门决策预算、财务预算和非财务预算四个方面。（　）

5. 经营预算（也称业务预算），是指直接与企业日常业务相关的一系列预算活动，包括销售预算、采购预算、生产预算、费用预算和人力资源预算等。（　）

熟悉滚动预算的原理与方法

一、滚动预算的概念

滚动预算是指企业根据上一期预算执行情况和新的预测结果，按既定的预算编制周期和滚动频率，对原有的预算方案进行调整和补充，逐期滚动，持续推进的预算编制方法。

预算编制周期是指每次预算编制所涵盖的时间跨度。

滚动频率是指调整和补充预算的时间间隔，一般以月度、季度、年度等为滚动频率。

二、滚动预算的种类

滚动预算一般由中期滚动预算和短期滚动预算组成。

中期滚动预算的编制周期通常为 3 年或 5 年，以年度作为预算滚动频率。短期滚动预算通常以 1 年为预算编制周期，以月度、季度作为预算滚动频率。

三、滚动预算的应用程序

企业应研究外部环境变化，分析行业特点、战略目标和业务性质，结合企业管理基础和信息化水平，确定预算编制的周期和预算滚动的频率。

（1）企业应遵循重要性原则和成本效益原则，结合业务性质和管理要求，确定滚动预算的编制内容。企业通常可以选择编制业务滚动预算，对于管理基础好、信息化程度高的企业，还可选择编制资本滚动预算和财务滚动预算。

（2）企业应以战略目标和业务计划为依据，并根据上一期预算执行情况和新的预测信息，经综合平衡和结构优化，作为下一期滚动预算的编制基础。

（3）企业应以战略目标和业务计划为基础，研究滚动预算所涉及的外部环境变化和内部重要事项，测算并提出预算方案。

（4）企业实行中期滚动预算的，应在中期预算方案的框架内滚动编制年度预算。第一年的预算约束对应年度的预算，后续期间的预算指引后续对应年度的预算。

（5）短期滚动预算服务于年度预算目标的实施。企业实行短期滚动预算的，应以年度预算为基础，分解编制短期滚动预算。

（6）企业应分析影响预算目标的各种动因之间的关系，建立预算模型，生成预算编制方案。

（7）企业应对比分析上一期的预算信息和预算执行情况，结合新的内外部环境预测信息，对下一期预算进行调整和修正，持续进行预算的滚动编制。

（8）企业可借助数据仓库等信息技术的支撑，实现预算编制方案的快速生成，减少预算滚动编制的工作量。

（9）企业应根据预算滚动编制结果，调整资源配置和管理要求。

四、经营预算运用（以全面预算为例）

4-2 全面预算管理的三个基本问题

【例4-1】A公司2020年只产销一种产品。其每季度的销售额中，当季收回40%，剩余款项在下一季度收回。2019年年末的应收账款余额为24 000元，该产品的销售单价为75元，预计第一季度到第四季度销售量为1 000件、2 000件、2 500件和3 000件。

1. 销售预算

根据上述资料，可编制如表4-3所示的销售预算。

表4-3 销售预算

项目		第一季度	第二季度	第三季度	第四季度	全年
预计销售量（件）		1 000	2 000	2 500	3 000	8 500
预计销售单价（元/件）		75	75	75	75	75
销售收入（元）		75 000	150 000	187 500	225 000	637 500
预计现金收入（元）	期初应收账款	24 000				24 000
	第一季度收入	30 000	45 000			75 000
	第二季度收入		60 000	90 000		150 000
	第三季度收入			75 000	112 500	187 500
	第四季度收入				90 000	90 000
现金收入合计（元）		54 000	105 000	165 000	202 500	526 500

2. 生产预算

依据销售预算的资料，A 公司 2020 年只产销一种产品，预计第一季度到第四季度的销售量分别为 1 000 件、2 000 件、2 500 件和 3 000 件。该企业在每季度末保持下季度销售量的 10%作为存货，年初存货 100 件，预计下年度第一季度销售量为 1 100 件。生产预算见表 4－4。

表 4－4 **生产预算** 单位：件

摘要	第一季度	第二季度	第三季度	第四季度	全年
预计本期销售量	1 000	2 000	2 500	3 000	8 500
加：预计期末存货	200	250	300	110	110
减：预计期初存货	100	200	250	300	100
预计本期生产量	1 100	2 050	2 550	2 810	8 510

3. 材料预算

依前各资料，A 公司 2020 年只产销一种产品，预计第一季度到第四季度的销售量分别为 1 000 件、2 000 件、2 500 件和 3 000 件。该产品每件消耗材料 2 千克，每千克材料单价为 5 元，各季度的期末材料按下季度生产需要量的 20%计算，每年期初库存材料为 620 千克，2021 年度第一季度的材料需要量为 5 000 千克，购料款当季支付 50%，其余的在下个季度支付。2020 年期初应付账款为 6 000 元。

要求：试编制 A 公司的直接材料预算。编制结果见表 4－5。

表 4－5 **A 公司直接材料预算（2020 年度）**

摘要		第一季度	第二季度	第三季度	第四季度	全年
预计生产量（件）		1 100	2 050	2 550	2 810	8 510
单位耗用量（千克/件）		2	2	2	2	2
预计生产需要量（千克）		2 200	4 100	5 100	5 620	17 020
加：预计期末存料量（千克）		820	1 020	1 124	1 000	1 000
减：预计期初存料量（千克）		620	820	1 020	1 124	620
预计材料采购量（千克）		2 400	4 300	5 204	5 496	17 400
材料单价（元/千克）		5	5	5	5	5
预计采购金额（元）		12 000	21 500	26 020	27 480	87 000
现金支出预算（元）	期初应付账款	6 000				6 000
	第一季度购料款	6 000	6 000			12 000
	第二季度购料款		10 750	10 750		21 500
	第三季度购料款			13 010	13 010	26 020
	第四季度购料款				13 740	13 740
现金支出合计（元）		12 000	16 750	23 760	26 750	79 260

4. 直接人工预算

依前各资料，A 公司 2020 年只产销一种产品，预计第一季度到第四季度的销售量分别为 1 000 件、2 000 件、2 000 件和 3 000 件。该产品单位产品工时定额为 5 工时，标准工资率为 4 元。

要求：试编制 A 公司的直接人工预算。编制结果见表 4-6。

表 4-6 人工费用预算表

摘要	第一季度	第二季度	第三季度	第四季度	全年
预计生产量（件）	1 100	2 050	2 550	2 810	8 510
单位产品工时定额（小时）	5	5	5	5	5
直接人工总工时（小时）	5 500	10 250	12 750	14 050	42 550
标准工资率（元/小时）	4	4	4	4	4
预计直接人工成本总额（元）	22 000	41 000	51 000	56 200	170 200
现金支出合计（元）	22 000	41 000	51 000	56 200	170 200

5. 制造费用

依本例前各表，A 公司 2020 年只产销一种产品，预计第一季度到第四季度的销售量分别为 1 000 件、2 000 件、2 500 件和 3 000 件。该企业单位工时的变动制造费用标准分配率如下：间接人工 0.4 元，间接材料 0.6 元，维修费 0.4 元，水电费 0.3 元，动力费 0.3 元，生产部门每年折旧 15 000 元，维修费 14 000 元，管理费 25 000 元，保险费 4 000 元，财产税 2 000 元，这些费用平均分摊于各季且保持不变。

要求：试编制 A 公司的制造费用预算。编制结果见表 4-7。

表 4-7 制造费用预算表 单位：元

摘要		分配率	各季总工时				
			第一季度	第二季度	第三季度	第四季度	全年
			5 500	10 250	12 750	14 050	42 550
变动制造费用	间接材料	0.6	3 300	6 150	7 650	8 430	25 530
	间接人工	0.4	2 200	4 100	5 100	5 620	17 020
	维修费	0.4	2 200	4 100	5 100	5 620	17 020
	水电费	0.3	1 650	3 075	3 825	4 215	12 765
	动力费	0.3	1 650	3 075	3 825	4 215	12 765
	合计	2	11 000	20 500	25 500	28 100	85 100
固定制造费用	折旧		3 750	3 750	3 750	3 750	15 000
	维护费		3 500	3 500	3 500	3 500	14 000
	管理费		6 250	6 250	6 250	6 250	25 000
	保险费		1 000	1 000	1 000	1 000	4 000
	财产税		500	500	500	500	2 000
	合计		15 000	15 000	15 000	15 000	60 000
合计			26 000	35 500	40 500	43 100	145 100
减：折旧			3 750	3 750	3 750	3 750	15 000
现金支出合计			22 250	31 750	36 750	39 350	130 100

6. 成本预算

依前各资料，A公司预计年销量为8 500件，生产量为8 510件。该企业期初、期末均无在产品，期初产品单位变动生产成本为45元。(假设存货发出计价采用先进先出法)

要求：试编制A公司的产品成本预算。编制结果见表4-8。

表4-8　　产品成本预算表

成本项目	用量标准	价格标准	单位成本/元	总成本/元
直接材料（千克/件）	2	5	10	
直接人工（小时/件）	5	4	20	
变动制造费用（小时/件）	5	2	10	
预计当年产品生产成本			40	340 400
加：产品期初余额			45	4 500
减：产品期末余额			40	4 400
预计产品销售成本				340 500

7. 销售和管理费用预算

依前各资料，A公司2020年只产销一种产品，预计第一季度到第四季度的销售量分别为1 000件、2 000件、2 500件和3 000件。该企业变动销售费用如下：销售佣金按收入的2.5%计付，办公费按收入的0.5%计付，运输费按收入的1%计付。固定部分（全年）：广告费9 000元，折旧4 000元，管理人员工资25 000元，保险费6 000元，财产税2 000元。

要求：试编制A公司的销售和管理费用预算。编制结果见表4-9。

表4-9　　销售和管理费用预算　　单位：元

项目		分配率	第一季度	第二季度	第三季度	第四季度	全年
销售收入			75 000	150 000	187 500	225 000	637 500
变动费用	销售佣金	2.5%	1 875	3 750	4 687.5	5 625	15 937.5
	办公费	0.5%	375	750	937.5	1 125	3 187.5
	运输费	1%	750	1 500	1 875	2 250	6 375
	合计	4%	3 000	6 000	7 500	9 000	25 500
固定费用	广告费		2 250	2 250	2 250	2 250	9 000
	工资		6 250	6 250	6 250	6 250	25 000
	保险费		1 500	1 500	1 500	1 500	6 000
	财产税		500	500	500	500	2 000
	折旧		1 000	1 000	1 000	1 000	4 000
	合计		11 500	11 500	11 500	11 500	46 000
变动费用与固定费用合计			14 500	17 500	19 000	20 500	71 500
减：折旧			1 000	1 000	1 000	1 000	4 000
现金支出合计			13 500	16 500	18 000	19 500	67 500

8. 现金预算

基础数据依前各资料，另假设A公司年初现金余额为12 000元，该公司规定在计划期内现金最低库存量月末不得低于10 000元。另根据专门决策预算，决定在第二季度购置固定资产16 000元，每季支付股利2 000元，每季缴纳所得税4 000元，借款年利率为10%。借款、还款均以千元为单位，还本时付息。

要求：试编制A公司的现金预算。编制结果见表4-10。利息计算见表4-11。

表4-10　　现金预算表　　单位：元

摘要	资料来源	第一季度	第二季度	第三季度	第四季度	全年
期初现金余额	表4-3	12 000	10 250	10 250	18 240	12 000
加：销货现金收入		54 000	105 000	165 000	202 500	526 500
可动用现金合计		66 000	115 250	175 250	220 740	538 500
减：现金支出						
采购材料	表4-5	12 000	16 750	23 760	26 750	79 260
支付工资	表4-6	22 000	41 000	51 000	56 200	170 200
制造费用	表4-7	22 250	31 750	36 750	39 350	130 100
销售及管理费用	表4-9	13 500	16 500	18 000	19 500	67 500
购买设备	专项预算		16 000			16 000
支付股利		2 000	2 000	2 000	2 000	8 000
缴纳税金		4 000	4 000	4 000	4 000	16 000
现金支出合计		75 750	128 000	135 510	147 800	487 060
收支相抵现金余额		−9 750	−12 750	39 740	72 940	51 440
资金筹集与运用						
向银行借款（期初）		20 000	23 000			43 000
归还借款（期末）	表4-11			20 000	23 000	43 000
支付利息				1 500	1 725	3 225
合计		20 000	23 000	21 500	24 725	3 225
期末现金余额		10 250	10 250	18 240	48 215	48 215

表4-11　　利息计算表

	本金（元）	利率	月份	利息（元）
利息计算表	20 000	10%	9	1 500
	23 000	10%	9	1 725

9. 预计利润表

根据前述内容编制利润表，编制结果见表4-12。

表4-12　　A公司预计利润表（2020年度）　　单位：元

项目	资料来源	金额
销售收入	表4-3	637 500
减：变动成本		
已销产品变动生产成本	表4-8	340 500
变动性销售及管理成本	表4-9	25 500

续前表

项目	资料来源	金额
边际贡献总额		271 500
减：固定费用		
固定制造费用	表 4-7	60 000
固定销售及管理费用	表 4-9	46 000
息税前利润		165 500
减：利息费用	表 4-11	3 225
利润总额		162 275
减：所得税	表 4-10	16 000
税后利润		146 275

10. 预计资产负债表

根据表 4-13，结合前面数据，编制表 4-14。

表 4-13　　A 公司资产负债表（2019 年度）　　单位：元

资产		负债及所有者权益	
流动资产：		流动负债：	
货币资金	12 000	应付账款	6 000
应收账款	24 000		
存货	7 600		
流动资产合计	43 600	流动负债合计	6 000
固定资产：		所有者权益：	
固定资产原值	1 300 000	实收资本	400 000
减：累计折旧	400 000	资本公积	140 600
固定资产净值	900 000	留存收益	397 000
固定资产合计	900 000	所有者权益合计	937 600
资产总计	943 600	权益合计	943 600

表 4-14　　A 公司预计资产负债表（2020 年度）　　单位：元

资产	年初数	年末数	负债及所有者权益	年初数	年末数
流动资产：			流动负债：		
货币资金	12 000	48 215	应付账款	6 000	13 740
应收账款	24 000	135 000			
存货	7 600	9 400			
流动资产合计	43 600	192 615	流动负债合计	6 000	13 740
固定资产：			所有者权益：		
固定资产原值	1 300 000	1 316 000	实收资本	400 000	400 000
减：累计折旧	400 000	419 000	资本公积	140 600	140 600
固定资产净值	900 000	897 000	留存收益	397 000	535 275
固定资产合计	900 000	897 000	所有者权益合计	937 600	1 075 875
资产总计	943 600	1 089 615	负债及所有者权益合计	943 600	1 089 615

部分数据计算见表 4－15。

表 4－15　　有关数据计算

期末存货成本	材料	5 000	产成品	4 400
固定资产原值	原有价值	1 300 000	新购设备	16 000
折旧	车间折旧	15 000	管理部门折旧	4 000
留存收益期末	期初值	397 000		
	税后利润＋	146 275		
	已分利润－	8 000		
	期末值	535 275		

注：表中，期末存货成本＝期末材料存货成本(1 000×5)＋产成品存货期末(110×40)＝9 400（元）。

【想一想】企业全面预算过程，与企业正常生产过程的供产销核算流程有何异同？

※ 任务训练 ※

一、判断题

1. 滚动预算是指企业根据上一期预算执行情况和新的预测结果，按既定的预算编制周期和滚动频率，对原有的预算方案进行调整和补充，逐期滚动，持续推进的预算编制方法。（　　）

2. 滚动预算是指企业根据下一期预算情况和新的预测结果，按既定编制周期和预算滚动频率，对下期预算方案进行调整和补充，逐期滚动并持续推进的预算编制方法。（　　）

3. 滚动预算的优点是预算滚动的频率越高，对预算沟通的要求越高，预算编制的工作量越小，而且过高的滚动频率容易增加管理层的稳定感，导致预算结果符合实际。（　　）

4. 预算编制周期是指每次预算编制所涵盖的时间跨度。滚动频率是指调整和补充预算的时间间隔，一般以月度、季度、年度等为滚动频率。（　　）

5. 预算编制周期是指每次预算编制的时间节点。滚动频率是指调整和补充预算的时间长度，一般以月度、季度、年度等为滚动频率。（　　）

6. 预算编制的周期通常是指每次预算编制所涵盖的时间跨度。滚动频率是指调整和补充预算的时间点，一般以月末、季末、年末等为滚动频率。（　　）

7. 滚动预算一般由中期滚动预算和短期滚动预算组成。中期滚动预算的预算编制周期通常为 3 年或 5 年，以年度作为预算滚动频率。短期滚动预算通常以 1 年为预算编制周期，以月度、季度作为预算滚动频率。（　　）

8. 滚动预算一般由长期滚动预算和短期滚动预算组成。长期滚动预算的预算编制周期通常为 3 年或 5 年，并且按年度作为长期预算滚动频率。短期滚动预算通常以 1 年为预算编制周期，以月度和季度作为预算滚动频率。（　　）

9. 滚动预算的优点是对预算沟通、预算频率要求不高，预算编制的工作量虽然大，但是能动态反映市场，建立跨期综合平衡，强化预算的决策职能。（　　）

10. 企业应用滚动预算工具方法，应具备丰富的预算管理经验和能力。（　　）

11. 企业应建立先进、科学的信息系统，及时获取数量充足、安全可靠的外部市场数据

以及企业内部数据，满足编制滚动预算的需要。（ ）

二、单选题

1. 滚动预算的主要优点是( )。

A. 通过持续滚动预算编制、逐期滚动管理，实现动态反映市场的目标

B. 预算滚动的频率越高，预算沟通的要求就越高，预算编制的工作量也就越大

C. 能多维度提供信息，有利于提高决策的准确性

D. 滚动频率越高，管理层的不稳定感越容易增加，导致预算执行者无所适从

2. 滚动预算编制周期，即每次预算编制所涵盖的时间跨度，一般是( )。

A. 一年 B. 一个月 C. 一季度 D. 一个经营周期

3. 滚动频率是指调整和补充预算的时间间隔，下列除( )外可以作为滚动频率。

A. 月度 B. 季度 C. 年度 D. 生产周期

4. 滚动预算一般由中期滚动预算和短期滚动预算组成。中期滚动预算时间是( )。

A. 一年 B. 半年 C. 一个季度 D. 3 年以上

5. 下列说法中，只有( )不符合滚动预算的意义。

A. 企业应对比分析上一期的预算信息和预算执行情况，进行预算的滚动编制

B. 企业可借助数据仓库等信息技术的支撑，实现快速生成预算编制方案，减少编制预算滚动的工作量

C. 企业应根据上一期的预算信息和预算数据情况，进行预算的滚动编制

D. 企业应根据预算滚动编制结果，调整资源配置和管理要求

三、多选题

1. 下列说法正确的是( )。

A. 短期滚动预算通常以 1 年为预算编制周期

B. 短期滚动预算以月度、季度作为预算滚动频率

C. 短期滚动预算以月度、季度作为预算周期

D. 滚动频率是指调整和补充预算的时间间隔

2. 企业应用滚动预算工具方法，下列说法正确的是( )。

A. 应具备丰富的预算管理经验和能力

B. 不受是否具备丰富的预算管理经验和能力影响

C. 企业应建立先进而科学的信息系统，并及时获取充足、可靠的外部市场数据和企业内部数据，满足编制滚动预算的需要

D. 企业应重视预算编制基础数据，统一财务和非财务信息标准，确保预算编制以可靠、翔实、完整的基础数据为依据

3. 下列说法正确的是( )。

A. 企业应研究外部环境变化，分析行业特点、战略目标和业务性质

B. 企业应遵循重要性原则和成本效益原则，结合业务性质和管理要求，确定滚动预算

的编制内容

C. 企业可以选择编制业务滚动预算，尤其是管理基础好且信息化程度高的企业，还可以选择资本滚动预算和财务滚动预算

D. 企业结合企业管理基础和信息化水平，确定预算的编制周期和滚动的频率

4. 下列说法正确的是(　　)。

A. 企业应以战略目标和业务计划为基础，研究滚动预算所涉及的外部环境变化和内部重要事项，测算并提出预算方案

B. 企业实行中期滚动预算的，应在中期预算的框架内编制年度预算

C. 实行中期滚动预算的企业的第一年预算约束对应年度的预算

D. 预算不受期限的约束，没有对应的约束期年限

5. 下列说法正确的是(　　)。

A. 短期滚动预算服务于年度预算目标的实施

B. 企业实行短期滚动预算，在年度预算的基础上分解编制短期滚动预算

C. 企业应分析影响预算目标的各种动因之间的关系，建立预算模型并生成预算编制方案

D. 企业应分析影响预算目标的外部因素关系，建立预算模型，生成预算方案

四、计算题

1. 凯通公司预算期内的简略销售情况见表 4 - 16，若销售当季度收回货款的 60%，次季度收回货款的 35%，第三个季度收回货款的 5%。预算年度期初应收账款余额为 22 000 元，其中包括上年度第三季度销售形成的应收账款 4 000 元、第四季度销售形成的应收账款 18 000 元。

表 4 - 16　　产品资料

项目	第一季度	第二季度	第三季度	第四季度	合计
预计销售量（件）	2 500	3 750	4 500	3 000	13 750
销售单价（元）	20	20	20	20	20

要求：根据上述资料编制预算年度的销售预算，填入表 4 - 17。

表 4 - 17　　销售预算表

项目		第一季度	第二季度	第三季度	第四季度
销售预算	预计销售量（件）	2 500	3 750	4 500	3 000
	预售单价（元/件）	20	20	20	20
	预计销售金额（元）				
	本年期初应收账款（元）				
	第一季度销售收现（元）				
	第二季度销售收现（元）				
	第三季度销售收现（元）				
	第四季度销售收现（元）				

2. 凯通公司预计下月月初现金余额为10 000元，下月月初应收账款为5 000元，预计下月可收回80%；下月销货62 500元，当期以现金收到销货款的50%；采购材料费用为10 000元，当期付款70%，当月应付账款余额为6 250元，需在月内付清；下月以现金支付工资10 500元；间接费用为62 500元，其中折旧费为5 000元；预交所得税1 125元；购买设备支付现金25 000元。现金不足时，可向银行借款，借款金额为1 000元的整数倍，现金余额最低为3 750元。

要求：填写表4-18，计算下月预算现金余额。

表4-18　现金预算

期初现金余额		10 000元
加：现销收入		(1)
可供使用现金		(2)
减：各项支出现金合计		(3)
材料采购支出		(4)
工资支出		(5)
间接费用支出		(6)
所得税支出		(7)
设备支出		25 000元
现金多余或不足		(8)
向银行借款		(9)
期末现金余额		(10)

熟悉零基预算的原理与方法

一、零基预算的概念

从预算起点看，预算包括零基预算和增量预算。

(1) 零基预算是指企业不以历史期经济活动及其预算为基础，以零为起点，从实际需要出发分析预算期经济活动的合理性，经综合平衡，形成预算的预算编制方法。零基预算是相对于增量预算的一种预算编制方法。

(2) 增量预算是指以历史期实际经济活动及其预算为基础，结合预算期经济活动及相关影响因素的变动情况，通过调整历史期经济活动项目及金额形成预算的预算编制方法。

二、零基预算的适用范围

零基预算适用于企业各项预算的编制，特别是不经常发生的预算项目或预算编制基础变化较大的预算项目。

三、零基预算的应用程序

（1）企业应用零基预算工具方法编制预算，一般按照明确预算编制标准、制定业务计划、编制预算草案、审定预算方案等程序进行。

（2）企业应搜集和分析对标单位、行业等外部信息，结合内部管理需要形成企业各预算项目的编制标准，并在预算管理过程中根据实际情况不断分析评价、修订完善预算编制标准。

（3）预算编制责任部门应依据企业战略、年度经营目标和内外环境变化等安排预算期经济活动，在分析预算期各项经济活动合理性的基础上制定详细、具体的业务计划，作为预算编制的基础。

（4）预算编制责任部门应以相关业务计划为基础，根据预算编制标准编制本部门相关预算项目，并报预算管理责任部门审核。

（5）预算管理责任部门应在审核相关业务计划合理性的基础上，逐项评价各预算项目的目标、作用、标准和金额等，按战略相关性、资源限额和效益性等进行综合分析和平衡，汇总形成企业预算草案，上报企业预算管理委员会等专门机构审议后报董事会等机构审批。

四、零基预算的运用

【例 4-2】 开元公司采取零基预算法编制 2019 年各项费用预算，其具体做法包括：

首先，确定 2019 年各项费用预算数额，见表 4-19。

表 4-19　　2019 年开元公司可能发生的费用项目及金额　　单位：万元

费用项目	费用金额
1. 广告宣传费	50
2. 差旅费	20
3. 培训费	6
4. 业务招待费	20
5. 保险费	14
6. 办公费	12
合计	122

上述费用项目中，假如除了广告宣传费和业务招待费外都不能再压缩了，必须得到全部保证。根据历史资料对广告宣传费和业务招待费进行成本-效益分析，得知：广告宣传费投入成本效益比为 1∶7，业务招待费投入成本效益比为 1∶5。根据各项成本费用开支的轻重缓急，排出层次和顺序。假设差旅费、培训费、保险费和办公费在预算期必不可少，需要得到全额保证，属于不可避免的约束性固定成本，优先保证；广告宣传费和业务招待费可根据预算期企业财力情况酌情增减，属于酌量性成本，其中广告宣传费的成本效益比较大，作为次要保证项目，业务招待费的成本效益比相对较小，因此列为最后保证项目。

其次，分配资金。公司预算年度对上述各项费用可动用的资金只有 100 万元，根据以上排序分配资金，最终落实的预算金额如下：

(1) 确定必须支付的预算资金：20＋6＋14＋12＝52（万元）。

(2) 确定可分配的资金数额：100－52＝48（万元）。

(3) 按成本效益比将可用于次要保证项目分配的资金数额，在广告宣传费和业务招待费之间进行分配（次要保证项目全额保证需要50＋20＝70万元，明显不足，只能按效益比例分配）：

广告宣传费可分配资金＝48×7÷(5＋7)＝28（万元）

业务招待费可分配资金＝48×5÷(5＋7)＝20（万元）

最后，编制零基预算表，见表4-20。

表4-20　2019年开元公司可能发生的费用项目及金额　单位：万元

项目	差旅费	培训费	保险费	办公费	广告宣传费	业务招待费	合计
预算数	20	6	14	12	28	20	100

需要注意的是，零基预算法打破了传统的编制预算观念，不再以历史资料为基础进行调整，一切以零为基础，不受现有费用开支水平限制，不仅能使预算单位负责人重视预算的编制工作，而且能充分发挥预算单位全体职工的工作积极性，挖掘内在潜力，增强预算的应用能力；同时，零基预算也有利于有效地分配资源。但是零基预算是以零为起点来确定预算数，必然造成大量的基础工作要完成，工作量大，所需时间较多和所付代价较高。

【想一想】从零基预算的原理、程序和工具方法出发，推理增量预算的预算过程。

※ 任务训练 ※

一、判断题

1. 零基预算是指企业以历史期经济活动及其预算为基础，从实际需要出发，零起点分析预算期经济活动的合理性，经过综合平衡后形成预算的预算编制方法。（　　）

2. 零基预算是相对于增量预算的一种预算编制方法，基本含义是指以历史期实际经济活动及其预算值为基础，结合预算期经济活动及相关影响因素的变动情况，通过调整历史期经济活动项目及金额形成预算的预算编制方法。（　　）

3. 增量预算是与零基预算相对应的一种预算编制方法，是指以预算期内正常的、最可能实现的某一业务量水平为固定基础，不考虑可能发生的变动的预算编制方法。（　　）

4. 零基预算通常适用于各项预算的编制，特别是不经常发生的预算项目或预算编制基础变化较大的预算项目。（　　）

5. 零基预算广泛适用于企业各项预算的编制，但是不经常发生的预算项目或预算编制基础变化较大的预算项目除外。（　　）

6. 零基预算仅适用于不经常发生的预算项目或预算编制基础变化较大的预算项目，其他各项预算不适用。（　　）

7. 采用零基预算的企业，应结合预算项目实际情况、预算管理要求和应用成本选择使用零基预算工具方法。（　　）

8. 企业应用零基预算工具方法，应该明确预算管理责任部门和预算编制责任部门。预算管理责任部门负责本部门业务计划和预算的编制；预算编制责任部门具体负责组织各部门确

定和维护各预算项目的编制标准，组织各具体预算项目的编制。(　　)

9. 企业应用零基预算工具方法编制预算，一般按照明确预算编制标准、制定业务计划、编制预算草案和审定预算方案等程序进行。(　　)

二、单选题

1. 下列选项中，关于预算编制流程与编制方法正确的是(　　)。

A. 选择与企业现有管理模式相适应

B. 选择与企业营销目标或利润目标相适应

C. 选择与企业战略目标相适应

D. 选择与企业规模相适应

2. 下列说法不正确的是(　　)。

A. 预算考核应按照公开、公平和公正的原则实施

B. 应建立健全预算考核制度和绩效考核体系，并将预算考核结果纳入考核体系，切实做到有奖有惩、奖惩分明

C. 预算考核主体和考核对象的界定应坚持上级考核下级、逐级考核、预算执行与预算考核职务相分离的原则

D. 预算考核主体和考核对象的界定应坚持上级考核下级、逐级考核、预算执行与预算考核职务相容性的原则

3. 零基预算是(　　)。

A. 一切以零为基础，不受现有费用开支水平限制的预算

B. 在历史资料的基础上，结合实际情况编制的预算

C. 以历史资料为基础进行的预算编制活动

D. 工作量小，时间短，成本高，但有利于资源分配的预算

4. 零基预算的优点是(　　)。

A. 灵活应对内外部环境　　B. 编制的工作量大

C. 编制的成本高　　D. 准确性受管理水平影响小

5. 下列说法正确的是(　　)。

A. 零基预算是相对于增量预算的一种预算编制方法

B. 零基预算是相对于固定预算的一种预算编制方法

C. 零基预算是相对于弹性预算的一种预算编制方法

D. 固定预算是相对于零基预算的一种预算编制方法

三、多选题

1. 下列说法正确的是(　　)。

A. 采用零基预算的企业，应结合预算项目实际情况、预算管理要求和应用成本选择使用零基预算工具方法

B. 企业应用零基预算工具方法，应明确预算管理责任部门和预算编制责任部门

C. 预算编制责任部门，具体负责组织各部门确定、维护各预算项目的编制标准，组织各具体预算项目的编制

D. 零基预算适用于企业各项预算的编制，特别是不经常发生的预算项目或预算编制基础变化较大的预算项目

2. 企业实行零基预算，下列说法正确的是（ ）。

A. 应用零基预算工具方法时应明确预算管理责任部门和预算编制责任部门

B. 预算管理责任部门负责组织各部门确定和维护各预算项目的编制标准

C. 预算管理责任部门负责组织各具体预算项目的编制

D. 预算编制责任部门具体负责本部门业务计划和预算的编制

3. 下列（ ）是零基预算的优点。

A. 以零为起点编制预算，不会受到历史期经济活动中的不合理因素影响，应对内外部环境的变化比较灵活，更贴近预算期企业的经济活动需要

B. 有助于增加预算编制透明度和进行预算控制

C. 预算编制工作量较大且成本较高

D. 预算编制的准确性受企业管理水平和相关数据标准准确性影响较大

4. 零基预算的主要缺点是（ ）。

A. 不受历史期经济活动中的不合理因素影响，而且能够灵活应对内部环境和外部环境的变化，预算贴近预算期企业经济活动的需要

B. 有助于增加预算编制的透明度，有利于进行预算控制

C. 适应于各项预算的编制

D. 预算编制的准确性受企业管理水平的影响和相关数据标准准确性的影响

5. 下列关于零基预算的说法中，正确的是（ ）。

A. 以零为起点编制预算，受历史期经济活动中的不合理因素影响，不能灵活应对内外环境的变化，预算编制更贴近预算期企业经济活动需要

B. 零基预算有助于增加预算编制透明度，有利于进行预算控制

C. 零基预算编制工作量较小、成本较低

D. 特别适用于不经常发生预算的项目预算

6. 企业应用零基预算工具方法，应成立由（ ）组成的跨部门团队。

A. 财务部门　　B. 战略部门　　C. 业务部门　　D. 生产部门

熟悉弹性预算的原理与方法

一、弹性预算的概念

按照业务量与预算项目的关系，预算包括弹性预算和固定预算。

（1）弹性预算是指企业在分析业务量与预算项目之间数量依存关系的基础上，分别确定不同业务量及其相应预算项目所消耗资源的预算编制方法。弹性预算是相对于固定预算的一种编制方法。

（2）固定预算是指以预算期内正常的、最可能实现的某一业务量水平为固定基础，不考虑可能发生的变动的预算编制方法。业务量是指企业销售量、产量、作业量等与预算项目相关的弹性变量。

弹性预算适用于企业各项预算的编制，特别是市场、产能等存在较大不确定性，且其预算项目与业务量之间存在明显的数量依存关系的预算项目。

二、弹性预算应用的基本要求

（1）企业应用弹性预算工具方法，一般按照以下程序进行：确定弹性预算适用项目；识别相关的业务量并预测业务量在预算期内可能存在的不同水平和弹性幅度；分析预算项目与业务量之间的数量依存关系，确定弹性定额；构建弹性预算模型，形成预算方案；审定预算方案。

（2）企业选择的弹性预算适用项目一般应与业务量有明显的数量依存关系，且企业能有效地分析该数量依存关系，并积累一定的分析数据。企业在选择成本费用类弹性预算适用项目时，还要考虑该预算项目是否具备较好的成本性态分析基础。

（3）企业应分析、确定与预算项目变动直接相关的业务量指标，确定其计量标准和方法，作为预算编制的起点。

（4）企业应深入分析市场需求、价格走势、企业产能等内外因素的变化，预测预算期可能的不同业务量水平，编制销售计划、生产计划等各项业务计划。

（5）企业应逐项分析、认定预算项目和业务量之间的数量依存关系、依存关系的合理范围及变化趋势，确定弹性定额。确定弹性定额后，企业应不断强化弹性差异分析，修正和完善预算项目和业务量之间的数量依存关系，并根据企业管理需要增补新的弹性预算定额，形成企业弹性定额库。

（6）企业预算管理责任部门应审核、评价和修正各预算方案，根据预算期最可能实现的业务量水平确定预算控制标准，并上报企业预算管理委员会等专门机构审议后报董事会等机构审批。

三、弹性预算模型

企业通常采用公式法或列表法构建具体的弹性预算模型，形成基于不同业务量的多套预算方案。

1. 公式法

公式法下弹性预算的基本公式为：

$$\text{预算总额}=\text{固定基数}+\sum(\text{与业务量相关的弹性定额}\times\text{预计业务量})$$

应用公式法编制预算时，相关弹性定额可能仅适用于一定业务量范围内。当业务量变动超出该适用范围时，应及时修正、更新弹性定额，或改为列表法编制。

【例 4-3】 富裕公司的制造费用采用公式法编制。成本项目已分解，直接人工工时在 20 000 工时至 40 000 工时之间。富裕公司制造费用弹性预算表见表 4-21。

表 4-21　富裕公司制造费用弹性预算表　　单位：元

项目	a	b	项目	a	b
管理人员工资	10 000		辅助材料		0.2
保险费	5 000		质检员工资	400	0.25
折旧费	3 500		设备维修费	200	0.1
水电费	600		……	……	……
工人工资		0.5	……	……	……
合计				24 000	2.75

由上表可得：

$$y=24\ 000+2.75x$$

计算预算费用时，将工时代入上述公式，即可得预算制造费用。

公式法的优点是在一定范围内不受业务量波动的影响，编制的工作量较小；缺点是进行预算控制和考核时，不能直接查出特定业务量下的总成本预算数，而且按细目分解成本比较麻烦，也存在误差。

2. 列表法

列表法是指企业通过列表的方式，在业务量范围内依据已划分出的若干个不同等级，分别计算并列示该预算项目与业务量相关的不同可能预算方案的方法。

【例 4-4】 富达公司某期制造费用采用弹性预算方式，测定产量在 4 000 件到 7 000 件之间。富达公司制造费用弹性预算表见表 4-22。

表 4-22　富达公司制造费用弹性预算表　　单位：元

产量（件）	4 000	4 500	5 000	5 500	6 000	6 500	7 000
变动制造费用：							
间接材料费	4 000	4 500	5 000	5 500	6 000	6 500	7 000
水电费	200	225	250	275	300	325	350
变动费用合计	4 200	4 725	5 250	5 775	6 300	6 825	7 350
固定费用：							
管理人员工资	4 400	4 400	4 400	4 400	4 400	4 400	4 400
机物料	300	300	300	300	300	300	300
办公费	60	60	60	60	60	60	60
其他	25	25	25	25	25	25	25
固定费用合计	4 785	4 785	4 785	4 785	4 785	4 785	4 785

列表法的优点是在一定程度上弥补了公式法下查不到不同业务量下总成本数额的缺陷，便于预算的控制和考核；缺点是工作量较大，不能包括所有业务量条件下的费用预算。实际工作中往往结合使用公式法和列表法。

【想一想】 从弹性预算的原理、程序和工具方法出发，推理固定预算的预算过程。

※ 任务训练 ※

一、判断题

1. 弹性预算的缺点是市场及其变化趋势预测的准确性、预算项目与业务量之间依存关系的判断水平，都会对预算的合理性产生影响。(　　)

2. 弹性预算是指企业在分析业务量与预算项目之间数量依存关系的基础上，确定业务量期望值及其相应预算项目所消耗资源的预算编制方法。(　　)

3. 在弹性预算下，业务量是指企业销售量、产量或作业量，等于预算项目相关的弹性变量。(　　)

4. 弹性预算适用于企业各项预算的编制，但是市场、产能等存在较大不确定性，且其预算项目与业务量之间存在明显的数量依存关系的预算项目不适合。(　　)

5. 弹性预算适用于市场、产能等存在较大不确定性，其预算项目和业务量之间有着明显的数量依存关系的各类预算项目。(　　)

6. 企业应用弹性预算工具方法与零基预算一样，都应集合预算项目的实际情况，合理识别与预算项目相关的业务量，长期跟踪并完整记录预算项目与业务量的变化情况，并对数量依存关系进行深入分析。(　　)

7. 企业应用弹性预算工具方法时，应该成立包括财务部门、战略管理部门和有关业务部门组成的跨部门团队。(　　)

8. 企业选择的弹性预算适用项目一般应与业务量有明显的数量依存关系，且企业具备有效分析数量依存关系的能力，有积累了一定的分析数据的基础的项目。(　　)

二、单选题

1. 下列选项中，(　　)不是应用弹性预算工具方法的程序。

A. 确定弹性预算适用项目，识别相关的业务量并预测业务量在预算期内可能存在的不同水平和弹性幅度

B. 分析预算项目与业务量之间的数量依存关系，确定弹性定额

C. 构建弹性预算模型和形成预算方案，审定预算方案

D. 组成跨部门团队

2. 关于弹性预算，下列说法错误的是(　　)。

A. 弹性预算的适用项目一般都与业务量有着明显的数量依存关系

B. 在选择成本费用类弹性预算适用项目时，需要考虑该项目是否具备较好的成本性态分析基础

C. 企业应分析和确定与预算项目变动直接相关的业务量指标，确定其计量标准和方法，作为预算编制的起点

D. 一般按照以明确的预算编制标准制定业务计划、编制预算草案和审定预算方案等程序进行

3. 不需要另外预计现金支出和收入，直接参加现金预算汇总的预算是(　　)。

A. 直接材料预算　　　　B. 直接人工预算

C. 销售预算　　D. 销售及管理费用预算

三、多选题

1. 与生产预算有直接联系的预算是(　　)。

A. 直接材料预算　　B. 变动制造费用预算

C. 直接人工预算　　D. 销售及管理费用预算

2. 关于弹性预算，下列说法正确的是(　　)。

A. 成立由财务、战略和有关业务部门组成的跨部门团队

B. 合理预测预算期的可能业务量，借助信息系统或其他管理会计工具方法，匹配和及时修订弹性定额

C. 弹性预算是分别确定不同业务量及其相应预算项目所消耗资源的预算编制方法

D. 业务量是指企业销售量、产量、作业量等与预算项目相关的弹性变量

3. 下列关于预算管理环境的说法中，不正确的有(　　)。

A. 企业实施预算管理的基础环境包括战略目标、业务计划、组织架构、内部管理制度、信息系统等

B. 企业在构建预算管理体制、设置预算管理机构时，应遵循合法科学、高效有力、经济适度、全面系统、权责明确等基本原则

C. 企业应当设立预算管理委员会，作为专门履行预算管理职责的决策机构

D. 预算管理委员会一般为常设机构

4. 若企业采用弹性预算，下列说法正确的是(　　)。

A. 企业应逐项分析、认定预算项目和业务量之间的数量依存关系、依存关系的合理范围及变化趋势，确定弹性定额

B. 确定弹性定额后，企业应不断强化弹性差异分析和修正并完善预算项目与业务量之间的数量依存关系

C. 根据企业管理需要增补新的弹性预算定额，形成企业弹性定额库

D. 只有 A、B 选项是对的

5. 下列选项中，属于弹性预算的应用环境的是(　　)。

A. 遵循预算管理对应用环境的一般要求

B. 应合理识别和预算项目相关的业务量，并长期跟踪和记录变化情况，深入分析项目与业务量之间的依存关系

C. 借助信息系统或其他管理会计工具方法，合理预测预算期的可能业务量

D. 固定预算是以预算期内正常、稳定、最可能实现的某一业务量水平为固定基础，不考虑可能发生的变动的预算编制方法

四、计算题

凯通公司某期制造费用采用弹性预算方式，测定产量在 5 000 件到 8 000 件之间。单位产品费用为：间接材料 1 元，水电费 0.5 元，其他费用 0.8 元。固定费用为：工资 5 000 元，机物料消耗及办公耗材 400 元，其他 100 元。完成表 4 - 23。

表 4-23　　弹性预算表　　单位：元

产量（件）	4 000	4 500	5 000	5 500	6 000	6 500	7 000
变动制造费用：							
固定费用：							

熟悉作业预算的原理与方法

一、作业预算的概念

作业预算是指基于"产出消耗作业，作业消耗资源"的原理，以作业管理为基础的预算管理方法。

作业预算主要适用于具有作业类型较多且作业链较长、管理层对预算编制的准确性要求较高、生产过程多样化程度较高，以及间接或辅助资源费用所占比重较大等特点的企业。

二、作业预算的应用程序

（1）企业应遵循《管理会计应用指引第 200 号——预算管理》中的应用程序实施作业预算管理。

（2）企业编制作业预算一般按照确定作业需求量、确定资源费用需求量、平衡资源费用需求量与供给量、审核最终预算等程序进行。

（3）企业应根据预测期销售量和销售收入预测各作业中心的产出量（或服务量），进而按照作业与产出量（或服务量）之间的关系，分别按产量级作业、批别级作业、品种级作业、客户级作业、设施级作业等计算各类作业的需求量。（作业类别的划分参见作业成本法。）企业一般应先计算主要作业的需求量，再计算次要作业的需求量。

①产量级作业：该类作业的数量一般与产品（或服务）的数量成正比例变动。有关计算公式如下：

$$产量级作业需求量=\sum 各产品(或服务)预测的产出量(或服务量)\times 该产品(或服务)作业消耗率$$

②批别级作业：该类作业的数量一般与产品（或服务）的批量数成正比例变动。有关计算公式如下：

$$批别级作业需求量=\sum 各产品(或服务)预测的批次\times 该批次作业消耗率$$

③品种级作业：该类作业的数量一般与品种类别的数量成正比例变动。有关计算公式如下：

$$品种级作业需求量=\sum 各产品(或服务)预测的品种类别\times 该品种类别作业消耗率$$

④客户级作业：该类作业的数量一般与特定类别客户的数量成正比例变动。有关计算公式如下：

$$客户级作业需求量=\sum 预测的每类特定客户\times 该类客户作业消耗率$$

⑤设施级作业：该类作业的数量在一定产出量（服务量）规模范围内一般与每类设施投入的数量成正比例变动。有关计算公式如下：

$$设施级作业需求量=\sum 预测的每类设施能力投入量\times 该类设施作业消耗率$$

上述公式中，作业消耗率是指单位产品（或服务）、批次、品种类别、客户、设施等消耗的作业数量。

（4）企业应依据作业消耗资源的因果关系确定作业对资源费用的需求量。计算公式如下：

$$资源费用需求量=\sum 各类作业需求量\times 资源消耗率$$

上述公式中，资源消耗率是指单位作业消耗的资源费用数量。

（5）企业应检查资源费用需求量与供给量是否平衡，如果没有达到基本平衡，需要通过增加或减少资源费用供给量或降低资源消耗率等方式，使两者的差额处于可接受的区间内。资源费用供给量是指企业目前经营期间所拥有并能投入作业的资源费用数量。

（6）企业一般按照作业中心、作业类别为对象编制资源费用预算。计算公式如下：

$$资源费用预算=\sum 各类资源需求量\times 该资源费用预算价格$$

资源费用预算价格一般来源于企业建立的资源费用价格库。企业应收集、积累多个历史期的资源费用成本价、行业标杆价、预期市场价等，建立企业的资源费用价格库。

（7）作业预算初步编制完成后，企业应组织相关人员进行预算评审。预算评审小组一般应由企业预算管理部门、运营与生产管理部门、作业及流程管理部门、技术定额管理部门等组成。预算评审小组应从业绩要求、作业效率要求、资源效益要求等多个方面对作业预算进行评审，评审通过后上报企业预算管理决策机构进行审批。

（8）企业应按照作业中心和作业进度进行作业预算控制，通过把预算执行的过程控制精细化到作业管理层次，把控制重点放在作业活动驱动的资源流动上，实现生产经营全过程的预算控制。

（9）企业作业预算分析。企业作业预算分析主要包括资源动因分析和作业动因分析。资源动因分析主要揭示作业消耗资源的必要性和合理性，发现减少资源浪费、降低资源消耗成本的机会，提高资源利用效率；作业动因分析主要揭示作业的有效性和增值性，减少无效作业和不增值作业，不断地进行作业改进和流程优化，提高作业产出效果。

需要说明的是，作业预算的计算过程与作业成本法的成本计算基本相同，案例参考作业成本法的计算。

【想一想】 企业能否用作业预算或作业成本法提供相关结果给外部财务报告使用者?

※ 任务训练 ※

一、判断题

1. 作业预算是指基于“作业消耗资源，产出消耗作业”的原理，以作业管理为基础的预算管理方法。(　　)

2. 作业预算是指基于“资源消耗作业，作业消耗产品”的原理，以产品管理为基础的预算管理方法。(　　)

3. 作业预算并不适用于具有作业类型较多且作业链较长、管理层对预算编制的准确性要求较高、生产过程多样化程度较高，以及间接资源、辅助资源费用占比较大等特点的企业。(　　)

4. 企业一般应先计算次要作业的需求量，再计算主要作业的需求量。(　　)

5. 对于产量级作业，该类作业的需求量一般与产品（或服务）的数量成正比例变动。(　　)

6. 作业消耗率是指单位产品（或服务）、批次、品种类别、客户、设施等消耗的作业数量。(　　)

7. 对于客户级作业，该类作业的需求量一般与品种类别的数量成正比例变动。(　　)

8. 对于产量级作业，该类作业的需求量在一定产出量（或服务量）规模范围内一般与每类设施投入量成正比例变动。(　　)

9. 对于品种级作业，该类作业的需求量一般与特定类别客户的数量成正比例变动。(　　)

10. 作业消耗率，是指单位产品（或服务）、批次、品种类别、客户、设施等消耗的作业数量与定额之间的差额，即损耗率。(　　)

11. 作业预算法下，企业应依据产品消耗资源的因果关系确定作业对资源费用的需求量。(　　)

12. 运用作业预算的企业，应检查资源费用需求量与供给量是否平衡，如果没有达到基本平衡，需要通过增加或减少资源费用需求量或提高资源消耗率等方式，使两者的差额处于可接受的区间内。(　　)

二、单选题

1. 下列公式中，符合经济学意义的是(　　)。

A. 设施级作业需求量$=\sum$预测的每类设施能力投入量$\times$该类设施

B. 设施级作业需求量$=\sum$预测的每类设施能力投入量$\times\sum$该类设施

C. 设施级作业需求量$=\sum(\sum$预测的每类设施能力投入量$\div$该类设施)

D. 设施级作业需求量$=\sum$预测的每类设施能力投入量$\div$该类设施

2. 下列公式中，符合经济学意义的是(　　)。其中，资源消耗率是指单位作业消耗的资源费用数量。

A. 资源费用需求量 $= \sum$ 各类作业需求量 $\times \sum$ 资源消耗率

B. 资源费用需求量 $=$ 各类作业需求量 $\times \sum$ 资源消耗率

C. 资源费用需求量 $= \sum(\sum$ 各类作业需求量 $\times \sum$ 资源消耗率$)$

D. 资源费用需求量 $= \sum$ 各类作业需求量 $\times$ 资源消耗率

3. 关于资源消耗率，下列说法正确的是(　　)。

A. 资源消耗率是指单位资源消耗的作业费用数量

B. 资源消耗率是指单位产品消耗的资源费用数量

C. 资源消耗率是指单位作业消耗的资源费用数量

D. 资源消耗率是指单位作业消耗的产品费用数量

4. 作业预算法下，下列说法不正确的是(　　)。

A. 作业预算初步编制完成后，企业应组织相关人员进行预算评审

B. 预算评审小组一般应由企业预算管理部门、运营与生产管理部门、作业及流程管理部门、技术定额管理部门等组成

C. 评审小组应从业绩要求、作业效率要求、资源效益要求等多个方面对作业预算进行评审

D. 作业预算评审通过后应立即发布施行

5. 下列说法不正确的是(　　)。

A. 企业作业预算分析主要包括资源动因分析和作业动因分析

B. 资源动因分析揭示了作业消耗资源的必要性和合理性，发现降低资源消耗、减少资源浪费成本的机会，提高了资源利用效率

C. 资源动因分析主要揭示资源消耗的必要性和合理性，发现减少作业浪费、降低作业消耗成本的机会，提高资源利用效率

D. 作业动因分析揭示了作业的有效性和增值性，发现无效作业和不增值作业，能不断进行作业改进和流程优化，提高了作业产出效果

6. 下列不属于作业预算的主要缺点的是(　　)。

A. 通过总体作业优化实现最低的资源费用耗费，创造最大的产出成果

B. 预算的建立过程复杂

C. 需要详细地估算生产和销售对作业和资源费用的需求量

D. 测定作业消耗率和资源消耗率，数据收集成本较高

三、多选题

1. 作业成本法计算作业需求量，可以按(　　)计算。

A. 产量级作业　　B. 批别级作业　　C. 客户级作业　　D. 品种级作业

E. 设施级作业

2. 作业预算法下，评审小组应从(　　)等多个方面对作业预算进行评审。

A. 业绩要求　　B. 作业效率要求　　C. 资源效益要求　　D. 产品数量要求

3. 作业预算法下，下列说法正确的是(　　)。

A. 资源费用需求量＝$\sum$各类作业需求量×资源消耗率

B. 产量级作业需求量＝$\sum$各产品（或服务）预测的产出量（或服务量）×该产品（或服务）作业消耗率

C. 客户级作业需求量＝$\sum$预测的每类特定客户×该类客户作业消耗率

D. 企业作业预算分析主要包括资源动因分析、作业动因分析和产品成本动因分析

4. 作业预算法下，作业预算的主要优点有（　　）。

A. 基于作业需求量配置资源，并避免了资源配置的盲目性

B. 通过总体作业优化实现最低的资源费用耗费和创造最大的产出成果

C. 作业预算可以促进员工对业务和预算的支持，有利于预算的执行

D. 能详细地估算生产和销售对作业和资源费用的需求量

5. 下列对弹性预算的评价，正确的是（　　）。

A. 考虑了预算期可能的不同业务量水平，更贴近企业经营管理实际情况

B. 编制工作量大

C. 市场及其变动趋势预测的准确性、预算项目与业务量之间依存关系的判断水平等会对弹性预算的合理性造成较大影响

D. 有助于增加预算编制透明度，有利于进行预算控制

全面预算

一、实训目标与能力要求

本实训目标是培养学生正确认识企业的全面预算，其能力要求是：

（1）正确理解全面预算。

（2）能够运用所学知识对案例进行准确分析。

二、实训方式

根据案例资料和要求，以4～6人为一个小组，在阅读实训案例的基础上，收集补充相关资料。在整理筛选资料的基础上进行相关分析，得出分析结论，并撰写讨论发言稿和实训报告。

三、实训考核

根据学生选择分析方法的正确性、分析结果的准确性、讨论发言和实训报告写作情况进行评分。

四、实训案例

武钢集团全面预算管理评析

武钢集团1999年开始推行预算管理，首先在组织结构上进行了配套改革，成立了公司预算管理委员会，并利用机构改革之机，把公司的年度生产经营计划和公司财务管理部门合并，组建了计划财务部，优化了预算管理的组织结构。公司利用计划财务部这个组织结构平台，不断吸纳生产、销售、设备、运输、能源等各个专业的管理专家，使预算管理真正超越财务管理的范畴，使预算管理部门成为一个综合性管理部门。预算管理委员会成员由公司董事长或总经理任免，董事长或总经理对公司预算的管理工作负总责。预算管理委员会制定公司总体预算目标及保障措施，审定公司总预算、分预算和专项预算。预算管理委员会设预算管理办公室，集团公司总会计师兼任办公室主任，负责全面预算管理工作的日常事宜。预算管理委员会下各单位成立相应的预算管理组织，一般设在财务部门，由多个部门参加，负责本单位内部的预算编制和监督执行工作。预算管理委员会建立例会制度，定期分析预算的执行情况，督促检查预算的实施。

武钢集团预算管理的特点有：

一是全员参与。预算的有效执行充分发挥了预算管理的激励作用，营造了激励全体员工的环境，引导企业全体员工自主地控制预算的执行情况，当预算执行出现不利偏差时，及时地、积极主动地采取有效措施加以纠正，自觉自愿地完成预算目标。

二是全程控制。预算控制对业务活动的渗透性操作过程，是基于财务角度并延伸出去的辐射性、开放式、主动干预式的管理。预算控制系统的精髓在于蒸馏出隐藏在粗放管理中的利润，它是一种事先控制，可以制止无效或低效的行为。预算控制是全流程、系统的、逻辑的管理，追求一种全局效率。

三是全面管理。预算管理利用预算这一手段对企业经营的各个环节和企业管理的各个部门进行管理控制，对企业的各种财务及非财务资源进行配置。预算是武钢集团为了实现长期规划而对未来经营年度的生产经营活动及其目标做出的预期安排和计划，它是规范企业生产经营活动和提高经济效益的重要手段。

五、实训内容

根据实训目标与能力要求，对武钢集团案例进行分析，并回答下列问题：

（1）简述武钢集团是如何科学合理地建立预算管理组织体系的。

（2）简析全面预算管理的本质，并分析武钢集团的预算管理是否体现了全面预算管理的本质。

（3）武钢集团在全面预算上是否有需要改进的地方。

六、实训步骤

（1）教师提示：全面预算的主要特征。

（2）教师分析案例公司的背景和基本情况，并指出案例分析过程中应注意的问题。

（3）学生针对所选案例，收集、整理有关资料，对公司进行深入分析并形成报告。

【项目小结】

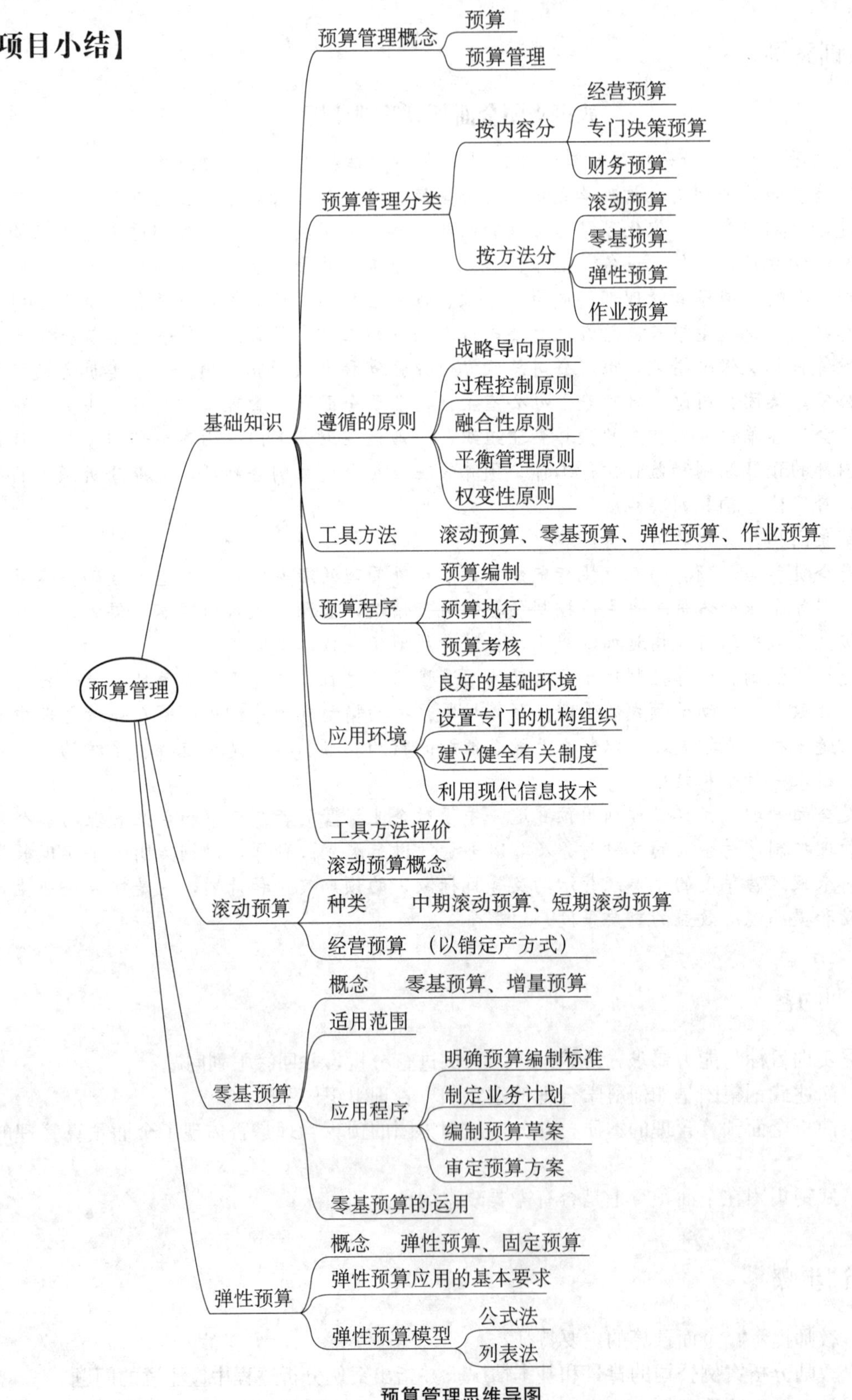

预算管理思维导图

投融资管理

【知识目标】

- 熟悉投融资管理的主要流程，并熟悉投融资管理的主要内容。
- 掌握项目管理基本原理，以及项目管理不同阶段的主要内容。
- 熟悉并掌握挣值法、成本效益法的运用。
- 掌握贴现现金流法的基本原理，以及评价投资方案的基本方法。
- 掌握情景分析、约束资源优化等工具方法的原理和运用环境。

【能力目标】

- 能再现投融资管理的主要内容。
- 通过学习投融资管理，能例证项目管理的判断方法。
- 能灵活运用项目挣值法，对项目进程的优劣进行评价。
- 能触类旁通地对企业的投融资项目进行情景分析，做出约束资源条件下的决策。

【工作任务】

- 掌握投融资管理基础知识，熟悉投融资管理的原则、种类、工具方法。
- 理解项目管理的意义，掌握挣值法、价值工程法等项目管理工具方法的运用。
- 认识贴现现金流法，理解并掌握贴现现金流法投资管理方法的运用。
- 理解情景分析法，掌握情景分析法适用的条件、运用的原则。
- 理解并掌握约束资源优化法，掌握运用的管理会计工具方法。

【案例导读】

公司王经理找财务经理聊聊公司该怎么办。事情是这样的，为降低生产成本，公司考虑购置一台新机器以替换旧机器。旧机器原值为 97 000 元，每年折旧额为 10 000 元，估计还可使用 5 年，残值为 7 000 元，若现在将其变卖，可获得 40 000 元。使用该台旧机器每年的营业收入为 10 000 元，经营成本为 70 000 元。新机器价值 130 000 元，预计可使用 6 年，报废时残值为 1 000 元，年折旧为 20 000 元。新机器不会增加收入，但可使每年的经营成本降低 28 000 元。设所得税税率为 25%，假定基准折现率为 10%。

问题：请你代财务经理分析公司该不该购置新机器替换旧机器。

任务一

认知投融资管理基础知识

一、投融资管理的概念

5-1　青岛海尔的筹资案例分析

投融资管理其实就是投资管理和融资管理的简称。

1. 投资管理

投资管理是指企业根据自身战略发展规划，以企业价值最大化为目标，对将资金投入营运进行的管理活动。

2. 融资管理

融资管理是指企业为实现既定的战略目标，在风险匹配的原则下，对通过一定的融资方式和渠道筹集资金进行的管理活动。

企业融资的规模、期限、结构等应与经营活动、投资活动等的需要相匹配。

二、企业投融资管理应遵循的原则

企业投融资管理一般应遵循以下原则：

（1）价值创造原则。投融资管理应以持续创造企业价值为核心。

（2）战略导向原则。投融资管理应符合企业发展战略与规划，与企业战略布局和结构调整方向相一致。

（3）风险匹配原则。投融资管理应确保投融资对象的风险状况与企业的风险综合承受能力相匹配。

三、基本分类方法

（一）投资的分类

1. 按投资的介入程度分

按投资的介入程度分，可分为直接投资和间接投资。

直接投资是指投资者直接开厂设店从事经营，或者投资购买企业相当数量的股份，从而对该企业具有经营上的控制权的投资方式。

间接投资是指投资者以其资本购买公司债券、金融债券或公司股票等各种有价证券，以预期获取一定收益的投资。由于其投资形式主要是购买各种各样的有价证券，因此也被称为证券投资。

直接投资与间接投资的联系是：直接投资离不开间接投资，而间接投资是直接投资发展到一定阶段的产物。自从货币经济出现以来就有投资存在。

2. 按投资对象不同分

按投资对象不同，可分为项目投资和证券投资。

项目投资是一种以特定项目为对象，直接与新建项目或更新改造项目有关的长期投资行为。项目投资按其涉及内容还可进一步细分为单纯固定资产投资和完整工业项目投资。

证券投资是一定的投资主体为了获取预期的不确定的收益购买资本证券以形成金融资产的经济活动。简言之，证券投资就是购买资本证券。

3. 按资金投出的方向分

按资金投出的方向分，可分为对外投资和对内投资。

对外投资多以现金、有形资产、无形资产等资产形式，通过联合投资、合作经营、换取股权、购买证券资产等投资方式，向企业外部其他单位投放资金。对外投资主要是间接投资，也可能是直接投资。

对内投资是指把资金投向企业内部，形成各项流动资产、固定资产、无形资产和其他资产的投资。

4. 按投资项目的关系分

按投资项目的关系分，可分为独立投资和互斥投资。

独立投资是相容性投资，各个投资项目之间互不关联、互不影响，可以同时并存。独立投资项目决策考虑的是方案本身是否满足某种决策标准。

互斥投资是非相容性投资，各个投资项目之间相互关联、相互替代，不能同时并存。因此，互斥投资项目决策考虑的是各方案之间的排斥性，互斥决策需要从每个可行方案中选择最优方案。

5. 按投资的内容分

按投资的内容分，可分为固定资产投资、无形资产投资、房地产投资、期权与期货投资、信托投资和保险投资等多种形式。

（二）融资的分类

1. 按资金权属不同分

按资金权属不同分，可分为股权融资、债务融资及混合融资。

股权融资是指企业通过发行股票的方式进行融资，形成企业的权益资本或称自有资本。企业的股权资本通过吸收直接投资、发行股票、内部积累等方式取得。由于股权资本一般不用偿还本金，形成了企业的永久性资本，因此财务风险小但付出的资本成本相对较高。

债务融资是指通过银行或非银行金融机构贷款或发行债券等方式融入资金。债务融资形成的是企业的负债，需要还本付息，其支付的利息计入财务费用，可以在税前扣除。一般来说，对于预期收益较高、能够承担较高的融资成本，而且经营风险较大、要求融资的风险较低的企业倾向于选择股权融资方式；对于传统企业，经营风险较小，预期收益也较小，一般选择融资成本较小的债务融资方式进行融资。

混合融资兼具股权融资与债务融资性质。我国上市公司目前最常见的混合融资方式是发行可转换债券和认股权证。

2. 按是否借助媒介分

按是否借助媒介分，可分为直接融资和间接融资两种类型。

直接融资是企业直接与资金供应者协商融通资金的融资活动。直接融资不需要通过金融机构来筹措资金，是企业直接从社会取得资金的方式。直接融资方式主要有发行股票、发行债券吸收直接投资等。直接融资方式既可以筹集股权资金，也可以筹集债务资金。相对来说，直接融资的融资手续比较复杂，融资费用较高，但融资领域广阔，能够直接利用社会资金，有利于提高企业的知名度和资信度。

间接融资是企业借助于银行和非银行金融机构筹集资金。在间接融资方式下，银行等金融机构发挥中介作用，预先集聚资金，然后提供给企业。间接融资的基本方式是银行借款，此外还有融资租赁等方式。间接融资形成的主要是债务资金，主要用于满足企业资金周转的需要。间接融资手续相对比较简便，融资效率高，融资费用较低，但容易受金融政策的制约和影响。

3. 按资金的来源范围不同分

按资金的来源范围不同，可分为内部融资和外部融资两种类型。

内部融资是指企业通过利润留存而形成的融资来源。内部融资数额大小主要取决于企业可分配利润的多少和利润分配政策，一般无须花费融资费用，从而降低了资本成本。

外部融资是指企业向外部筹措资金而形成的融资来源。处于初创期的企业，内部融资的可能性是有限的；处于成长期的企业，内部融资往往难以满足需要，这就需要企业广泛地开展外部融资，如发行股票、债券，取得商业信用、银行借款等。企业向外部融资需要花费一定的融资费用，从而提高了融资成本。

4. 按融入资金使用期限分

按融入资金使用期限分，可分为长期融资和短期融资两种类型。

长期融资是指企业筹资使用资金期限在一年以上的资金，如长期借款、融资租赁等。

短期融资是指企业筹资使用资金期限在一年以下的资金，如短期借款、商业信用等融资方式。

【想一想】对投融资进行分类，有何意义？

四、工具方法

投融资管理领域应用的管理会计工具方法，一般包括项目管理、贴现现金流法、情景分析、约束资源优化等。（参见后面各任务内容）

五、投资管理程序

（一）建立健全投资管理的制度体系

企业应建立健全投资管理的制度体系，根据组织架构特点，设置能够满足投资管理活动所需的，由业务、财务、法律及审计等相关人员组成的投资委员会或类似决策机构，对重大投资事项和投资制度建设等进行审核。有条件的企业可以设置投资管理机构，组织开展投资管理工作。

（二）遵循基本程序

企业应用投资管理工具方法，一般按照制定投资计划、进行可行性分析、实施过程控制和投资后评价等步骤进行。

1. 制定投资计划

企业投资管理机构应根据战略需要，定期编制中长期投资规划，据此编制年度投资计划。

（1）中长期投资规划一般应明确指导思想、战略目标、投资规模、投资结构等。

（2）年度投资计划一般包括编制依据、年度投资任务、年度投资任务执行计划、投资项目的类别及名称、各项目投资额的估算及资金来源构成等，并纳入企业预算管理。

2. 进行可行性分析

投资可行性分析的内容一般包括该投资在技术和经济上的可行性、可能产生的经济效益和社会效益、可以预测的投资风险、投资落实的各项保障条件等。

3. 实施过程控制

企业进行投资管理，应当将投资控制贯穿于投资的实施全过程。投资控制的主要内容一般包括进度控制、财务控制、变更控制等。其中，进度控制是指对投资实际执行进度方面的规范与控制，主要由投资执行部门负责；财务控制是指对投资过程中资金使用、成本控制等方面的规范与控制，主要由财务部门负责；变更控制是指对投资变更方面的规范与控制，主要由投资管理部门负责。

4. 开展投资后评价

投资项目实施完成后，企业应对照项目可行性分析和投资计划组织开展投资后评价。投资后评价的主要内容一般包括投资过程回顾、投资绩效和影响评价、投资目标实现程度和持续能力评价、经验教训和对策建议等。

5. 编制投资报告

投资报告应根据投资管理的情况和执行结果编制，反映企业投资管理的实施情况。投资报告主要包括以下两部分内容：

（1）投资管理的情况说明，一般包括投资对象、投资额度、投资结构、投资风险、投资进度、投资效益及需要说明的其他重大事项等。

（2）投资管理建议，可以根据需要以附件形式提供支持性文档。

投资报告是重要的管理会计报告，应确保内容真实、数据可靠、分析客观、结论清楚，为报告使用者提供满足决策需要的信息。

企业可定期编制投资报告，反映一定期间内投资管理的总体情况，一般至少应于每个会计年度编制一份；也可根据需要编制不定期投资报告，主要用于反映重要项目节点、特殊事项和特定项目的投资管理情况。

6. 总结分析

企业应及时进行回顾和分析，检查和评估投资管理的实施效果，不断优化投资管理流程，改进投资管理工作。

六、融资管理程序

（一）建立健全融资管理的制度体系

企业应建立健全融资管理的制度体系，融资管理一般采取审批制。企业应设置满足融资管理所需的，由业务、财务、法律及审计等相关人员组成的融资委员会或类似决策机构，对重大融资事项和融资管理制度等进行审批，并设置专门归口管理部门牵头负责融资管理工作。

（二）遵循基本程序

企业应用融资管理工具方法，一般按照编制年度融资计划、编制融资方案、实施融资方案与调整、对融资进行管理、编制融资报告等步骤进行。

1. 编制年度融资计划

企业对融资安排应实行年度统筹、季度平衡、月度执行的管理方式，根据战略需要、业务计划和经营状况，预测现金流量，统筹各项收支，编制年度融资计划，并据此分解至季度和月度融资计划。必要时，企业根据特定项目的需要，编制专项融资计划。年度融资计划的内容一般包括编制依据、融资规模、融资方式、资本成本等；季度和月度融资计划的内容一般包括年度经营计划、企业经营情况和项目进展水平、资金周转水平、融资方式、资本成本等。企业融资计划可作为预算管理的一部分，纳入企业预算管理。

2. 编制融资方案

企业应根据融资决策分析的结果编制融资方案。融资决策分析的内容一般包括资本结构、资本成本、融资用途、融资规模、融资方式、融资机构的选择依据、偿付能力、融资潜在风险和应对措施、还款计划等。

3. 实施融资方案与调整

融资方案经审批通过后，进入实施阶段，一般由归口管理部门具体负责落实。如果融资活动受阻或者融资量无法达到融资需求目标，归口管理部门应及时对融资方案进行调整，数额较大时应按照融资管理程序重新报请融资委员会或类似决策机构审批。

4. 对融资进行管理

企业完成融资后，应对融资进行统一管理，必要时应建立融资管理台账。企业应定期进行融资管理分析，内容一般包括还款计划、还款期限、资本成本、偿付能力、融资潜在风险和应对措施等。还款计划应纳入预算管理，以确保按期偿还融资。

5. 编制融资报告

融资报告应根据融资管理的执行结果编制，反映企业融资管理的情况和执行结果。融资报告主要包括以下两部分内容：

（1）融资管理的情况说明，一般包括融资需求测算、融资渠道、融资方式、融资成本、融资程序、融资风险及应对措施、需要说明的重大事项等；

（2）融资管理建议，根据需要可以用附件形式提供支持性文档。

融资报告是重要的管理会计报告，应该确保内容的真实性、分析的客观性、数据的可靠性、结论的清楚明晰，并为报告使用者提供满足决策需要的信息。

企业可定期编制融资报告，反映一定期间内融资管理的总体情况，一般至少应于每个会计年度出具一份；也可根据需要编制不定期报告，主要用于反映特殊事项和特定项目的融资管理情况。

6. 总结与分析

企业应及时进行融资管理回顾和分析，检查和评估融资管理的实施效果，不断优化融资管理流程，改进融资管理工作。

※ 任务训练 ※

一、判断题

1. 投融资管理中的投资管理，是指企业根据自身战略发展规划的需要，以企业价值最大化为目标，对投入营运的资金进行的管理活动。（　　）

2. 投融资管理应遵循价值创造原则，以持续创造企业价值为核心，可以与企业的战略布局和结构调整方向不一致。（　　）

3. 融资管理应统一进行，必要时建立融资管理台账，并定期进行融资管理分析，同时将还款计划纳入预算，确保按期偿还融资。（　　）

4. 融资管理是指企业为实现既定的战略目标，在无风险的原则下，对通过一定的融资方式和渠道筹集资金进行的管理活动。（　　）

5. 企业融资的规模、期限、结构等受经营活动和投资活动等约束。（　　）

6. 企业应建立健全投资管理的制度体系，并根据组织架构特点，设置能够满足投资管理活动的，包括业务与财务、法律与审计等相关人员在内的投资委员会或类似决策机构，开展对重大投资事项和投资制度等进行审核，或设置投资管理机构，组织开展投资管理工作。（　　）

二、选择题

1. 企业进行投融资管理，一般应遵循的原则是（　　）。

A. 价值创造原则　　B. 战略导向原则

C. 风险匹配原则　　D. 谨慎性原则

2. 投融资管理领域应用的管理会计工具方法，一般包括（　　）。

A. 贴现现金流法　　B. 项目管理

C. 情景分析　　D. 约束资源优化

3. 企业应用投资管理工具方法，一般按照（　　）等程序进行。

A. 制定投资计划　　B. 进行可行性分析

C. 实施过程控制　　D. 投资后评价

4. 投资可行性分析的内容一般包括(　　)。

A. 该投资在技术和经济上的可行性

B. 可能产生的经济效益和社会效益

C. 可以预测的投资风险

D. 投资落实的各项保障条件

5. 企业进行投资管理，应当将投资控制贯穿于投资的实施全过程。其投资控制的主要内容一般包括(　　)。

A. 进度控制　　B. 财务控制　　C. 变更控制　　D. 信息控制

6. 投资项目实施完成后，企业应对照项目可行性分析和投资计划组织开展投资后评价。投资后评价的主要内容一般包括(　　)。

A. 投资过程回顾　　B. 投资绩效和影响评价

C. 投资目标实现程度和持续能力评价　　D. 经验教训和对策建议

7. 下列关于投资报告的说法，正确的是(　　)。

A. 投资报告应根据投资管理的情况和执行结果编制

B. 应反映企业投资管理的实施情况

C. 投资管理的情况说明，一般包括投资对象、投资额度以及需要说明的其他重大事项等

D. 投资管理建议，可以根据需要以附件形式提供支持性文档

8. 下列说法正确的是(　　)。

A. 企业应定期编制投资报告，用来反映一定期间内的投资管理总体情况，报告至少每个会计年度编制一份

B. 编制不定期投资报告的目的，主要用于反映重要项目的节点、特殊事项和特定项目的投资管理情况

C. 企业应及时回顾、分析、检查和评估投资管理的实施效果，不间断优化投资管理的流程和改进投资管理的工作方法

D. 企业一般应建立健全融资管理的制度体系，采取审批制对融资进行管理

熟悉项目管理的原理与运用

一、项目管理的概念

项目管理是指通过项目各参与方的合作，运用专门的知识、工具和方法，对各项资源进行计划、组织、协调、控制，使项目能够在规定的时间、预算和质量范围内，实现或超过既

定目标的管理活动。

项目管理适用于以一次性活动为主要特征的项目活动，如一项工程、服务、研究课题、研发项目、赛事、会展或活动演出等；也适用于以项目制为主要经营单元的各类经济主体。

二、项目管理应遵循的原则

企业进行项目管理时，一般应遵循以下原则：

（1）注重实效，协同创新。企业应围绕项目管理的目标，强调成本效益原则，实现项目各责任主体间的协同发展、自主创新。

（2）按级负责，分工管理。项目各责任主体，应当根据管理层次和任务分工的不同，有效行使管理职责，履行管理义务，确保项目取得实效。

（3）科学安排，合理配置。企业应严格按照项目的目标和任务，科学合理编制预算，严格执行预算。

三、项目管理的基本程序

企业应用项目管理工具方法一般按照可行性研究、项目立项、项目计划、项目实施、项目验收和项目后评价等步骤进行。

（1）可行性研究，是指通过对项目在技术上是否可行、经济上是否合理、社会和环境影响是否积极等进行科学分析和论证，以最终确定项目投资建设是否进入启动程序的过程。企业一般可以从投资必要性、技术可行性、财务可行性、组织可行性、经济可行性、环境可行性、社会可行性、风险因素及对策等方面开展项目的可行性研究。

（2）项目立项，是指对项目可行性研究进行批复，并确认列入项目实施计划的过程。经批复的可行性研究报告是项目立项的依据，项目立项一般应在批复的有效期内完成。

（3）项目计划，是指项目立项后，在符合项目可行性报告批复相关要求的基础上，明确项目的实施内容、实施规模、实施标准、实施技术等计划实施方案，并据此编制项目执行预算的书面文件。

通常情况下，项目执行预算超过可行性研究报告项目预算的10%时，或者项目实施内容、实施规模、实施地点、实施技术方案等发生重大变更时，应重新组织编制和报批可行性报告。经批复的项目计划及项目执行预算应作为项目实施的依据。

项目可行性报告的内容一般包括项目概况、市场预测、产品方案与生产规模、厂址选择、工艺与组织方案设计、财务评价、项目风险分析，以及项目可行性研究结论与建议等。

（4）项目实施，是指按照项目计划，在一定的预算范围内，保质保量地按时完成项目任务的过程。通常，企业应重点从质量、成本、进度等方面，有效地控制项目的实施过程。

①企业应遵循国家规定及行业标准，建立质量监督管理组织、健全质量管理制度、形成质量考核评价体系和反馈机制等，实现对项目实施过程的质量控制。

②成本控制应贯穿于项目实施的全过程。企业可以通过加强项目实施阶段的投资控制，监督合同执行，有效控制设计变更，监督和控制合同价款的支付，实现项目实施过程的成本控制。

③企业应通过建立进度控制管理制度，编制项目实施进度计划，制定项目实施节点；实行动态检测，完善动态控制手段，定期检查进度计划，收集实际进度数据；加强项目进度偏差原因分析，及时采取纠偏措施等，实现对项目实施过程的进度控制。

（5）项目验收，是指项目完成后，进行的综合评价、移交使用、形成资产的整个过程。项目验收一般应由可行性研究报告的批复部门组织开展，可以从项目内容的完成情况、目标的实现情况、经费的使用情况、问题的整改情况、项目成果的意义和应用情况等方面进行验收。

（6）项目后评价，是指通过对项目实施过程、结果及其影响进行调查研究和全面系统回顾，与项目决策时确定的目标以及技术、经济、环境、社会指标进行对比，找出差别和变化，据以分析原因、总结经验、提出对策建议，并通过信息反馈，改善项目管理决策，提高项目管理效益的过程。

企业应比对项目可行性报告的主要内容和批复文件开展项目后评价，必要时应参照项目计划的相关内容进行对比分析，进一步加强项目管理，不断提高决策水平和投资效益。

四、项目的财务管理

项目财务管理是指基于项目全生命周期的项目财务活动的归口管理工作，是对项目营运过程中财务资源使用的全流程管理活动。

在项目营运过程中，企业应当重视并严格执行项目预算管理、项目执行成本控制、项目会计核算、资金管理与项目结算、项目决算和项目经济后评价等。企业可根据项目规模、周期、经费额度等指定专人负责上述工作，并参与项目论证与评估等工作。

1. 项目预算编制

（1）企业应基于项目的重要性和成本效益考虑，制定项目预算管理制度，可以指定项目预算管理分管领导、设置项目概预算专职人员。

（2）企业应依据总量控制、分项预算的总体框架，按照需要与可能、局部与全局、重点与一般、当前与长远相结合的编制原则，编制项目预算。

（3）企业应在充分调研和论证的基础上，强调项目预算编制的明细化和标准化，明确预算的编制内容、编制依据和编制方法，实现项目预算与会计核算科目的配比性。

2. 预算执行控制

（1）企业应分解落实项目实施各阶段的预算执行计划，明确项目各阶段的预算控制目标。

（2）在项目执行过程中，企业应以项目预算执行计划和目标为依据，定期对项目预算执行情况进行核查、比对、分析。

3. 项目预算调整

（1）企业应依据外部环境变化、项目实施进展和项目方案优化要求等，不断修正和完善项目各阶段的预算执行计划和预算控制目标。

（2）在项目预算管理中，企业可采用滚动预算方式，以项目执行前一阶段的预算调整，作为下一阶段项目预算控制的目标，按照时间（如年、月、日）或项目单元编制，依次分解，滚动预算。

4. 项目成本控制

企业进行项目执行成本控制，一般应从项目费用定额管理、项目合同管理、项目执行成本变更管理等方面开展。

（1）项目费用定额管理。企业应根据项目自身特点，制定项目费用定额表，如物资消耗费、工时定额等，形成项目执行成本控制的依据。

（2）项目合同管理。项目执行过程中涉及合同管理时，财务管理人员一般可以参与合同的论证、签订、审查和履行、变更、解除等，负责审查并履行合同支付职能，定期了解合同方的资信和履约能力，建立合同管理台账。

（3）项目执行成本变更管理。项目执行成本原则上不得随意变更，因特殊情况需要调整时，需根据相应的批报程序，报原审核部门核定，按照先批准、后变更的原则进行处理。

（4）项目执行过程中，应按照国家统一的会计制度进行会计核算。项目收支应分项目、分要素进行明细核算，确保会计核算制度与项目预算管理相衔接。

（5）企业应建立健全资金管理和项目结算制度，设立项目专款账户对资金的使用进行管理，正确区分会计期间，规范成本列支，统一对项目进行收支与结算。项目结算一般包括项目月度结算、年度结算和完工结算。

（6）企业应建立项目决算审计制度，明确项目决算报表内容、格式要求和填报口径，严格执行项目决算数据材料的收集、审核、汇总，形成项目决算报告，同时提交审计部门进行项目审计。

项目决算报告一般包括项目决算说明书、项目决算报表、项目成果和费用支出的对比分析等。项目决算报告和项目审计意见应作为项目验收的依据。

总之，企业应在对比项目可行性研究的基础上进行项目经济后评价，并编制项目经济后评价报告。经济后评价报告一般包括项目资金收入和使用情况、重新测算项目的财务评价指标和经济评价指标等。经济后评价应通过投资增量效益的分析，突出项目对经济价值和社会价值的作用和影响。

【想一想】项目管理中的项目划分有无特别要求？

五、项目管理的工具方法

项目管理的工具方法一般包括挣值法、成本效益法和价值工程法等。

（一）挣值法

1. 挣值法的概念

挣值是指项目实施过程中已完成工作的价值，用分配给实际已完成工作的预算来表示。

挣值法是指一种通过分析项目实施与项目目标期望值之间的差异，从而判断项目实施的成本、进度绩效的方法。

挣值法广泛适用于项目管理中的项目实施、项目后评价等阶段。挣值法的评价基准包括成本基准和进度基准，通常可以用于检测实际绩效与评价基准之间的偏差。

2. 挣值法的原理

（1）进度偏差（SV），是在某个给定时点上，测量并反映项目提前或落后的进度绩效指标。

进度偏差可以采用绝对数，表示为挣值与计划成本之差：

进度偏差量＝挣值－计划成本

也可以采用相对数，表示为挣值与计划成本之比：

进度偏差率＝挣值÷计划成本

进度偏差率又称为进度执行指数（SPI）。

企业应用挣值法开展项目管理时，既要监测挣值的增量，以判断当前的绩效状态，又要监测挣值的累计值，以判断长期的绩效趋势。

计划成本，是指根据批准的进度计划或预算，到某一时点应当完成的工作所需投入资金的累计值。企业应用挣值法进行项目管理，应当把项目预算分配至项目计划的各个时点。

(2) 成本偏差（CV），是在某个给定时点上，测量并反映项目预算亏空或预算盈余的成本绩效指标。

成本偏差可以采用绝对数，表示为挣值与实际成本之差：

成本偏差量＝挣值－实际成本

也可以采用相对数，表示为挣值与实际成本的比值：

成本偏差率＝挣值÷实际成本

成本偏差率又称为成本执行指数（CPI）或成本绩效指数。

实际成本，是指按实际进度完成的成本支出量。企业应用挣值法开展项目管理时，实际成本的计算口径必须与计划成本和挣值的计算口径保持一致。

【例5-1】某工程项目由信达公司承建，工期为1年，项目总预算为20万元。目前项目实施已进行到第8个月末。截至第8个月末项目执行情况分析表见表5-1。

表5-1　　项目执行情况分析表

序号	活动	计划成本（元）	实际成本（元）	完成百分比
1	项目启动	2 000	2 100	100%
2	可行性研究	5 000	4 500	100%
3	需求调研与分析	10 000	12 000	100%
4	设计选型	75 000	86 000	90%
5	集成实施	65 000	60 000	70%
6	测试	20 000	15 000	35%

要求：计算截至第8个月末该项目的成本偏差、进度偏差、成本执行指数和进度执行指数，并判断项目当前在成本和进度方面的执行情况。

解：

截至8月末计划总成本＝2 000＋5 000＋10 000＋75 000＋65 000＋20 000
＝177 000（元）

截至8月末实际已发生总成本＝2 100＋4 500＋12 000＋86 000＋60 000＋15 000
＝179 600（元）

截至8月末的挣值＝2 000×100%＋5 000×100%＋10 000×100%＋75 000×90%
＋65 000×70%＋20 000×35%
＝137 000（元）

成本偏差＝137 000－179 600＝－42 600（元）（正数节约，负数超支）

进度偏差＝137 000－177 000＝－40 000（元）

成本偏差率＝137 000/179 600＝0.76

进度偏差率＝137 000/177 000＝0.77

因此，该工程项目当前在成本和进度方面的执行情况是：成本超支，进度落后。

挣值分析应注意以下几点：当成本偏差为正值而进度偏差为负值时，要么任务还未开始，要么就是任务已经开始，但是还没有分配足够资源；当成本偏差与进度偏差都为负值时，表明费用超支且进度滞后；当成本偏差为负值而进度偏差为正值时，表明已经通过追加投资采取了赶工措施；当成本偏差与进度偏差都为正值时，表明项目控制在预算成本以内且进度超前。在作业划分时，考虑到作业内的成本增加与作业完成尽可能地线性相关，成本偏差率并不完全正确，它在宏观上表现比较真实，而在微观上会失真（非线性相关时，失真明显）。

3. 挣值法的优点和缺点

挣值法的主要优点是：

（1）通过对项目当前运行状态的分析，可以有效地预测出项目的未来发展趋势，严格地控制项目的进度和成本；

（2）在出现不利偏差时，能够较快地检测出问题所在，留有充足的时间对问题进行处理和对项目进行调整。

挣值法的主要缺点是：

（1）片面注重用财权的执行情况判断事权的实施效益；

（2）属于事后控制方法，不利于事前控制；

（3）存在用项目非关键路径上取得的挣值掩盖关键路径上进度落后的可能性，进而影响项目绩效判断的准确性。

【练一练】 某土方工程总挖方量为 4 000 立方米，预算单价为 45 元/立方米。该挖方工程预算总费用为 180 000 元，计划用 10 天完成，每天 400 立方米。开工后第 7 天早晨刚上班时项目管理人员前去测量，取得了两个数据：已完成挖方 2 000 立方米，支付给承包单位的工程进度款累计已达 120 000 元。请对工程进度进行评价。

5-2 【练一练】答案

（二）成本效益法

1. 成本效益法的概念

成本效益法是指通过比较项目不同实现方案的全部成本和效益，以寻求最优投资决策的一种项目管理工具方法。其中，成本指标可以包括项目的执行成本、社会成本等，效益指标可以包括项目的经济效益、社会效益等。

成本效益法属于事前控制方法，适用于项目可行性研究阶段。

2. 成本效益法的一般程序

（1）确定项目中的收入和成本；

（2）确定项目不同实现方案的差额收入；

（3）确定项目不同实现方案的差额费用；

(4) 制定项目不同实现方案的预期成本和预期收入的实现时间表;

(5) 评估难以量化的社会效益和成本。

3. 工具方法的运用

投资决策中对投资项目进行评价时所用的指标通常分为两类:一类是静态投资指标,指的是没有考虑时间价值因素的指标,所以也称为非贴现指标,主要包括投资回收期和投资报酬率等;另一类是动态投资指标,指的是考虑了时间价值因素的指标,故也称为贴现指标,主要包括净现值、现值指数、内含报酬率等。

【例 5-2】 假设有三个投资机会,分别采用不同的方法进行决策,资料见表 5-2。

表 5-2 **投资方案** 单位:万元

时间	0(初始投资)	1	2	3	4
方案 A:					
净收益		500	500		
净现金流量	(10 000)	5 500	5 500		
方案 B:					
净收益		1 000	1 000	1 000	1 000
净现金流量	(10 000)	3 500	3 500	3 500	3 500
方案 C:					
净收益		2 000	2 000	1 500	1 500
净现金流量	(20 000)	7 000	7 000	6 500	6 500

(1) 净现值收益法。净现值收益法是利用净现金效益量的总现值与净现金投资量之差算出净收益,然后根据净收益的大小来评价投资方案。若净现值为正值,则投资方案是可以接受的;若净现值为负值,则投资方案是不可接受的。净现值越大,投资方案越好。

净现值(Net Present Value,NPV)指的是在方案的整个实施运行过程中,所有现金净流入年份的现值之和与所有现金净流出年份的现值之和的差额。

根据例 5-2 的资料,假设贴现率 $i=10\%$,则三个方案的净现值为:

净现值(A)$=5\,500\times(P/A,10\%,2)-10\,000=-454.75$(万元)

净现值(B)$=3\,500\times(P/A,10\%,4)-10\,000=1\,094.65$(万元)

净现值(C)$=7\,000\times(P/A,10\%,2)+6\,500\times(P/A,10\%,2)\times(P/S,10\%,2)-20\,000$
$=1\,470.91$(万元)

计算结果表明:B、C 方案可行,并且 C 方案优于 B 方案。

(2) 现值指数法。现值指数又称获利指数,是指某一投资方案未来现金流入的现值同其现金流出的现值之比。在计算中,现值指数(Present Index,PI)是指在整个方案的实施运行过程中,所有现金净流入年份的现值之和与所有现金净流出年份的现值之和的比值,即:

$$\text{现值指数}=\frac{\sum \text{现金流入的现值}}{\sum \text{现金流出的现值}}=\frac{\sum_{t=1}^{n}\frac{I_t}{(1+i)^t}}{\sum_{t=1}^{n}\frac{O_t}{(1+i)^t}}$$

根据例 5-2 的资料,假定贴现率仍为 10%,则三个方案的现值指数如下:

现值指数(A)$=5\,500\times(P/A,10\%,2)/10\,000=9\,500/10\,000=0.95$

现值指数(B)=3 500×(P/A,10%,4)/10 000=11 100/10 000=1.11

现值指数(C)=[7 000×(P/A,10%,2)+6 500×(P/A,10%,2)×(P/S,10%,2)]/20 000
=1.07

结果表明：B、C方案均可行，但B方案优于C方案。

【请注意】净现值收益法和现值指数法，都是在假定的贴现率基础上进行的，不同的贴现率，会使净现值和现值指数发生变化，有时甚至影响到判断结果。

(3) 内含报酬率法。内含报酬率法又称财务内部收益率法、内部报酬率法。内含报酬率(Internal Rate of Return，IRR）反映的是方案本身实际达到的报酬率，它是在整个方案的实施运行过程中，当所有现金净流入年份的现值之和与所有现金净流出年份的现值之和相等时方案的报酬率，即能够使项目的净现值为零时的报酬率。

内含报酬率的计算比较复杂，通常采用逐步测算法，经过多次运算，才能够求得其近似值。

下面仍然以例5-2的数据为例，求三个方案的内含报酬率。假设A方案的贴现率为7%，此时它的净现值为：

净现值(A)=5 500×(P/A,7%,2)−10 000=56（万元）

再假设贴现率为6%，此时它的净现值为：

净现值(A)=5 500×(P/A,6%,2)−10 000=83.7（万元）

计算说明，A方案的内含报酬率大于6%、小于7%。为了更精确地求取A项目的内含报酬率IRR(A)，可采用内插法：

$$\frac{IRR(\text{A})-6\%}{83.7-0}=\frac{7\%-6\%}{83.7-(-56)}$$

则：

$$IRR(\text{A})=6\%+(7\%-6\%)\times\frac{83.7}{83.7+56}\approx 6.6\%$$

用同样的方法，可以确定B项目的内含报酬率IRR(B)为15.93%，C项目的内含报酬率IRR(C)为13.43%。(请同学们自己补充B项目和C项目的内含报酬率计算过程。)

计算结果表明，B项目的投资回报要大于C项目。

这三种方法各具所长，有其不同的适用性。一般而言，如果投资项目是不可分割的，则应采用净现值收益法；如果投资项目是可分割的，则应采用现值指数法，优先分析现值指数高的项目；如果投资项目的收益可以用于再投资，则可采用内含报酬率法进行分析。

(4) 投资报酬率。投资报酬率也叫投资利润率或会计利润率，它表示年平均利润占投资总额的百分比，即：

投资报酬率=平均利润（年）/投资总额（年）

根据例5-2的资料，方案A、B、C的投资报酬率分别为：

$$投资报酬率(\text{A})=\frac{(500+500)/2}{10\ 000}=5\%$$

$$投资报酬率(\text{B})=\frac{(1\ 000+1\ 000+1\ 000+1\ 000)/4}{10\ 000}=10\%$$

$$投资报酬率(\text{C})=\frac{(2\ 000+2\ 000+1\ 500+1\ 500)/4}{20\ 000}=8.75\%$$

(5) 投资回收期。投资回收期是指自投资方案实施至收回初始投入资本所需的时间，即能够使与此方案相关的累计现金流入量等于累计现金流出量的时间。

注意：动态投资决策指标主要有净现值、现值指数和内含报酬率指标。

【例5-3】接例5-2，计算各方案的回收期，见表5-3。

表5-3　投资回收期　　单位：万元

	时间（年）	净现金流量	回收额	未回收数	回收时间
A方案	0	(10 000)		10 000	
	1	5 500	5 500	4 500	1
	2	5 500	4 500	—	0.82
	3				
	回收期=1+4 500/5 500=1.82（年）				
B方案	0	(10 000)			
	1	3 500	3 500	6 500	1
	2	3 500	3 500	3 000	1
	3	3 500	3 000	—	0.86
	回收期=1+1+3 000/3 500=2.86（年）				
C方案	0	(20 000)		20 000	
	1	7 000	7 000	13 000	1
	2	7 000	7 000	6 000	1
	3	6 500	6 000	—	0.92
	回收期=1+1+6 000/6 500=2.92（年）				

4. 其他度量指标方法

其他度量方法一般使用比率分析法，如使用以下几类指标：

（1）相关指标分析法：

产值成本率=成本/产值×100%

销售收入成本率=成本/销售收入×100%

成本利润率=利润/成本×100%

（2）构成比率分析法：

直接材料费用比率=直接材料成本/产品成本×100%

直接人工费用比率=直接人工费用/产品成本×100%

制造费用比率=制造费用/产品成本×100%

5. 成本效益法的优缺点

成本效益法的主要优点是：

（1）普适性较强，是衡量管理决策可行性的基本依据；

（2）需考虑评估标的经济与社会、直接与间接、内在与外在、短期与长期等各个维度的成本和收益，具有较强的综合性。

成本效益法的主要缺点是：

（1）属于事前评价，评价方法存在的不确定性因素较多；

（2）综合考虑了项目的经济效益、社会效益等各方面，除了经济效益以外的其他效益存在较大的量化难度。

【想一想】在投资方案的可行性分析中，对评价指标有什么要求？

（三）价值工程法

1. 价值工程法的概念

价值工程法是指对研究对象的功能和成本进行系统分析，比较为获取的功能而发生的成本，以提高研究对象价值的管理方法。

其中，功能是指对象满足某种需求的效用或属性；成本是指按功能计算的全部成本费用；价值是指对象所具有的功能与获得该功能所发生的费用之比。

价值工程法可广泛适用于项目设计与改造、项目实施等阶段。

2. 价值工程法运用的程序

企业运用价值工程法的程序一般包括：准备阶段、分析阶段、创新阶段和实施阶段。

（1）准备阶段。选择价值工程的对象并明确目标、限制条件和分析范围；根据价值工程对象的特点，组成价值工程工作小组；制定工作计划，包括具体执行人、执行日期、工作目标等。

（2）分析阶段。收集整理与对象有关的全部信息资料；通过分析信息资料，简明准确地表述对象的功能、明确功能的特征要求，并绘制功能系统图；运用某种数量形式表达原有对象各功能的大小，求出原有对象各功能的当前成本，并依据对功能大小与功能当前成本之间关系的研究，确定应当在哪些功能区域改进原有对象，并确定功能的目标成本。

（3）创新阶段。依据功能系统图、功能特性和功能目标成本，通过创新性的思维和活动，提出实现功能的各种不同方案；从技术、经济和社会等方面评价所提出的方案，看其能否实现规定的目标，从中选择最佳方案；将选出的方案及有关的经济资料和预测的效益编写成正式的提案。

（4）实施阶段。组织提案审查，并根据审查结果签署是否实施的意见；根据具体条件及内容，制定实施计划，组织实施，并指定专人在实施过程中跟踪检查，记录全程的有关数据资料，必要时，可再次召集价值工程工作小组提出新的方案；根据提案实施后的技术经济效果，进行成果鉴定。

【例 5-4】某市高新技术开发区有两幢科研楼和一幢综合楼，其设计方案对比项目如下：

A 楼方案：结构方案为大柱网框架轻墙体系，采用预应力大跨度叠合楼板，墙体材料采用多孔砖及移动式可拆装式分室隔墙，窗户采用单框双玻璃钢塑窗，面积利用系数为 93%，单方造价为每平方米 1 438 元；B 楼方案：结构方案同 A 方案，墙体采用内浇外砌，窗户采用单框双玻璃钢塑窗，面积利用系数为 87%，单方造价为每平方米 1 108 元；C 楼方案：结构方案采用砖混结构体系，采用多孔预应力板，墙体材料采用标准黏土砖，窗户采用单玻璃空腹钢塑窗，面积利用系数为 79%，单方造价为每平方米 1 082 元。各方案的功能权重及功能得分见表 5-4。

表 5-4　各方案的功能权重及功能得分表

方案	功能权重	A 方案功能得分	B 方案功能得分	C 方案功能得分
结构体系	0.25	10	10	8
模板类型	0.05	10	10	9

续前表

方案	功能权重	A方案功能得分	B方案功能得分	C方案功能得分
墙体材料	0.25	8	9	7
面积系数	0.35	9	8	7
窗户类型	0.1	9	7	8

问题：用价值工程法选择方案。

解：计算各方案的总指数：

A方案：0.25×10+0.05×10+0.25×8+0.35×9+0.1×9=9.05

B方案：0.25×10+0.05×10+0.25×9+0.35×8+0.1×7=8.75

C方案：0.25×8+0.05×9+0.25×7+0.35×7+0.1×8=7.45

总指数为：9.05+8.75+7.45=25.25

A方案的功能指数为：9.05÷25.25=0.358 4

B方案的功能指数为：8.75÷25.25=0.346 5

C方案的功能指数为：7.45÷25.25=0.295

成本指数：

A方案=1 438÷(1 438+1 108+1 082)=0.396

B方案=1 108÷(1 438+1 108+1 082)=0.305

C方案=1 082÷(1 438+1 108+1 082)=0.298

综合功能指数：

A：0.358 4÷0.396=0.905

B：0.346 5÷0.305=1.136

C：0.295÷0.298=0.99

显然B方案较好。

说明：(1) 产品价值$=\frac{\text{功能}}{\text{成本}}$。

(2) 价值指数等于1，说明功能和成本相当，不需进行价值工程分析。

(3) 价值指数大于1，说明该产品（或零件，下同）的功能指数大于成本指数，即该产品的实际成本比重小于该产品应承担的功能比重，在这种情况下应检查该产品的实际功能是否达到应有功能的要求。如果没有达到，应在少增加成本的原则下采取措施补足，或增加该产品的现有实际功能。若该产品的实际功能已满足用户要求或市场竞争需要，则可保持原有功能而不必改进。

(4) 价值指数小于1，说明功能不重要或功能过剩，而成本偏高，需要进行价值工程分析，寻找降低成本的途径。

3. 价值工程法的优缺点

价值工程法的优点主要是：

(1) 把项目的功能和成本联系起来，通过削减过剩功能、补充不足功能使项目的功能结构更加合理化；

(2) 着眼于项目成本的整体分析，注重有效利用资源，有助于实现项目整体成本的最优化。

价值工程法的缺点主要是：

要求具有较全面的知识储备，不同性质的价值工程分析对象涉及的其他领域的学科性质，以及其他领域的广度和深度等都存在很大差别，导致功能的内涵、结构和系统特征必然具有实质性区别。

※ 任务训练 ※

一、判断题

1. 项目的立项一般应在项目批复的有效期内完成。(　　)

2. 挣值法中成本偏差表示为挣值与实际成本之差，只能采用绝对数计算。(　　)

3. 挣值法的优点之一是，可以通过对项目当前运行状态的分析，有效预测出项目未来的发展趋势。(　　)

4. 成本效益分析法中，成本指标包括项目的执行成本、社会成本。(　　)

5. 价值工程中总成本是指生产成本。

二、选择题

1. 在挣值法的评价指标中，表示进度提前的是(　　)。

A. 成本偏差>0　　B. 进度偏差>0

C. 费用绩效指数<1　　D. 进度绩效指数<1

2. 在某个给定时点上，测量并反映项目预算亏空或预算盈余的成本绩效指标称为(　　)。

A. 进度偏差　　B. 费用偏差　　C. 计划成本　　D. 实际成本

3. 成本效益法属于(　　)。

A. 事前控制方法　　B. 事中控制方法

C. 事后控制方法　　D. 事前、事中和事后控制方法

4. 价值工程的目标是(　　)。

A. 以最低的生产成本实现最好的经济效益

B. 以最低的生产成本实现使用者所需的功能

C. 以最低的寿命周期成本实现使用者所需的最高功能

D. 以最低的寿命周期成本可靠地实现使用者所需的必要功能

5. 价值工程的核心是(　　)。

A. 功能分析　　B. 成本分析　　C. 价值分析　　D. 寿命周期成本分析

6. 企业在进行项目管理时，一般应遵循(　　)原则。

A. 注重实效，协同创新　　B. 科学安排，合理配置

C. 按级负责，分工管理　　D. 合理预测，注重创新

7. 项目管理的工具方法一般包括(　　)。

A. 挣值法　　B. 成本效益法　　C. 贴现现金流法　　D. 价值工程法

8. 项目挣值的三个关键变量包括(　　)。

A. 项目绩效指数　　B. 项目计划价值　　C. 项目挣值　　D. 项目实际成本

9. 在价值工程中，提高产品价值的途径有(　　)。

A. 产品成本不变，提高功能水平　　B. 产品功能不变，降低成本

C. 降低产品成本，提高功能水平　　D. 功能下降，提高成本

10. 计算功能价值，对成本功能的合理匹配程度进行分析，若零部件的价值系数小于1，表明该零部件有可能(　　)。

A. 成本支出偏高　B. 成本支出偏低　C. 功能过剩　D. 功能不足

三、实务题

1. 某公司承建一工程，工期为12个月，项目总预算为30万元。目前项目实施已进行到第8个月末。截至第8个月末项目执行情况分析表见表5-5。

表5-5　项目执行情况分析表

序号	活动	计划成本（元）	实际成本（元）	完成百分比
1	项目启动	3 000	3 100	100%
2	可行性研究	4 000	3 800	100%
3	需求调研与分析	8 000	10 000	100%
4	设计选型	80 000	86 000	90%
5	过程实施	62 000	60 000	75%
6	测试	20 000	15 000	45%

要求：计算截至第8个月末该项目的成本偏差、进度偏差、成本执行指数和进度执行指数，并判断项目当前在成本和进度方面的执行情况。

2. 乙企业计划投资购买一台设备，设备价值为35万元，使用寿命为5年，按直线法计提折旧，期末无残值，使用该设备每年给企业带来销售收入38万元，付现成本为15万元。企业适用的所得税税率为25%，企业预计投资报酬率为10%。

要求：(1) 计算该项目的年现金净流量；(2) 用净现值收益法判断项目可行性；(3) 用现值指数法验证(2)的结论。

3. 某项目投资，开始时需一次性投入250 000元，当年完工，经营期为15年，经营期每年净现金流量为50 000元。假如企业期望报酬率不低于15%，问该项目是否达到要求。

任务三 熟悉贴现现金流法的原理与运用

一、贴现现金流法的概念

贴现现金流法是指以明确的假设为基础，选择恰当的贴现率对预期的各期现金流入、流

出进行贴现，通过贴现值的计算和比较，为财务合理性提供判断依据的价值评估方法。

贴现现金流法一般适用于在企业日常经营过程中与投融资管理相关的资产价值评估、企业价值评估和项目投资决策等。贴现现金流法也适用于其他价值评估方法不适用的企业，包括正在经历重大变化的企业，如债务重组、重大转型、战略性重新定位、亏损或者处于开办期的企业等。

二、应用环境要求

1. 充分了解各工具方法

企业应用贴现现金流法，应对企业战略、行业特征、外部信息等进行充分了解。

2. 良好的制度保障和信息保证

企业应用贴现现金流法，应从战略层面明确贴现现金流法应用的可行性，并根据实际情况，建立适宜贴现现金流法开展的沟通协调程序和操作制度，明确信息提供的责任主体、基本程序和方式，确保信息提供的充分性和可靠性。同时，企业应考虑评估标的未来将采取的会计政策和评估基准日所采用的会计政策在重要方面是否基本一致。

3. 内部环境的支持和数据的可计量性

企业应用贴现现金流法，应确认内外部环境对贴现现金流法的应用可提供充分支持，如现金流入和现金流出的可预测性、贴现率的可获取性，以及所有数据的可计量特征等。通常需要考虑以下内容：

（1）国家现行的有关法律法规及政策、国家宏观经济形势有无重大变化，以及各方所处地区的政治、经济和社会环境有无重大变化；

（2）有关利率、汇率、税基及税率等是否发生重大变化；

（3）评估标的的所有者和使用者是否完全遵守有关法律法规，评估标的在现有的管理方式和管理水平的基础上，经营范围、方式与目前方向是否保持一致；

（4）有无其他不可抗拒因素及不可预见因素对企业造成重大不利影响。

三、应用程序

1. 企业应用贴现现金流法的程序

企业应用贴现现金流法一般按以下程序进行：

（1）估计贴现现金流法的三个要素，即贴现期、现金流、贴现率；

（2）在贴现期内，采用合理的贴现率对现金流进行贴现；

（3）进行合理性判断；

（4）形成分析报告。

2. 合理确定贴现期限

企业应充分考虑标的特点、所处市场因素波动的影响以及有关法律法规的规定等，合理确定贴现期限，确保贴现期与现金流发生期间相匹配。贴现期可采用项目已有期限，亦可采用分段式，如以 5 年作为一个期间段。企业在进行资产价值评估时，尤其要注意标的资产的技术寿命期限对合同约定期限或者法定使用期限的影响。

3. 说明和反映影响的事项和因素

企业应用贴现现金流法，应当说明和反映影响现金流入和现金流出的事项和因素，既要反映现金流的变化总趋势，也要反映某些重要项目的具体趋势。

（1）企业应用贴现现金流法进行资产价值评估，要基于行业市场需求情况、经营风险、技术风险和管理难度等，分析与之有关的预期现金流，以及与收益有关的成本费用、配套资产等；并合理区分标的资产与其他配套资产或者作为企业资产的组成部分，所获得的收益和所受的影响；同时，要准确评估标的资产使用权和收益权的完整性，并评估其对资产预测现金流所产生的影响。

（2）企业应用贴现现金流法进行企业价值评估，一般按照以下程序进行：

①从相关当事方获取标的企业未来经营状况和收益状况的预测资料，充分考虑并分析标的企业的资本结构、经营状况、历史业绩、发展前景和影响标的企业生产经营的宏观经济因素、标的企业所在行业发展状况与前景，以及未来各种可能性发生的概率及其影响，合理确定预测假设和权重，进行未来收益预测。

②确定预测现金流中的主要参数的合理性，一般包括主营业务收入、毛利率、营运资金、资本性支出、成本及费用构成等，尤其要注意企业会计盈余质量对企业估值所产生的影响，需要调整并减少企业的非经常性损益、重组成本、非主营业务对会计报表的影响。

③确定预测现金流，应区分以企业整体还是以所有者权益作为企业价值评估的基础。通常，企业整体价值评估采用企业自由现金流作为预测现金流的基础，企业所有者权益价值评估采用股权自由现金流作为预测现金流的基础。

（3）企业应用贴现现金流法进行项目投资决策，需要充分考虑并分析项目的资本结构、经营状况、历史业绩、发展前景，以及影响项目运行的市场行业因素和宏观经济因素，并要明确区分项目的预测现金流，同时要合理区分标的项目与其他项目，或者作为企业的组成部分，所获得的收益和所受到的影响，尤其要注意可能存在的关联交易，包括关联交易性质及定价原则等对预测现金流的影响。

4. 设定贴现率

贴现率是反映当前市场货币时间价值和标的风险的回报率。贴现率的设定要充分体现标的特点，通常应当反映评估基准日类似地区同类标的平均回报水平和评估对象的特定风险。同时，贴现率应当与贴现期、现金流相匹配，当使用非年度的时间间隔（如按月或按日）进行分析时，年度名义贴现率应调整为相应期间的实际贴现率。

（1）资产价值评估采用的贴现率，通常根据与资产使用寿命相匹配的无风险报酬率进行风险调整后确定。无风险报酬率通常选择对应期限的国债利率，风险调整因素有政治风险、市场风险、技术风险、经营风险和财务风险等。

（2）进行企业价值评估采用的贴现率，需要区分是以企业整体还是以所有者权益作为价值评估的基础。通常，企业整体价值评估采用股权资本成本和债务资本成本的加权平均资本成本作为贴现率的确定依据；企业所有者权益价值评估采用股权资本成本作为贴现率的确定依据。资本成本，是指筹集和使用资金的成本率，或进行投资时所要求的必要报酬率，一般用相对数即资本成本率表达。企业的股权资本成本通常以资本资产定价模型为基础进行估计，综合考虑控制权程度、股权流动性、企业经营情况、历史业绩、发展前景和影响标的企业生产经营的宏观经济因素、标的企业所在行业发展状况与前景等调整因素。

（3）项目投资决策采用的贴现率，应根据市场回报率和标的项目本身的预期风险来确定。一般地，企业可以按照标的项目本身的特点，使用资产价值评估和企业价值评估的贴现率确定方法，但要注意区分标的项目与其他项目，或者作为企业组成部分所产生的风险影响，对贴现率进行调整。

5. 确定价值评估标准

企业应用贴现现金流法进行价值评估，一般从以下方面进行合理性判断：

（1）客户要求。当客户提出的特殊要求不符合以市场价值为基础的评估对有关贴现期、现金流或贴现率的相关规定时，其估值结果是基于客户特殊要求下的投资价值而不是市场价值。

（2）评判标准。贴现现金流法作为一项预测技术，其评判标准不在于贴现现金流预测最终是否完全实现，而应关注预测时的数据对贴现现金流预测的支持程度。

【例 5-5】 假如A公司拟在2021年年初收购目标企业B公司。经测算，收购后有6年的自由现金流量。2020年B公司的销售额为140万元，收购后的前5年销售额每年增长5%，第6年的销售额保持第5年的水平，销售利润率（含税）为3%，固定资本增长率和营运资本增长率分别为销售增加额的15%和5%，加权资本成本为10%，所得税税率为33%。求目标企业的价值。

依据上述资料，计算其结果，见表5-6。

表 5-6　　各年数据表

项目	年份					
	2021	2022	2023	2024	2025	2026
销售额（万元）	147	154.35	162.07	170.17	178.68	178.68
销售利润（万元）	4.41	4.63	4.86	5.11	5.36	5.36
所得税（万元）	1.46	1.53	1.6	1.69	1.77	1.77
增加固定资产（万元）	1.05	1.1	1.16	1.22	1.28	0
增加营运资本（万元）	0.35	0.37	0.39	0.41	0.43	0
自由现金流量（万元）	1.55	1.63	1.71	1.79	1.88	3.59

$$\frac{1.55}{(1+10\%)^1}+\frac{1.63}{(1+10\%)^2}+\frac{1.71}{(1+10\%)^3}+\frac{1.79}{(1+10\%)^4}+\frac{1.88}{(1+10\%)^5}+\frac{3.59}{(1+10\%)^6}=8.46$$

其中，2021年的数据说明：

$140\times105\%=147$

$147\times3\%=4.41$

$4.41\times33\%=1.46$

$7\times15\%=1.05$

$7\times5\%=0.35$

$4.41-1.46-1.05-0.35=1.55$

其他年份数据计算方法相同。

由此可见，如果A公司能够以8.46万元或更低价格购买B公司，那么这一并购活动从价格上讲将是合理的。

总之，贴现现金流法以现金流量预测为基础，充分考虑了目标公司未来创造现金流量能力对其价值的影响，在日益崇尚的现代理财环境中，对企业并购决策具有现实的指导意义。

四、贴现现金流法分析报告

贴现现金流法分析报告的形式可以根据业务的性质、服务对象的需求等确定，也可在资产评估报告中整体呈现。当企业需要单独提供贴现现金流法分析报告时，应确保内容的客观与翔实。贴现现金流法分析报告一般包括以下内容：

(1) 假设条件。贴现现金流法分析报告应当对贴现现金流法应用过程中的所有假设进行披露。

(2) 数据来源。贴现现金流法分析报告应当清楚地说明并提供分析中所使用的有关数据及来源。

(3) 实施程序。编制贴现现金流法分析报告一般按照以下程序进行：合理选择评估方法；评估方法的运用和逻辑推理；主要参数的来源、分析、比较和测算；对评估结论进行分析，形成评估结论。

(4) 评估者身份。当以内部评估人员身份开展评估工作时，评估人员与控制资产的实体之间的关系应当在评估报告中予以披露；当以外部评估人员身份开展评估工作且以营利为目的为委托方工作时，评估人员应当对这种关系予以披露。

五、工具方法评价

(1) 贴现现金流法的主要优点是：结合历史情况进行预测，并将未来经营战略融入模型，有助于更全面地反映企业价值。

(2) 贴现现金流法的主要缺点是：测算过程相对较为复杂，对数据采集和假设的验证要求繁复，资本成本、增长率、未来现金流量的性质等变量很难得到准确的预测、计算，往往会使得实务中的评估精度大大降低。

※ 任务训练 ※

一、判断题

1. 贴现现金流法是以明确的假设为基础，选择恰当的贴现率对预期的各期现金流入和流出进行贴现，通过对贴现值的计算和比较，为财务合理性提供判断依据的价值评估方法。(　　)

2. 企业应用贴现现金流法，应确认内外部环境是否提供充分支持，如现金流入与现金流出的可预测性、贴现率的可获取性，以及所有数据的可计量特征等。(　　)

3. 企业应用贴现现金流法，应当说明和反映影响现金流入和现金流出的事项和因素，既要反映现金流的变化总趋势，也要反映某些重要项目的具体趋势。(　　)

4. 资本成本是指筹集和使用资金的成本率，是进行投资时所要求的必要报酬率，一般用相对数即资本成本率表达。(　　)

5. 资本成本是指筹集和使用资金过程中借入资本或融资成本率，或进行投资时所要求的必要报酬率，一般用相对数即资本成本率表达。(　　)

6. 企业的股权资本成本通常以资本资产定价模型为基础进行估计，综合考虑控制权程度、股权流动性、企业经营情况、历史业绩、发展前景和影响标的企业生产经营的宏观经济因素、标的企业所在行业发展状况与前景等因素，根据银行同期利率调整。(　　)

7. 项目投资决策采用的贴现率，应根据市场回报率和标的项目本身的预期风险来确定。(　　)

8. 一般地，企业可以根据标的项目本身的特点，选择适用资产价值评估和企业价值评估的方法确定贴现率，但要注意区分标的项目与其他项目，或者作为企业组成部分所产生的风险影响，不能对贴现率进行调整。(　　)

9. 当客户提出的特殊要求不符合以市场价值为基础的评估对有关贴现期、现金流或贴现率的相关规定时，其估值结果不是基于客户特殊要求下的投资价值而是市场价值。(　　)

10. 应用贴现现金流法进行价值评估的评判标准，是指贴现现金流法作为一项预测技术，评判标准在于贴现现金流预测最终是否完全实现，而不应关注预测时的数据对贴现现金流预测的支持程度。(　　)

11. 假设条件是指贴现现金流法分析报告应当对贴现现金流法应用过程中的所有假设进行披露。(　　)

12. 假设条件是指贴现现金流法分析报告应当清楚地说明并提供分析中所使用的有关数据及来源。(　　)

二、选择题

1. 下列选项中，(　　)是企业应用贴现现金流法的一般步骤之一。

A. 估计贴现现金流法的三个要素，即贴现期、现金流、贴现率

B. 在贴现期内，采用合理的贴现率对现金流进行贴现

C. 进行合理性判断

D. 形成分析报告

2. 下列关于贴现现金流法的表达，正确的是(　　)。

A. 企业应用贴现现金流法进行资产价值评估，既要根据行业市场需求情况和经营风险、技术风险和管理难度等，也要分析与之有关的预期现金流，以及与收益有关的成本费用、配套资产等

B. 合理区分标的资产与其他配套资产或者作为企业资产的组成部分，以及所获得的收益和所受的影响

C. 准确评估标的资产使用权与收益权的完整性，以及对资产预测现金流所产生的影响

D. 企业应用贴现现金流法进行资产价值评估，要基于企业需求情况、经营风险、技术风险和管理难度等，分析与之有关的预期现金流，分析与收益有关的成本费用、配套资产等

3. 下列说法正确的是(　　)。

A. 贴现率反映了当前市场货币时间价值和标的风险的回报率

B. 贴现率的设定要充分体现标的特点，通常应当反映评估基准日类似地区同类标的平均回报水平以及评估对象的特定风险

C. 贴现率要与贴现期和现金流相匹配，当使用非年度的时间间隔进行分析时，应将年度名义贴现率调整为相应期间的实际贴现率

D. 贴现率的设定要充分体现标的特点，通常应当反映评估基准日市场平均回报水平，不区分评估对象是否具有特定风险

4. 下列说法不正确的是(　　)。

A. 进行企业价值评估采用的贴现率，需要区分是以企业整体还是以所有者权益作为价值评估的基础

B. 企业整体价值评估应采用股权资本成本和债务资本成本的加权平均资本成本作为确定贴现率的依据

C. 企业所有者权益价值评估应采用股权资本成本作为确定贴现率的依据

D. 企业价值评估采用的贴现率，不需区分整体的还是所有者权益的，它们的本质没有区别

5. 下列说法错误的是(　　)。

A. 一般地，企业可以按照标的项目本身的特点，使用资产价值评估和企业价值评估的方法确定贴现率，同时注意区分标的项目与其他项目，或者根据企业组成部分所产生的风险影响，对贴现率进行调整

B. 一般地，企业可以按照标的项目本身的特点，使用资产价值评估和企业价值评估的方法确定贴现率，但要注意区分标的项目与其他项目，或者作为企业组成部分所产生的风险影响，不能对贴现率进行调整

C. 项目投资决策采用的贴现率是根据市场回报率和标的项目本身的预期风险来确定的

D. 资本成本是指筹集和使用资金的成本率，或者进行投资时所要求的必要报酬率，一般用百分比即资本成本率表示

6. 企业应用贴现现金流法进行价值评估，一般从以下(　　)方面进行合理性判断。

A. 客户要求　　B. 评判标准

C. 企业需求　　D. 数据推算

7. 关于贴现现金流法分析报告，下列(　　)是错误的。

A. 贴现现金流法分析报告的形式可以根据业务的性质、服务对象的需求等确定

B. 贴现现金流法分析报告也可在资产评估报告中整体呈现

C. 当企业需要单独提供贴现现金流法分析报告时，应当确保内容客观与翔实

D. 贴现现金流法分析报告不能使用书面形式，防止在传输中泄密

8. 贴现现金流法分析报告一般包括以下(　　)内容。

A. 假设条件　　B. 数据来源

C. 实施程序　　D. 评估者身份

9. 下列(　　)是编制贴现现金流法分析报告实施的程序。

A. 合理选择评估方法

B. 评估方法的运用和逻辑推理

C. 主要参数的来源、分析、比较和测算

D. 对评估结论进行分析，形成评估结论

10. 下列关于贴现现金流法分析报告评估者身份的说法，(　　)是正确的。

A. 当以内部评估人员身份开展评估工作时，应当在评估报告中披露评估人员与控制资产的实体之间的关系

B. 当以外部评估人员身份开展评估工作且以营利为目的为委托方工作时，应当对这种评估人员关系予以披露

C. 当以内部评估人员身份开展评估工作时，评估人员与控制资产的实体之间的关系不应当在评估报告中予以披露

D. 当以外部评估人员身份开展评估工作且以营利为目的为委托方工作时，评估人员不应当对这种关系予以披露

11. 下列属于贴现现金流法的主要优点的是(　　)。

A. 结合历史情况进行预测，并将未来经营战略融入模型

B. 有助于更全面地反映企业价值

C. 测算过程相对较为复杂，对数据采集和假设的验证要求繁复

D. 实务中的评估精度大大降低

三、计算题

1. 某人拟于明年年初借款 42 000 元，从明年年末开始，每年年末还本付息额均为 6 000 元，连续 10 年还清。假设预期最低借款利率为 8%，此人能否按其计划借到款项？

2. 某公司于年初存入银行 20 万元，在年利率为 12%、每月计 1 次复利的情况下，到第 5 年年末，该企业可以取得本利和多少元？

3. 某公司拟购置一项设备，目前有 A、B 两种设备可供选择。A 设备的价格比 B 设备高 50 000 元，但每年可节约维修保养费等费用 10 000 元。假设 A、B 设备的经济寿命为 6 年，利率为 8%，该公司在 A、B 两种设备中必须选择其一的情况下，应选择哪一设备？

熟悉情景分析的原理与运用

一、情景分析的概念

情景分析是指在对企业经营管理中未来可能出现的相关事件情景进行假设的基础上，结合企业管理要求，通过模拟等技术，分析相关方案发生的可能性、相应后果和影响，以做出

最佳决策的方法。

情景分析一般适用于企业的投融资决策，也可用于战略目标制定、风险评估等。

二、应用环境

（1）企业应用情景分析工具方法，应重点考虑对决策事项有重大影响的事件情景，评价事件情景与分析方案、决策事项关联程度，并将情景分析建立在合理假设的基础上。

（2）企业应用情景分析工具方法，应考虑与决策事项有关的参数、边界条件等的完整性及可获取性，尤其应考虑宏观环境因素的可测性，如产业政策、行业状况等。

三、应用程序

（1）企业应用情景分析工具方法，一般按照确认决策事项、确认影响因素、设定情景、分析方案和分析实施后果等步骤进行。

（2）企业应用情景分析工具方法，应根据决策目标和决策需求确定决策事项。同时，决策事项应存在多种可量化的影响因素及其不同的实现路径。

（3）企业应用情景分析工具方法，应对决策事项的影响因素进行全面分析，并根据重要性原则明确决策事项的主要影响因素，以此作为设置情景的主要内外部影响因素。

①在进行投融资决策时，通常应考虑投资额、资本成本等影响因素；

②在进行战略目标制定时，通常应考虑消费者信心指数、市场占有率等影响因素；

③在进行风险评估时，通常应考虑利率、汇率等产生可承受最大损失的影响因素。

四、情景设置

企业通常应根据决策事项设定不同的情景，这些情景应能提供有意义的测试环境，以便后续制定多个可选择方案。

（1）根据历史情况设定情景时，通常可以选取最优、最差或基准的历史情况作为情景，或者以历史特殊事件作为情景，如重复进行的标准历史事件；

（2）根据其他假设设定情景时，通常使用人为假设、专家认定或者数据模拟等方法来设定情景。

企业应在情景设定的基础上，建立影响因素与决策目标之间的逻辑关系，通过搜集相关数据，对不同情景下决策事项的总体发展状况进行分析，或对不同情景下决策事项可能产生的经济后果进行测算，制定出各种情景下的对策和实施方案。企业应建立情景变化监测机制，及时调整情景分析中的主要影响因素，修正对策和实施方案。

企业在应用情景分析工具方法后，通过梳理总结决策事项、影响因素、情景设定、情景分析结果、应对措施设置等，并考虑情景假设设定的基本原则及理由，不断完善情景分析工具方法。

【例 5-6】 今年以来，受国内外各种不确定性因素的影响，房地产行业的发展进入了一个新阶段。甲房地产公司从定性和定量的角度，按照很好、较好、一般、较差 4 种不同的假设条件，预测了本公司本年度将面临的各种不确定因素以及由此给公司带来的各种不同后果。甲房地产公司采用的风险管理技术与方法是(　　)。

A. 条件预测法　　B. 性质分析法　　C. 计算讨论法　　D. 情景分析法

解：情景分析法在识别和分析风险中，是考虑对决策事项有重大影响的事件情景，评价事件情景与分析方案、决策事项关联程度，可用在特定环节可发生的事件并分析潜在的后果及每种情况的可能性。情景分析法通过模拟不确定性后果，对企业面临的风险进行定性和定量分析。题目中，甲房地产公司生存和增加销售量的角度，按很好、较好、一般、较差 4 种不同的假设条件，预计本公司本年度面临的各种不确定因素，属于情景分析法，故选 D 答案。

【小提示】每年有大量的青年参加公务员考试，考试为准备面试、模拟各种情景、设想各种可能的问题，用的就是情景分析法。会计方面的各种模拟练习等，也都属于情景分析。

五、工具方法评价

(1) 情景分析的主要优点是：注重情景发展的多种可能性，降低决策失误对企业造成的影响，对决策事项的可参考性较强。

(2) 情景分析的主要缺点是：情景假设的主观性较强，对于情景数据的准确性、逻辑性及因果关系的建立要求较高。

※ 任务训练 ※

一、选择题

1. 情景分析一般适用于(　　)。

A. 亏损产品决策　　B. 战略目标制定

C. 投融资决策　　D. 风险评估

2. 企业应用情景分析工具方法，应重点考虑(　　)。

A. 对决策事项有重大影响的事件情景

B. 评价事件情景与分析方案

C. 决策事项关联程度

D. 将情景分析建立在合理假设的基础上

3. 企业应用情景分析工具方法时，下列说法正确的是(　　)。

A. 应根据决策目标和决策需求确定决策事项

B. 决策事项应存在多种可量化的影响因素及其不同的实现路径

C. 应对决策事项的影响因素进行全面分析，并根据重要性原则明确决策事项的主要影响因素

D. 决策事项不应存在多种可量化的影响因素及其不同的实现路径

4. 企业应用情景分析工具方法，设置情景的主要内外部影响因素时，应考虑(　　)。

A. 在进行投融资决策时，通常应考虑投资额和资本成本等影响因素

B. 在进行战略目标制定时，通常应考虑消费者信心指数和市场占有率等影响因素

C. 在进行风险评估时，通常应考虑利率和汇率等产生可承受最大损失的影响因素

D. 决策事项存在的多种可量化的影响因素及其不同的实现路径

5. 企业通常应根据决策事项设定不同的情景，下列(　　)表达符合情景分析原意。

A. 根据历史情况设定情景时，通常可以选取最优、最差或基准的历史情况作为情景，如重复进行的标准历史事件

B. 根据其他假设设定情景时，通常使用人为假设和专家认定或者数据模拟等方法来设定情景

C. 根据其他假设设定情景时，通常使用例外事件的处理方式、方法来设定情景

D. 根据历史情况设定情景时，通常可以选取历史特殊事件作为情景，如重复进行的标准历史事件

6. 下列说法正确的是(　　)。

A. 企业应在情景设定的基础上，建立影响因素与决策目标之间的逻辑关系

B. 通过搜集相关数据，对不同情景下决策事项的总体发展状况进行分析，制定出各种情景下的对策和实施方案

C. 企业应建立情景变化监测机制，及时调整情景分析中的主要影响因素，修正对策和实施方案

D. 通过搜集相关数据，对不同情景下决策事项可能产生的经济后果进行测算，制定出各种情景下的对策和实施方案

7. 企业在应用情景分析工具方法后，通过梳理总结(　　)等工作，不断完善情景分析工具方法。

A. 决策事项　　　　　　B. 影响因素

C. 情景设定　　　　　　D. 情景分析结果

8. 情景分析的主要优点是(　　)。

A. 注重情景发展的多种可能性　　　　　　B. 对决策事项的可参考性较强

C. 情景假设的主观性较强　　　　　　D. 降低决策失误对企业造成的影响

9. 情景分析的主要缺点是(　　)。

A. 情景假设的主观性较强

B. 对于情景数据的准确性、逻辑性及因果关系的建立要求较高

C. 情景假设的客观性较强

D. 对决策事项的可参考性较强

二、判断题

1. 情景分析是指在对企业经营管理中出现的相关事件情景，结合企业管理要求，通过技术手段，分析相关方案发生的可能性、相应后果和影响，以做出最佳决策的方法。(　　)

2. 情景分析既适用于企业的投融资决策，也适用于战略目标制定和风险评估等。(　　)

3. 企业应用情景分析工具方法时，应重点考虑对决策事项有重大影响的事件情景，评价事件情景与分析方案、决策事项之间的关联程度，并将情景分析建立在合理假设的基础上。(　　)

4. 企业在应用情景分析工具方法时，应考虑与决策事项有关的参数及边界条件等的完整性和可获取性，特别是宏观环境因素的可测性，如产业政策、行业状况等。(　　)

5. 企业应用情景分析工具方法时，应根据决策目标和决策需求来确定决策事项。同时，决策事项应有多种可量化的影响因素及其不同的实现路径。(　　)

6. 情景分析的主要优点是主观性强，对情景数据的准确性、逻辑性及结果关系的建立要求较高。(　　)

7. 应用情景分析工具方法，企业应该对决策事项的影响因素进行全面分析，并根据重要性原则确认决策事项的主要影响因素，以此作为设置情景分析的主要内外部影响因素。(　　)

8. 企业通常应根据决策事项设定不同的情景，而且这些情景都能提供有意义的测试环境，以便后续制定多个可选择的方案。(　　)

三、实务题

请用已学习的知识，从经济学角度解释下列事项：

《最高人民法院关于确定民事侵权精神损害赔偿责任若干问题的解释》列出了确定精神损害赔偿额的注意事项：

(1) 因侵权致人精神损害的，只有造成严重后果的，受害人才有权请求精神损害赔偿抚慰金。如未造成严重后果，受害人请求赔偿精神损害的，一般不予支持。

(2) 精神损害的赔偿数额根据以下因素确定：①侵权人的过错程度，法律另有规定的除外；②侵害的手段、场合、行为方式等具体情节；③侵权行为所造成的后果；④侵权人的获利情况；⑤侵权人承担责任的经济能力；⑥受诉法院所在地的平均生活水平。

熟悉约束资源优化的原理与运用

一、约束资源优化的概念

约束资源优化是指企业通过识别制约其实现生产经营目标的瓶颈资源，并对相关资源进行改善和调整，以优化企业资源配置、提高企业资源使用效率的方法。约束资源是指企业拥有的实际资源能力小于需要的资源能力的资源，即制约企业实现生产经营目标的瓶颈资源，如流动资金、原材料、劳动力、生产设备、技术等要素及要素投入的时间安排等。

约束资源优化一般适用于企业的投融资管理和营运管理等领域。

二、应用环境

（1）企业应用约束资源优化工具方法时，约束资源的缺口一般应相对稳定。

（2）企业应用约束资源优化工具方法时，相关数据一般应完整并可获取，必要时提供信息技术支持。

三、应用程序

企业应用约束资源优化工具方法，一般按照识别约束资源、寻找突破方法、协同非约束资源、评价实施效果等步骤进行。

1. 识别约束资源

企业应用约束资源优化工具方法，应识别出管理过程中制约既定目标实现的约束资源，并对约束资源进行定量分析。在约束资源难以进行定量分析时，企业可以通过内部评审法、专家评价法等，识别出管理过程中的约束资源。内部评审法是指企业通过内部组织开展评议、审查识别约束资源的方法。企业通常应组建满足约束资源识别所需的，由财务部门、生产部门和其他相关部门人员组成的内部评审小组或类似评审组织，通过集中研讨等方式，识别出管理过程中的约束资源。专家评价法是指利用专家的经验、知识等识别约束资源的方法。对于企业既定目标的实现形成重大制约影响的约束资源，企业通常采用专家评价法进行综合评判。

2. 寻找突破方法

在识别约束资源的基础上，企业应比较约束资源的资源能力差距，搜集约束资源的相关数据等信息，系统分析约束资源形成的原因和涉及的实施责任主体，制定约束资源优化的实施方案，建立实现约束资源优化的长效机制，促进约束资源的资源能力提升。

（1）当约束资源是流动资金时，通常采取企业资金内部调剂、缩短应收账款回收周期、加快存货周转、延长付款周期等方法消除流动资金缺口，也可以通过外部融资扩大企业的资金来源，如债务融资、权益融资等。

（2）当约束资源是原材料时，通常采取设置库存缓冲、确保原材料的及时供应等方法消除原材料缺口。

（3）当约束资源是劳动力时，通常采取招聘新员工、增设新岗位、其他岗位借调等方法消除劳动力瓶颈。

（4）当约束资源是生产设备时，通常采取提前安排设备购置计划或寻找委托加工方式补充产能的不足。

（5）当约束资源是技术时，通常采取技术研发、引进新技术等方法来消除技术瓶颈。

(6) 当约束资源是要素投入的时间时，通常在明确各项作业的关键路线和关键工序的基础上，重新安排各项作业的工作流程，利用时间缓冲进行优化，确保要素投入的时间不受影响。

3. 协同非约束资源

企业应根据约束资源优化的解决方法和解决方案，重新安排其他资源和活动，确保非约束资源的协同利用。通常情况下，企业需要根据约束资源的运作节奏，调整和改变原有的管理政策和其他资源的配置，利用倒排的方法对其他资源进行调整，确保非约束资源的运作与约束资源同步，实现各个环节的衔接，协调整个管理流程。

4. 评价实施效果

企业应评价并确认原有约束资源的资源能力得到改善，确保原有约束资源不再制约企业实现既定目标，重新梳理各项作业流程，识别新的约束资源，寻找相应的突破方法，进一步实现资源优化配置。

四、工具方法的运用

在约束资源条件下，产品组合优化决策尤其显得重要，适用于多品种产品生产的企业。在多品种产品的生产过程中，各种产品的生产都离不开一些必要的条件或因素，如机器设备、人工、原材料等，而其中有些因素可以用于不同产品的生产。如果各种产品共用一种或几种因素，而这些因素又是有限的，就应使各种产品的生产组合达到最优化的结构，以便有效、合理地使用这些限制因素。产品组合优化决策就是通过计算、分析进而做出各种产品应生产多少，才能使各个生产因素得到合理、充分的利用，并能获得最大利润的决策。

进行产品组合优化决策的方法，一般有以下几种。

1. 逐次测算法

逐次测算法是根据企业有限的各项生产条件和各种产品的情况及各项限制因素等数据资料，分别计算单位限制因素所提供的边际贡献额并加以比较，在此基础上经过逐步测试，使各种产品达到最优组合。

【例 5-7】 某企业生产 A、B 两种产品，两种产品共用设备工时总数为 36 000 小时，共用人工工时总数为 48 000 小时。A 产品单位产品所需设备工时为 6 小时，人工工时为 10 小时，单位边际贡献额为 84 元；B 产品单位产品所需设备工时为 10 小时，人工工时为 12 小时，单位边际贡献额为 120 元。预测市场销售量：A 产品为 3 000 件，B 产品为 2 000 件。

(1) 计算并比较两种产品单位限制因素所提供的边际贡献额，见表 5-7。

表 5-7　单位限制因素边际贡献额比较表

项目	A 产品	B 产品	工时限制
单位设备工时边际贡献额	14	12	36 000
单位人工工时边际贡献额	8.4	10	48 000

比较两种产品单位限制因素所提供的边际贡献额可知，A产品每单位设备工时的边际贡献额多于B产品，而B产品每单位人工工时边际贡献额多于A产品。

(2) 进行生产安排测试。尝试优先安排A产品生产，剩余因素再安排B产品生产。根据约束条件，A产品销售量预测为3 000件，则安排最大生产量为3 000件。其安排结果为：

A的产量为3 000件，设备耗时18 000（=3 000×6）小时，人工耗时30 000（=3 000×10）小时。

剩余人工小时18 000（=48 000－30 000）小时，只能安排B产品1 500件，此时B设备耗时15 000（=1 500×10）小时，设备剩余工时3 000小时。此时的边际贡献总额为：

边际贡献总额=3 000×84+1 500×120=432 000（元）

再次测试是首先安排B产品，剩余能力生产A产品。结果是，边际贡献总额为441 600元。显然优先安排B产品较好，比较得最优组合。

【练一练】(1) 请列表或列式计算优先安排B产品的方案。

(2) 请用代数的方法求解本题的最佳方案。

2. 图解法

采用图解法来进行产品组合优化决策，比较直观，容易理解。例5-7也可用画图的方法求解。

3. 代数法

代数法是通过列方程（组）解运用题的方法求解。请自行练习例5-7，求解结果与逐次测算方法同。

4. 最优批次、最佳库存量

在约束资源下，生产批量的选择或最佳库存量等，都是企业常常采用的，因为企业资源必定有限，如财力资源、人力资源、空间资源等。就产品生产而言，并不是生产批量越大越好。在全年产量已定的情况下，生产批量与生产批次成反比：生产批量越大，生产批次越少；生产批量越小，生产批次越多。生产批量和生产批次与生产准备成本、储存成本相关，最优的生产批量应该是生产准备成本与储存成本总和最低时的生产批量。

如果在一条生产线上分批轮番生产几种产品，而且销售合同规定各种产品应每日均衡发货，那么这时也可以运用上述方法计算各种产品的共同最优生产批次，进而确定各种产品的经济生产批量。

五、工具方法评价

(1) 约束资源优化的主要优点是：促进企业不断地发现、分析和解决企业发展的关键瓶颈，提高企业资源配置效率。

(2) 约束资源优化的主要缺点是：涉及多个部门、多个责任主体，协调沟通难度大；对相关数据的量化要求较高。

※ 任务训练 ※

一、判断题

1. 约束资源优化是指通过识别制约实现生产经营目标的瓶颈资源，对相关资源进行调整和改善，从而优化企业的资源配置，并提高企业资源使用效率的方法。（ ）

2. 约束资源优化是指企业通过识别社会现有资源，并对相关资源进行改善和调整，以优化资源配置、提高企业资源使用效率的方法。（ ）

3. 约束资源优化法通常适用于企业的投融资管理或营运管理等领域。（ ）

4. 企业应用约束资源优化工具方法，要求约束资源的缺口应相对稳定。（ ）

5. 企业应用约束资源优化工具方法，一般相关数据应完整并可获取，必要时能提供信息技术的支持。

6. 企业应用约束资源优化工具方法，一般遵循识别约束资源、再寻找突破方法和协同非约束资源、最后评价实施效果等程序进行。（ ）

7. 当约束资源是流动资金时，通常采取企业资金内部调剂，或缩短应收账款回收周期，或加快存货周转，或延长付款周期等方法消除流动资金缺口，也可以通过外部融资方法扩大企业的资金来源，如债务融资、权益融资等。（ ）

8. 当约束资源是原材料时，通常采取设置库存缓冲、确保原材料的及时供应等方法消除原材料缺口。（ ）

9. 当约束资源是劳动力时，通常采取裁员、削减岗位、其他岗位借调等方法消除劳动力瓶颈。（ ）

10. 当约束资源是生产设备时，通常采取提前削减设备购置计划或者寻找受托加工方式补充产能的不足。（ ）

11. 当约束资源是技术时，通常采取技术研发、引进新技术等方法来消除技术瓶颈。（ ）

12. 当约束资源是要素投入的时间时，通常在明确各项作业的关键路线和关键工序的基础上，按工序时间长短进行，优先安排时间短的工序，长短相间，利用时间缓冲进行优化，确保要素投入的时间不受影响。（ ）

13. 企业应根据约束资源优化后的解决方法和方案，重新规划安排其他资源和活动，确保非约束资源的协同利用。（ ）

二、选择题

1. 下列属于约束资源优化的主要优点的是（ ）。

A. 促进企业不断地发现、分析和解决企业发展的关键瓶颈，提高企业资源配置效率

B. 涉及多个部门、多个责任主体，协调沟通难度大

C. 对相关数据的量化要求较高

D. 对企业拥有的资源要求较高

2. 下列属于约束资源优化的主要缺点的是（ ）。

A. 涉及多个部门和多个责任主体，协调沟通难度大

B. 对相关数据的量化要求比较高

C. 促进企业不断地发现、分析和解决企业发展的关键瓶颈

D. 能提高企业资源配置效率

3. 下列说法正确的是(　　)。

A. 企业可以根据约束资源优化的解决方法和解决方案，对其他资源和活动做出重新安排，以保证非约束资源的协同利用

B. 当约束资源是要素投入的时间时，通常采取技术研发、引进新技术等方法来消除时间瓶颈

C. 当约束资源是生产设备时，通常采取招聘新员工、增设新岗位、其他岗位借调等方法消除设备瓶颈

D. 企业一般需要根据约束资源的运作节奏，重新调整和改变原有的管理政策和其他资源的配置，并利用倒排的方法对其他资源进行调整，确保非约束资源的运作与约束资源同步，实现各个环节的衔接，协调整个管理流程

4. 在识别约束资源的基础上，下列做法正确的是(　　)。

A. 企业应比较约束资源的资源能力差距

B. 促进约束资源的资源能力提升

C. 搜集约束资源的相关数据等方面的信息，并系统分析约束资源形成的原因和涉及的实施责任主体，制定约束资源优化的实施方案

D. 建立实现约束资源优化的长效机制

投资决策

一、实训目标与能力要求

本实训目标是培养学生投资决策的能力，其能力要求是：

(1) 正确理解投资决策的原理、投资工具方法的使用。

(2) 能够运用所学知识对案例进行准确分析。

二、实训方式

根据案例资料和要求，以4～6人为一个小组，收集补充相关资料，阅读管理会计投融资的相关理论。在认真阅读资料的基础上进行相关分析，得出分析结论，并撰写讨论发言稿和实训报告。

三、实训考核

根据学生选择分析方法的正确性、分析结果的准确性、讨论发言和实训报告写作情况进行评分。

四、实训案例

健民葡萄酒厂新建生产线可行吗?

健民葡萄酒厂是生产葡萄酒的中型企业，该厂生产的葡萄酒酒香纯正，价格合理，长期以来供不应求。为了扩大生产能力，健民葡萄酒厂准备新建一条生产线。

李伟是该厂的助理会计师，主要负责筹资和投资工作。总会计师王利要求李伟搜集建设新生产线的有关资料，并对投资项目进行财务评价，以供厂领导决策考虑。

李伟经过十几天的调查研究，得到以下有关资料：

(1) 投资新的生产线需一次性投入1 000万元，建设期1年，预计可使用10年，报废时无残值收入；按税法要求该生产线的折旧年限为8年，使用直线法计提折旧，残值率为10%。

(2) 购置设备所需的资金通过银行借款筹措，借款期限为4年，每年年末支付100万元，第4年年末用税后利润偿付本金。

(3) 该生产线投入使用后，预计可使工厂第1～5年的销售收入每年增长100元，第6～10年的销售收入每年增长800万元，耗用的人工和原材料等成本为收入的60%。

(4) 生产线建设期满后，工厂还需垫支流动资金200万元。

(5) 适用的企业所得税税率为25%。

(6) 银行借款的资金成本为10%。

(资料来源：刘桂英，邱丽娟．财务管理案例实验教程［M］．北京：经济科学出版社，2005.)

五、实训内容

根据实训目标与能力要求，对健民葡萄酒厂新建生产线案例进行分析，并回答问题：决定投资项目的可行性主要取决于哪些因素？根据数据结果来说明。

六、实训步骤

(1) 教师提示（计算分析要点）：

①预测新的生产线投入使用后，该厂未来10年增加的净利润。

②预测该项目各年的现金流量。

③计算该项目的净现值，以评价项目是否可行。

(2) 教师分析案例公司的背景和基本情况，并指出案例分析过程中应注意的问题。

(3) 学生针对所选案例，收集、整理有关资料，对公司进行深入分析并形成报告。

【项目小结】

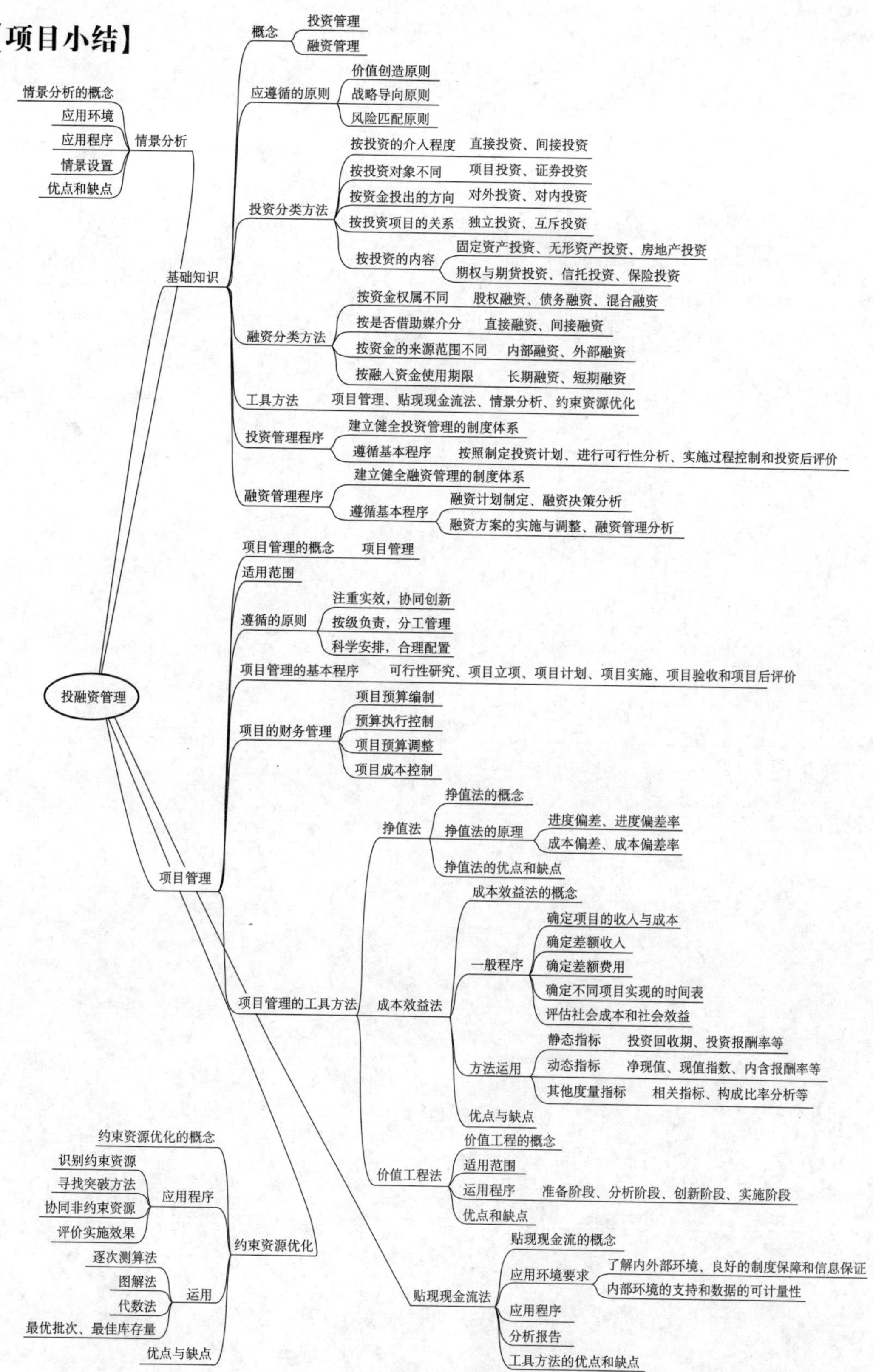

投融资管理思维导图

风险管理

【知识目标】

- 熟悉风险管理的概念，了解风险的不同类型。
- 理解风险管理的原则，掌握风险管理的工具方法，能初步识别风险。
- 熟悉风险管理领域可应用的工具方法，掌握风险规避、风险评估的方法。
- 掌握风险矩阵，能识别和运用风险清单。

【能力目标】

- 通过学习风险管理的相关概念，认识风险的不同分类。
- 正确理解风险管理内涵，能再现风险的不同类型、风险评估的方法和预警制度、风险的分级与控制。
- 掌握风险矩阵的工具方法。
- 掌握风险清单编制的方法，运用风险清单进行风险管理。

【工作任务】

- 熟悉风险管理的基础知识。
- 认识风险矩阵，并掌握风险矩阵的运用方法。
- 认识风险清单，掌握风险清单的工具方法。

【案例导读】

某学校的校长正在考虑将食堂外包，也就是民营企业接管现有的饮食服务人员及厨师，并承担为学生提供饮食的责任。在评价这一建议时，校长考虑了下列风险：(1) 承包商的财务不稳定；(2) 承包商在为学生提供高品质、健康食品方面可能有不良记录，以及承包商的卫生标准未能达标；(3) 学校无法控制绩效，如饮食服务员工能否采纳学校行政组的指导或意见；(4) 食品卫生情况与学生生病或感染传染病之间的关联性或因果关系；(5) 公众尤其是家长对饮食外包的敌对情绪。

问题：

(1) 什么是风险？风险怎么评价？

(2) 风险如何管理？风险如何识别？

(3) 风险如何规避和防范？

任务一

认知风险管理基础知识

一、风险管理的概念

风险管理是指企业为实现风险管理目标，对企业风险进行有效识别、评估、预警和应对等管理活动的过程。企业风险是指对企业的战略与经营目标实现产生影响的不确定性。需要注意的是，企业风险管理并不能代替内部控制。

6－1　“中航油事件”的启示

二、企业进行风险管理的原则

企业进行风险管理一般应遵循以下原则：

（1）融合性原则。企业风险管理应与企业的战略设定、经营管理与业务流程相结合。

（2）全面性原则。企业风险管理应覆盖企业所有的风险类型、业务流程、操作环节和管理层级与环节。

（3）重要性原则。企业应对风险进行评价，确定需要进行重点管理的风险，并有针对性地实施重点风险监测，及时识别、应对。

（4）平衡性原则。企业应权衡风险与回报、成本与收益之间的关系。

企业可根据风险的来源、影响、性质、责任主体等不同标准，建立符合风险管理需要的，满足系统性、完整性、层次性、可操作性、可扩展性等要求的风险分类框架。

三、风险管理领域应用的管理会计工具方法

风险管理工具方法一般包括风险矩阵、风险清单等。企业可结合自身的风险管理目标和实际情况，单独或综合应用不同的风险管理工具方法。

四、风险管理的应用环境

（1）企业应强化风险管理意识，形成与本企业经营状况相适应的风险管理理念，培育和塑造良好的风险管理文化，建立风险管理培训、传达、监督和激励约束机制，将风险管理意识转化为员工的共同认识和自觉行动。

（2）企业应根据相关法律法规的要求和风险管理的需要，建立组织架构健全、职责边界清晰的风险管理结构，明确董事会、监事会、管理层、业务部门、风险管理责任部门等在风

险管理中的职责分工，建立风险管理决策、执行、监督与评价等职能既相互分离与制约，又相互协调的运行机制。

（3）企业应建立健全能够涵盖风险管理主要环节的风险管理制度体系。通常包括风险管理决策制度、风险识别与评估制度、风险监测预警制度、应急处理制度、风险管理评价制度、风险管理考核制度等。

（4）企业应加强信息技术在风险管理中的应用，建立与业务财务相融合的信息系统。

【想一想】 假如你是一个水果店的老板，所面临的风险是什么？

五、风险管理的应用程序

（一）设定方法程序

1. 设定目标

战略风险管理强调风险控制必须和公司战略目标相结合，我国《中央企业全面风险管理指引》对风险管理的总体目标设定如下，对其他企业也有借鉴作用：

（1）确保风险控制与公司总体目标相适应，并在可承受的范围内；

（2）编制和提供真实、可靠的财务报告，确保内外部，尤其是企业与股东之间实现真实、可靠的信息沟通；

（3）确保遵守有关法律法规；

（4）保障经营管理的有效性，提高经营活动的效率和效果，降低实现经营目标的不确定性，确保贯彻执行企业有关规章制度和为实现经营目标而采取的重大措施；

（5）保护企业不因灾害性风险或人为失误而遭受重大损失，确保企业建立针对各项重大风险发生后的危机处理计划。

2. 识别和分析风险

风险识别又称风险感知，是在风险产生之前，预知风险，分析风险成因，找到危险源，建立相应的风险数据库。

3. 对风险进行检测

风险预测应由企业组织有关职能部门和业务单位实施，也可聘请有资质、信誉好、风险管理专业能力强的中介机构协助实施。

4. 预警和应对

风险预警和应对是指运用多种信息渠道和分析方法，对企业的潜在风险的预警信号进行识别，分析、衡量其风险状况，并及时采取适当应对措施，以化解风险的主动性、动态管理过程。

5. 沟通风险信息

沟通风险信息是指风险评估者、管理者以及其他相关各方为了更好地理解风险及相关问题和决策而就风险及其相关因素相互交流信息的过程。

6. 考核和评价风险管理

风险管理评价是指对风险管理技术适用性及其收益性情况进行的分析检查、修正与评估，具体地说，就是评估风险管理的有效性。

图 6－1 为 ISO31000：2009 推荐的风险管理过程。

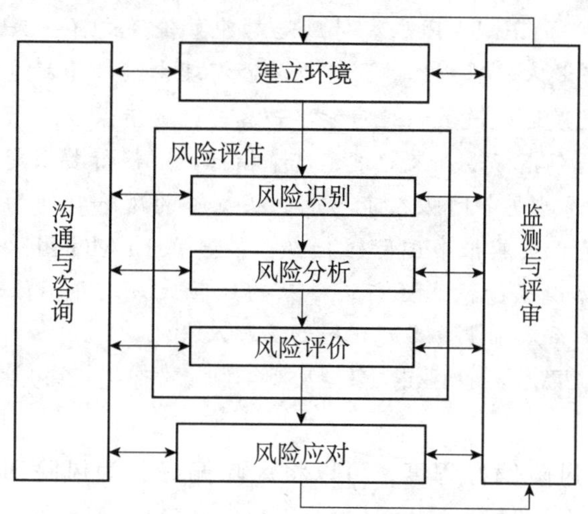

图 6－1 ISO31000：2009 推荐的风险管理过程

【想一想】 为什么强调风险管理的流程？

（二）确定风险管理目标

风险管理目标是在确定企业风险偏好的基础上，将企业的总体风险和主要风险控制在企业风险容忍度范围之内。风险偏好是指企业愿意承担的风险及相应的风险水平；风险容忍度是指企业在风险偏好的基础上，设定的风险管理目标值的可容忍波动范围。

知识拓展

德意志银行的风险管理

在“次贷危机”之前，美国曾经爆发过另一次信用危机，即 21 世纪初，以安然公司和世界通信公司为首的一批美国上市公司，在公司治理、财务结算方面暴露问题并由此倒闭，引发了整个社会对于公司信用的普遍质疑。由此产生的连锁反应，使商业银行信用风险爆发，很多商业银行必须面对剧增的坏账，增加计提坏账准备，盈利发生了剧烈的振荡。德意志银行的贷款风险管理组合团队（简称“LEMG 团队”），就是在这样的背景下成立的。

LEMG 团队的成立，标志着其对银行信贷风险管理体系的重大变革。该团队于 2003 年开始在北美、欧洲、非洲、拉美开展业务。亚洲团队自 2004 年 10 月开始运作。截至目前，这个团队已经成功执行了超过 200 亿欧元的信用违约超期，还有 100 亿欧元的证券化交易。

LEMG 团队在设立之初的宗旨有 5 个：一是在维护重要的客户关系的同时，控制和分散风险；二是通过积极地分散信用风险，创造新的业务机会；三是为企业和投资银行提供新贷款的市场定价参考；四是监督银行前台业务部门，使其承担信用风险对冲成本；五是增加信用风险的透明度。

LEMG 团队的经管目标有两个方面。一是风险定价，就是建立一个以市场为基础的贷款定价机制，从而使前台业务部门在发放贷款时能够确立合理的风险定价，避免了很多客户经理为了争取和维护客户关系，牺牲银行利益。如果一笔贷款的定价必须低于市场风险定价，则前台部门必须向LEMG团队支付风险对冲差价。这样一来，除非该客户可以为银行带来其他中间业务收入，否则客户经理也就没有理由继续维护这样没有价值的客户关系。二是风险分散，就是通过政策强迫对于单一客户，或者某一个行业、某一个区域信贷的集中度不能超过某一个指标。如果超过了这个指标，则银行要求超过指标的所有贷款转入LEMG团队，并且通过这个团队在市场上购买足够的风险对冲的工具。应该说，这也是一个非常阳光的政策，虽然很多国际银行都已经建立LEMG团队模式，但很少能实施这样的政策。这充分体现了德意志银行近年来的经营战略，即不依赖信贷资产的规模增长，追求在现有客户关系基础上更多元化地增加收入来源。

资料来源：陈晓源．德意志银行商业银行转型及风险管理案例分析．金融管理与研究，2007（11）．

一般来说，根据对风险偏好程度，可以将风险偏好分为风险回避、风险追求和风险中立。

（1）风险回避。风险回避者选择资产的态度是：当预期收益率相同时，偏好于具有低风险的资产；而对于具有同样风险的资产，则钟情于具有高预期收益率的资产。

（2）风险追求。与风险回避者恰恰相反，风险追求者通常主动追求风险，喜欢收益的动荡胜于喜欢收益的稳定。他们选择资产的原则是：当预期收益相同时，选择风险大的，因为这会给他们带来更大的效用。

（3）风险中立。风险中立者通常既不回避风险，也不主动追求风险。他们选择资产的标准是预期收益的大小，而不管风险状况如何。

【例6-1】假设甲公司现有A、B两种投资方案，投资A方案有100%的可能性获得300万元的投资收益，投资B方案有50%的可能性获得200万元的收益、50%的可能性获得400万元的收益。请问：甲公司该如何选择？

解：

A方案的预期收益＝100%×300＝300（万元）

B方案的预期收益＝50%×200＋50%×400＝300（万元）

两种方案的预期收益是一样的，但是A方案不存在风险，B方案存在风险。

方案选择：风险回避者，选择A方案；风险追求者，选择B方案；风险中立者，A、B方案中任选一个。

在讨论风险容忍度时，企业习惯用风险承受度来表示。而风险承受度是指企业风险偏好的边界，分析风险承受度可以将其作为企业采取行动的警示指标。企业可以设置若干承受度指标，以显示不同的警示级别。例如：市场表现到什么时候，我们就应当追回投资或一定退出？资产负债率高到什么时候，我们就需要停止投资？

知识拓展　**巨人集团案例分析**

巨人集团，曾经是一个红遍全国的知名企业，以推出“巨人汉卡”和“巨人脑黄金”而闻名，历经不到2年就成为销售额近4亿元、利税近5 000万元、员工达2 000多人的大企业，同样历经不到 4 年就如同泡沫式地破裂了。1996 年，巨人集团以超出自己能力十几倍投资巨人大厦，几乎采用了破坏式影响主业发展的方式来建设巨人大厦，由原来的 18 层增至 38 层。后来当地政府的一些领导建议巨人集团为珠海建造一座标志性大厦，因此巨人大厦又在由原来的 38 层改建至 54 层后再改建为 64 层，最后决定盖一个 70 层的大厦，预算也由此从 2 亿元增至 12 亿元，并选择将生物工程的流动资金抽出投入大厦的建设。而同期的全国保健品市场普遍下滑，保健品的销量也急剧下滑，巨人集团维持生物工程正常运作的基本费用和广告费用不足，生物产业的发展受到了极大的影响。

分析：巨人集团管理层对于投资决策风险没有准确把握。多元化的投资本身是为了分散风险而进行的，但巨人集团没有确定企业风险承受能力，由于没有设立风险容忍度，在风险来临时，没有警示指标用作参考从而采取正确的措施。

资料来源：作者根据相关资料改编。

（三）识别风险的影响因素和事项

企业应根据风险形成机制，识别可能影响风险管理目标实现的内外部风险因素和风险事项。

影响风险管理的外部因素，主要有法律风险、社会文化风险、技术风险、自然环境风险、市场风险、产业风险、信用风险等。

影响风险管理的内部因素，主要有战略风险、操作风险、运营风险和财务风险等。

影响风险管理的风险事项，主要有利益相关方的需求、权威专家意见等。

（四）进行风险分析和评价

企业应在风险识别的基础上，对风险成因和特征、风险之间的相互关系，以及风险发生的可能性、对目标影响程度和可能持续的时间进行分析。

（五）设置风险指标体系，进行预警分级

企业应在风险评价的基础上，针对需重点关注的风险，设置风险预警指标体系对风险的状况进行监测，并通过将指标值与预警临界值的比较，识别预警信号，并进行预警分级。

（六）控制风险

企业应针对已发生的风险或已超过监测预警临界值的风险，采取风险接受、风险规避、风险转移、风险分担、风险转换、风险对冲、风险补偿、风险降低等策略，把风险控制在风险容忍度之内。

1. 风险接受

风险接受策略是一种由企业自己承担风险事故所致损失的一种财务风险管理技术。其实质是将企业自身承受的风险以及生产经营过程中不可避免的财务风险承受下来，并采取必要的措施加以控制，以降低风险程度或减少不利事项的发生。企业可在风险分析的基础上确定特定财务风险的关键变量并加以控制，降低风险程度或减少不利事项的发生，使财务活动朝

有利于企业的方向发展。

2. 风险规避

6-2 风险规避的案例

风险规避是指企业回避、停止或退出蕴含某一风险的商业活动或商业环境，避免成为风险的所有人。例如：退出某一市场以避免激烈竞争，拒绝与信用不好的商家进行交易，外包对工人健康安全风险较高的工作，停止生产可能有潜在安全隐患的产品，禁止下属单位或分支机构在金融市场进行投机活动，禁止员工访问不良网站或下载内容。

3. 风险转移

风险转移是指企业通过合同将风险转移到第三方，企业对转移后的风险不再拥有所有权。转移风险不会降低其可能的严重程度，只是从一方移除后转移到另一方。这主要包括保险型、非保险型的风险转移、风险证券化。

4. 风险分担

风险分担是指受托人与受益人共担风险，是信托公司作为受托管理资产的金融机构所特有的风险管理策略，是在风险管理中正确处理信托当事人各方利益关系的一种策略。

5. 风险转换

风险转换是指企业通过战略调整等手段将企业面临的风险转换成另一个风险。风险转换的方式包括战略调整和衍生产品等。企业可以通过风险转换在两个或多个风险之间进行调整，以达到最佳效果。风险转换可以在低成本或者无成本的情况下达到目的。

6. 风险对冲

风险对冲是指引入多个风险因素或承担多个风险，使得这些风险能够互相对冲，也就是说，使这些风险的影响互相抵消。常见的例子有资产组合使用、多种外币结算的使用和战略上的多种经营等。在金融资产管理中，对冲也包括使用衍生产品，如利用期货进行套期保值。

7. 风险补偿

风险补偿是指企业对风险可能造成的损失采取适当的措施进行补偿。风险补偿表现在企业主动承担风险，并采取措施以补偿可能的损失。风险补偿的形式有财务补偿、人力补偿、物资补偿等。

8. 风险降低

风险降低是指控制风险事件发生的动因、环境、条件等，来达到减轻风险事件发生时的损失或降低风险事件发生的概率的目的。通常，影响某一风险的因素有很多。风险控制可以通过控制这些因素中的一个或多个来达到目的，但主要是控制风险事件发生的概率和发生后的损失。控制风险事件发生的概率的例子如室内使用不易燃地毯、山上禁止吸烟等，而控制风险事件发生后的损失的例子如修建水坝防洪、设立质量检查防止次品出厂等。

（七）建立风险管理报告制度

企业应在企业内部各管理层级、责任单位、业务环节之间，以及企业与外部投资者、债权人、客户、供应商、中介机构和监管部门等有关方面之间，传递和反馈风险管理各环节的相关信息。企业应建立风险管理报告制度，明确报告的内容、对象、频率和路径。

（八）设置风险管理考核指标

企业应根据风险管理职责设置风险管理考核指标，并纳入企业绩效管理，建立明确的、权责利相结合的奖惩制度，以保证风险管理活动的持续性和有效性。风险管理部门应定期对各职能部门和业务部门的风险管理实施情况和有效性进行考核，形成考核结论并出具考核报告，及时报送企业管理层和绩效管理部门。

风险管理考核方法包括：基本指标法，对业务范围较为简单的单位，不区分经营范围，统一使用一个风险（如收入）指标；标准法，按不同的业务和类别分别计算，用风险损失系数计算；高级计量法，又细分为内部计量法、损失分布法、平衡计分卡法和极值理论等方法。总体来说，风险管理需要符合下列要求：

（1）企业现在的风险是否在风险承受度范围之内；

（2）企业风险状况的变化是否在控制范围之内。

（九）出具评价报告（报告参考企业管理会计报告）

企业应定期对风险管理制度、工具方法和风险管理目标的实现情况进行评价，识别是否存在重大风险管理缺陷，形成评价结论并出具评价报告。

【想一想】企业应该怎样开展风险管理工作？

※ 任务训练 ※

一、单选题

1. 风险管理应与战略设定、管理、业务流程相结合是指风险管理应符合（　　）原则。

A. 重要性　　B. 融合性　　C. 平衡性　　D. 全面性

2. 下列除了（　　），都可以用来表述风险等级。

A. 不可接受的风险　　B. 可接受的风险　　C. 要关注的风险　　D. 重大的风险

3. 下列不符合风险感知特征的是（　　）。

A. 预知风险　　B. 找风险源　　C. 分析风险状况　　D. 分析风险成因

二、多选题

1. 下列属于风险管理活动的是（　　）。

A. 风险识别　　B. 风险评估　　C. 风险预警　　D. 风险应对

2. 企业进行风险管理，一般应遵循的原则包括（　　）。

A. 融合性原则　　B. 全面性原则　　C. 重要性原则　　D. 平衡性原则

3. 建立符合风险管理需要的风险分类框架体系，应满足（　　）。

A. 系统性　　B. 完整性　　C. 层次性　　D. 可操作性

E. 可扩展性

4. 下列包含在风险管理制度体系内的是（　　）。

A. 风险管理决策制度　　B. 风险识别与评估制度

C. 风险监测预警制度　　D. 应急处理制度

5. 下列(　　)是风险考核指标。

A. 损失分布图　　B. 风险指标

C. 风险损失系数　　D. 风险极值

6. 下列属于企业应用风险管理工具方法的是(　　)。

A. 设定目标　　B. 识别和分析风险

C. 对风险进行监测　　D. 预警和应对

7. 下列属于企业应用风险管理工具方法的是(　　)。

A. 识别和分析风险　　B. 沟通风险信息

C. 考核和评价风险管理　　D. 预警和应对

8. 下列说法正确的是(　　)。

A. 企业应根据风险形成机制，识别可能影响风险管理目标实现的内外部风险因素和风险事项

B. 企业应在风险识别的基础上，对风险成因和特征、风险之间的相互关系，以及风险发生的可能性、对目标影响程度和可能持续的时间进行分析

C. 企业应在风险评价的基础上，针对需重点关注的风险，设置风险预警指标体系，对风险的状况进行监测，并通过将指标值与预警临界值的比较，识别预警信号，并进行预警分级

D. 风险偏好，是指企业在风险偏好的基础上，设定的风险管理目标值的可容忍波动范围；风险容忍度，是指企业愿意承担的风险及相应的风险水平

9. 下列属于风险控制策略的是(　　)。

A. 风险接受　　B. 风险规避

C. 风险转移　　D. 风险分担

三、判断题

1. 企业风险是指对企业的战略与经营目标实现产生影响的不确定性，内部控制也是为了防范风险的发生，所以企业进行风险管理就不必再进行内部控制。(　　)

2. 融合性原则是指企业风险管理应与企业的战略设定、经营管理和业务流程相结合。(　　)

3. 重要性原则是指企业应对风险进行评价，确定需要进行重点管理的风险，并有针对性地实施重点风险监测，及时识别和应对。(　　)

4. 全面性原则是指企业风险管理应覆盖企业所有的风险类型、业务流程、操作环节和管理层级与环节。(　　)

5. 平衡性原则是指企业应权衡风险与回报、成本与收益之间的关系。(　　)

6. 融合性原则是指企业风险管理应覆盖企业所有的风险类型、业务流程、操作环节和管理层级与环节。(　　)

7. 风险管理只是规避了风险或者减少了损失，并不能消除风险。(　　)

8. 企业可根据风险的来源和影响等不同标准，建立符合风险管理需要的，能满足系统性、完整性、层次性等要求的风险分类框架。(　　)

9. 风险管理领域应用的管理会计工具方法，一般包括风险矩阵、风险清单等。（　　）

10. 企业应建立健全能够涵盖风险管理主要环节的风险管理制度体系。（　　）

11. 风险管理制度体系通常包括风险管理决策制度、风险识别与评估制度、风险监测预警制度、应急处理制度、风险管理评价制度、风险管理考核制度等。（　　）

12. 企业应加强信息技术在风险管理中的应用，建立与业务财务相融合的信息系统。（　　）

13. 风险管理的目标是在确定企业风险偏好的基础上，将企业的总体风险和主要风险降为零。（　　）

14. 风险偏好是指企业设定的风险管理目标值的可容忍波动范围；风险容忍度是指企业愿意承担的风险和相应的风险水平。（　　）

熟悉风险矩阵的原理与运用

一、风险矩阵的概念

风险矩阵（也称风险热度图、风险坐标图等），是指按照风险发生的可能性和风险发生后果的严重程度，将风险绘制在矩阵图中，展示风险及其重要性等级的风险管理工具。

二、风险矩阵的基本原理

风险矩阵是根据企业风险偏好，判断并度量风险发生的可能性和后果的严重程度，计算风险值，以此作为主要依据在矩阵中描绘出风险重要性等级。

1. 风险矩阵的运用

首先，风险矩阵是一种工具。该工具用于展示风险，并对风险进行排序。

其次，风险矩阵关乎两个要素：风险发生的后果及其可能性。

最后，使用这种工具时，需要定义后果和可能性的范围。该范围可以是定性的，也可以是定量的。

风险矩阵可以用列表的形式，也可以用图谱的形式。在风险管理实务中，在风险识别阶段一般用列表展示，便于穷举，见表 6－1。

表 6－1　　风险矩阵

风险名称	风险源	风险原因	后果性质	后果大小	可能性	风险等级	……
风险 1							
风险 2							

续前表

风险名称	风险源	风险原因	后果性质	后果大小	可能性	风险等级	……
风险 3							
……							
风险 n							

注：在进行风险分析后，可以用阴影区分风险的后果大小、可能性和风险等级。

风险矩阵图（见图 6-2）很直观，从左下角到右上角，越接近右上角的区域，其风险越大，组织的决策者越应该重点关注；反之，越接近左下角的区域，企业的高管层越不必去关注。

2. 风险值的计算

6-3 风险成本的构成

计算风险值，首先要进行风险的度量，实际结果与预期结果的差异程度实质上就是风险的大小。它主要取决于以下指标：

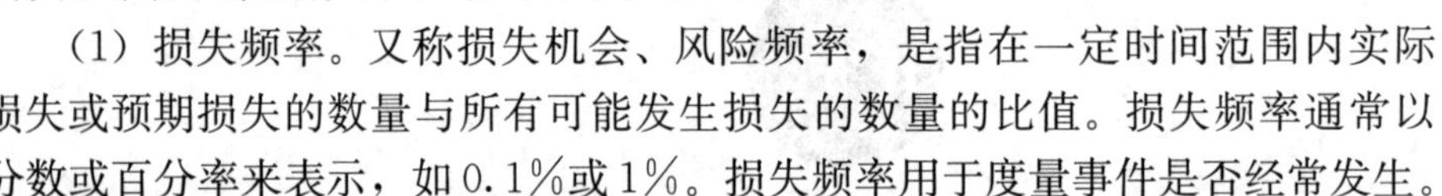

（1）损失频率。又称损失机会、风险频率，是指在一定时间范围内实际损失或预期损失的数量与所有可能发生损失的数量的比值。损失频率通常以分数或百分率来表示，如 0.1%或 1%。损失频率用于度量事件是否经常发生。

（2）损失程度。又称风险程度，是指每发生一次事故导致风险标的单位的毁损状况，即毁损价值占被毁损标的全部价值的百分比。它是发生损失金额的算术平均数，用来度量每一事故造成的损害。通常情况下，发生损失的频率和损失程度成反比关系：损失频率很高，但损失程度不大；损失频率不高，但损失程度很大。

（3）损失期望值。即风险变量的加权平均值。

（4）方差和标准差。描述风险变量偏离期望程度的绝对指标，反映的是变动程度、损失与平均损失的偏离程度。

（5）离散系数。即标准差与损失平均值之比。

假设 A、B 两方案，投资相同，但 A 的离散系数为 0.365，B 的离散系数为 0.192。这说明 A 方案的风险高于 B 方案。

3. 风险重要性等级的描述

当后果准则、可能性准则以及控制准则确定后，组织可根据自己的风险偏好对风险重要性（或可接受程度）制定准则，这种准则被称为风险重要性准则或风险接受准则。

例如，某公司采用半定量方法实施风险评估，设定后果准则为六级，分别用 1、2、3、4、5、6 表示，其中 1 表示后果很轻，6 表示后果很严重；设定可能性准则为五级，分别用 1、2、3、4、5 表示，其中 1 表示可能性很低，5 表示可能性很高。该公司的风险重要性准则见表 6-2。

表 6-2　设定某公司的风险重要性准则

风险等级	重要性等级	对应颜色	控制等级
1～3	可接受	灰色	不需控制，或已有充分的控制
4～6	低	绿色	已有充分且适当的控制
7～10	中等	蓝色	有适当的控制
11～16	重要	黄色	在适当的控制下能够被接受
17～30	很重要	红色	需要有效的控制措施，否则不被接受

在定性和半定量风险评估中，风险重要性准则通常用色带来表示。当表 6－2 所示的风险重要性准则确定后，即可得到如图 6－2 所示的风险矩阵图。

<table>
<tr><td rowspan="5">发生可能性等级</td><td>5</td><td>5</td><td>10</td><td>15</td><td>20</td><td>25</td><td>30</td></tr>
<tr><td>4</td><td>4</td><td>8</td><td>12</td><td>16</td><td>20</td><td>24</td></tr>
<tr><td>3</td><td>3</td><td>6</td><td>9</td><td>12</td><td>15</td><td>18</td></tr>
<tr><td>2</td><td>2</td><td>4</td><td>6</td><td>8</td><td>10</td><td>12</td></tr>
<tr><td>1</td><td>1</td><td>2</td><td>3</td><td>4</td><td>5</td><td>6</td></tr>
<tr><td></td><td></td><td>1</td><td>2</td><td>3</td><td>4</td><td>5</td><td>6</td></tr>
<tr><td></td><td></td><td colspan="6">风险后果程度</td></tr>
</table>

图 6－2　某公司半定量风险矩阵图

图 6－2 表明，该公司把风险分为Ⅰ、Ⅱ、Ⅲ、Ⅳ、Ⅴ五个重要性级别，其中：

区域Ⅰ（表中 18、20、24、25、30 代表的区域）表示很重要。落在该区域的风险需要立即报告给 CEO 或董事长，需要紧急应对，需要良好的控制措施。

区域Ⅱ（表中 12、15、16 代表的区域）表示重要。

区域Ⅲ（表中 8、9、10 代表的区域）表示中等。

区域Ⅳ（表中 4、5、6 代表的区域）表示低。

区域Ⅴ（表中 1、2、3 代表的区域）表示可接受，说明重要性等级很低，或者公司对落在该区域的风险已有足够的合适的控制措施。风险所有人可通过年度报告交给审计委员会或风险管理委员会。

三、运用要求

企业应用风险矩阵，应明确应用主体（企业整体、所属企业或部门），确定所要识别的风险，定义风险发生可能性和后果严重程度的标准，以及定义风险重要性等级及其表示形式。

（一）风险准则

风险准则主要包括后果准则和可能性准则这两个基本准则。为了准确应用风险矩阵图，企业还需要了解两个重要的等级约定，即控制等级和风险重要性等级。

（二）风险矩阵的适用条件

风险矩阵适用于企业各类风险重要性等级展示，也适用于各类风险的分析评价和沟通报告环节。

四、风险管理的应用环境

企业应用风险矩阵工具方法，应遵循风险管理对应用环境的一般要求。企业应用风险矩阵工具方法，应综合考虑所处的外部环境、企业内部的财务和业务情况以及企业风险管理目标、风险偏好、风险容忍度、风险管理能力等。

1. 设立专职风险管理部门

企业应用风险矩阵工具方法，应由承担风险管理责任的职能部门和业务部门负责具体实施。企业风险管理专职部门负责风险矩阵工具应用的培训、组织、协调、指导，并根据承担风险管理责任部门绘制的风险矩阵列示的风险重要性等级，汇总编制企业整体的风险矩阵。

2. 组成风险管理专家组

企业必要时可组成风险管理专家组，以便对风险发生可能性和后果严重程度做出客观、全面的分析和评价。

五、风险管理的应用程序

1. 风险矩阵工具方法体系

包括：绘制风险矩阵坐标图、制定风险重要性等级标准、分析与评价各项风险、风险矩阵中描绘出风险点、对风险矩阵展示的风险信息进行沟通报告和持续修订。

2. 风险矩阵坐标图的绘制

企业应以风险后果严重程度为横坐标、以风险发生可能性为纵坐标，绘制风险矩阵坐标图。企业可根据风险管理精度的需要，确定定性、半定量或定量指标来描述风险后果严重程度和风险发生的可能性。表示风险后果严重程度的横坐标等级可定性描述为“微小、较小、较大和重大”（也可采用 1、2、3、4 四个半定量分值），表示风险发生可能性的纵坐标等级可定性描述为“不太可能、偶尔可能、可能、很可能”（也可采用 1、2、3、4 四个半定量分值），从而形成 16 个（4×4）方格区域的空白风险矩阵图（见图 6－3）。企业还可以根据需要通过定量指标更精确地描述风险后果严重程度和风险发生的可能性。

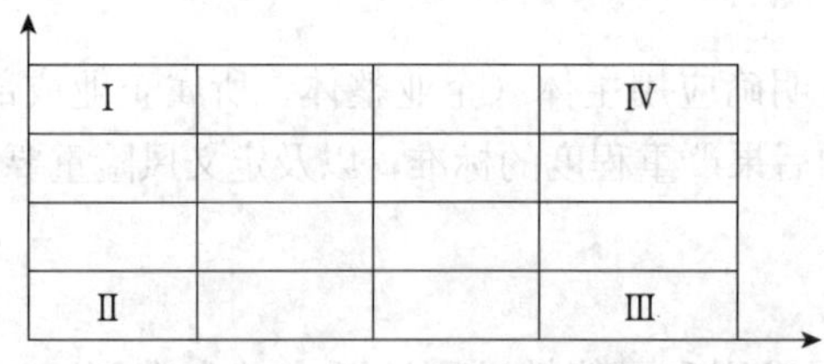

图 6－3 风险矩阵图

3. 风险重要性等级划分

（1）按后果严重程度和发生的可能性以及企业的风险偏好分。按后果严重程度和发生的可能性以及企业的风险偏好，风险可分为：可忽视的风险、可接受的风险、要关注的风险、重大的风险等。其中：

可忽视的风险是指预期的风险事故的最大损失程度可以忽略不计。

可接受的风险是指预期的风险事故的最大损失程度在单位或个人经济能力和心理承受能力的最大限度之内。

要关注的风险是指预期的风险事故的损失可能较大，需要单位或个人予以关注。

重大的风险是指风险的后果和影响都比较大，单位或个人必须高度重视。

（2）其他分类。使用半定量和定量指标描绘的矩阵，企业可将风险后果严重程度和发生可能性等级的乘积（即风险值）划分为与风险重要性等级相匹配的区间（见表6-3）。

表6-3　风险重要性等级判断参考标准

风险值	风险等级代码	风险级别描述	等级含义
1～4	Ⅰ	可忽视的风险	无须采取控制措施
5～8	Ⅱ	可接受的风险	可考虑建立规章制度，定期检查
9～12	Ⅲ	要关注的风险	采取明确的预警监控和应对措施
13～16	Ⅳ	重大的风险	需配置资源，积极应对

4. 注意事项

（1）企业在逐项分析和评价需要在风险矩阵中展示的风险时，注意考虑各风险的性质和企业对该风险的应对能力，对单个风险的发生后果严重程度的量化应注重参考相关历史财务数据。该过程可以通过相关问卷或表单辅助进行，综合各方专家意见后，得到每一风险发生可能性和后果严重程度的评分结果。

（2）企业应将每一风险发生可能性和后果严重程度的评分结果组成的唯一坐标点标注在建立好的空白风险矩阵图中，标明各点的含义并给风险矩阵命名，完成风险矩阵的绘制。

（3）企业应将绘制完成的风险矩阵及时传递给企业管理层、各职能部门和业务部门。企业还可将风险矩阵纳入企业风险管理报告，以切实指导风险预警和应对活动，提高风险管理效果。

（4）企业应根据风险管理的需要或企业管理层的要求，定期或不定期地更新风险矩阵所展示的各类风险及其重要性等级。

六、工具方法评价

1. 风险矩阵的主要优点

一是为企业确定各项风险的重要性等级提供了流程化、规范化、可视化的工具，增强风险沟通和报告效果，有利于企业采取有效的监管预警并及时应对；二是简便明了、直观易懂，列示形式灵活多样，适用于各类企业不同类型和不同层级的风险管理责任部门应用。

2. 风险矩阵的主要缺点

一是需要对风险的重要性等级标准、风险发生的可能性、后果的严重程度等做出主观判断，可能影响使用的准确性；二是应用风险矩阵所确定的风险重要性等级是通过相互比较确定的，因而无法将列示的个别风险的重要性等级通过数学运算得到总体风险的重要性等级。

※ 任务训练 ※

一、选择题

1. 下列情况适用风险矩阵的是（　　）。

A. 需要表示企业各类风险的重要性等级

B. 需要表示企业各类风险的分析评价报告

C. 需要表示企业各类绩效考核等级

D. 需要表示企业各类风险的沟通报告

2. 企业应用风险矩阵工具方法，应综合考虑(　　)等。

A. 所处的外部环境　　B. 企业内部的财务和业务情况

C. 企业风险管理目标　　D. 风险偏好

3. 某餐饮连锁公司正在逐步建立风险控制体系，企业在确定风险管理时应考虑(　　)。

A. 风险管理的难度　　B. 合规的需要

C. 有效的标准　　D. 利益相关者的要求

4. 下列是绘制风险矩阵坐标图工作之一的是(　　)。

A. 持续修订风险矩阵图　　B. 在风险矩阵中描绘出风险点

C. 制定风险的重要性等级标准　　D. 确定风险矩阵的横、纵坐标

5. 下列用来表述风险等级的是(　　)。

A. 可忽视的风险　　B. 可接受的风险

C. 要关注的风险　　D. 重大的风险

6. 下列表述正确的是(　　)。

A. 对于使用半定量和定量指标描绘的矩阵，企业可将风险后果严重程度和发生可能性等级的乘积划分为与风险的重要性等级相匹配的区间

B. 为了突出风险矩阵的可视化效果，可以将不同重要性等级的风险用不同的标识进行区分

C. 使用半定量或定量指标描绘的矩阵，企业可将风险值划分为与风险的重要性等级相匹配的区间

D. 为了突出风险矩阵的可视化效果，可以将相同重要性等级的风险用不同的标识进行区分

7. 下列说法正确的是(　　)。

A. 企业应将绘制完成的风险矩阵及时传递给企业管理层、各职能部门和业务部门

B. 企业可以将风险矩阵纳入企业风险管理报告，用来指导风险预警和应对活动，从而提高风险管理效果

C. 企业应将每一风险发生的可能性和后果严重程度的评分结果作为不同的坐标点标注在建立好的风险矩阵图中，在各点标明含义并命名风险矩阵，完成风险矩阵的绘制工作

D. 企业应将每一风险发生的可能性和后果严重程度的评分结果组成的唯一坐标点标注在建立好的风险矩阵图中，标明各点的含义并命名风险矩阵，完成风险矩阵的绘制工作

8. 风险矩阵的主要缺点是(　　)。

A. 需要对风险的重要性等级标准、风险发生的可能性和后果的严重程度等做出主观判断，可能影响使用的准确性

B. 无法列示个别风险的重要性等级，无法通过数学运算得到总体风险的重要性等级

C. 为企业确定各项风险的重要性等级提供了可视化工具

D. 主观性较大且更符合管理的需要

9. 可作为风险清单的工具方法的是(　　)。

A. 风险识别　　B. 风险分析

C. 风险应对措施　　D. 风险报告和沟通

10. 风险清单的适用范围包括(　　)。

A. 各类企业都适用　　B. 只适用制造业

C. 企业内部各个层级　　D. 各类型风险的管理

11. 关于风险清单，下列论述正确的是(　　)。

A. 各部门对与本部门相关的风险清单的有效性负直接责任

B. 风险清单的有效性包括风险清单使用的效率和效果等

C. 企业应明确风险清单编制的对象和流程，建立培训、指导、协调、考核和监督机制

D. 风险清单应由企业经理层的管理部门牵头组织实施

12. 下列是风险清单管理程序之一的是(　　)。

A. 建立风险管理机构　　B. 编制风险清单

C. 沟通与报告　　D. 评价与优化

13. 风险矩阵的主要优点是(　　)。

A. 为企业确定各项风险重要性等级提供了可视化工具

B. 需要对风险重要性等级标准、风险发生可能性、后果严重程度等做出主观判断，可能影响使用的准确性

C. 应用风险矩阵所确定的风险重要性等级是通过相互比较确定的，因而无法将列示的个别风险重要性等级通过数学运算得到总体风险的重要性等级

D. 主观性较大，更符合管理的需要

14. 企业应用风险矩阵工具方法，一般按照(　　)程序进行。

①绘制风险矩阵坐标图　②修订风险矩阵图　③沟通报告风险信息

A. ①②③　　B. ①③②

C. ③②①　　D. ②①③

二、判断题

1. 风险矩阵坐标是以风险后果的严重程度为横坐标，以风险发生的可能性为纵坐标的矩阵坐标图。企业可根据风险管理精度的需要，确定定性、半定量或定量指标来描述风险后果的严重程度和风险发生的可能性。(　　)

2. 企业绘制风险矩阵图时，应将由每一风险发生的可能性以及后果的严重程度的评分结果组成的唯一坐标点，标注在建立好的风险矩阵图中，标明各点的含义并给风险矩阵命名，完成风险矩阵的绘制工作。(　　)

3. 基本风险是指因个人行为引起的风险，如火灾、爆炸、盗窃以及对他人财产损失或人身伤害所负的法律责任等均属此类风险。(　　)

4. 企业应根据风险管理的需要或企业管理层的要求，定期或不定期地更新风险矩阵所展示的各类风险及其重要性等级。(　　)

熟悉风险清单的原理与运用

一、风险清单的概念

风险清单是指企业根据自身战略、业务特点和风险管理要求，以表单形式进行风险识别、风险分析、风险应对、风险沟通和报告等管理活动的工具方法。

风险清单适用于各类企业及企业内部各个层级和各类型风险的管理。

二、企业应用风险清单工具方法的主要目标

企业应用风险清单工具方法的主要目标是使企业从整体上了解自身风险概况和存在的重大风险，明晰各业务部门、职能部门的风险管理责任，规范风险管理流程，并为企业构建风险预警和风险考评机制奠定基础。

三、应用环境

企业应用风险清单工具方法，应遵循《管理会计应用指引第 700 号——风险管理》中对应用环境的一般要求。

风险清单应由企业负责风险管理的职能部门牵头组织实施，明确风险清单编制的对象和流程，建立培训、指导、协调以及考核和监督机制。各业务部门、职能部门对与本部门相关的风险清单的有效性负直接责任，有效性包括风险清单使用的效率和效果等。

四、应用程序

应用风险清单的程序包括编制风险清单、沟通与报告、风险清单识别、风险清单分析、评价与优化等环节。

1. 编制风险清单

经营层风险清单的编制一般按照构建风险清单基本框架、识别风险、分析风险、制定重大风险应对措施等程序进行。

业务层风险清单的编制可根据经营层风险清单梳理出的与本部门相关的重大风险，依照上述流程进行。

中小企业编制风险清单，也可不区分经营层和业务层。

2. 沟通与报告

风险清单一般包括风险识别、风险分析、风险应对三部分。

风险识别部分主要包括风险类别、风险描述、关键风险指标等要素。

风险分析部分主要包括可能产生的后果、关键影响因素、风险责任主体、风险发生的可能性、风险后果的严重程度、风险的重要性等级等要素。

风险应对部分主要包括风险应对措施等要素。

企业构建风险清单基本框架时，可根据管理需要，对风险识别、风险分析、风险应对中的要素进行调整。

风险沟通与报告就是将风险清单的相关信息在各个部门或单位之间交流与报告，包括风险的类型、识别方法、等级、影响因素、应对措施等。

3. 风险清单识别

风险管理职能部门应从全局角度，识别可能影响风险管理目标实现的因素和事项，建立风险信息库，在各业务部门、职能部门的配合下共同识别风险。风险识别过程应遵循全面系统梳理、全员参与、动态调整的原则，对识别出的风险进行详细描述，明确关键风险指标等。

风险管理职能部门应对识别出的风险进行归类、编号，根据风险性质、风险指标是否可以量化、风险管理归口部门等进行归类，并以此为基础填制完成风险清单基本框架中风险类别、风险描述、关键风险指标等要素。

4. 风险清单分析

风险管理职能部门应根据已填列的风险识别部分的内容，在与相关业务部门、职能部门沟通后，分析各个风险可能产生的后果，确定引起该后果的关键影响因素及风险责任主体，并填制完成风险清单基本框架中可能产生的后果、关键影响因素、风险责任主体等要素。

各风险责任主体可基于风险偏好和风险应对能力，逐项分析风险清单中各风险发生的可能性和后果的严重程度，确定风险重要性等级，并填制风险发生的可能性、风险后果的严重程度、风险的重要性等级等要素。风险的重要性等级的确定方法和标准可参见《管理会计应用指引第 701 号——风险矩阵》。

5. 评价与优化

（1）确定风险。风险管理职能部门应以风险的重要性等级结果为依据，确定经营层的重大风险，报企业风险管理决策机构批准后反馈给相关风险责任主体。

（2）制定应对措施。风险管理职能部门应会同各风险责任主体结合企业的风险偏好、风险管理能力等制定相应的风险管理应对措施，填制风险清单基本框架中风险应对措施要素，由此填制完成经营层风险清单。

（3）形成风险清单。风险管理职能部门及各责任主体可对经营层重大风险进行进一步的分析，也可直接对某一业务流程进行细化分解，形成业务层风险清单。各业务部门、职能部门应用业务层风险清单进行风险管理的程序与经营层风险清单类似，但应当加强流程细节分析，突出具体应对措施，力求将风险管理切实落实到业务流程和岗位责任人。

（4）开展风险管理。风险管理职能部门应将风险清单呈现的风险信息及时传递给相关风险责任主体，确保各责任主体准确理解相关的风险信息，有效开展风险管理活动。为提高风险清单应用的有效性，风险管理职能部门可将其纳入企业风险管理报告，并按照相关流程进行报告。

（5）风险清单调整。风险管理职能部门应会同各风险责任主体定期或不定期地根据企业内外部环境变化，对风险清单是否全面识别风险并准确分类、是否准确分析风险成因及后果、是否采取了恰当的风险应对措施进行评估，及时对风险清单进行更新调整。

五、工具方法评价

1. 风险清单的主要优点

风险清单能够直观反映企业风险情况，易于操作，对各类企业都有较强的引导性和广泛的适用性，能够适应不同类型企业、不同层次风险、不同风险管理水平的风险管理工作。

2. 风险清单的主要缺点

风险清单所列举的风险往往难以穷尽，且风险重要性等级的确定可能因评价的主观性而产生偏差。

※ 任务训练 ※

一、选择题

1. 下列说法正确的是(　　)。

A. 企业一般按企业整体和部门两个层级编制风险清单

B. 企业整体风险清单的编制一般按照构建风险清单基本框架、识别风险、分析风险、制定重大风险应对措施等程序进行

C. 部门风险清单的编制可根据企业整体风险清单，梳理出与本部门相关的重大风险，依照上述流程进行

D. 中小企业编制风险清单，也可不区分企业整体和部门

2. 企业整体风险清单的编制一般按照(　　)等程序进行。

A. 构建风险清单基本框架　　B. 识别风险

C. 分析风险　　D. 制定重大风险应对措施

3. 企业风险清单的基本框架一般包括(　　)。

A. 风险识别　　B. 风险分析

C. 风险描述　　D. 风险应对

4. 风险识别主要包括(　　)。

A. 风险类别　　B. 风险描述

C. 关键风险指标　　D. 关键影响因素

5. 风险分析主要包括(　　)。

A. 可能产生的后果　　B. 关键影响因素

C. 风险责任主体　　D. 风险发生的可能性

6. 风险分析主要包括(　　)。

A. 风险后果严重程度　　B. 关键影响因素

C. 风险重要性　　D. 风险发生的可能性

7. 下列说法正确的是(　　)。

A. 风险应对部分主要包括风险应对措施等要素

B. 企业在构建风险清单框架时，不得对风险识别、风险分析、风险应对中的要素进行调整

C. 风险管理部门应从全局角度识别可能影响风险管理目标实现的因素和事项，建立风险信息库，在各相关部门的配合下共同识别风险

D. 风险识别过程应遵循全面系统梳理、动态调整、全员参与的原则，同时对识别出的风险要进行详细描述，并明确关键风险指标等

8. 下列说法正确的是(　　)。

A. 风险管理部门应对识别出的风险进行归类、编号

B. 根据风险性质、风险指标是否可以量化等进行归类

C. 以归类的风险为基础填制完成风险清单基本框架中各要素

D. 风险清单基本框架主要包括风险类别、风险描述、关键风险指标等要素

9. 下列说法正确的是(　　)。

A. 各责任主体可基于风险偏好和风险应对能力，逐项分析风险清单中各类风险发生的可能性和后果的严重程度，确定风险重要性等级和填制风险发生的可能性、风险后果的严重程度、风险的重要性等级等要素清单

B. 风险管理部门应以风险的重要性等级结果为依据确定企业整体的重大风险，报企业风险管理决策机构批准后反馈给相关责任主体

C. 各责任主体应以风险的重要性等级结果为依据确定企业整体的重大风险，报企业风险管理决策机构批准后再反馈给相关责任主体

D. 风险管理部门应会同各责任主体结合企业的风险偏好、风险管理能力等制定相应的风险管理应对措施，填制风险清单基本框架中风险应对措施要素，由此填制完成企业整体风险清单

10. 下列说法正确的是(　　)。

A. 风险管理部门应将风险清单所呈现的风险信息及时传递给相关责任主体，确保各责任主体能准确理解相关的风险信息，有效开展风险管理活动

B. 为提高风险清单应用的有效性，风险管理部门可将其纳入企业风险管理报告

C. 风险管理部门及各责任主体，可对企业整体重大风险进行进一步的分析，但是不可直接对各部门相关的业务流程进行细化分解，形成相关部门的风险清单

D. 风险管理部门和各责任主体，可对企业整体重大风险进行进一步的分析，也可直接对各部门相关的业务流程进行细化分解，形成相关部门的风险清单

11. 风险清单的主要优点是(　　)。

A. 能够直观反映企业风险情况

B. 易于操作

C. 能够适应不同类型企业、不同层次风险、不同风险管理水平的风险管理工作

D. 风险重要性等级的确定不会因评价的主观性而产生偏差

二、判断题

1. 各风险责任主体填写风险清单时，应根据风险偏好和风险应对能力，逐项分析清单中各风险发生的可能性和风险后果的严重程度，确定风险的重要性等级。（　）

2. 风险管理部门可基于风险偏好和风险应对能力，逐项分析风险清单中各类风险发生的可能性和后果的严重程度，确定风险的重要性等级，并填制风险发生的可能性、风险后果的严重程度、风险的重要性等级等要素。（　）

3. 各责任主体应根据已填列的风险识别部分的内容，在与相关部门沟通后，分析各类风险可能产生的后果，确定引起该后果的关键影响因素及责任主体，并填制完成风险清单基本框架中可能产生的后果、关键影响因素、风险责任主体等要素。（　）

4. 企业整体的重大风险确定，应由风险管理部门以风险重要性等级结果为依据，并报企业风险管理决策机构批准后反馈给相关责任主体。（　）

5. 各责任主体应以风险的重要性等级结果为依据，确定企业的整体重大风险，上报企业风险管理决策机构批准后反馈给相关责任主体。（　）

6. 风险管理职能部门应会同各风险责任主体定期或不定期地根据企业内外部环境变化，对风险清单进行评估，并及时对风险清单进行更新调整。（　）

7. 风险管理部门及各责任主体可对企业整体重大风险进行进一步的分析，也可直接对各部门相关的业务流程进行细化分解，形成相关部门的风险清单。（　）

8. 风险评估是指在风险事件发生之后，该事件给人们的生活、生命、财产等各个方面造成的影响和损失的量化评估的工作。（　）

9. 各部门应用风险清单进行风险管理的程序与企业整体风险清单类似，但应加强流程细节分析，突出具体应对措施，力求将风险管理切实落实到业务流程和岗位责任人。（　）

10. 风险管理部门应将风险清单所呈现的风险信息及时传递给相关责任主体，确保各责任主体准确理解相关的风险信息，有效开展风险管理活动。为提高风险清单应用的有效性，风险管理部门可将其纳入企业风险管理报告。（　）

风险决策

一、实训目标与能力要求

本实训目标是培养学生风险意识，对风险有基本的判断能力，其能力要求是：

（1）正确理解风险管理的重要性，对风险具有一定的识别力。

（2）能够运用所学知识对案例进行准确分析。

二、实训方式

根据案例资料和要求，以 4～6 人为一个小组，阅读管理会计的相关内容。在认真研究资料的基础上进行相关分析，得出分析结论，并撰写讨论发言稿和实训报告。

三、实训考核

根据学生选择分析方法的正确性、分析结果的准确性、讨论发言和实训报告写作情况进行评分。

四、实训案例

风险决策专栏

有一家专为某国内机场提供服务的 C 公司，它的业务规模在两年前发生了很大的变化：由只为原机场提供服务扩展至向其他机场提供服务，由于公司业务范围与规模的变化，公司员工规模有了很大的提升，从几十人的团队扩展至上百人。

C 公司的这一变化使得公司的风险分布重新洗牌，曾经“风险水平”评级为低的竞争对手风险、资金风险、人力资源风险在新的评估中提升为高风险，而一个新的风险，即公司战略风险也被纳入了风险评估考量。如果该公司只是按照以前的风险评估结果实施风险管理工作，很明显，风险决策措施会跟不上企业的发展，甚至会制约企业的扩张。

企业是一个不断成长的有机实体，它所面临的风险不是一成不变的。可以相信，内因和外因的变化都会导致企业风险发生变化。业务规模、业务范围、法律法规、规章制度等的变化都会导致风险识别、风险分布、风险评级发生变化。而相对地，风险识别、风险评估以及有效的风险都会需要进行更新安排。这也是为什么我们看到不少企业会年度性地开展风险研讨会、更新风险清单和应对方案等。

（资料来源：孙立新．风险管理：原理、方法与应用［M］. 北京：经济管理出版社，2014.）

五、实训内容

根据实训目标与能力要求，对 C 公司案例进行分析，并回答下列问题：

（1）C 公司原来的风险和后来的风险有什么不同？

（2）C 公司新的风险有哪些？

（3）面临新的风险，C 公司应如何管理？

六、实训步骤

（1）教师提示：风险的规避和管理。

（2）教师分析案例公司的背景和基本情况，并指出案例分析过程中应注意的问题。

（3）学生针对所选案例，收集、整理有关资料，对公司进行深入分析并形成报告。

【项目小结】

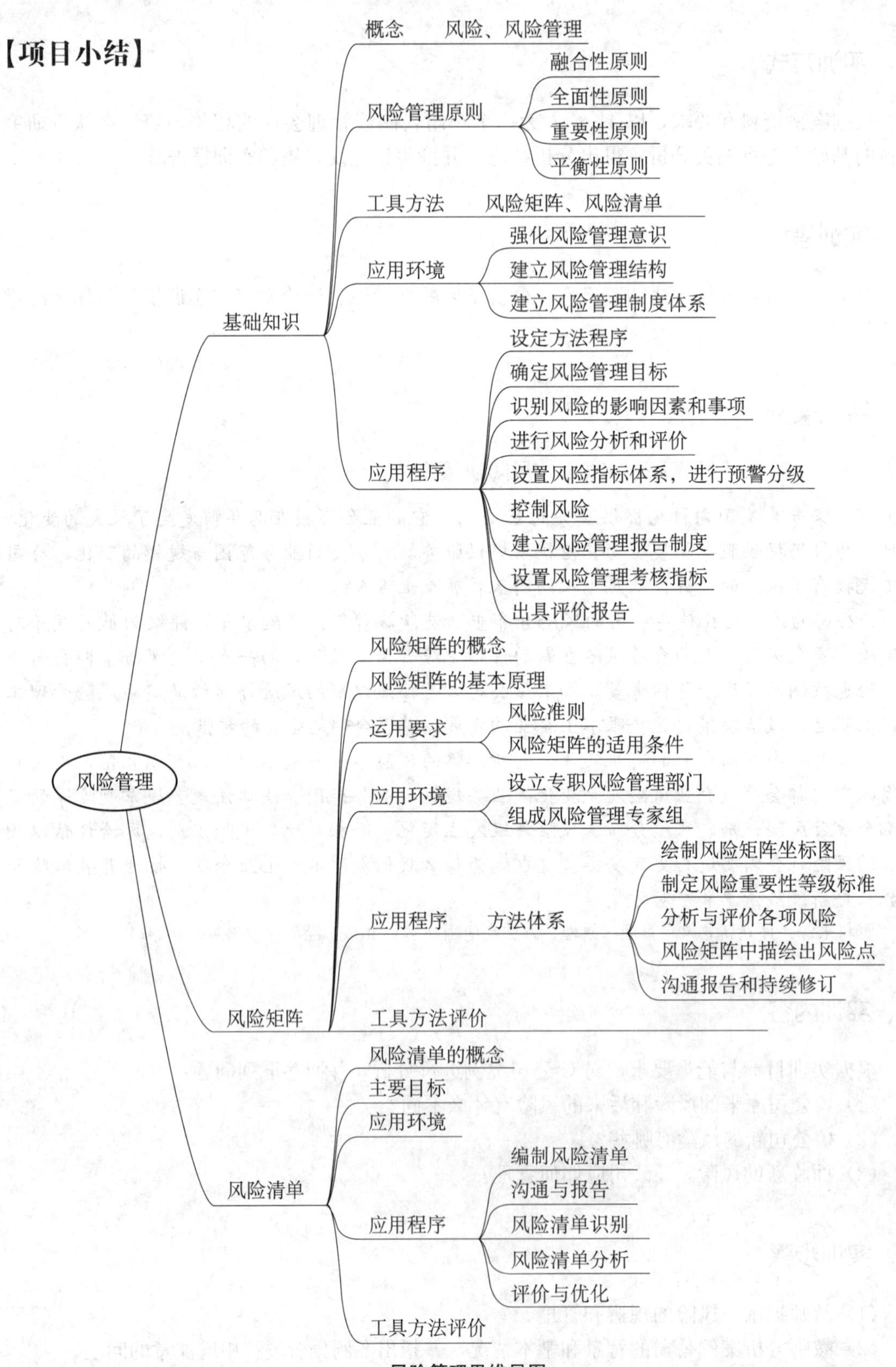

风险管理思维导图

绩效管理

【知识目标】

- 熟悉绩效管理的工具方法、绩效计划与激励计划的制定方法，以及绩效评定方法。
- 掌握关键绩效指标法、经济增加值的计算及其指标体系的建立。
- 熟悉并掌握平衡计分卡的应用环境。
- 掌握绩效计分的方法和信息收集方式。
- 掌握绩效棱柱模型的运用前提，以及绩效棱柱指标体系涵盖的内容。

【能力目标】

- 能再现绩效计划与激励计划的主要内容。
- 能运用关键绩效指标进行初步绩效评价，能计算企业的经济增加值，能再现指标体系的建立方法。
- 学会例证平衡计分卡。
- 能掌握和绘制绩效棱柱模型，能复述绩效棱柱模型的内容及注意事项。

【工作任务】

- 掌握绩效管理基础知识，包括概念、运用环境、遵循的原则、工具方法等。
- 掌握关键绩效指标法，掌握关键绩效指标的选择方法和运用原理。
- 熟悉经济增加值法，掌握经济增加值的计算方法。
- 熟悉平衡计分卡的设置原理，掌握平衡计分卡的运用方法。
- 熟悉绩效棱柱模型，理解并掌握绩效棱柱的运用方法。

【案例导读】

小爱和小丽是大学同学，一同到一家大型公司上班，小爱分在A部门，小丽分在B部门，公司实行绩效考核。小爱的工作业绩是A部门最优秀的，小丽的工作业绩是B部门最一般的。一个年度下来，由于A部门整体绩效水平较低（如65分），因此小爱的绩效最高也就65分，而由于小丽所在的B部门整体绩效较好（如95分），因此小丽的绩效也就能达到95分。从个人绩效而言，小爱优于小丽，但受部门影响，小爱不如小丽。不但如此，小芳在同一公司的D部门，D部门考核较严格，小芳的部门考核得分只有70分，是他们部门的最高分。B部门和D部门整体绩效考核都很优秀，同是95分，但是小芳的考核结果不如小丽。

问题：

（1）什么是绩效管理？绩效管理如何开展？

（2）绩效管理有哪些工具方法？

（3）如何协调部门绩效和个人绩效的关系？

（4）如何合理利用绩效考核结果？

任务一

认知绩效管理基础知识

一、绩效管理的概念

1. 绩效管理

绩效管理是指企业与所属单位（部门）、员工之间就绩效目标及如何实现绩效目标达成共识，并帮助和激励员工取得优异绩效，从而实现企业目标的管理过程。

绩效管理的核心是绩效评价和激励管理。

2. 绩效评价

绩效评价是指企业运用系统的工具方法，对一定时期内企业营运效率与效果进行综合评判的管理活动。绩效评价是企业实施激励管理的重要依据。

3. 激励管理

激励管理是指企业运用系统的工具方法，调动企业员工的积极性、主动性和创造性，激发企业员工工作动力的管理活动。激励管理是促进企业绩效提升的重要手段。

二、绩效管理应遵循的原则

1. 战略导向原则

战略导向原则指绩效管理应为企业实现战略目标服务，支持价值创造能力提升。

2. 客观公正原则

客观公正原则要求绩效管理应实事求是，评价过程应客观公正，激励实施应公平合理。

3. 规范统一原则

规范统一原则指绩效管理的政策和制度应统一明确，并严格执行规定的程序和流程。

4. 科学有效原则

科学有效原则要求绩效管理应做到目标符合实际，方法科学有效，激励与约束并重，操作简便易行。

三、绩效管理工具方法

绩效管理工具方法一般包括关键绩效指标法、经济增加值法、平衡计分卡、股权激励、绩效棱柱模型等。企业可根据自身战略目标、业务特点和管理需要，结合不同工具方法的特征及适用范围，选择一种适合的绩效管理工具方法单独使用，也可选择两种或两种以上的工具方法综合运用。

1. 关键绩效指标法

关键绩效指标法是通过对组织内部业务流程的输入端、输出端的关键参数进行设置、取样、计算、分析，衡量流程绩效的一种目标式量化管理指标，是把企业的战略目标分解为可操作的工作目标的工具，是企业绩效管理的基础。

2. 经济增加值法

经济增加值是指从税后净营业利润中扣除包括股权和债务的全部投入资本成本后的所得。其核心是资本投入是有成本的，企业的盈利只有高于其资本成本（包括股权成本和债务成本）时才会为股东创造价值。经济增加值是一种全面评价企业经营者有效使用资本和为股东创造价值能力，体现企业最终经营目标的经营业绩考核工具，也是企业价值管理体系的基础和核心。

3. 平衡计分卡

平衡计分卡有效解决制定战略和实施战略脱节的问题，堵住了执行漏斗，其系统包括平衡计分卡以及个人计分卡、指标卡、行动方案、绩效考核量表。在直观的图表及职能卡片的展示下，抽象而概括性的部门职责、工作任务与承接关系等，显得层次分明、量化清晰、简单明了。

4. 股权激励

股权激励是一种通过经营者获得公司股权形式，使他们能够以股东的身份参与企业决策、分享利润、承担风险，从而勤勉尽责地为公司的长期发展服务的一种激励方法。现阶段，股权激励模式主要有：股票期权模式、限制性股票模式、股票增值权模式、业绩股票激励模式和虚拟股票模式等。

5. 绩效棱柱模型

绩效棱柱模型是用棱柱的五个方面分别代表组织绩效存在内在因果关系的五个关键要素：利益相关者的满意、利益相关者的贡献、组织战略、业务流程和组织能力。

四、应用环境

1. 机构要求

企业进行绩效管理时，应设立薪酬与考核委员会或类似机构，主要负责审核绩效管理的政策和制度、绩效计划与激励计划、绩效评价结果与激励实施方案、绩效评价与激励管理报告等，协调解决绩效管理工作中的重大问题。薪酬与考核委员会或类似机构下设绩效管理工作机构，主要负责制定绩效管理的政策和制度、绩效计划与激励计划，组织绩效计划与激励计划的执行与实施，编制绩效评价与激励管理报告等，协调解决绩效管理工作中的日常问题。

2. 体系要求

企业应建立健全绩效管理的制度体系，明确绩效管理的工作目标、职责分工、工作程序、工具方法、信息报告等内容。

3. 系统要求

企业应建立有助于绩效管理实施的信息系统，为绩效管理工作提供信息支持。

五、绩效计划与激励计划

企业应用绩效管理工具方法，一般按照制定绩效计划与激励计划、执行绩效计划与激励计划、实施绩效评价与激励、编制绩效评价与激励管理报告等步骤进行。

（一）绩效计划与激励计划的制定

企业应根据战略目标，综合考虑绩效评价期间宏观经济政策、外部市场环境、内部管理需要等因素，结合业务计划与预算，按照上下结合、分级编制、逐级分解的程序，在沟通反馈的基础上，制定各层级的绩效计划与激励计划。

1. 绩效计划

绩效计划是企业开展绩效评价工作的行动方案，包括构建指标体系、分配指标权重、确定绩效目标值、选择计分方法和评价周期、拟定绩效责任书等一系列管理活动。制定绩效计划通常从企业级开始，层层分解到所属单位（部门），最终落实到具体岗位和员工。

企业可单独或综合运用关键绩效指标法、经济增加值法、平衡计分卡等工具方法构建指标体系。指标体系应反映企业战略目标实现的关键成功因素，具体指标应含义明确、可度量。

指标权重的确定可以选择运用主观赋权法或客观赋权法，也可以综合运用这两种方法。主观赋权法是利用专家或个人的知识与经验来确定指标权重的方法，如德尔菲法、层次分析法等。客观赋权法是从指标的统计性质入手，由调查数据确定指标权重的方法，如主成分分析法、均方差法等。

绩效目标值的确定可参考内部标准与外部标准。内部标准有预算标准、历史标准、经验标准等，外部标准有行业标准、竞争对手标准、标杆标准等。

（1）绩效评价计分方法。可分为定量法和定性法。定量法主要有功效系数法和综合指数法等，定性法主要有素质法和行为法等。

①功效系数法：是根据多目标规划的原理，对各项评价指标分别确定一对满意值和不允许值，以满意值为上限，以不允许值为下限，分别计算评价对象各项指标接近、达到或超过满意值的程度，即功效系数，并转化为相应的功效评分值，作为指标的评价值。

②综合指数法：是将各项经济效益指标转化为同度量的个体指数，便于将各项经济效益指标综合起来，以综合经济效益指数为企业间综合经济效益评比排序的依据。各项指标的权数是根据其重要程度决定的，体现了各项指标在经济效益综合值中作用的大小。综合指数法的基本思路是利用层次分析法计算的权重和模糊评判法取得的数值进行累乘，然后相加，最后计算出经济效益指标的综合评价指数。

③素质法：是评估员工个人、组织或团队在多大程度上采取了管理者所要求的某种素质、技能或主要特质。

④行为法：是描述与绩效有关的行为状态，旨在考核员工在多大程度上采取了管理者所

期望和工作角色所要求的组织行为的方法。

（2）绩效评价周期。一般可分为月度、季度、半年度、年度、任期。月度、季度绩效评价一般适用于企业基层员工和管理人员，半年度绩效评价一般适用于企业中高层管理人员，年度绩效评价适用于企业所有被评价对象，任期绩效评价主要适用于企业负责人。

绩效计划制定后，评价主体与被评价对象一般应签订绩效责任书，明确各自的权利和义务，并作为绩效评价与激励管理的依据。绩效责任书的主要内容包括绩效指标、目标值及权重、评价计分方法、特别约定事项、有效期限、签订日期等。绩效责任书一般按年度或任期签订。

2. 激励计划

激励计划是企业为激励被评价对象而采取的行动方案，包括激励对象、激励形式、激励条件、激励周期等内容。激励计划按激励形式可分为薪酬激励计划、能力开发激励计划、职业发展激励计划和其他激励计划。其中，薪酬激励计划按期限又可分为短期薪酬激励计划和中长期薪酬激励计划。

（1）短期薪酬激励计划主要包括绩效工资、绩效奖金、绩效福利等。

（2）中长期薪酬激励计划主要包括股票期权、股票增值权、限制性股票以及虚拟股票等。

（3）能力开发激励计划主要侧重于对员工知识、技能等方面的提升计划。

（4）职业发展激励计划主要是对员工职业发展做出的规划。

（5）其他激励计划包括良好的工作环境、晋升与降职、表扬与批评等。

3. 绩效计划和激励计划的后续工作

（1）激励计划的制定应以绩效计划为基础，采用多元化的激励形式，兼顾内在激励与外在激励、短期激励与长期激励、现金激励与非现金激励、个人激励与团队激励、正向激励与负向激励，充分发挥各种激励形式的综合作用。

（2）绩效计划与激励计划制定完成后，应经薪酬与考核委员会或类似机构审核，报董事会或类似机构审批。经审批的绩效计划与激励计划应保持稳定，一般不予调整，若受国家政策、市场环境、不可抗力等客观因素影响，确需调整的，应严格履行规定的审批程序。

（二）绩效计划与激励计划的执行

审批后的绩效计划与激励计划，应以正式文件的形式下达执行，确保与计划相关的被评价对象能够了解计划的具体内容和要求。

绩效计划与激励计划下达后，各计划执行单位（部门）应认真组织实施，从横向和纵向两方面落实到各所属单位（部门）、各岗位员工，形成全方位的绩效计划与激励计划执行责任体系。

在绩效计划与激励计划执行过程中，企业应建立配套的监督控制机制，及时记录执行情况，进行差异分析与纠偏，持续优化业务流程，确保绩效计划与激励计划的有效执行。

1. 监控与记录

企业可借助信息系统或其他信息支持手段，监控和记录指标完成情况、重大事项、员工的工作表现、激励措施执行情况等内容。收集信息的方法主要有观察法、工作记录法、他人反馈法等。

2. 分析与纠偏

根据监控与记录的结果，重点分析指标完成值与目标值的偏差、激励效果与预期目标的偏差，提出相应的整改建议并采取必要的改进措施。

3. 编制分析报告

分析报告主要反映绩效计划与激励计划的执行情况及分析结果，其频率可以是月度、季度、年度，也可以根据需要编制。

在绩效计划与激励计划执行过程中，绩效管理工作机构应通过会议、培训、网络、公告栏等形式，进行多渠道、多样化、持续不断的沟通与辅导，使绩效计划与激励计划得到充分理解和有效执行。

（三）绩效评价与激励的实施

（1）绩效管理工作机构应根据计划的执行情况定期实施绩效评价与激励，按照绩效计划与激励计划的约定，对被评价对象的绩效表现进行系统、全面、公正、客观的评价，并根据评价结果实施相应的激励。

（2）评价主体应按照绩效计划收集相关信息，获取被评价对象的绩效指标实际值，对照目标值，应用选定的计分方法，计算评价分值，并进一步形成对被评价对象的综合评价结果。

（3）绩效评价过程及结果应有完整的记录，结果应得到评价主体和被评价对象的确认，并进行公开发布或非公开告知。公开发布的主要方式有召开绩效发布会、企业网站绩效公示、面板绩效公告等，非公开发布一般采用一对一书面、电子邮件函告或面谈告知等方式进行。

（4）评价主体应及时向被评价对象进行绩效反馈，反馈内容包括评价结果、差距分析、改进建议及措施等，可采取反馈报告、反馈面谈、反馈报告会等形式进行。

（5）绩效结果发布后，企业应依据绩效评价的结果，组织兑现激励计划，综合运用绩效薪酬激励、能力开发激励、职业发展激励等多种方式，逐级兑现激励承诺。

（四）绩效评价与激励管理报告的编制

绩效管理工作机构应定期或根据需要编制绩效评价与激励管理报告，对绩效评价和激励管理的结果进行反映。

绩效评价与激励管理报告是企业管理会计报告的重要组成部分，应确保内容真实、数据可靠、分析客观、结论清楚，为报告使用者提供满足决策需要的信息。

1. 报告的分类

绩效评价与激励管理报告可分为定期报告、不定期报告。定期报告主要反映一定期间被评价对象的绩效评价与激励管理情况。每个会计年度至少出具一份定期报告。不定期报告根据需要编制，反映部分特殊事项或特定项目的绩效评价与激励管理情况。

2. 报告的内容

绩效评价报告根据评价结果编制，反映被评价对象的绩效计划完成情况。

激励管理报告根据激励计划的执行结果编制，反映被评价对象的激励计划实施情况。

绩效评价报告和激励管理报告都包括情况说明和管理建议两部分：

（1）情况说明。绩效评价报告的情况说明包括评价对象、评价依据、评价过程、评价结果、需要说明的重大事项等。激励管理报告的情况说明包括激励对象、激励依据、激励措施、激励执行结果、需要说明的重大事项等。

（2）管理建议。提出对发现问题的改进措施或对管理的改进意见。

其他有关支持性文档可以根据需要以附件形式提供，如绩效评价报告的附件包括评价计分表、问卷调查结果分析、专家咨询意见等报告正文的支持性文档。

3. 报告的后续工作

绩效评价与激励管理报告应根据需要及时报送薪酬与考核委员会或类似机构审批。

企业应定期通过回顾和分析，检查和评估绩效评价与激励管理的实施效果，不断优化绩效计划和激励计划，改进未来绩效管理工作。

【友情链接】绩效报告书案例：https://baike.so.com/doc/6847345-7064770.html。

六、工具方法评价

企业无论运用哪种绩效管理工具，都涉及绩效评价问题，绩效评价与管理工具是相互交叉、相互渗透的。绩效评价不属于绩效管理工具，但是绩效管理工具离不开绩效评价。绩效评价分为财务业绩评价和非财务业绩评价。财务业绩评价是根据财务信息来评价管理者业绩的方法。常见的财务评价指标包括净利润、资产报酬率、经济增加值等。在责任会计中，各类责任中心的业绩评价指标所采用的就是财务业绩评价。

非财务业绩评价是指根据非财务信息指标来评价管理者业绩的方法，包括：与顾客相关的指标，如市场份额、关键客户订货量、顾客满意度、顾客忠诚度等；与企业内部营运相关的指标，如及时送货率、存货周转率、产品或服务质量（缺陷率）、周转时间等；反映员工学习与成长的指标，如员工满意度、员工建议次数、员工拥有并熟练使用电脑比率、员工具备第二专长人数、员工流动率等。

为便于理解，绩效评价与几种绩效管理工具的优缺点进行了比较，见表7-1。

表7-1　　工具方法评价

项目	评价
财务业绩评价	优点：作为一种传统的评价方法，财务业绩一方面可以反映企业的综合经营成果，另一方面容易从会计系统中获得相应的数据，操作简便，易于理解，因此被广泛使用。
	缺点：（1）财务业绩体现的是企业当期的财务成果，反映的是企业的短期业绩，无法反映管理者在企业的长期业绩改善方面所做的努力；（2）财务业绩是一种结果导向，即只注重最终的财务结果，而对达成该结果的改善过程欠缺考虑；（3）财务业绩是对通过会计程序产生的会计数据进行考核，而会计数据则是根据公认的会计原则产生的，受到稳健性原则对损失预计的影响，因此可能无法公允地反映管理层的真正业绩。
非财务业绩评价	优点：（1）可以避免财务业绩评价只侧重于过去、比较短视的不足；（2）更体现长远业绩和外部对企业的整体评价。
	缺点：一些关键的非财务业绩指标往往比较主观，数据的收集比较困难，评价指标数据的可靠性难以保证。

续前表

项目	评价
关键绩效指标法	优点：(1) 使企业业绩评价与战略目标密切相关，有利于战略目标的实现；(2) 通过识别的价值创造模式把握关键价值驱动因素，能够更有效地实现企业价值增值目标；(3) 评价指标数量相对较少，易于理解和使用，实施成本相对较低，有利于推广实施。
	缺点：关键绩效指标的选取需要透彻理解企业价值创造模式和战略目标，有效识别核心业务流程和关键价值驱动因素，指标体系设计不当将导致错误的价值导向或管理缺失。
经济增加值法	优点：(1) 考虑了所有资本的成本，更真实地反映了企业的价值创造能力；(2) 实现了企业利益、经营者利益和员工利益的统一，激励经营者和所有员工为企业创造更多价值；(3) 能有效遏制企业盲目扩张规模以追求利润总量和增长率的倾向，引导企业注重长期价值创造。
	缺点：(1) 仅对企业当期或未来 1～3 年价值创造情况进行衡量和预判，无法衡量企业长远发展战略的价值创造情况；(2) 计算主要基于财务指标，无法对企业的营运效率与效果进行综合评价；(3) 不同行业、不同发展阶段、不同规模等的企业，其会计调整项和加权平均资本成本各不相同，计算比较复杂，影响指标的可比性。
平衡计分卡	优点：(1) 战略目标逐层分解并转化为被评价对象的绩效指标和行动方案，使整个组织行动协调一致；(2) 从财务、客户、内部业务流程、学习与成长四个维度确定绩效指标，使绩效评价更为全面完整；(3) 将学习与成长作为一个维度，注重员工的发展要求和组织资本、信息资本等无形资产的开发利用，有利于增强企业可持续发展的动力。
	缺点：(1) 专业技术要求高，工作量比较大，操作难度也较大，需要持续地沟通和反馈，实施比较复杂，实施成本高；(2) 各指标权重在不同层级及各层级不同指标之间的分配比较困难，且部分非财务指标的量化工作难以落实；(3) 系统性强、涉及面广，需要专业人员的指导、企业全员的参与和长期持续地修正与完善，对信息系统、管理能力有较高的要求。
绩效棱柱模型	优点：坚持主要利益相关者价值取向，使主要利益相关者与企业紧密联系，有利于实现企业与主要利益相关者的共赢，为企业可持续发展创造良好的内外部环境。
	缺点：涉及多个主要利益相关者，对每个主要利益相关者都要从五个构面建立指标体系，指标选取复杂，部分指标较难量化，对企业信息系统和管理水平有较高要求，实施难度大、门槛高。

※ 任务训练 ※

一、判断题

1. 绩效管理是指企业与所属单位（部门）、员工之间就绩效目标及如何实现绩效目标达成共识，帮助和激励员工取得优异绩效，实现企业目标的管理过程。（　　）

2. 绩效评价是指企业运用系统的工具方法，对一定时期内企业营运效率与效果进行综合评判的管理活动。（　　）

3. 激励管理是指企业运用系统的工具方法，调动企业员工的积极性、主动性和创造性，激发企业员工工作动力的管理活动。（　　）

4. 企业应根据自身战略目标、业务特点和管理需要，结合不同工具方法的特征及适用范围，只能选择一种适合的绩效管理工具方法使用。（　　）

5. 科学有效原则是指绩效管理应做到目标符合实际，方法科学而有效，注重激励与约束并重，操作上简便易行。（　　）

6. 战略导向原则是指绩效管理的政策和制度应统一明确，并能严格执行规定的程序和流程。（　　）

7. 绩效管理领域应用的管理会计工具方法，一般包括经济增加值法、关键绩效指标法和平衡计分卡以及股权激励等方法。（　　）

8. 非财务业绩指标评价的缺点是指标往往比较主观，而且数据的收集比较困难，评价指标数据的可靠性难以得到保证。（　　）

9. 企业应建立健全绩效管理的制度体系并明确绩效管理的工作目标、职责分工、工作程序、工具方法和信息报告等内容。（　　）

10. 主观赋权法是利用专家或个人的知识与经验来确定指标权重的方法，常用的有层次分析法、德尔菲法等。（　　）

二、选择题

1. 下列是绩效管理领域应用的管理会计工具方法的是（　　）。

A. 经济增加值法　　B. 平衡计分卡

C. 股权激励　　D. 关键绩效指标法

2. 企业应用绩效管理工具方法，一般按照（　　）等步骤进行。

A. 实施绩效评价与激励

B. 制定绩效计划与激励计划

C. 编制绩效评价与激励管理报告

D. 执行绩效计划与激励计划

3. 企业编制各层级的绩效计划与激励计划时，应（　　）。

A. 结合企业的实际情况，按上级管理层意见和要求，编制绩效计划与激励计划

B. 综合考虑绩效评价期间宏观经济政策、外部市场环境、内部管理需要等因素

C. 结合业务计划与预算编制绩效计划与激励计划

D. 按照上下结合、分级编制、逐级分解的程序，在沟通反馈的基础上编制绩效计划与激励计划

4. 下列表达正确的是（　　）。

A. 主观赋权法，如德尔菲法、层次分析法等是利用专家或个人的知识与经验来确定指标权重的方法

B. 绩效计划中，指标权重的确定应选择运用客观赋权法，不可选择主观赋权法，更不可综合运用这两种方法

C. 企业可单独或综合运用关键绩效指标法、经济增加值法、平衡计分卡等工具方法构建指标体系

D. 客观赋权法，如主成分分析法、均方差法等是从指标的统计性质入手，由调查数据确定指标权重的方法

5. 小厨娘是一家处于起步期的餐饮企业，其业务主要是销售淮扬特色菜，如平桥豆腐和软兜长鱼。该公司决定采用平衡计分卡来计量来年的绩效。下列选项中，属于学习与成长维度计量的是(　　)。

A. 存货周转率　　B. 新产品开发周期

C. 餐厅投资报酬率　　D. 客户满意度

6. 下列表达正确的是(　　)。

A. 绩效棱柱模型的缺点是不利于实现企业与主要利益相关者的共赢

B. 平衡计分卡的优点是各指标权重在不同层级及各层级不同指标之间的分配比较容易，且部分非财务指标的量化工作方便落实

C. 企业可单独或综合运用关键绩效指标法、经济增加值法、平衡计分卡等工具方法构建指标体系

D. 客观赋权法是根据指标的统计性质，按照调查数据确定指标权重的方法，如德尔菲法、层次分析法等

7. 下列表达正确的是(　　)。

A. 绩效计划是企业的行动方案，包括构建指标体系、确定绩效目标值、分配指标权重、选择计分方法和评价周期、拟定绩效责任书等一系列管理活动

B. 制定绩效计划通常从企业级开始，层层分解到所属单位或部门，并最终落实到具体岗位和员工

C. 绩效计划包括构建指标体系、分配指标权重、确定绩效目标值、选择计分方法和评价周期、拟定绩效责任书等一系列管理活动，可作为绩效评价工作参考，不能作为行动方案

D. 制定绩效计划通常从基础岗位或员工开始，层层汇总到所属单位（部门），最终形成企业级计划

熟悉关键绩效指标法的原理与方法

一、关键绩效指标法的概念

关键绩效指标法是指基于企业战略目标，通过建立关键绩效指标（Key Performance Indicator，KPI）体系，将价值创造活动与战略规划目标有效联系，并据此进行绩效管理的方法。关键绩效指标是对企业绩效产生关键影响力的指标，是通过对企业战略目标、关键成果领域的绩效特征进行分析，识别和提炼出的最能有效驱动企业价值创造的指标。

关键绩效指标法可单独使用，也可与经济增加值法、平衡计分卡等其他方法结合使用。关键绩效指标法的应用对象可为企业、所属单位（部门）和员工。

二、关键绩效指标体系

(一) 结果类指标

结果类指标是反映企业绩效的价值指标，主要包括投资回报率、净资产收益率、经济增加值、息税前利润、自由现金流量等综合指标。

1. 投资回报率

投资回报率（Return on Investment，ROI）是指用税前年利润与投资总额比值表示数值，表达企业从一项投资性商业活动的投资中得到的经济回报，是衡量一个企业盈利状况所使用的比率，也是衡量一个企业经营效果和效率的一项综合性指标。其计算公式如下：

投资回报率＝年利润或年均利润÷投资总额×100%

从公式可以推理出，企业可以通过降低销售成本、提高利润率、提高资产利用效率来提高投资回报率。投资回报率的优点是计算简单。需要注意的是，投资回报率（ROI）往往具有时效性，回报通常是基于某些特定年份，不同年份的利润不同，投资回报率也不相同。

比如，有一临街商铺，面积约 100 平方米，售价约 200 万元，这个物业周边的同等物业的月租金约是 200 元/平方米，即这个商铺要是被买下并成功出租，新业主将有可能获得 2 万元的月租金，则这个物业的投资回报率＝2×12/200×100%＝12%。要是这个投资者转手将这个物业卖出，并以 215 万元成交，那么它的投资回报率＝(215－200)/200×100%＝7.5%。

2. 净资产收益率

净资产收益率也叫净值报酬率或权益报酬率，该指标有两种计算方法：一是全面摊薄净资产收益率，二是加权平均净资产收益率。不同的计算方法得出不同的净资产收益率指标结果，那么如何选择计算净资产收益率的方法就显得尤为重要。该指标是判断资产业绩的重要指标。

例如，假定某公司年度税后利润为 2 亿元，年度平均净资产为 15 亿元，则其本年度净资产收益率是 13.33%（＝(2 亿元/15 亿元)×100%）。

目前，净资产收益率有两种表达方式，即：

全面摊薄净资产收益率＝报告期净利润÷期末净资产　　(1)

加权平均净资产收益率＝报告期净利润÷平均净资产　　(2)

在全面摊薄净资产收益率计算公式（1）中，分子是时期数列，分母是时点数列。很显然，分子、分母是两个性质不同但有一定联系的总量指标，比较得出的净资产收益率指标应该是一个强度指标，用来反映现象的强度，说明期末单位净资产获取净利润的能力。

在加权平均净资产收益率计算公式（2）中，分子净利润是由分母净资产提供的，净资产的增加或减少将引起净利润的增加或减少。根据平均指标的特征可以判断，通过加权平均净资产收益率计算公式（2）计算出的结果是一个平均指标，说明单位净资产创造净利润的一般水平。

3. 经济增加值

经济增加值（Economic Value Added，EVA）是指从税后净营业利润中扣除包括股权和债务的全部投入资本成本后的所得。经济增加值的核心是资本投入是有成本的，并且企业的盈利只有高于其资本成本，包括股权成本和债务成本，才会为股东创造价值。

公司每年创造的经济增加值等于税后净营业利润与全部资本成本之间的差额。其中，资本成本包括债务资本的成本，也包括股权资本的成本。

从算术角度说，EVA等于税后经营利润减去债务和股本成本，是所有成本被扣除后的剩余收入（Residual Income）。EVA是对真正“经济”利润的评价，或者说，是表示净营运利润与投资者用同样资本投资其他风险相近的有价证券的最低回报相比，超出或低于后者的量值。

4. 息税前利润

息税前利润（Earnings Before Interest and Tax，EBIT）通俗地说，就是不扣除利息也不扣除所得税的利润，也就是在不考虑利息的情况下，在交所得税前的利润，也可以称为息前税前利润。

例如，一个企业营业收入为200 000元，总成本为150 000元，其中发生财务费用与利息支出10 000元，所得税税率为25%，那么按会计上的做法，其净利润是：

(200 000－150 000)×(1－25%)＝37 500（元）

税前利润就是在交税前的利润总和，本例的税前利润是50 000（＝200 000－150 000）元，这还不是息税前利润（只是税前利润，因为总成本中还包括利息）。

再来看利息，如果在求利润的时候考虑利息，那么除去利息所计算出来的就是息税前利润（息前税前利润）。我们知道，企业的总成本是包括财务费用的（不包括财务管理上的经营成本），不考虑利息的成本为140 000（＝150 000－10 000）元，所以息税前利润为60 000（＝200 000－140 000）元。

也可以用刚才求出的税前利润加上利息求得息税前利润：

息税前利润＝税前利润50 000元＋利息10 000元＝60 000元

息税前营业利润率的计算公式为：

息税前营业利润率＝(净利润＋所得税＋财务费用)/营业收入×100%

5. 自由现金流量

自由现金流量（Free Cash Flow，FCF）就是企业产生的、在满足了再投资需要之后剩余的现金流量，这部分现金流量是在不影响公司持续发展的前提下可供分配给企业资本供应者的最大现金额。简单地说，自由现金流量是指企业经营活动产生的现金流量扣除资本性支出（Capital Expenditures，CE）的差额。自由现金流量是一种财务方法，用来衡量企业实际持有的能够回报股东的现金，是指在不危及公司生存与发展的前提下可供分配给股东（和债权人）的最大现金额。

（二）动因类指标

动因类指标是反映企业价值关键驱动因素的指标，主要包括资本性支出、单位生产成本、产量、销量、客户满意度、员工满意度等。

1. 资本性支出

资本性支出是指通过它所取得的财产或劳务的效益，可以在多个会计期间收益所发生的那些支出。因此，这类支出应予以资本化，先计入资产类科目，然后分期按所得到的效益，转入适当的费用科目。

在企业的经营活动中，供长期使用的、其经济寿命将经历多个会计期间的资产，如固定资产、无形资产、递延资产等都要作为资本性支出。也就是说，先将其资本化，形成固定资产、无形资产、递延资产等；而后随着它们为企业提供的效益，在各个会计期间转销为费用，如固定资产的折旧、无形资产、递延资产的摊销等。

会计核算应严格区分收益性支出与资本性支出的界限，以正确计算各期损益。收益性支出是指受益期不超过一年或一个营业周期的支出，即发生该项支出仅仅是为了取得本期收益；资本性支出是指受益期超过一年或一个营业周期的支出，即发生该项支出不仅是为了取得本期收益，而且是为了取得以后各期收益。

2. 单位生产成本

单位生产成本是指生产单位产品平均消耗的费用。它是以企业一定时期生产某一种产品所发生的总成本除以产量求得的。单位生产成本是反映成本水平高低的指标。实际单位生产成本同计划单位生产成本比较、与历史先进水平的单位生产成本比较、与其他企业同种产品单位生产成本比较，可以找出差距，寻求挖掘潜力、降低成本的途径。

3. 产量

产量是指完工产品的数量。

4. 销量

销量是指已确认销售的产品数量。

5. 客户满意度

客户满意度（Consumer Satisfaction），也叫客户满意指数，是对服务性行业的顾客满意度调查系统的简称，是一个相对的概念，是客户期望值与客户体验的匹配程度。换言之，客户满意度是指客户通过对一种产品可感知的效果与其期望值相比较后得出的指数。

客户满意度的特征包括：

（1）主观性。客户满意是建立在其对产品或服务的体验上的，感受对象是客观的，结论是主观的。它既与自身条件如知识和经验、收入、生活习惯和价值观念等有关，还与传媒新闻和市场中假冒伪劣产品的干扰等因素有关。

（2）层次性。心理学家马斯洛指出人的需要有五个层次，处于不同层次的人对产品或服务的评价标准不一样，这可以解释处于不同地区、不同阶层的人或同一个人在不同的条件下对某个产品的评价可能不尽相同。客户满意是一个人通过对一个产品的可感知的效果（或结果）与他的期望值相比较后，所形成的愉悦或失望的感觉状态。

客户满意度受到以下四个方面因素影响：

（1）产品和服务让渡价值的高低。客户对产品或服务的满意会受到产品或服务的让渡价值高低的重大影响。如果客户得到的让渡价值高于他的期望值，他就倾向于满意，差额越大越满意；反之，如果客户得到的让渡价值低于他的期望值，他就倾向于不满意，差额越大就越不满意。

（2）消费者的情感。消费者的情感同样可以影响其对产品和服务的满意的感知。这些情感可能是稳定的、事先存在的，如情绪状态和对生活的态度等。非常愉快的时刻、健康的身心和积极的思考方式，都会对所体验的服务的感觉有正面的影响。反之，当客户正处在一种恶劣的情绪中时，消沉的情感会将客户带入对服务的消极反应，甚至对任何小小的问题都不放过或感觉失望。

消费过程本身引起的一些特定情感也会影响消费者对服务的满意。例如，在中高档轿车的销售过程中，消费者在看车、试车和与销售代表沟通过程中所表现出来对成功事业、较高的地位或较好的生活水平的满足感，是一种正向的情感。这种正向情感是销售成功的润滑剂。从让渡价值的角度来看，这类消费者对形象价值的认定水平比一般消费者要高出许多，才会有这样的结果。

（3）对服务成功或失败的归因。这里的服务包括与有形产品结合的售前、售中和售后服务。归因是指一个事件感觉上原因，即人们对他人或自己行为原因的推论过程。当客户被一种结果（服务比预期好得太多或坏得太多）震惊到时，他们总是试图寻找原因，而他们对原因的评定能够影响其满意度。例如，一辆车虽然被修复了，但是没能在客户期望的时间内修好，客户认为的原因是什么（这有时和实际的原因是不一致的）将会影响到他的满意度。如果客户认为原因是维修站没有尽力，因为这笔生意赚钱不多，那么他就会不满意甚至很不满意；如果客户认为原因是自己没有将车况描述清楚，而且新车配件确实紧张的话，那么他的不满意度就会轻一些，甚至认为维修站是完全可以原谅的。相反，对于一次超乎想象的好服务，如果客户将原因归为“维修站的分内事”或“现在的服务质量普遍提高了”，那么这项好服务并不会对提升这位客户的满意度有什么贡献；如果客户将原因归为“他们因为特别重视我才这样做的”或是“这个品牌是因为特别讲究与客户的感情才这样做的”，那么这项好服务将大大提升客户对维修站的满意度，进而将这种高度满意扩张到对品牌的信任。

（4）对平等或公正的感知。客户满意度还会受到对平等或公正的感知的影响。客户会自问：“我与其他客户是不是被平等对待？别的客户是不是得到了更好的待遇、更合理的价格、更优质的服务？我为这项服务或产品花的钱合理吗？我所花费的金钱和精力，应得到的比人家多还是少？”公正的感觉是客户对产品和服务满意感知的中心。（同样的道理也适用于内部员工满意度。）例如，1992 年，美国西尔斯汽车中心收到来自 44 个州的受骗客户的指控，因为该汽车中心对他们的汽车进行了不必要的维修。由于西尔斯汽车中心雇员的报酬来自维修车辆的数量，这就导致了对客户收取了实际上并不必要的费用。西尔斯汽车中心为平息控诉而花费的 2 700 万美元以及其他额外的商业损失，皆是因为客户对所遭受的不公正待遇的强烈不满。

6. 员工满意度

员工满意是和客户满意相对而言的，是指一个员工通过对企业所感知的效果与他的期望值相比较后所形成的感觉状态，是员工对其需要已被满足程度的感受。员工满意是员工的一种主观的价值判断，是员工的一种心理感知活动，是员工期望与员工实际感知相比较的结果。

三、关键绩效指标法运用

1. 构建关键绩效指标体系的程序

（1）企业级关键绩效指标。企业应根据战略目标，结合价值创造模式，综合考虑内外部环境等因素，设定企业级关键绩效指标。

（2）单位（部门）级关键绩效指标。企业根据企业级关键绩效指标，结合所属单位（部门）关键业务流程，按照上下结合、分级编制、逐级分解的程序，在沟通反馈的基础上，设定所属单位（部门）级关键绩效指标。

（3）岗位（员工）级关键绩效指标。企业根据所属单位（部门）级关键绩效指标，结合员工岗位职责和关键工作价值贡献，设定岗位（员工）级关键绩效指标。

关键绩效指标应含义明确，可度量，与战略目标高度相关。指标的数量不宜过多，每一层级的关键绩效指标一般不超过10个。

2. 关键绩效指标选取的方法

关键绩效指标选取的方法主要有关键成果领域分析法、组织功能分解法和工作流程分解法。

关键成果领域分析法，是基于对企业价值创造模式的分析，确定企业的关键成果领域，并在此基础上进一步识别关键成功要素，确定关键绩效指标的方法。

组织功能分解法，是基于组织功能定位，按照各所属单位（部门）对企业总目标所承担的职责，逐级分解和确定关键绩效指标的方法。

工作流程分解法，是按照工作流程各环节对企业价值贡献程度，识别出关键业务流程，将企业总目标层层分解至关键业务流程相关所属单位（部门）或岗位（员工），确定关键绩效指标的方法。

3. 指标权重的设定

关键绩效指标的权重分配应以企业战略目标为导向，反映被评价对象对企业价值贡献或支持的程度，以及各指标之间的重要性水平。

单项关键绩效指标权重一般设定在5%～30%之间，对特别重要的指标可适当提高权重。对特别关键、影响企业整体价值的指标可设立“一票否决”制度，即如果某项关键绩效指标未完成，无论其他指标是否完成，均视为未完成绩效目标。

四、绩效目标值的确定

1. 目标值的设定

企业确定关键绩效指标目标值，一般参考以下标准：

（1）依据国家有关部门或权威机构发布的行业标准或参考竞争对手标准。

（2）参照企业内部标准，包括企业战略目标、年度生产经营计划目标、年度预算目标、历年指标水平等。

（3）不能按前两项方法确定的，可根据企业历史经验值确定。

2. 目标值的调整

关键绩效指标的目标值确定后，应规定因内外部环境发生重大变化、自然灾害等不可抗力因素对绩效完成结果产生重大影响时，对目标值进行调整的办法和程序。一般情况下，由被评价对象或评价主体测算确定影响额度，向相应的绩效管理工作机构提出调整申请，报薪酬与考核委员会或类似机构审批。

3. 其他事项

绩效评价计分方法和周期的选择、绩效责任书的签订、激励计划的制定，以及绩效计划与激励计划的执行、实施及编制报告参照《管理会计应用指引第 600 号——绩效管理》来进行。

※ 任务训练 ※

一、判断题

1. 关键绩效指标法是指基于企业战略目标，通过建立关键绩效指标体系，将价值创造活动与战略规划目标有效联系，并据此进行绩效管理的方法。（　　）

2. 关键绩效指标就是对企业绩效产生关键影响力的指标。来源是通过对企业战略目标和关键成果领域的绩效特征进行分析，从中识别并提炼出的最能有效驱动企业价值创造的指标。（　　）

3. 关键绩效指标是企业选择那些容易计算和方便职工理解的指标，形成对职工考核的指标体系，比重大的称为关键指标，比重小的称为非关键指标。（　　）

4. 关键绩效指标法可单独使用，也可与经济增加值法、平衡计分卡等其他方法结合使用。（　　）

5. 关键绩效指标法不可单独使用，可与经济增加值法、平衡计分卡等其他方法结合使用。（　　）

6. 关键绩效指标法的应用对象可为企业、所属单位（部门）和员工。（　　）

7. 战略目标是确定关键绩效指标体系的基础，关键绩效指标反映战略目标，对战略目标实施效果进行衡量和监控。（　　）

二、选择题

1. 下列说法不正确的是（　　）。

A. 关键绩效指标法的应用对象可以是企业，不可以是所属单位（部门）或员工

B. 关键绩效指标法不可以单独使用

C. 关键成果领域分析法是基于对企业价值创造模式的分析，确定企业的关键成果领域并进一步识别关键成功要素，确定关键绩效指标的方法

D. 关键绩效指标选取的方法主要有关键成果领域分析法、组织功能分解法和工作流程分解法

2. 企业应用关键绩效指标法的环境包括（　　）。

A.《管理会计应用指引第 600 号——绩效管理》中对应用环境的一般要求

B. 企业应用关键绩效指标法，应综合考虑绩效评价期间宏观经济政策、外部市场环境、内部管理需要等因素，构建指标体系

C. 企业应有明确的战略目标

D. 企业应清晰识别价值创造模式，按照价值创造路径识别出关键驱动因素，科学地选择和设置关键绩效指标

任务三

熟悉经济增加值法的原理与方法

一、经济增加值法的概念

经济增加值法是指以经济增加值（Economic Value Added，EVA）为核心，建立绩效指标体系，引导企业注重价值创造，并据此进行绩效管理的方法。经济增加值，是指税后净营业利润扣除全部投入资本的成本后的剩余收益。经济增加值及其改善值是全面评价经营者有效使用资本和为企业创造价值的重要指标。经济增加值为正，表明经营者在为企业创造价值；经济增加值为负，表明经营者在损毁企业价值。

7-1 经济增加值法应用案例

经济增加值法较少单独应用，一般与关键绩效指标法、平衡计分卡等其他方法结合使用。

企业应用经济增加值法进行绩效管理的对象，可为企业及其所属单位（部门）（可单独计算经济增加值）和高级管理人员。

二、应用环境

企业应用经济增加值法，应遵循《管理会计应用指引第600号——绩效管理》中对应用环境的一般要求。

1. 树立价值管理理念

企业应用经济增加值法时，应树立价值管理理念，明确以价值创造为中心的战略目标，建立以经济增加值为核心的价值管理体系，使价值管理成为企业的核心管理制度。

企业应综合考虑宏观环境、行业特点和企业的实际情况，通过价值创造模式的识别，确定关键价值驱动因素，构建以经济增加值为核心的指标体系。

2. 建立管理责任体系

企业应建立清晰的资本资产管理责任体系，确定不同被评价对象的资本资产管理责任。

（1）企业应建立健全会计核算体系，确保会计数据真实可靠、内容完整，并及时获取与经济增加值计算相关的会计数据。

（2）企业应加强融资管理，关注筹资来源与渠道，及时获取债务资本成本、股权资本成本等相关信息，合理确定资本成本。

3. 确立评判标准

企业应加强投资管理，把能否增加价值作为新增投资项目决策的主要评判标准，以保持持续的价值创造能力。

三、应用程序

应用经济增加值法，一般按照制定以经济增加值指标为核心的绩效计划、制定激励计划、执行绩效计划与激励计划、实施绩效评价与激励、编制绩效评价与激励管理报告等程序进行。

企业通常按绩效管理规定的管理活动制定绩效计划。绩效计划是企业开展业绩评价工作的行动方案，包括构建指标体系、分配指标权重、确定业绩绩效目标值、选择计分方法和评价周期、拟定业绩绩效责任书等。

（一）构建经济增加值指标体系的一般程序

构建经济增加值指标体系，一般按照以下程序进行：

1. 制定企业级经济增加值指标体系

企业首先应结合行业竞争优势、组织结构、业务特点、会计政策等情况，确定企业级经济增加值指标的计算公式、调整项目、资本成本等，并围绕经济增加值的关键驱动因素，制定企业的经济增加值指标体系。

2. 制定所属单位（部门）级经济增加值指标体系

根据企业级经济增加值指标体系，企业结合所属单位（部门）所处行业、业务特点、资产规模等因素，在充分沟通的基础上，设定所属单位（部门）级经济增加值指标的计算公式、调整项目、资本成本等，并围绕所属单位（部门）经济增加值的关键驱动因素，细化制定所属单位（部门）的经济增加值指标体系。

3. 制定高级管理人员的经济增加值指标体系

根据企业级、所属单位（部门）级经济增加值指标体系，结合高级管理人员的岗位职责，制定高级管理人员的经济增加值指标体系。

（二）经济增加值的经济含义

经济增加值的计算公式为：

经济增加值＝税后净营业利润－平均资本占用×加权平均资本成本

公式中，税后净营业利润衡量的是企业的经营盈利情况；平均资本占用反映的是企业持续投入的各种债务资本和股权资本；加权平均资本成本反映的是企业各种资本的平均成本率。

计算经济增加值时，需要进行相应的会计项目调整，以消除财务报表中不能准确反映企业价值创造的部分。会计调整项目的选择应遵循价值导向性、重要性、可控性、可操作性与行业可比性等原则，根据企业实际情况确定。常用的调整项目有：

（1）研究开发费、大型广告费等一次性支出但收益期较长的费用，应予以资本化处理，不计入当期费用。

（2）反映付息债务成本的利息支出，不作为期间费用扣除，计算税后净营业利润时扣除所得税影响后予以加回。

（3）营业外收入、营业外支出具有偶发性，将当期发生的营业外收支从税后净营业利润中扣除。

（4）将当期减值损失扣除所得税影响后予以加回，并在计算资本占用时相应调整资产减值准备发生额。

（5）递延税金不反映实际支付的税款情况，将递延所得税资产及递延所得税负债变动影响的企业所得税从税后净营业利润中扣除，相应调整资本占用。

（6）其他非经常性损益调整项目，如股权转让收益等。

其中：

税后净营业利润是会计上的税后净利润加上利息支出等会计调整项目后得到的税后利润。

平均资本占用是所有投资者投入企业经营的全部资本，包括债务资本和股权资本。其中，债务资本包括融资活动产生的各类有息负债，不包括经营活动产生的无息流动负债。股权资本包含少数股东权益。资本占用除根据经济业务实质相应调整资产减值损失、递延所得税等，还可根据管理需要调整研发支出、在建工程等项目，引导企业注重长期价值的创造。

加权平均资本成本是债务资本成本和股权资本成本的加权平均，反映了投资者所要求的必要报酬率。

企业级加权平均资本成本确定后，应结合行业情况、不同所属单位（部门）的特点，通过计算（能单独计算的）或指定（不能单独计算的）的方式确定所属单位（部门）的资本成本。通常情况下，企业对所属单位（部门）所投入资本即股权资本的成本率是相同的，为简化资本成本的计算，所属单位（部门）的加权平均资本成本一般与企业保持一致。

（三）经济增加值法的指标体系

经济增加值指标通常包括经济增加值、经济增加值改善值、经济增加值回报率、资本周转率、产量、销量、单位生产成本等。

应用经济增加值法建立的绩效评价体系，应赋予经济增加值指标较高的权重。

经济增加值目标值根据经济增加值基准值（简称 EVA 基准值）和期望的经济增加值改善值（简称期望的 ΔEVA）确定。计算公式为：

EVA 目标值＝EVA 基准值＋期望的 ΔEVA

企业在确定 EVA 基准值和期望的 ΔEVA 值时，要充分考虑企业规模、发展阶段、行业特点等因素。其中，EVA 基准值可参照上年实际完成值、上年实际完成值与目标值的平均值、近几年（如前 3 年）实际完成值的平均值等确定。期望的 ΔEVA 值，根据企业战略目标、年度生产经营计划、年度预算安排、投资者期望等因素，结合价值创造能力改善等要求综合确定。

绩效评价计分方法和周期的选择、绩效责任书的签订，参照《管理会计应用指引第 600 号——绩效管理》来进行。

经济增加值是指企业税后净营业利润减去资本成本后的余额。计算公式为：

经济增加值＝税后净营业利润－资本成本

＝税后净营业利润－调整后资本×平均资本成本率

税后净营业利润＝净利润＋(利息支出＋研究开发项目调整项)×(1－所得税税率)

调整后资本＝平均所有者权益＋平均负债合计－平均无息流动负债－平均在建工程

【例 7－1】 甲公司是一家国有控股上市公司，采用经济增加值作为业绩评价指标，目前，控股股东正在对甲公司 2018 年度的经营业绩进行评价，相关资料如下：

(1) 甲公司 2017 年年末和 2018 年年末资产负债表见表 7－2。

表 7－2　　资产负债表

单位：万元

项目	2018 年年末	2017 年年末	项目	2018 年年末	2017 年年末
货币资金	405	420	应付账款	1 350	1 165
应收票据	100	95	应付职工薪酬	35	30
应收账款	2 060	2 040	应交税费	100	140
其他应收款	330	325	其他应付款	140	95
存货	2 300	2 550	长期借款	2 500	2 500
固定资产	4 600	4 250	优先股	1 200	1 200
在建工程	2 240	1 350	普通股	5 000	5 000
			留存收益	1 700	900
合计	12 025	11 030	合计	12 025	11 030

(2) 甲公司 2018 年度利润相关资料见表 7－3。

表 7－3　　年度利润

单位：万元

项目	2018 年度
管理费用	1 950
其中：研究与开发费	360
财务费用	220
其中：利息支出	200
营业外收入	400

(3) 甲公司 2018 年的营业外收入均为非经常性收益。

(4) 甲公司长期借款还有 3 年到期，年利率为 8%，优先股有 12 万股，每股面额 100 元，票面股息率为 10%，普通股 β 系数为 1.2。

(5) 无风险报酬率为 3%，市场组合的必要报酬率为 13%，公司所得税税率为 25%。

要求：

(1) 以账面价值平均值为权数计算甲公司的加权平均资本成本。

(2) 计算 2018 年甲公司调整后税后净营业利润、调整后资本和经济增加值。(注：除平均资本成本率按要求 (1) 计算的加权平均资本成本外，其余按国务院国有资产监督管理委员会于 2013 年 1 月 1 日开始施行《中央企业负责人经营业绩考核办法》的相关规定计算)。

解：

(1) 加权平均资本成本的计算如下：

债务资本成本＝8%×(1－25%)＝6%

普通股资本成本＝3%＋1.2×(13%－3%)＝15%

优先股资本成本＝10%

长期借款所占比重

＝[(2 500＋2 500)/2]/[(2 500＋2 500)/2＋(1 200＋1 200)/2＋(5 000＋5 000)/2＋(1 700＋900)/2]＝25%

优先股所占比重

＝[(1 200＋1 200)/2]/[(2 500＋2 500)/2＋(1 200＋1 200)/2＋(5 000＋5 000)/2＋(1 700＋900)/2]＝12%

普通股及留存收益所占比重

＝[(5 000＋5 000)/2＋(1 700＋900)/2]/[(2 500＋2 500)/2＋(1 200＋1 200)/2＋(5 000＋5 000)/2＋(1 700＋900)/2]＝63%

加权平均资本成本＝6%×25%＋10%×12%＋15%×63%＝12.15%

(2) 调整后税后净营业利润、调整后资本和经济增加值的计算如下：

调整后税后净营业利润＝1 155＋(200＋360)×(1－25%)－400×(1－25%)
＝1 275(万元)

平均所有者权益

＝(1 200＋1 200)/2＋(5 000＋5 000)/2＋(1 700＋900)/2＝7 500(万元)

平均负债

＝(1 350＋1 165)/2＋(35＋30)/2＋(100＋140)/2＋(140＋95)/2＋(2 500＋2 500)/2
＝4 027.5 (万元)

平均无息流动负债

＝(1 350＋1 165)/2＋(35＋30)/2＋(100＋140)/2＋(140＋95)/2＝1 527.5 (万元)

平均在建工程＝(2 240＋1 350)/2＝1 795 (万元)

调整后资本＝7 500＋4 027.5－1 527.5－1 795＝8 205 (万元)

经济增加值＝1 275－8 205×12.15%＝278.09 (万元)

【例 7－2】星都股份有限公司（简称星都公司）是一家处于成长阶段的上市公司，正在对 2017 年度的业绩进行计量和评价，有关资料如下：

(1) 星都公司 2017 年的平均资产总额为 8 000 万元，全部资产均为经营资产，平均经营负债为 500 万元，平均股东权益为 4 000 万元。

(2) 星都公司 2017 年的销售收入为 4 500 万元，营业成本为 2 100 万元，期间费用总额为 850 万元，利息费用为 250 万元。

(3) 目前资本市场上的等风险投资的权益资本成本为 15%，税前债务资本成本为 10%。

(4) 为扩大市场份额，星都公司 2017 年年末发生营销支出 500 万元，全部计入销售及管理费用。

(5) 星都公司适用的企业所得税税率为 25%。

要求：计算星都公司披露的经济增加值。

解：

平均净经营资产＝8 000－500＝7 500（万元）

平均净负债＝7 500－4 000＝3 500（万元）

以市场为基础的加权平均资本成本＝15%×4 000/7 500＋10%×(1－25%)×3 500/7 500
＝11.5%

销售及管理费用＝850－250＝600（万元）

调整后的税后净营业利润＝(4 500－2 100－600)×(1－25%)＋500×(1－25%)
＝1 725（万元）

调整后的净投资资本＝7 500＋500×(1－25%)＝7 875（万元）

披露的经济增加值＝1 725－7 875×11.5%＝819.38（万元）

【想一想】企业的经济增加值与企业的税后利润，哪一项对投资者决策影响更大？

（四）经济增加值法的激励计划

经济增加值法的激励计划按激励形式可分为薪酬激励计划、能力开发激励计划、职业发展激励计划和其他激励计划。应用经济增加值法建立的激励体系，应以经济增加值的改善值为基础。

1. 薪酬激励计划

薪酬激励计划主要包括目标奖金、奖金库和基于经济增加值的股票期权。

(1) 目标奖金。目标奖金是达到经济增加值目标值所获得的奖金，只对经济增加值增量部分实施奖励。

(2) 奖金库。奖金库是基于对企业经济增加值长期增长目标实施的奖励。企业设立专门的账号管理奖金，将以经济增加值为基准计算的奖金额存入专门账户中，以递延奖金形式发放。

(3) 股票期权。根据经济增加值确定股票期权的行权价格和数量，行权价格每年以相当于企业资本成本的比例上升，授予数量由当年所获得的奖金确定。

2. 能力开发激励计划

能力开发激励计划主要包括对员工知识提升计划、技术与技能提升计划等方面。

3. 职业发展激励计划

职业发展激励计划主要是对员工职业发展做出的规划。

4. 其他激励计划

其他激励计划包括良好的工作环境、晋升与降职、表扬与批评等。

绩效计划和激励计划制定后，执行、实施及编制报告参照《管理会计应用指引第600号——绩效管理》来进行。

企业应用经济增加值法，应循序渐进，在企业及部分所属单位试点的基础上，总结完善后稳步推开。

※ 任务训练 ※

一、选择题

1. 计算经济增加值时，(　　)表达的意思不正确。

A. 税后净营业利润衡量的是企业的经营盈利情况

B. 平均资本占用反映的是企业持续投入的各种债务资本和股权资本

C. 加权平均资本成本反映的是企业各种资本的平均成本率

D. 绩效计划是企业开展业绩评价工作的行动方案

2. 会计调整项目的选择应遵循(　　)等原则。

A. 价值导向性　　B. 重要性

C. 可控性　　D. 可操作性与行业可比性

3. 下列关于计算经济增加值的调整项，(　　)错误。

A. 研究开发费、大型广告费等收益期较长的费用

B. 反映付息债务成本的利息支出，作为期间费用扣除，计算税后净营业利润时扣除所得税影响后予以加回

C. 营业外收入、营业外支出具有偶发性，将当期发生的营业外收支从税后净营业利润中扣除

D. 将当期减值损失扣除所得税影响后予以加回，并在计算资本占用时相应调整资产减值准备发生额

4. 下列说法正确的是(　　)。

A. 在股权资本中不包含少数股东权益

B. 资本占用可根据经济业务实质相应调整资产减值损失、递延所得税等

C. 资本占用根据管理需要调整研发支出、在建工程等项目，引导企业注重长期价值创造

D. 债务资本包括融资活动产生的各类有息负债，包括经营活动产生的无息流动负债

5. 下列选项中，只有(　　)表达是错误的。

A. 加权平均资本成本是债务资本成本与股权资本成本的加权平均，反映了投资者所要求的必要报酬率

B. 债务资本成本是企业实际支付给债权人的税前利率，反映的是企业在资本市场中债务融资的成本率。如果企业存在不同利率的融资来源，债务资本成本应使用加权平均值

C. 股权资本成本是在不同风险下，所有者对投资者要求的最低回报率

D. 股权资本成本是在无风险下，所有者对投资者要求的最低回报率

6. 下列表达正确的是(　　)。

A. 企业级加权平均资本成本确定后，应结合行业情况、不同所属单位（部门）的特点，能单独计算的用计算的方式确定所属单位（部门）的资本成本

B. 企业级加权平均资本成本确定后，应结合行业情况、不同所属单位（部门）的特点，不能单独计算的用指定的方式确定所属单位（部门）的资本成本

C. 通常情况下，企业对所属单位（部门）所投入资本的成本率是相同的，为简化计算，所属单位（部门）一般与企业保持一致

D. 通常情况下，企业对所属单位（部门）所投入资本即股权资本的成本率是不相同的，应区分所属单位（部门），分别计算确定资本成本

7. 下列属于经济增加值法指标体系的是(　　)。

A. 经济增加值　　B. 经济增加值改善值

C. 经济增加值回报率　　D. 资本周转率

8. 下列属于经济增加值法指标体系的是(　　)。

A. 产量　　B. 销量

C. 单位生产成本　　D. 经济增加值

9. 下列说法正确的是(　　)。

A. 经济增加值目标值根据经济增加值基准值和期望的经济增加值改善值确定

B. EVA 目标值＝EVA 基准值＋期望的 ΔEVA

C. 企业在确定 EVA 基准值和期望的 ΔEVA 值时，要充分考虑企业规模和发展阶段以及行业特点等因素

D. 应用经济增加值法建立绩效评价体系时，应该赋予经济增加值指标较高的权重

10. 经济增加值法的激励计划按激励形式可分为(　　)。

A. 薪酬激励计划　　B. 能力开发激励计划

C. 职业发展激励计划　　D. 其他激励计划

11. 薪酬激励计划主要包括(　　)。

A. 目标奖金　　B. 奖金库

C. 基于经济增加值的股票期权　　D. 职务晋升

12. 下列说法正确的是(　　)。

A. 目标奖金是达到经济增加值目标值所获得的奖金，只对经济增加值增量部分实施奖励

B. 目标奖金是达到企业盈利目标值所获得的奖金，也包括对经济增加值增量部分实施奖励

C. 奖金库的设立是基于对企业经济增加值长期增长目标实施的奖励

D. 企业应设立专门的账号管理奖金，并将以经济增加值为基准计算的奖金额存入专门账户中，以递延奖金形式发放

13. 下列说法正确的是(　　)。

A. 能力开发激励计划主要包括对员工知识、技能等方面的提升计划

B. 职业发展激励计划的对象，主要是对员工职业发展做出的规划

C. 其他激励计划，通常包括良好的工作环境、晋升与降职、表扬与批评等

D. 企业应用经济增加值法应循序渐进，先在企业及部分所属单位试点的基础上，总结完善后再稳步推开

14. 经济增加值法的主要优点是(　　)。

A. 考虑了所有资本的成本和真实地反映了企业的价值创造能力

B. 实现了企业利益，并使经营者利益和员工利益统一，能激励经营者和所有员工为企

业创造更多价值

C. 能有效遏制企业盲目扩张规模和盲目追求利润总量与增长率的倾向，侧重于引导企业注重长期价值创造

D. 能准确表达出企业的利润增加值

15. 经济增加值法的主要缺点是(　　)。

A. 仅对企业当期或未来1～3年价值创造情况进行衡量和预判

B. 无法衡量企业长远发展战略的价值创造情况

C. 计算主要基于财务指标，无法对企业的营运效率与效果进行综合评价

D. 对于不同行业、不同发展阶段、不同规模等的企业，其会计调整项和加权平均资本成本各不相同，计算比较复杂，影响指标的可比性

二、判断题

1. 能力开发激励计划是经济增加值激励计划的一种形式，主要是用于对员工的知识与技能等方面的提升。(　　)

2. 计算经济增加值时，不需要进行相应的会计项目调整，防止财务报表不能准确反映企业价值创造的部分。(　　)

3. 平均资本占用是指所有投资者投入企业经营的全部资本，包括债务资本和股权资本。(　　)

4. 所有者权益资本，即股权资本，在计算平均资本占用时必须考虑投资者投入企业的经营资本。(　　)

5. 经济增加值法的指标体系不仅包括经济增加值改善值，还包括资本周转率、产量等指标。(　　)

6. 债务资本既包括融资活动产生的各类有息负债，还包括经营活动产生的无息流动负债。(　　)

7. 股权资本包含少数股东权益。(　　)

8. 应用经济增加值法建立的激励体系，应以经济增加值的改善值为基础。(　　)

9. 绩效管理中的股票期权是指根据经济增加值确定股票期权的行权价格和数量，确定的行权价格应每年以相当于企业资本成本的比例上升，而授予数量则由当年所获得的奖金确定。(　　)

10. 绩效管理中的股票期权是指根据经济增加值确定股票期权的沽权价格和数量，沽权价格每年以相当于企业资本成本的比例上升，其数量由当年所获得的奖金确定。(　　)

三、计算题

某股份有限公司是一家处于成长阶段的公司，正在对2019年度的业绩进行计量和评价，有关资料如下：

(1) 公司2019年的平均资产总额为9 000万元，全部资产均为经营资产，平均经营负债为600万元，平均股东权益为5 000万元。

（2）公司2019年的销售收入为5 000万元，营业成本为2 800万元，期间费用总额为950万元，利息费用为300万元。

（3）资本市场上风险投资的权益资本成本为15%，税前债务资本成本率为10%。

（4）为扩大市场份额，公司2019年年末发生营销支出600万元，全部计入销售及管理费用。

（5）公司适用的企业所得税税率为20%。

要求：计算公司披露的经济增加值。

熟悉平衡计分卡的原理与方法

一、平衡计分卡的概念

平衡计分卡是指基于企业战略，从财务、客户、内部业务流程、学习与成长四个维度，将战略目标逐层分解转化为具体的、相互平衡的绩效指标体系，并据此进行绩效管理的方法。

平衡计分卡通常与战略地图等其他工具结合使用。

平衡计分卡适用于战略目标明确、管理制度比较完善、管理水平相对较高的企业。平衡计分卡的应用对象可为企业、所属单位（部门）和员工。

二、平衡计分卡的理论框架与设计

（一）平衡计分卡的理论框架

平衡计分卡方法打破了传统的只注重财务指标的业绩管理方法。平衡计分卡的理论认为，传统的财务会计模式只能衡量过去发生的事情（落后的结果因素），但无法评估组织前瞻性的投资（领先的驱动因素）。在工业时代，注重财务指标的管理方法还是有效的。但在信息社会里，传统的业绩管理方法并不全面，组织必须通过在客户、供应商、员工、组织流程、技术和革新等方面的投资，获得持续发展的动力。正是基于这样的认识，平衡计分卡方法认为，组织应从四个维度审视自身业绩：客户维度、财务维度、内部业务流程维度和学习与成长维度。图7-1为平衡计分卡四维度图。

平衡计分卡所包含的五项平衡是：

1. 财务指标和非财务指标的平衡

企业考核的一般是财务指标，而对非财务指标（客户、内部业务流程、学习与成长）的考核很少，即使有对非财务指标的考核，也只是定性的说明，缺乏量化的考核，缺乏系统性

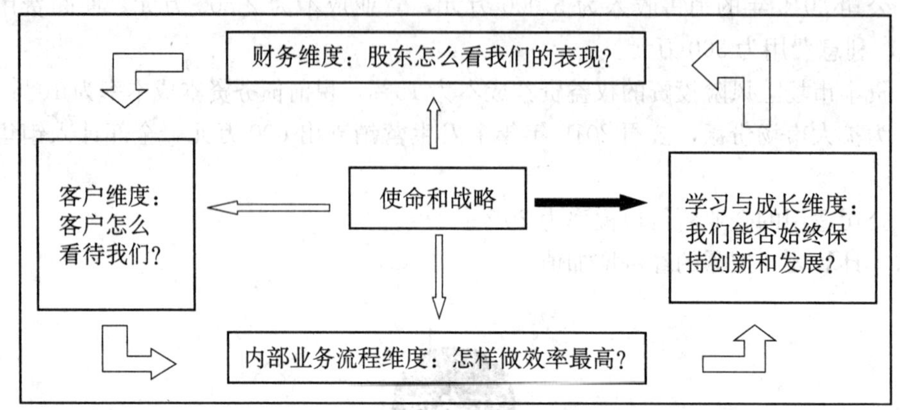

图 7-1 平衡计分卡四维度图

和全面性。

2. 企业的长期目标和短期目标的平衡

平衡计分卡是一套战略执行的管理系统，如果以系统的观点来看平衡计分卡的实施过程，则战略是输入，财务是输出。

3. 结果性指标与动因性指标之间的平衡

平衡计分卡以有效完成战略为动因，以可衡量的指标为目标管理的结果，寻求结果性指标与动因性指标之间的平衡。

4. 企业组织内部群体与外部群体的平衡

平衡计分卡中，股东与客户是外部群体，员工与内部业务流程是内部群体。平衡计分卡可以发挥在有效执行战略的过程中平衡这些群体间利益的重要性。

5. 领先指标与滞后指标之间的平衡

财务、客户、内部业务流程、学习与成长这四个方面包含了领先指标和滞后指标。财务指标就是一个滞后指标，它只能反映公司上一年度发生的情况，不能告诉企业如何改善业绩和可持续发展。而对后三项领先指标的关注，使企业达到了领先指标与滞后指标之间的平衡。

（二）平衡计分卡的设计

平衡计分卡的设计包括四个维度：财务维度、客户维度、内部业务流程维度、学习与成长维度。这几个维度分别代表企业三个主要的利益相关者：股东、顾客、员工。每个维度的重要性取决于维度本身和指标的选择是否与公司战略相一致，另外，每个维度都有其核心内容。

1. 财务维度

财务业绩指标可以显示企业的战略及其实施和执行是否对改善企业盈利做出贡献。财务目标通常与获利能力有关，其衡量指标有营业收入、资本报酬率、经济增加值等，也可能是销售额的迅速提高或创造现金流量。

2. 客户维度

在平衡计分卡的客户维度，管理者确立了其业务单位将竞争的客户和市场，以及业务单位在这些目标客户和市场中的衡量指标。客户维度指标通常包括客户满意度、客户保持率、客户获得率、客户盈利率，以及在目标市场中所占的份额。客户层面使业务单位的管理者能够阐明客户和市场战略，从而创造出出色的财务回报。

3. 内部业务流程维度

在这一维度上，管理者要确认组织擅长的关键的内部业务流程维度。这些流程帮助业务单位提供价值主张，以吸引和留住目标细分市场的客户，并满足股东对卓越财务回报的期望。

4. 学习与成长维度

它确立了企业要创造长期的成长和改善就必须建立的基础框架，确立了未来成功的关键因素。平衡计分卡的前三个维度一般会揭示企业的实际能力与实现突破性业绩所必需的能力之间的差距。为了弥补这个差距，企业必须投资于员工技术的再造、组织程序和日常工作的理顺，这些都是平衡计分卡学习与成长维度追求的目标，如员工满意度、员工保持率、员工培训和技能等，以及这些指标的驱动因素。

最好的平衡计分卡不仅仅是重要指标或重要成功因素的集合。一份结构严谨的平衡计分卡应当包含一系列相互联系的目标和指标，这些指标不仅前后一致，而且互相强化。例如，投资回报率是平衡计分卡的财务指标，这一指标的驱动因素可能是客户的重复采购和销售量的增加，而这二者是客户的满意度带来的结果。因此，客户满意度被纳入平衡计分卡的客户维度。通过对客户偏好的分析显示，客户比较重视按时交货率这个指标，因此，按时交货率的提高会带来更高的客户满意度，进而引起财务业绩的提高。而较佳的按时交货率又通过缩短经营周期并提高内部过程质量来实现，因此这两个因素就成为平衡计分卡的内部业务流程指标。进而，企业要实现改善业务流程维度质量并缩短周期的目标需要培训员工并提高他们的技术，员工技术成为学习与成长维度的指标。这就是一个完整的因果关系链，贯穿平衡计分卡的四个维度。

平衡计分卡通过因果关系提供了把战略转化为可操作内容的一个框架。根据因果关系，对企业的战略目标进行划分，可以分解为实现企业战略目标的几个子目标，这些子目标是各个部门的目标。同样，各中级目标或评价指标可以根据因果关系继续细分，直至最终形成可以指导个人行动的绩效指标和目标。

三、应用环境

企业应用平衡计分卡工具方法，应有明确的愿景和战略。平衡计分卡应以战略目标为核心，全面描述、衡量和管理战略目标，将战略目标转化为可操作的行动。

（1）平衡计分卡可能涉及组织和流程变革，具有创新精神、变革精神的企业文化有助于成功实施平衡计分卡。

（2）企业应对组织结构和职能进行梳理，消除不同组织职能间的壁垒，实现良好的组织协同，既包括企业内部各级单位（部门）之间的横向与纵向协同，也包括与投资者、客户、供应商等外部利益相关者之间的协同。

（3）企业应注重员工学习与成长能力的提升，以更好地实现平衡计分卡的财务、客户、内部业务流程目标，使战略目标贯彻到每一名员工的日常工作中。

(4) 平衡计分卡的实施是一项复杂的系统工程。企业一般需要建立由战略管理、人力资源管理、财务管理和外部专家等组成的团队，为平衡计分卡的实施提供机制保障。

(5) 企业应建立高效集成的信息系统，实现绩效管理与预算管理、财务管理、生产经营等系统的紧密结合，为平衡计分卡的实施提供信息支持。

四、应用程序

企业应用平衡计分卡工具方法，一般按照制定战略地图、制定绩效计划、制定激励计划、制定战略性行动方案、执行绩效计划与激励计划、实施绩效评价与激励、编制绩效评价与激励管理报告等步骤进行。

(一) 制定战略地图

企业首先应制定战略地图，即基于企业愿景与战略，将战略目标及其因果关系、价值创造路径以图示的形式直观、明确、清晰地呈现。

战略地图应基于战略主题构建，战略主题反映企业价值创造的关键业务流程，每个战略主题包括相互关联的 1～2 个目标。

战略地图制定后，应以平衡计分卡为核心编制绩效计划，从构建指标体系到分配指标权重，从确定绩效目标值到选择计分方法和评价周期、签订绩效责任书等一系列管理活动，从企业级层面开始，逐级分解到所属单位（部门），最终落实到具体岗位和员工。

(二) 制定绩效计划

制定以平衡计分卡为核心的绩效计划，主要通过搭建平衡计分卡指标体系实现。平衡计分卡指标体系的构建应围绕战略地图，针对财务、客户、内部业务流程和学习与成长四个维度的战略目标，确定相应的评价指标。构建平衡计分卡指标体系的一般程序是：

1. 制定企业级指标体系

根据企业层面的战略地图，为每个战略主题的目标设定指标，每个目标至少应有 1 个指标。

2. 制定所属单位（部门）级指标体系

依据企业级战略地图和指标体系，制定所属单位（部门）的战略地图，确定相应的指标体系，协同各所属单位（部门）的行动与战略目标保持一致。

3. 制定岗位（员工）级指标体系

根据企业、所属单位（部门）级指标体系，按照岗位职责逐级形成岗位（员工）级指标体系。

需要注意的是，构建平衡计分卡指标体系时，企业应注重短期目标与长期目标的平衡、财务指标与非财务指标的平衡、结果性指标与动因性指标的平衡、企业内部利益与外部利益的平衡。平衡计分卡每个维度的指标通常为 4～7 个，总数量一般不超过 25 个。

构建平衡计分卡指标体系时，企业应以财务维度为核心，其他维度的指标都与核心维度的一个或多个指标相联系。企业通过梳理核心维度目标的实现过程，确定每个维度的关键驱动因素，结合战略主题，选取关键绩效指标。财务维度以财务术语描述了战略目标的有形成果，企业常用的指标有投资资本回报率、净资产收益率、经济增加值、息税前利润、自由现金流、资产负债率、总资产周转率等；客户维度界定了目标客户的价值主张，企业常用的指标有市场份额、客户满意度、客户获得率、客户保持率、客户获利率、战略客户数量等；内部业务流程维度确定了对战略目标产生影响的关键流程，企业常用的指标有按时交货率、生产负荷率、产品合格率、存货周转率、单位生产成本等；学习与成长维度确定了对战略最重要的无形资产，企业常用的指标有员工保持率、员工生产率、培训计划完成率、员工满意度等。

企业可根据实际情况建立通用类指标库，不同层级单位和部门结合不同的战略定位、业务特点选择适合的指标体系。

（三）制定激励计划

制定激励计划是通过确立权重分配比例和目标值实现的。

平衡计分卡指标的权重分配应以战略目标为导向，反映被评价对象对企业战略目标贡献或支持的程度，以及各指标之间的重要性水平。具体方法要求与关键绩效指标法相同。

平衡计分卡绩效目标值应根据战略地图的因果关系分别设置。首先确定战略主题的目标值，其次确定主题内的目标值，最后基于平衡计分卡评价指标与战略目标的对应关系，为每个评价指标设定目标值，通常设计 3～5 年的目标值。

平衡计分卡绩效目标值确定后，应规定当内外部环境发生重大变化或者自然灾害等不可抗力因素对绩效完成结果产生重大影响时，对目标值进行调整的办法和程序。一般情况下，由被评价对象或评价主体测算确定影响程度，向相应的绩效管理工作机构提出调整申请，并报薪酬与考核委员会或类似机构审批。

企业根据战略进行计分方法和周期的选择、绩效责任书的签订和激励计划的制定。

（四）制定战略性行动方案

绩效计划与激励计划制定后，企业应在战略主题的基础上，制定战略性行动方案，实现短期行动计划与长期战略目标的协同。战略性行动方案的制定主要包括以下内容：

1. 选择战略性行动方案

制定每个战略主题的多个行动方案，并从中区分、排序和选择最优的战略性行动方案。

2. 提供战略性资金

建立战略性支出的预算，为战略性行动方案提供资金支持。

3. 建立责任制

明确战略性行动方案的执行责任方，定期回顾战略性行动方案的执行进程和效果。

（五）执行绩效计划与激励计划

绩效计划与激励计划执行过程中，企业应按照纵向一致、横向协调的原则，持续地推进组织协同，将协同作为一个重要的流程进行管理，使企业和员工的目标、职责与行动保持一致，创造协同效应。

绩效计划与激励计划执行过程中，企业应持续深入地开展流程管理，及时识别存在问题的关键流程，根据需要对流程进行优化完善，必要时进行流程再造，将流程改进计划与战略目标相协同。

总的来说：平衡计分卡的实施是一项长期的管理改善工作，在实践中通常采用先试点后推广的方式，循序渐进，分步实施。

（六）实施绩效评价与激励

对绩效计划与激励计划执行结果，应实施绩效评价与激励。绩效评价是指运用一定的评价方法、量化指标及评价标准，对确定的绩效目标的实现程度，以及为实现这一目标所安排预算的执行结果所进行的综合性评价。绩效评价的过程就是将员工的实际工作绩效同要求其达到的工作绩效标准进行比对的过程。激励就是按照激励计划，根据绩效评价的结果，兑现当初的承诺。

（七）编制绩效评价与激励管理报告

企业应定期或根据需要编制绩效评价报告和激励管理报告，以反映评价和激励结果。报告内容、格式等遵循管理会计报告的要求。

五、工具方法运用

（一）指标权重确定方法

1. 德尔菲法

德尔菲法（也称专家调查法）是指邀请专家对各项指标进行权重设置，将汇总平均后的结果反馈给专家，再次征询意见，经过多次反复，逐步取得比较一致结果的方法。

【例7-3】某公司对一款新上市的产品做预测，聘请了市场专家、市场经理、销售员等6位专家，预测分三轮进行，结果见表7-4。

表7-4　　产品预测分析表　　单位：件

专家编号	第一次预测			第二次预测			第三次预测		
	最差	一般	最好	最差	一般	最好	最差	一般	最好
1	500	750	900	600	700	850	650	800	900
2	350	450	700	400	500	600	450	600	700
3	600	900	1 900	650	750	900	700	800	900
4	100	200	350	400	600	800	500	600	800
5	400	500	650	600	700	800	650	750	800
6	200	300	400	500	700	850	550	750	850
平均数	358	517	817	525	658	800	583	717	825

取第三次的平均数为最后结果，(583＋717＋825)÷3＝708，即新品市场预计销售量为708件，第一次、第二次测试的理性程度不如第三次，所以取第三次的结果。

也可以采用加权平均法，即最差、一般和最好分别取权重0.2、0.5、0.3，预测值为：

583×0.2+717×0.5+825×0.3=723（件）。

采用中位数的方法也可以，这里不做介绍。

2. 层次分析法

层次分析法是指将绩效指标分解成多个层次，通过下层元素对于上层元素相对重要性的两两比较，构成两两比较的判断矩阵，求出判断矩阵最大特征值所对应的特征向量作为指标权重值的方法。

其基本原理是根据问题的性质和要达到的总目标，将问题分解为不同的组成因素，并按照因素间的相互关联影响以及隶属关系，将因素按不同层次聚集组合，形成一个多层次的分析结构模型，从而最终使问题归结为最低层（供决策的方案、措施等）相对于最高层（总目标）的相对重要权值的确定或相对优劣次序的排定。

层次分析法是将决策问题按总目标、各层子目标、评价准则直至具体的备投方案的顺序分解为不同的层次结构，然后用求解判断矩阵特征向量的办法，求得每一层次的各元素对上一层次某元素的优先权重，最后再用加权和的方法递阶归并各备择方案对总目标的最终权重，最终权重最大者即为最优方案。

层次分析法比较适合于具有分层交错评价指标的目标系统，而且目标值又难以定量描述的决策问题。

3. 主成分分析法

主成分分析法是指将多个变量重新组合成一组新的相互无关的综合变量，根据实际需要从中挑选出尽可能多地反映原来变量信息的少数综合变量，进一步求出各变量的方差贡献率，以确定指标权重的方法。

4. 均方差法

均方差法是指将各项指标定为随机变量，指标在不同方案下的数值为该随机变量的取值，首先求出这些随机变量（各指标）的均方差，然后根据不同随机变量的离散程度确定指标权重的方法。

（二）绩效评价计分方法

1. 功效系数法

功效系数法是指根据多目标规划原理，将所要评价的各项指标分别对照各自的标准，并根据各项指标的权重，通过功效函数转化为可以度量的评价分数，再对各项指标的单项评价分数进行加总，得出综合评价分数的一种方法。该方法的优点是从不同侧面对评价对象进行计算评分，满足了企业多目标、多层次、多因素的绩效评价要求，缺点是标准值确定难度较大，比较复杂。

对评价标准值的选用，应结合评价的目的、范围、企业所处行业、企业规模等具体情况，参考国家相关部门或研究机构发布的标准值确定。

2. 综合指数法

综合指数法是指根据指数分析的基本原理，计算各项绩效指标的单项评价指数和加权评价指数，据以进行综合评价的方法。该方法的优点是操作简单，容易理解，缺点是标准值存在异常时影响结果的准确性。综合指数法的计算公式为：

$$绩效指标总得分 = \sum(单项指标评价指数 \times 该项评价指标的权重)$$

3. 素质法

素质法是指评估员工个人或团队在多大程度上具有组织所要求的某种基本素质、关键技能和主要特质的方法。

4. 行为法

行为法是指专注于描述与绩效有关的行为状态，考核员工在多大程度上采取了管理者所期望或工作角色所要求的组织行为的方法。

（三）β值确定方法

1. 最小二乘法

最小二乘法是指通过最小化误差的平方和，找到一组数据的最佳函数匹配的方法。

2. 回归分析法

回归分析法是指在掌握大量观察数据的基础上，利用数理统计方法建立因变量与自变量之间的回归关系函数表达式的方法。

3. 类比法

类比法（也称比较类推法）是指由一类事物所具有的某种属性，推测与其类似的事物应具有这种属性的方法。

（四）收集信息方法

1. 观察法

观察法是指通过直接观察员工在工作中的表现并予以记录的方法。

2. 工作记录法

工作记录法是指通过日常工作记录或财务管理、生产经营等业务系统产生的数据，收集信息的方法。

3. 他人反馈法

他人反馈法是指收集其他人员对被评价对象的评价信息的方法。

（五）其他评价指标计算说明

其他指标在评价中也经常使用，包括：投资资本回报率、净资产收益率（也称权益净利率）、经济增加值回报率、息税前利润、自由现金流、资产负债率、总资产周转率、存货周转率、资本周转率等。

※ 任务训练 ※

一、选择题

1. 平衡计分卡的主要优点是(　　)。

A. 战略目标逐层分解并转化为被评价对象的绩效指标和行动方案，使整个组织行动协调一致

B. 从财务、客户、内部业务流程、学习与成长四个维度确定绩效指标，使绩效评价更为全面完整

C. 将学习与成长作为一个维度，注重员工的发展要求和组织资本、信息资本等无形资产的开发利用，有利于增强企业可持续发展的动力

D. 系统性强、涉及面广，需要专业人员的指导与企业全员的参与，坚持长期持续地修正与完善，对信息系统和管理能力有较高的要求

2. 平衡计分卡是以除(　　)以外的因素为导向寻找能够驱动战略成功的关键因素，建立与之密切联系的指标体系来衡量战略实施过程，并采取必要的修改措施以维持战略的持续成功。

A. 财务预算　　B. 财务报表　　C. 公司战略　　D. 公司决策

3. 构建平衡计分卡指标体系时，企业应以(　　)为核心，其他维度的指标都与核心维度的一个或多个指标相联系。

A. 客户　　B. 内部业务流程　　C. 学习与成长　　D. 财务

4. 关于应用平衡计分卡，下列选项中，(　　)表述的意思与其他不同。

A. 注重员工的发展要求和组织资本、信息资本等无形资产的开发利用，有利于增强企业可持续发展的动力

B. 专业技术要求比较高，而且工作量和操作难度都较大，需要持续地沟通和反馈，实施比较复杂，实施成本高

C. 各指标权重在不同层级及各层级不同指标之间的分配比较困难，并且难以落实部分非财务指标的量化工作

D. 系统性较强且涉及面较广，需要专业人员的指导和企业全员的参与、长期持续地修正与完善，对信息系统、管理能力也有较高的要求

5. 下列属于指标权重确定方法的是(　　)。

A. 德尔菲法　　B. 层次分析法　　C. 主成分分析法　　D. 均方差法

6. 邀请专家对各项指标进行权重设置，将汇总平均后的结果反馈给专家，再次征询意见，经过多次反复，逐步取得比较一致结果的方法，称为(　　)。

A. 德尔菲法　　B. 层次分析法　　C. 主成分分析法　　D. 均方差法

7. 将多个变量重新组合成一组新的相互无关的综合变量，根据实际需要从中挑选出尽可能多地反映原来变量信息的少数综合变量，进一步求出各变量的方差贡献率，以确定指标权重的方法，称为(　　)。

A. 德尔菲法　　B. 层次分析法　　C. 主成分分析法　　D. 均方差法

8. 下列属于绩效评价方法的是(　　)。

A. 行为法　　B. 德尔菲法　　C. 类比法　　D. 他人反馈法

9. 下列属于绩效评价方法的是(　　)。

A. 主成分分析法　　B. 最小二乘法　　C. 功效系数法　　D. 均方差法

10. 下列属于绩效评价方法的是(　　)。

A. 他人反馈法　　B. 素质法　　C. 均方差法　　D. 综合指数法

11. β值确定方法主要有( )。

A. 比较类推法　B. 专家调查法　C. 最小二乘法　D. 回归分析法

12. 下列除( )外，均为绩效评价计分方法。

A. 综合指数法　B. 素质法　C. 主成分分析法　D. 功效系数法

13. 下列属于绩效评价计分方法的是( )。

A. 功效系数法　B. 综合指数法　C. 素质法　D. 行为法

二、思考题

1. 请谈谈对业绩考核与评价要兼顾财务指标和非财务指标的看法。

2. 如果某企业的利润率由10%提高到15%，作为投资人，你将如何进行评价？你认为利润率指标在评价中有何缺点？

3. 假如企业以利润为中心，是如何进行业绩考核的？

4. 假如企业设立投资中心，应设置哪些业绩考评指标？这些指标之间是什么关系？

熟悉绩效棱柱模型的原理与方法

一、绩效棱柱模型

1. 绩效棱柱模型的概念

绩效棱柱模型是由英国克兰菲尔德大学教授 Andy Neely 与安达信咨询公司于 2000 年联合开发的三维绩效框架模型，用棱柱的五个方面分别代表组织绩效存在内在因果关系的五个关键要素：利益相关者满意、利益相关者贡献、组织战略、业务流程和组织能力。

模型以现存的绩效测量框架和方法为基础，通过对它们进行创新和整合，进而提出一种更为全面的并且易于理解的绩效管理框架，来弥补上述方法的局限性，从而更好地为企业管理服务。与平衡计分卡相比，绩效棱柱模型从只关心一个或两个利益相关主体的观念中转变过来，逐步关心自己所有重要的利益相关主体，在从利益相关主体那里得到贡献的同时，还关注利益相关主体的满意。该模型既强调了利益相关主体价值的取向，又测量了利益相关主体对组织所做的贡献。

可见，绩效棱柱模型是指从企业利益相关者角度出发，以利益相关者满意为出发点，以利益相关者贡献为落脚点，以企业战略、业务流程、组织能力为手段，用棱柱的五个构面构建三维绩效评价体系，并据此进行绩效管理的方法。利益相关者是指有能力影响企业或者被企业所影响的人或者组织，通常包括股东、债权人、员工、客户、供应商、监管机构等。

因此，绩效棱柱模型适用于管理制度比较完善、业务流程比较规范、管理水平相对较高的大中型企业。绩效棱柱模型的应用对象可以为企业和企业各级所属单位（部门）。

2. 绩效棱柱模型的前提条件

（1）如果一个组织希望长期生存和繁荣的话，那么把注意力仅仅放在一个或两个利益相关者（股东和顾客）身上，就是不可取的，甚至是不可行的。

（2）如果一个组织希望将真正的价值传送给股东的话，那么其战略、流程及能力就必须进行整合。

（3）组织及其利益相关者应该认识到他们之间的关系是互惠的，如果利益相关者期望得到一些利益，他们就应该为组织贡献自己的力量。绩效棱柱展示的是全面的绩效衡量结构，它建立在那些已经存在并且在一直寻求弥补其不足的结构的基础之上，为洞察公司绩效管理的真正难题和面对现实的挑战提供了一个有效的、全面的框架。

图 7－2 为绩效棱柱模型图。

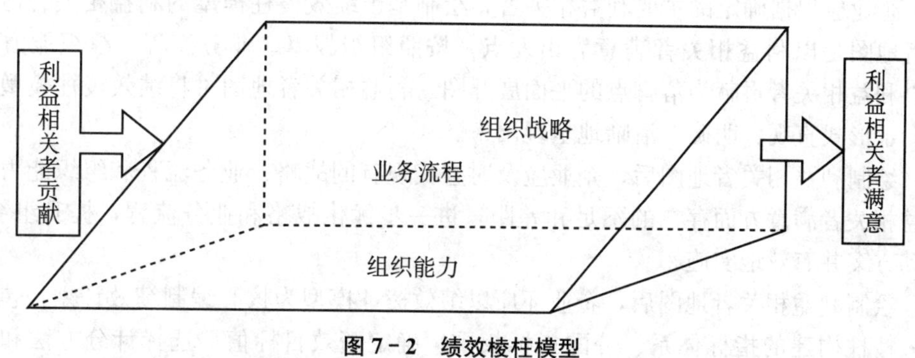

图 7－2　绩效棱柱模型

绩效棱柱模型的关键因素解释如下：

（1）利益相关者满意：谁是我们的主要利益相关者？他们的愿望和要求是什么？

（2）组织战略：我们应该采用什么战略来在满足利益相关者需求的同时也满足我们自己的要求呢？

（3）业务流程：我们需要什么样的关键业务流程才能执行我们的战略呢？

（4）组织能力：我们需要什么样的能力才能开展和改善组织业务流程呢？

（5）利益相关者贡献：为了培育和发展组织能力，我们需要利益相关主体为我们做出怎样的贡献呢？

二、应用环境

绩效棱柱模型遵循绩效管理对应用环境的一般要求：

（1）企业应坚持主要利益相关者的价值取向，建立有效的内外部沟通协调机制，与利益相关者建立良好的互动关系。

（2）企业应根据主要利益相关者的需求制定战略，优化关键流程，提升组织能力，在满足主要利益相关者需求的基础上分享其做出的贡献。

（3）企业应用绩效棱柱模型工具方法，一般需要建立由负责战略、人力资源、财务、客户和供应商等有关部门及外部专家等组成的项目团队。

（4）企业应对人力资源管理、客户关系管理、供应商关系管理、财务管理等系统进行集成，为绩效棱柱模型的实施提供信息支持。

三、应用程序

企业应用绩效棱柱模型工具方法，应遵循绩效管理中对应用程序的一般要求。

（1）企业在制定绩效计划时，可采用绩效棱柱模型工具方法。在应用该方法时，一般按照明确主要利益相关者、绘制利益相关者地图、优化战略和业务流程以及提升能力、制定以绩效棱柱模型为核心的绩效计划等程序进行。

（2）企业应结合自身的经营环境、行业特点、发展阶段、商业模式、业务特点等因素界定利益相关者范围，进一步运用态势分析法、德尔菲法等方法确定绩效棱柱模型的主要利益相关者。

（3）企业应根据确定的主要利益相关者，绘制基于绩效棱柱模型的利益相关者地图。利益相关者地图是以利益相关者满意为出发点，按照组织战略、业务流程、组织能力依次展开，并以利益相关者贡献为落脚点的平面展开图。利益相关者地图可将绩效棱柱模型的五个构面以图示形式直观、明确、清晰地呈现出来。

（4）绘制利益相关者地图后，企业应及时查找现有的战略、业务流程和组织能力在满足主要利益相关者满意方面存在的不足和差距，进一步优化战略和业务流程，提升组织能力，制定行动方案并有效地实施。

（5）绘制利益相关者地图后，企业还应以绩效棱柱模型为核心编制绩效计划，包括运用围绕绩效棱柱构建的指标体系、分配指标权重、确定绩效目标值、选择计分方法和评价周期、签订绩效责任书等一系列活动。

（6）企业应围绕利益相关者地图，构建绩效棱柱模型指标体系。指标体系的构建应坚持系统性、相关性、可操作性、成本效益原则。各项指标应简单明了，易于理解和使用。主要内容如下：

①制定企业级指标体系。根据企业层面的利益相关者地图，分别设计出各个构面的绩效评价指标。

②制定所属单位（部门）级指标体系。根据企业级利益相关者地图和指标体系，绘制所属单位（部门）级利益相关者地图，制定相应的指标体系。

四、绩效棱柱模型指标体系的主要内容

绩效棱柱模型指标体系通常包括以下内容：

1. 利益相关者满意评价指标

利益相关者满意评价指标中，与投资者（包括股东和债权人，下同）相关的指标有总资产报酬率、净资产收益率、派息率、资产负债率、流动比率等，与员工相关的指标有员工满意度、工资收入增长率、人均工资等，与客户相关的指标有客户满意度、客户投诉率等，与供应商相关的指标有逾期付款次数等，与监管机构相关的指标有社会贡献率、资本保值增值率等。

一般在利益相关者的满意层面，可考虑的计量指标有：

（1）股东。投资回报率、股价、经济附加值、市盈率、净资产收益率等。

（2）债权人。资产负债率、流动比率、速动比率、利息保障系数等。

（3）雇员。雇员忠诚度、满意度、离职率等。

（4）客户。客户满意度、客户投诉率等。

（5）合作伙伴。投诉次数等。

（6）监管方。违规事件的次数及性质等。

2. 组织战略评价指标

组织战略评价指标中，与投资者相关的指标有可持续增长率、资本结构、研发投入比率等，与员工相关的指标有员工职业规划、员工福利计划等，与客户相关的指标有品牌意识、客户增长率等，与供应商相关的指标有供应商关系质量等，与监管机构相关的指标有政策法规认知度、企业的环保意识等。

3. 业务流程评价指标

业务流程评价指标中，与投资者相关的指标有标准化流程比率、内部控制有效性等，与员工相关的指标有员工培训有效性、培训费用支出率等，与客户相关的指标有产品合格率、按时交货率等，与供应商相关的指标有采购合同履约率、供应商的稳定性等，与监管机构相关的指标有环保投入率、罚款与销售比率等。

4. 组织能力评价指标

组织能力评价指标中，与投资者相关的指标有总资产周转率、管理水平评分等，与员工相关的指标有员工专业技术水平、人力资源管理水平等，与客户相关的指标有售后服务水平、市场管理水平等，与供应商相关的指标有采购折扣率水平、供应链管理水平等，与监管机构相关的指标有节能减排达标率等。

5. 利益相关者贡献评价指标

利益相关者贡献评价指标中，与投资者相关的指标有融资成本率等，与员工相关的指标有员工生产率、员工保持率等，与客户相关的指标有客户忠诚度、客户毛利水平等，与供应商相关的指标有供应商产品质量水平、按时交货率等，与监管机构相关的指标有当地政府支持度、税收优惠程度等。

6. 企业分配绩效棱柱模型指标权重

企业分配绩效棱柱模型指标权重，应以主要利益相关者价值为导向，反映所属各单位或部门、岗位对主要利益相关者价值贡献或支持的程度，以及各指标之间的重要性水平。首先根据重要性水平分别对主要利益相关者分配权重，权重之和为100%；然后对不同主要利益相关者的五个构面分别设置权重，权重之和为100%；最后设定单项指标权重，一般设定在5%～30%之间，对特别重要的指标可适当提高权重。

五、注意事项

（1）企业设定绩效棱柱模型的绩效目标值，应根据利益相关者地图的因果关系，以利益相关者满意指标目标值为出发点，逐步分解得到企业战略、业务流程、组织能力的各项指标目标值，最终实现利益相关者贡献的目标值。各目标值应符合企业实际，具有可实现性和挑战性，使被评价对象经过努力可以达到。

（2）绩效棱柱模型绩效目标值确定后，当内外部环境发生重大变化或自然灾害等不可抗力因素对绩效完成结果产生重大影响时，企业应规定对目标值进行调整的办法和程序。

（3）绩效棱柱模型的实施是一项长期管理改善工作，企业在实践中通常可采用先试点后推广的方式，循序渐进地分步实施。

※ 任务训练 ※

一、选择题

1. 关于绩效棱柱模型，下列说法正确的是(　　)。

A. 适用于管理制度比较完善、业务流程比较规范的企业

B. 应用对象可以为企业各级所属单位（部门）

C. 适用于管理水平相对较高的大中型企业

D. 绩效棱柱模型的应用对象可以为企业

2. 企业在采用绩效棱柱模型工具方法时，一般按(　　)等步骤进行。

A. 明确主要利益相关者

B. 绘制利益相关者地图

C. 优化战略和业务流程

D. 提升能力，制定以绩效棱柱模型为核心的绩效计划

3. 下列说法正确的是(　　)。

A. 企业应根据确定的主要利益相关者，绘制基于绩效棱柱模型的利益相关者地图

B. 利益相关者地图是以利益相关者满意为出发点，按照组织战略、业务流程、组织能力依次展开，并以利益相关者贡献为落脚点的平面展开图

C. 企业应用绩效棱柱模型工具方法，一般不需要建立由财务、客户和供应商等有关部门及外部专家等组成的项目团队负责

D. 利益相关者地图可将绩效棱柱模型的五个构面以图示形式直观、明确、清晰地呈现出来

4. 下列说法正确的是(　　)。

A. 绘制利益相关者地图后，企业还应以绩效棱柱模型为核心编制绩效计划

B. 企业不应围绕利益相关者地图，构建绩效棱柱模型指标体系

C. 绘制利益相关者地图后，企业应及时查找现有的战略、业务流程和组织能力在满足主要利益相关者满意方面存在的不足和差距

D. 绩效计划是企业开展绩效评价工作的行动方案

5. 企业指标体系的构建应坚持(　　)。

A. 系统性原则　　B. 相关性原则　　C. 可操作性原则　　D. 成本效益原则

6. 绩效棱柱模型指标体系通常包括的内容有(　　)。

A. 利益相关者满意评价指标　　B. 组织战略评价指标

C. 业务流程评价指标　　D. 组织能力评价指标

E. 利益相关者贡献评价指标

7. 在组织能力评价指标中，与供应商相关的指标有(　　)。

A. 售后服务水平　　B. 采购折扣率水平

C. 市场管理水平　　D. 供应链管理水平

8. 下列说法正确的是(　　)。

A. 对不同主要利益相关者的五个构面分别设置权重，权重之和为 100%

B. 应根据重要性水平分别对主要利益相关者分配权重，权重之和为 100%

C. 企业分配绩效棱柱模型指标权重，应以主要利益相关者价值为导向，反映所属各单位或部门、岗位对主要利益相关者价值贡献或支持的程度，以及各指标之间的重要性水平

D. 单项指标权重一般设定在 5%～30%之间，对特别重要的指标可适当提高权重

9. 企业设定绩效棱柱模型的绩效目标值时，(　　)。

A. 应根据利益相关者地图的因果关系，以利益相关者满意指标目标值为出发点，逐步分解得到企业各项指标目标值

B. 以利益相关者满意指标目标值为出发点，逐步分解得到企业战略、业务流程、组织能力的各项指标目标值

C. 各目标值应符合企业实际，具有可实现性和挑战性

D. 各目标值应使被评价对象经过努力可以达到

10. 绩效棱柱模型绩效目标值确定后，下列说法正确的是(　　)。

A. 当内外部环境发生重大变化或自然灾害等不可抗力因素对绩效完成结果产生重大影响时，企业应规定对目标值进行调整的办法和程序

B. 一般情况下，由被评价对象或评价主体测算确定影响额度，向相应的绩效管理工作机构提出调整申请

C. 一般情况下，由被评价对象或评价主体报薪酬与考核委员会或类似机构审批

D. 绩效棱柱模型的实施是一项长期管理改善工作，企业在实践中通常可采用先试点后推广的方式，循序渐进地分步实施

11. 绩效棱柱模型的主要优点是(　　)。

A. 坚持主要利益相关者的价值取向

B. 使主要利益相关者与企业紧密联系

C. 有利于实现企业与主要利益相关者的共赢

D. 为企业的可持续发展创造良好的内外部环境

12. 绩效棱柱模型的主要缺点是(　　)。

A. 涉及多个主要利益相关者

B. 对每个主要利益相关者都要从五个构面建立指标体系

C. 指标选取复杂，部分指标较难量化

D. 对企业信息系统和管理水平有较高要求，实施难度大、门槛高

二、思考题

1. 绩效棱柱模型主要从哪些方面反映体系内容？

2. 企业在运用绩效棱柱模型时需要注意哪些问题？
3. 绩效棱柱模型在运用中对环境有什么要求？
4. 绩效棱柱模型在运用中怎样结合绩效指标使用？

绩效管理体系建设

一、实训目标与能力要求

本实训目标是培养学生如何定位企业绩效管理体系建设的能力，其能力要求是：

（1）正确理解绩效管理，从企业全局的视角来组建绩效管理体系。

（2）能够运用所学知识对案例进行准确分析。

二、实训方式

根据案例资料和要求，以 4～6 人为一个小组。根据案例资料进行相关分析，得出分析结论，并撰写讨论发言稿和实训报告。

三、实训考核

根据学生选择分析方法的正确性、分析结果的准确性、讨论发言和实训报告写作情况进行评分。

四、实训案例

华润集团基于 BSC 的绩效管理体系

随着我国市场经济体制的逐步完善和全球经济化进程的加快，企业面临着日趋激烈的竞争。人力资源成为第一资源，对人的管理也成了企业管理的重中之重，企业的竞争力水平往往取决于其员工的产出质量与数量。因此，管理和激励员工，使得人得其位、位适其人，最终实现人尽其才、才尽其用，是企业在激烈的市场竞争中制胜的关键。如何采用先进的绩效管理应对市场竞争，尤显迫切和具有重要意义。

华润集团有限公司（简称“华润”）是一家在香港注册和运营的多元化控股企业集团，由国务院国有资产监督管理委员会直接管理，被列为国有重点骨干企业。华润下设七大战略业务单元，17 家一级利润中心，是全球 500 强企业之一。集团的核心业务包括消费品、电力、地产、医药、水泥、燃气、金融等，多数已取得行业领先地位。1999 年，华润创造性地提出了一套以强化管理为基本出发点的6S集团公司管理体系。6S管理体系涵盖战略管理的基本思路，它建立在战略管理理论的基础之上，以战略业务单元为出发点，以全面预算为切入点，以管理信息为关注点，以内部审计为支持点，以评价考核为落脚点。2003年，华润开始引入与战略管理密切结合的管理工具——平衡计分卡（BSC）来补充6S管理体系战略协同的不足。

华润6S管理体系中的业绩评价体系是以BSC为总体框架，以关键绩效指标（KPI）为构成要素，以经济增加值（EVA）为核心理念，以业绩合同（PC）为表现形式构建而成的。完整的业绩评价体系由业绩考核指标、能力素质两部分组成。其中，业绩考核指标包括量化指标和非量化指标两部分，量化指标包含定量指标和可以量化的定性指标。

根据利润中心不同的行业性质和发展战略，华润建立战略导向的业绩评价体系，以业绩评价引导战略执行，按评价结果确定利润中心奖惩。从财务、顾客、流程和学习四个维度建立的关键业绩指标，使企业不仅要与过去比，还要与行业平均水平比，与行业标杆企业比；不仅要看营业额、利润、净资产收益率等财务指标，还要比客户和员工满意度、员工专业技能提高程度、社会贡献度、环保安全等“绿色指标”、软指标；不仅要重视短期效益，还要关注企业中长期战略目标的实现程度等。这样，对企业的评价就有了更全面、更客观的标准，使企业的发展更具可持续性、更加稳健。绩效考核结果除了作为日常绩效工资及年终奖发放的依据以外，还作为人员职位变动的根本依据加以应用。

华润通过BSC，以企业的战略和对目标市场的价值定位为出发点，把企业抽象的使命和战略转变为明晰的、可衡量的、相互关联的目标，将企业目标层层落实到下级部门至员工个人；然后将BSC系统与能力发展和绩效奖励连接起来，鼓励组织成员共同努力，完成企业的战略目标。这样，一方面解决了战略规划和经营计划相统一的问题，另一方面提供了一个系统的构架来实施企业的战略。

可以看到，华润业绩评价体系的运行要求企业战略管理、预算管理、会计信息系统、激励系统之间相互协调。如果企业高层管理者无法就战略达成共识，企业上下无法形成同心协力的合作氛围，企业业绩评价体系的战略导向也就难以实现。如果预算管理、会计信息系统、激励系统之间无法协调一致，战略主导型企业业绩评价体系也就难以有效运转。而华润业绩评价体系的成功运行，得益于它与其他系统之间形成了一个相互协调、一体联动的集成化的战略管理体系。

五、实训内容

根据实训目标和能力要求，对华润集团案例进行分析，并回答下列问题：

（1）华润公司的绩效体系是什么？

（2）如何理解华润公司的绩效体系？

（3）你可以为公司进一步完善绩效体系提出什么建议？

六、实训步骤

（1）教师提示：绩效管理体系建设环境和要求。

（2）教师分析案例公司的背景和基本情况，并指出案例分析过程中应注意的问题。

（3）学生针对所选案例，收集、整理有关资料，对公司进行深入分析并形成报告。

【项目小结】

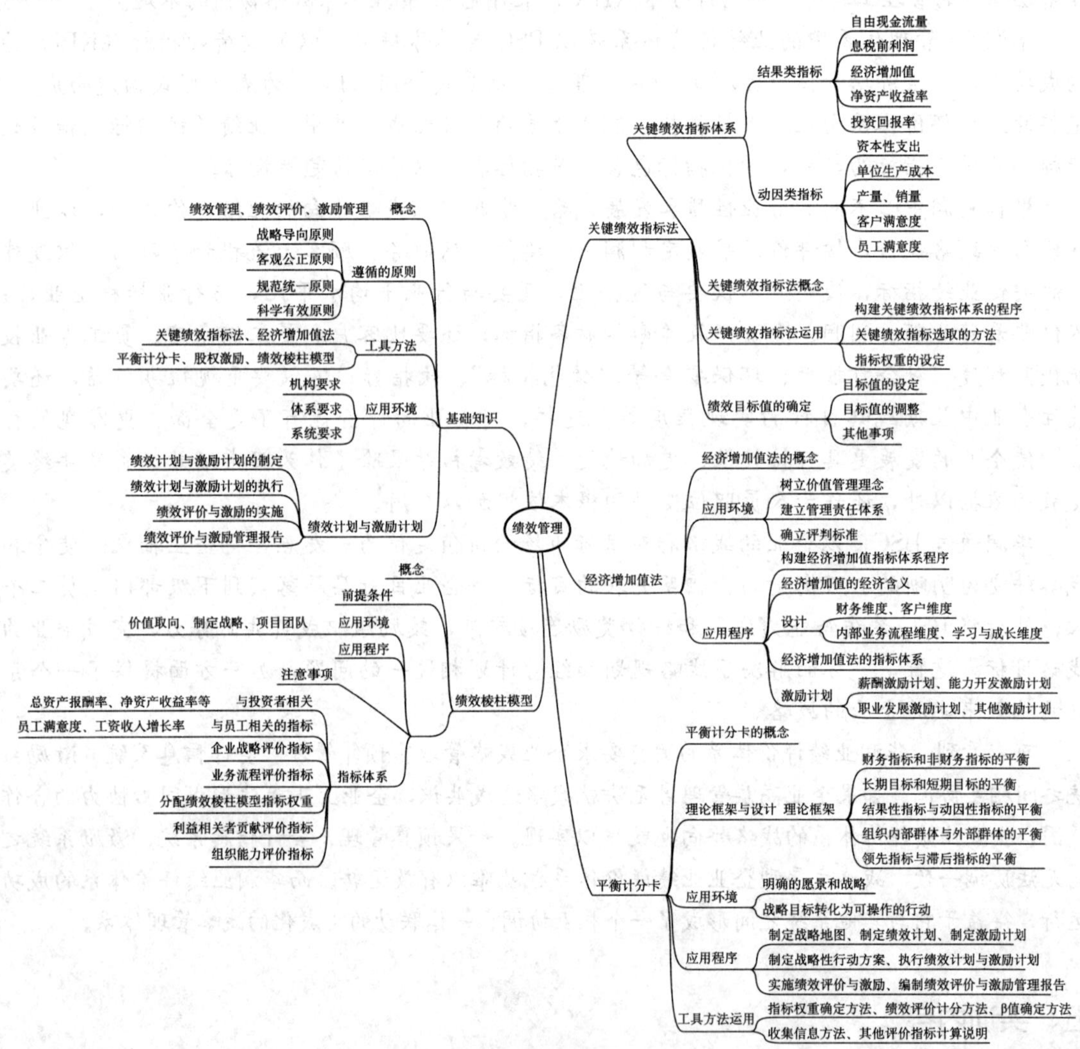

绩效管理思维导图

战略管理与战略地图

【知识目标】

- 熟悉战略的概念，了解企业战略管理的意义。
- 掌握战略管理的原则，熟悉战略管理的应用环境。
- 了解并熟悉企业的战略地图。
- 能识别企业战略地图，熟悉战略地图的编制原则。

【能力目标】

- 能再现战略管理的原则。
- 能正确使用战略管理工具方法。
- 能描述企业的战略地图。
- 能简单绘制企业的战略地图。

【工作任务】

- 了解战略与战略管理的基本含义，了解战略的不同类型。
- 能识别企业的战略地图，正确理解战略地图的意义。

【案例导读】

随着航空运输领域的竞争加剧，国内航空公司把“降成本、提效益”提升到企业战略高度。其中，西南航空公司就确定了低成本、低价格、高频率、多班次的战略，绝不多花一分钱、多浪费一分钟、多雇一个员工。公司选用了最省油的波音737，挑选回报率最高的航线，每天每架飞机尽可能提高起降次数，缩短航班停歇时间，控制在一刻钟之内。西南航空开张伊始，就将任意两个城市间的单程票价降到26美元，拉开了得克萨斯州内空运价格大战的序幕，并逐步向世人展示它“服务良好，票价低廉”的企业形象。

(1) 在服务创意和营销策略上，西南航空匠心独运，令竞争对手难以企及。

(2) 在运营效率和价格两方面，西南航空的招数也是出奇制胜。其中最著名的就是“双十”战略：10分钟的转场时间和10美元的非高峰期机票价格。极低的票价是策略的核心，为此，西南航空采取了一系列措施：提高飞机的使用率；只提供在中等城市之间的点对点航线，不与其他航空公司形成联运服务；保持地勤人员少而精；保持可靠的离港率，遵循“飞机要在天上才能赚钱”的原则；限量提供飞机上的供应，不提供用餐服务，但允许自带食品。

正是这一套完整的运营体系，使西南航空的低价竞争得以实现。低价策略是基于公司的资源而建立的独特的战略，与该企业本身不可分割，从而防止了被其他企业模仿，并使这一策略能够持久有效。

(3) 为培育高收益旅客的忠诚，西南航空以免费礼品为利器，从而在行业竞争中获胜。1973年，在开张

2年后，西南航空有了几十万美元的利润进账。从那时起，西南航空年年盈利，成为全世界航空业中最能赚钱的高手。

分析：

(1) 企业的战略应如何确定？其选择是否应成为企业管理决策的基点？

(2) 本案例中，战略与战术是如何协调的？不同战略下，战术安排是否具有相同的特点？

熟悉战略管理的原理与方法

一、战略管理的概念

战略是指企业从全局考虑做出的长远性谋划。战略原本是军事用语，是对军事斗争全局的策划和指导。其基本含义是战略指导者基于对军事斗争所依赖的主客观条件及其发展变化的规律性认识，全面规划、部署、指导军事力量的建设和运用，并有效率地达成既定的政治目的和军事目的。

8-1　巨人集团的战略失误

从企业未来发展的角度来看，战略表现为一种计划（Plan），而从企业过去发展历程的角度来看，战略则表现为一种模式（Pattern）；如果从产业层次来看，战略表现为一种定位（Position），而从企业层次来看，战略则表现为一种观念（Perspective）。此外，战略也表现为企业在竞争中采用的一种计谋（Ploy）。这是关于企业战略比较全面的看法，即著名的5P模型。

战略管理是指对企业全局的、长远的发展方向、目标、任务和政策，以及资源配置做出决策和管理的过程。具体来说，战略管理是对一个企业或组织在一定时期的全局的、长远的发展方向、目标、任务和政策，以及资源调配做出的决策和管理艺术，包括公司在完成具体目标时对不确定因素做出的一系列判断，以及公司在环境检测活动的基础上制定战略。战略管理首先是一个“自上而下”的过程，这也就要求高级管理层具备相关的能力及素养。战略管理还是一个不确定的过程，因为不同的决策层对于危险和机遇有不同的理解。战略管理大师迈克尔·波特（Michael Porter）认为，一项有效的战略管理必须具备五项关键点：独特的价值取向、为客户精心设计的价值链、清晰的取舍、互动性、持久性。

企业战略管理体系设计的实质是围绕着企业的三个核心问题进行细化设计的过程，这三个核心分别是：企业在哪里？企业去哪里？我们何时竞争（行动）？“企业在哪里”是指明晰企业的位置、我们的优劣所在、我们如何从广泛的市场参与中选择有价值的目标市场与顾客，以提供满足其需求的服务举措。“企业去哪里”是企业的未来发展方向。“我们何时行动”是指我们什么时间怎样行动才能战胜竞争对手，这需要企业详细分析竞争对手以及获取较高价值的各种策略手段，比如采用什么样的新技术还是采用什么类型的增值服务项目等。

二、公司战略的层次

企业战略按层次不同分为三类，即选择可竞争的经营领域的总体战略、某经营领域具体竞争策略的业务单位战略（也称竞争战略）和涉及各职能部门的职能战略。

1. 总体战略

企业一般会根据希望达到的目标，制定 3～5 年，或 5～10 年，或 10～20 年的阶段计划。公司或企业或个人的所有“活动”，都会围绕总目标或阶段目标开展。总目标或总的发展方向，就是总体战略。

总体战略是由公司层管理者制定的战略。公司层管理者包括公司总经理、其他高层管理者、董事会，以及有关的专业人员。公司总经理是公司战略的设计者，承担总体战略成效的终极责任。

企业战略管理中存在许多可供选择的战略类型，包括防御型战略、稳定型战略、紧缩型战略、混合型战略、进攻型战略、增长型战略。企业选择不同的战略，不仅是因为企业决策者的视角不同，而且是因为企业具有不同的层面、不同的内在特质和外部环境，会在不同的条件下选择不同的战略。

2. 竞争战略

竞争战略只是企业战略的一部分，又称为业务层次战略，是在企业总体战略的制约下，指导和管理具体战略经营单位的计划和行动。企业竞争战略要解决的核心问题是，如何通过确定顾客需求、竞争者产品及本企业产品这三者之间的关系，来奠定本企业产品在市场上的特定地位并维持这一地位。

战略的本义是对战争的谋略，引申义是谋略。谋略是大计谋，是对整体性、长期性、基本性问题的计谋。竞争战略是对竞争的谋略，发展战略是对发展的谋略，什么战略就是对什么的谋略。

谋略的本质特征有四个：整体性、长期性、基本性、计谋性。竞争战略就是对竞争中整体性、长期性、基本性问题的计谋，发展战略就是对发展中整体性、长期性、基本性问题的计谋。

从 20 世纪 90 年代末以来，在迈克尔·波特提出的成本领先战略、差异化战略和集中化战略的三种基本竞争战略指引下，企业几乎都采取了价格战、功能战、广告战、促销战、服务战、品类战来建立自己的竞争优势，以此来打败竞争对手。然而，良好的愿望并未转换成美好的现实，过度地打击对手并未使自己变得更好，而是所在领域的企业家们面临普遍低利润或者亏损的局面，各企业都被动地陷入价格战、功能战、广告战、促销战、服务战、品类战的困境，越是想打败竞争对手，越是变得更差，最后出现双败、多败的格局。

竞争战略包括四个层次：

一是产品形式竞争，这是最狭义的一种竞争，它反映了企业竞争主要是产品品牌竞争的观点。这些品牌属于同类产品，具有相同的产品特征，面对同样的细分市场。

二是品类竞争，是具有类似特征的产品或服务之间的竞争，称为产品品类竞争。在界定竞争对手时，企业应重点考虑这一层次的竞争对手。例如，如果不考虑目标市场的话，所有针对个人电脑的企业都可以相互视为竞争对手。

三是属类竞争。属类竞争以更长的时间跨度为导向，着重于可替代的产品分类，是满足同一顾客需求的产品或服务之间的竞争。例如，软饮料与橙汁在“解渴”上的竞争、快餐与正餐在“方便”上的竞争等。

四是预算竞争，这一竞争更广泛，是营销大师菲利普·科特勒（Philip Kotler）提出的“对抗”。这个层面的竞争考虑了市场上争夺同一消费者钱包份额的所有产品和服务。

3. 职能战略

职能战略又称职能支持战略，是按照总体战略或业务战略对企业内各方面职能活动进行的谋划。职能战略一般可分为生产运营型职能战略、资源保障型职能战略和战略支持型职能战略。职能战略是为企业战略和业务战略服务的，所以必须与企业战略和业务战略相配合。比如，企业战略确立了差异化的发展方向，要培养创新的核心能力，企业的人力资源战略就必须体现对创新的鼓励；要重视培训，鼓励学习；把创新贡献纳入考核指标体系；在薪酬方面加强对各种创新的奖励。

生产运营型职能战略，是企业或业务单元的基础性职能战略，从企业或业务运营的基本职能上为总体战略或业务战略提供支持，包括研发战略、筹资供应战略、生产战略、质量战略、营销战略、物流战略等。资源保障型职能战略是指为总体战略或业务战略提供资源保障和支持的职能战略，包括财务战略、人力资源战略、信息化战略、知识管理战略、技术战略等。战略支持型职能战略是指从企业全局上为总体战略和业务战略提供支持的战略，包括组织结构战略、企业文化战略、公共关系战略等。职能战略描述了在执行公司战略和经营单位战略的过程中，企业中的每一个职能部门所采用的方法和手段。

三、战略管理应遵循的原则

1. 目标可行原则

战略目标的设定，应具有一定的前瞻性和适当的挑战性，使战略目标通过一定的努力可以实现，并能够使长期目标与短期目标有效衔接。

这里有两个层面的意思：(1) 如何制定合理的目标？目标制定一方面应具有前瞻性，且通过一定的努力可以实现，另一方面应具有适当的挑战性，并能够使长期目标与短期目标有效衔接。也就是说，企业制定战略目标，既要心怀梦想又要脚踏实地：如果目标过高，实现不了，那么只是在做梦而非战略目标；如果目标过低，那么企业资源会浪费，无效率。因此，制定合理的目标非常关键，可以考虑是采用理想的目标还是基本可实现的目标作为参考。(2) 如何验证目标是否合理？通常目标需要路径来验证，如果目标有实行的路径，而且路径可行，则目标可行，路径可行则路径合理，也就是说目标的制定受制于路径以及企业的资源。

2. 资源匹配原则

企业应根据各业务部门与战略目标的匹配程度进行资源配置。

在企业战略制定过程中，目标是人定的，具有主观性，通常都很乐观；而资源是天定的，具有客观性，如果企业的目标脱离了资源，那么对企业可能会带来灭顶之灾。历史上这种案例数不胜数。

知识拓展　乐视网生态战略快速成长中的“烦恼”

2016年11月，站在舆论风口浪尖上的乐视就遇到了这样的“烦恼”。11月6日，乐视创始人、董事长兼CEO贾跃亭向全体员工发送内部信件，称随着战略与业绩的突飞猛进，资金与组织的问题正在凸显，乐视正在经历冰火两重天的考验。

贾跃亭在内部信中总结：“乐视的节奏过快。乐视生态战略第一阶段，以各个子业务线为主、平台业务为辅。但我们在蒙眼狂奔、烧钱追求规模扩张的同时，全球化战线一下子拉得过长，相对应的是我们的资金和资源其实非常有限。一方面乐视汽车前期投入巨大，陆续花掉100多亿元的自有资金，直接导致我个人对乐视的资金支持不足；另一方面我们的融资能力不强，方式单一，资本结构不合理。结果就是，我们无法把力量集中在一个点上，虽然各位打赢了一场又一场战役、开创了一片又一片疆土，但粮草供应不及时，后劲已经明显乏力。”简单来说，就是乐视战略发展太快了，资金有些跟不上。想必这在每一个拥有超前战略的企业家那里都是一直存在的难题，说白了就是企业长期战略需求和资源能力之间的矛盾。这个问题解决得好与坏，决定了企业的健康程度和发展速度。

资料来源：作者根据相关资源改编。

3. 责任落实原则

企业应将战略目标落实到具体的责任中心和责任人，构成不同层级彼此相连的战略目标责任圈。

4. 协同管理原则

企业应以实现战略目标为核心，考虑不同责任中心业务目标之间的有效协同，加强各部门之间的协同管理，有效提高资源使用的效率和效果。

【想一想】战略管理的四个原则分别是从企业的什么角度规范企业战略管理的？

四、战略管理工具方法

战略管理领域应用的管理会计工具方法，一般包括战略地图、价值链管理等。战略管理工具方法可单独应用，也可综合应用，以加强战略管理的协同性。

价值链管理的概念就是改变作业管理策略和将组织调整到具有有效性和高效率的战略位置，以利用产生的每一个竞争机会。在价值链管理中，客户最终掌握着权力，他们定义什么是价值以及怎样制造和提供价值。

价值链就是从原材料加工到产成品到达最终用户手中的过程，是所有增加价值的步骤所组成的全部有组织的一系列活动。

价值链管理的目标是创造一个价值链战略，这个战略为了满足和超越客户的需要和欲望，达成链中成员之间充分的无缝整合。一个好的价值链可以使链中的各成员像团队般工作，每个成员都为了全部过程增加相应的价值——快速组装、更准确的信息、更快的客户反应速度和更好的服务等。价值链中的各成员合作得越好，就会更好地为客户解决问题，使得整个链条上的企业都提升了客户服务水平、节约成本、提高交货速度、提高后勤管理效率、提高销售量、增加市场份额。

战略地图参见本项目任务二。

【想一想】价值链管理工具方法是怎样从战略管理的角度得到运用的？请举例说明。

五、应用环境

1. 关注企业内外部环境

企业应关注宏观环境（包括政治、经济、社会、文化、法律及技术等因素）、产业环境、竞争环境等对其影响长远的外部环境因素，尤其是可能发生重大变化的外部环境因素，确认企业所面临的机遇和挑战；同时应关注本身的历史及现行战略、资源、能力、核心竞争力等内部环境因素，确认企业具有的优势和劣势。

2. 设置专门机构或部门

企业一般应设置专门机构或部门，牵头负责战略管理工作，并与其他业务部门、职能部门协同制定战略目标，做好战略实施的部门协调，保障战略目标得以实现。

3. 建立健全配套的制度

企业应建立健全战略管理有关制度及配套的绩效激励制度等，形成科学有效的制度体系，切实调动员工的积极性，提升员工的执行力，推动企业战略的实施。

六、应用程序

企业应用战略管理工具方法，一般按照战略分析、战略制定、战略实施、战略评价和控制、战略调整等步骤进行。

（一）战略分析

战略分析包括外部环境分析和内部环境分析。

企业进行战略分析时，可应用态势分析法、波特五力分析法、波士顿矩阵分析法和营运矩阵分析法等方法，分析企业的发展机会和竞争力，以及各业务流程在价值创造中的优势和劣势，并对每一业务流程按照其优势强弱划分等级，为制定战略目标奠定基础。

1. 态势分析法

态势分析法，简称SWOT分析法，是基于内外部竞争环境和竞争条件下的综合分析，是指将与研究对象密切相关的各种主要内部的优势（Strength）、劣势（Weakness）和外部的机会（Opportunity）和挑战（Threat）等，通过调查列举出来，并依照矩阵形式排列，然后用系统分析的思想，把各种因素相互匹配起来加以分析，从中得出相应的结论，而结论通常带有一定的决策性，对制定相应的发展战略、计划以及对策起到支撑作用。

按照态势分析法，战略目标应是一个企业“能够做的”（即企业的优势和劣势）和“可能做的”（即环境的机会和挑战）之间的有机组合。

图8-1为SWOT分析图。

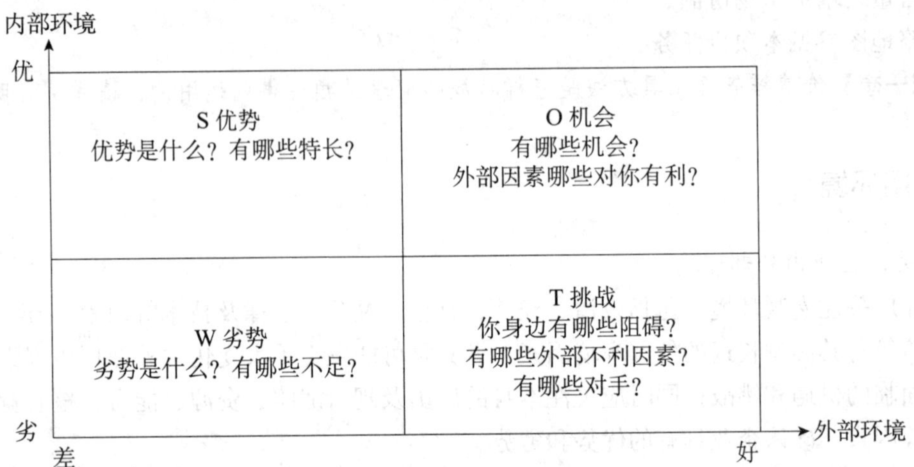

图 8-1　SWOT 分析图

案例赏析　**SWOT 战略分析法**

某公司以种植、生产加工和销售一体化方式经营。种植分为基地、种植合作社，工作人员主要以淮州三阳、厂街、钵池农户为主，主要负责生产环节；加工分为淮州区老阿婆食品三阳厂、楚州工业园、泰山红润加工厂，主要负责产品加工；销售分为淮州区天之都电子商务有限公司、南京众达有限公司、红润食品有限公司，主要负责产品销售。目前大包装产品主要由淮州区老阿婆食品三阳厂负责加工，由南京众达有限公司负责销售，有稳定的销售渠道及客户群体；小包装产品主要由楚州工业园和泰山红润加工厂负责加工，由天之都商务有限公司和红润食品有限公司负责销售，目前还未开发出相对应的市场及稳定的客户群体。公司战略规划部对公司现状进行了 SWOT 分析：

优势（S）：

（1）从生产到销售环节企业保持良好的形象，在淮州区，企业具有代表性。

（2）公司一体化具有完善的服务系统，从生产公司接待服务到销售公司处理售后问题，能够迅速解决，服务质量较高。

（3）针对淮州本土生产适合运作的产品，合理利用当地优势资源，发挥生产技术优势。

（4）能够有相应的资金流动，将政府支持及社会资金流向优势发挥到位。

（5）有品牌意识，致力于以构建品牌为核心、发展销售渠道为重心的运营模式。

（6）在竞争企业中注重于产品外在的打造，有抢占市场份额的决心，以打造自己销售区域为主导的发展思路。

劣势（W）：

（1）缺乏明确的战略目标以及长远公司发展规划，缺少管理知识，管理体系不健全。

（2）市场定位不精准，价格设置不合理，对标的竞争对手了解太少。

（3）客户保有率不高，高端客户占有率少，对于品牌的塑造性不够。

（4）营销技巧较差、销售渠道不力，导致销量不足，盈利较少。

（5）人力资源的开发与管理力度不够，人才的引进渠道太少，人才引进难度大。

(6) 企业文化建设不注重，缺乏创新性理论指导思想。

机会 (O)：

(1) 作为本地龙头企业，政府扶持与支持力度大，在本土酱菜行业占据主导地位。

(2) 市场需求较大，将生活品转为礼品及本地特产增加市场，能抢占其他市场份额。

(3) 不断研发新产品，有完整的生产线，增加产品种类，完善产品特性。

(4) 一步步向外占据市场，为市场满足更大范围做准备。

(5) 掌握三位一体，进行规模化运营成本较低，后期能够达到碎片化运营模式。

(6) 本地市场压力较小，市场较大，提供了后备保障。

挑战 (T)：

(1) 面临价格战冲击，产品未形成品牌，价格冲击影响较大。

(2) 对于产品战略定位存在很大隐患，影响价格定位及市场开拓。

(3) 工作分配存在分歧，员工积极性与利益分配面临挑战。

(4) 市场逐步开放，新的企业开始进入市场。

(5) 市场不景气，存在金融危机风险。

2. 波特五力分析法

波特五力分析法（Michael Porter's Five Forces Model），是指将供应商定价能力、购买者的讨价还价能力、潜在进入者的威胁、替代品的威胁、同行业竞争者的力量作为竞争主要来源的一种竞争力分析方法。

3. 波士顿矩阵分析法

波士顿矩阵分析法（BCG Matrix），是指在坐标图上，以纵轴表示企业销售增长率，横轴表示市场占有率，将坐标图划分为四个象限，依次为“明星类产品（★）”“问题类产品（?）”“金牛类产品（￥）”“瘦狗类产品（×）”。其目的在于通过产品所处不同象限的划分，使企业采取不同决策，以保证其不断地淘汰无发展前景的产品（“瘦狗类产品”），保持“明星类产品”“问题类产品”“金牛类产品”的合理组合，实现产品及资源分配结构的良性循环。

图 8－2 为波士顿矩阵分析法。

波士顿矩阵对于企业产品所处的四个象限具有不同的定义和相应的战略对策。

(1) 明星类产品（stars）。它是指处于高销售增长率、高市场占有率象限内的产品群，这类产品可能成为企业的现金牛产品，需要加大投资以支持其迅速发展。采用的发展战略是：积极扩大经济规模和市场机会，以长远利益为目标，提高市场占有率，加强竞争地位。发展战略以及明星类产品的管理与组织结构最好采用事业部形式，由对生产技术和销售两方面都很擅长的经营者负责。

(2) 金牛类产品（cash cow），又称厚利产品。它是指处于低销售增长率、高市场占有率象限内的产品群，产品已进入成熟期。其财务特点是销售量大、产品利润率高、负债比率低，可以为企业提供资金，而且由于销售增长率低，也无须增加投资。因而金牛类产品成为企业回收资金、支持其他产品（尤其是明星类产品）投资的后盾。具体方法包括：①把设备投资和其他投资尽量压缩；②采用榨油式方法，争取在短时间内获取更多利润，为其他产品

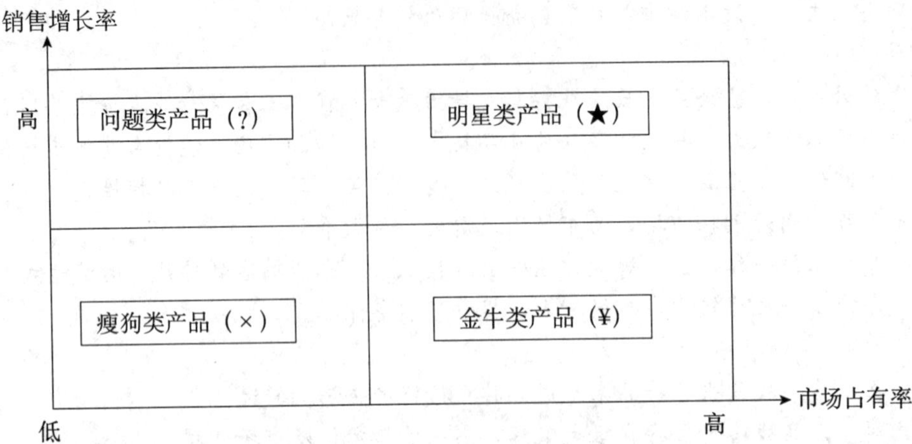

图 8-2　波士顿矩阵分析法

提供资金。对于这一象限内的销售增长率仍有所增长的产品，应进一步进行市场细分，维持现存市场增长率或延缓其下降速度。金牛类产品适合用事业部制进行管理，其经营者最好是市场营销型人物。

金牛类业务是指低市场成长率、市场份额相对高的业务。此类业务是成熟市场中的领导者，是企业现金的主要来源。由于市场已经成熟，企业不必通过大量投资来扩展市场规模，同时作为市场中的领导者，金牛类业务享有规模经济和高边际利润的优势，因而给企业带来大量财源。企业往往用金牛类业务来支付账款并支持其他三种需要大量现金的业务。如果公司只有金牛类业务，说明它的财务状况是很脆弱的，因为市场环境一旦变化，就会导致这项业务的市场份额下降，公司就不得不从其他业务单位中抽回现金来维持该金牛类业务的领导地位，否则这个强壮的“金牛”可能就会变弱，甚至成为“瘦狗”。

（3）问题类产品（question marks）。它是处于高销售增长率、低市场占有率象限内的产品群。前者说明市场机会大，前景好，而后者则说明在市场营销上存在问题。其财务特点是利润率较低，所需资金不足，负债比率高。例如，在产品生命周期中处于引进期、因种种原因未能开拓市场局面的新产品即属于此类问题的产品。对问题类产品应采取选择性投资战略。因此，对问题类产品的改进与扶持方案一般均列入企业长期计划中。对问题类产品的管理组织，最好是采取智囊团或项目组织等形式，选拔有规划能力、敢于冒风险、有才干的人负责。

（4）瘦狗类产品（dogs），也称衰退类产品。它是处在低销售增长率、低市场占有率象限内的产品群。其财务特点是利润率低，处于保本或亏损状态，负债比率高，无法为企业带来收益。对这类产品应采用撤退战略：首先应减少批量，逐渐撤退，对那些销售增长率和市场占有率均极低的产品应立即淘汰；其次是将剩余资源向其他产品转移；最后是整顿产品系列，最好将瘦狗产品与其他事业部合并，统一管理。

4. 营运矩阵分析法

营运矩阵分析法是指通过横向联系和纵向联系的营运方式，分析企业营运中分权化与集权化的问题，考虑各个管理部门（或岗位）之间的相互协调和相互监督，以更加高效地实现企业营运目标。

（二）战略制定

战略制定是指企业根据确定的愿景、使命和环境分析情况，选择和设定战略目标的过程。

战略制定是指确定企业任务，认定企业的外部机会与挑战，认定企业的内部优势与劣势，建立长期目标，制定供选择的战略，以及选择特定的实施战略。战略制定是企业基础管理的一个组成部分，是科学化加艺术化的产物，需要不断完善。在战略制定过程中，企业必须考虑技术因素所带来的机会与挑战。技术的进步可以极大地影响企业的产品、服务、市场、供应商、竞争者和竞争地位。

战略制定包含若干子项：愿景、目标、路线、项目选择、业务策略等。战略的制定不是一劳永逸的，到一个阶段要随需而调。组织架构要与多元化的愿景目标相匹配。

企业可根据对整体目标的保障、对员工积极性的发挥以及企业部门战略方案的协调等实际需要，选择自上而下、自下而上或上下结合的方法，制定战略目标。企业设定战略目标后，各部门需要结合企业战略目标设定本部门战略目标，并将其具体化为一套关键财务及非财务指标的预测值。为各关键指标设定的目标（预测）值，应与本企业的可利用资源相匹配，并有利于执行人积极有效地实现既定目标。

（三）战略实施

战略实施是指将企业的战略目标变成现实的管理过程。企业应加强战略管控，结合使用战略地图、价值链管理等多种管理会计工具方法，将战略实施的关键业务流程化，并落实到企业现有的业务流程中，确保企业高效率和高效益地实现战略目标。

知识拓展　**聚焦战略实施**

在战略管理中，战略实施是战略制定的继续，即企业制定出目标和战略以后，必须将战略的构想转化为战略实施的行动。在这个转化过程中，企业首先要考虑战略制定与战略实施的关系，两者配合得越好，战略管理越容易获得成功。企业为了实现自己的目标，不仅要有效地制定战略，而且要有效地实施战略。如果哪一方面出现了问题，就会影响整个战略的成败。例如，企业已经制定出良好的战略，而且能够有效地实施这一战略。在此条件下，尽管企业仍旧不能控制企业外部的环境因素，但由于企业能够成功地制定与实施战略，企业的目标便能够顺利地实现。相反，如果企业没有能完善地制定出自己的战略，执行这种战略时却一丝不苟，那么会产生两种不同的结果。一种结果是，企业能够很好地执行战略从而克服了原有战略的不足之处，或者至少为管理人员提出了可能失败的警告。例如，企业的销售人员发现企业战略中在市场营销方面存在问题，便将战略的重点放在促进企业成功的销售方面。而另一种结果是，企业认真地执行了这个不完善的战略，结果加速了企业的失败。例如，企业对一个尚有许多问题的新产品所制定的战略是迅速扩大生产和加强市场营销，如果在执行过程中企业不加任何变动而认真执行的话，则只会加速企业的失败。面对这两种情况，企业要及时准确地判断出这种情况下战略会造成什么结局，从而采取主动措施加以改进。再如，企业已制定有很好的战略但贯彻实施得很差。这种情况往往是由于企业管理人员过分注重战略的制定，而忽视战略的实施所导致的问题。一旦问题发生，管理人员的反应常常是重新制定战略，而不是去检查实施过程是否出了问题。这样，重新制定出来的战略仍按照老办法去实行，其结果只能是失败。另外，企业制定的战略本身不完善又没有很好地执行。在这种情况下，企业的管理人员很难把战略扭转到正确的轨道上来。这是因为企业如果保留原来的战略而改变实施的方式，或者改变战略而保留原有的实施方式，都不会产生好的结果，仍旧是要失败的。

（四）战略评价和控制

战略评价和控制是指企业在战略实施过程中，通过检测战略实施进展情况，评价战略执行效果，审视战略的科学性和有效性，不断调整战略举措，以达到预期目标。企业主要应从以下几个方面进行战略评价：

（1）战略是否适应企业的内外部环境；

（2）战略是否达到有效的资源配置；

（3）战略涉及的风险程度是否可以接受；

（4）战略实施的时间和进度是否恰当。

（五）战略调整

战略调整是指根据企业情况的发展变化和战略评价结果，对所制定的战略及时进行调整，以保证战略有效指导企业经营管理活动。战略调整一般包括调整企业的愿景、长期发展方向、战略目标及其战略举措等。

战略调整源于不确定性环境，传统的战略规划是以假定企业可以通过科学的工具和方法来预测任何业务为前提，但企业面临的是不确定的复杂环境，这使得战略规划的可预见性大打折扣。环境的不确定性是一个多维的概念，不同维度的不确定性对企业战略的影响各不相同，具体体现为：

1. 外部环境的多变性导致战略决策的风险提高

企业在经营过程中受到很多外部环境因素的影响，如政治、经济、社会和文化等，而这些外部环境因素经常变化，产生高度不确定感，导致企业没有战略决策的环境基础，战略决策的风险提高。

2. 竞争环境的复杂性导致企业的竞争地位发生变化

第一，由于环境多变使得企业的行业竞争优势、竞争地位发生变化，而企业却无法及时把握住，使得其根据过去的竞争优势和竞争地位所制定的企业战略不适合企业当前的实际情况。第二，客户需求的复杂化使企业越来越难以面对，导致其竞争地位发生变化。客户需求的复杂化使得企业要在客户分析方面投入大量工作，如果企业没有与竞争对手可以比拼的实力，那么竞争对手能更好地满足客户的需求，使客户转向竞争对手。第三，技术进步和技术创新的加快，改变了竞争者之间的技术优势，影响企业的持续竞争优势。

3. 内部管理的复杂性使企业战略调整的过程更为复杂

为了应对企业环境的变化，企业往往对其组织结构、激励制度、绩效管理系统、技术创新管理、部门协作等方面进行调整，而这种调整往往和企业已有的战略发生冲突。这就使得企业在战略调整过程中必须考虑未来内部管理很有可能发生的变革，不仅要关注现有影响因素，还要关注未来的可能影响因素，使得调整过程变得极其复杂。

尽管不确定性环境使企业的战略调整变得日益困难，但企业能采取的行动就是迎难而上。那么企业在进行战略调整时应遵循什么原则，才能使其战略挑战合理有效呢？具体表现为：

（1）及时反应原则。由于环境是不断变化并且具有不确定性，企业战略必须针对环境变化及时进行调整。企业战略调整的这种决策能力不同于一般的决策能力，它不仅要求保证决策的正确性，而且要求有较大的决策范围和速度，滞后的战略调整会让企业遭遇较高的风险。

（2）有效控制原则。企业的控制性是指在一定的环境变化条件下，企业能通过控制内部管理系统的方法，影响和控制环境受控系统，以达到预期企业战略目标的能力。企业与环境实际上是相互影响、相互制约的关系。当企业对自己进行了积极改变的时候，企业在环境的变化中就会处于比较主动的地位，对环境的变化将有更好的预测，进而有助于企业战略调整的成功。

（3）动态适应原则。在战略调整过程中，企业应增加战略决策的柔性，使其可以根据新信息加以修正。环境的快速变化使企业不断地接受新的信息，这就要求企业战略既有一定的稳定性，又有一定的适应性，进而要求战略具有动态适应的能力，战略方案具有一定的柔性。

（4）局部调整原则。企业可以根据具体的需要对战略进行局部的调整。由于战略决策本身要求具有较强的稳定性，随时进行全面的调整将使企业的工作完全陷入战略调整之中，无法进行正常的经营活动，同时，各种环境因素对企业的影响往往也是从一个个方面开始，因此企业应该先对影响最大的方面进行调整。例如，企业的战略可以分为总体经营战略、业务单元战略和职能战略，企业可以先对其职能战略进行调整，当需要调整的内容增加了，并达到一定程度，再对其业务单元战略和总体经营战略进行调整。

※ 任务训练 ※

一、单选题

1. 战略是指企业从（　　）考虑做出的长远性谋划。

A. 企业全局　　B. 长远的发展方向

C. 目标　　D. 任务和政策

E. 资源配置

2. 企业战略一般分为三个层次，错误的一项是（　　）。

A. 总体战略　　B. 竞争战略　　C. 职能战略　　D. 成本战略

3. 下列各项中，与其他项没有共性的是（　　）。

A. 总体战略　　B. 竞争战略　　C. 职能战略　　D. 成本战略

4. 甲公司是国内一家大型企业集团，主要业务发展为四部分：数据中心业务、移动业务、个人计算机和智能设备业务创投。为巩固其在世界第四大个人计算机市场——日本的份额，该公司 2016 年收购日本 N 品牌，N 品牌是日本最大的个人计算机（PC）品牌，甲公司此次收购的目的是增强个人电脑业务板块的市场竞争力，进一步扩大 PC 业务的市场份额。

根据以上信息可以判断，该公司的这种做法属于(　　)。

A. 总体战略　　B. 业务单位战略　　C. 营销战略　　D. 职能战略

5. 下列关于战略管理表述的选项中，只有(　　)是错误的。

A. 战略管理是企业综合性管理

B. 企业战略管理活动应适应企业内外部各种条件和因素的变化进行适当调整或变更

C. 战略管理必须由企业的高层领导和职能管理来推动和实施

D. 战略管理部门考虑的主要是做正确的事以改进效能

6. 公司总体战略的构成要素是(　　)。

A. 选择经营范围，发挥协同作用

B. 确立竞争优势，有效地控制资源的分配和使用

C. 配置企业内部资源，发挥协同作用

D. 选择经营范围，合理配置企业经营所需资源

7. 企业进行战略管理，一般不会遵守的原则是(　　)。

A. 适应性原则　　B. 资源匹配原则　　C. 责任落实原则　　D. 协同管理原则

8. 战略管理领域应用的管理会计工具方法，一般包括战略地图和(　　)。

A. 价值链管理　　B. 财务管理　　C. 战略管理　　D. 价值链应用

9. 企业不应关注(　　)等环境对其影响长远的外部环境因素。

A. 宏观环境　　B. 产业环境　　C. 竞争环境　　D. 微观环境

10. 下列属于宏观环境的是(　　)。

A. 文化环境　　B. 现行战略　　C. 企业资源　　D. 产业环境

11. 下列属于宏观环境的是(　　)。

A. 社会环境　　B. 企业竞争力　　C. 企业机遇　　D. 竞争环境

12. 确认企业的优势与劣势，应重点关注(　　)。

A. 内部因素　　B. 外部因素　　C. 产业环境　　D. 竞争环境

13. 确认企业的机遇与挑战，应重点关注(　　)。

A. 内部因素　　B. 外部因素　　C. 产业环境　　D. 竞争环境

14. 战略分析包括(　　)和内部环境分析。

A. 宏观环境分析　　B. 微观环境分析　　C. 综合分析　　D. 外部环境分析

15. 甲公司在2021年准备增发10亿元人民币，进入软件开发业务。公司管理层要对该行业进行分析，以了解其整体竞争格局。下列选项中，适合甲公司使用的分析工具是(　　)。

A. 态势分析法　　B. 财务分析　　C. 敏感分析　　D. 波特五力分析法

16. 以下几个选项中，不是对战略进行评价的是(　　)。

A. 战略是否适应企业的内外部环境　　B. 战略是否达到有效的资源配置

C. 战略涉及的风险程度是否可以接受　　D. 战略实施的时间和进度是否恰当

E. 战略是否适应企业的管理方式

17. 企业应用战略地图工具方法，一般按照战略地图设计和(　　)等程序进行。

A. 战略地图绘制　　B. 战略地图应用　　C. 战略地图描述　　D. 战略地图实施

18. 在激烈的竞争环境中，处于同一产业的企业纷纷通过市场营销争取自主产品的最大市场份额，这标志着该产业已进入生命周期的(　　)。

A. 导入期 B. 成长期 C. 成熟期 D. 衰退期

19. 下列(　　)与其他项没有共同属性。

A. 管理流程 B. 创新流程 C. 客户管理流程 D. 战略地图绘制流程

二、多选题

1. 战略管理是指对(　　)作出决策和管理的过程。

A. 企业全局 B. 长远的发展方向

C. 目标 D. 任务和政策

E. 资源配置

2. 关于战略，下列说法错误的是(　　)。

A. 关于企业全局的谋划 B. 关于企业长远发展方向的谋划

C. 关于企业目标的谋划 D. 关于企业任务和政策的谋划

E. 关于企业资源配置的谋划

3. 企业战略一般分为三个层次，包括(　　)。

A. 选择可竞争的经营领域的总体战略

B. 某经营领域具体竞争策略的业务单位战略

C. 涉及各职能部门的职能战略

D. 人才竞争战略

4. 企业进行战略管理，一般应遵循的原则有(　　)。

A. 目标可行原则 B. 资源匹配原则

C. 责任落实原则 D. 协同管理原则

5. 战略管理领域应用的管理会计工具方法，一般不包括(　　)。

A. 价值链管理 B. 财务管理 C. 战略管理 D. 价值链应用

6. 战略管理领域应用的管理会计工具方法，一般包括(　　)。

A. 价值链管理 B. 财务管理 C. 战略管理 D. 战略地图

7. 确认企业的机遇与挑战，不应重点关注(　　)。

A. 内部因素 B. 外部因素 C. 产业环境 D. 竞争环境

8. 战略调整一般包括(　　)。

A. 调整企业的愿景 B. 长期发展方向

C. 战略目标 D. 战略举措

9. 在客户价值定位维度上，企业一般可设置(　　)等战略主题。

A. 客户体验 B. 双赢营销关系

C. 品牌形象提升 D. 客户满意度

三、判断题

1. 战略管理是指对企业全局的、长远的发展方向、目标、任务和政策，以及资源配置作出决策和管理的过程。(　　)

2. 战略管理是指对企业全局的、长远的发展方向、目标、任务和政策，以及资源配置作出的长远性谋划。（　　）

3. 战略管理是指只对企业长远的发展方向、目标、任务和政策，以及资源配置作出决策和管理的过程。（　　）

4. 战略管理就是企业战略，是指企业从全局考虑做出的长远性谋划。（　　）

5. 选择可竞争的经营领域的战略也称竞争战略。（　　）

6. 企业针对某经营领域具体竞争策略的业务单位战略也称竞争战略。（　　）

7. 总体战略又称竞争战略，是指企业选择可竞争的经营领域的总体战略。（　　）

8. 根据目标可行原则，企业战略目标的设定，应具有一定的前瞻性和适当的挑战性，使战略目标通过一定的努力可以实现，并能够使长期目标与短期目标有效衔接。（　　）

9. 根据资源匹配原则，企业应根据各业务部门与战略目标的匹配程度进行资源配置。（　　）

10. 根据责任落实原则，企业应将战略目标落实到具体的责任中心和责任人，构成不同层级彼此相连的战略目标责任圈。（　　）

熟悉战略地图的原理与方法

一、战略地图的概念

战略地图是指为描述企业各维度战略目标之间因果关系而绘制的可视化战略因果关系图。战略地图通常以财务、客户、内部业务流程、学习与成长四个维度为主要内容，通过分析各维度的相互关系，绘制战略因果关系图。企业可根据自身情况对各维度的名称、内容等进行修改和调整。企业应用战略地图，应注意以下问题：

8-2 巨人集团经营失败案例分析

（1）企业应用战略地图工具方法，应注重通过战略地图的有关路径设计，有效使用有形资源和无形资源，高效实现价值创造；应通过战略地图实施将战略目标与执行有效绑定，引导各责任中心按照战略目标持续提升业绩，服务企业战略实施。

（2）企业应用战略地图工具方法，应遵循对应用环境的一般要求。

（3）企业应用战略地图工具方法，一般按照战略地图设计和战略地图实施等程序进行。

二、战略地图设计

企业设计战略地图，一般按照设定战略目标、确定业务改善路径、定位客户价值、确定内部业务流程优化主题、确定学习与成长主题、进行资源配置、绘制战略地图等步骤进行。

1. 设定战略目标

企业设定战略目标，应遵循《管理会计应用指引第 100 号——战略管理》的有关要求。

2. 确定业务改善路径

企业应根据已设定的战略目标，对现有客户（服务对象）和可能的新客户以及新产品（新服务）进行深入分析，寻求业务改善和增长的最佳路径，提取业务和财务融合发展的战略主题。在财务维度方面，战略主题一般可划分为两个层次：

第一层次一般包括生产率提升和营业收入增长等；

第二层次一般包括创造成本优势、提高资产利用率、增加客户机会和提高客户价值等。

3. 定位客户价值

企业应对现有客户进行分析，从产品（服务）质量、技术领先、售后服务和稳定标准等方面确定、调整客户价值定位。

对于客户价值定位维度，企业一般可设置客户体验、双赢营销关系、品牌形象提升等战略主题。

4. 确定内部业务流程优化主题

企业应根据业务提升路径和服务定位，梳理业务流程及其关键增值（提升服务形象）活动，分析行业关键成功要素和内部营运矩阵，从内部业务流程的管理流程、创新流程、客户管理流程、遵循法规流程等角度确定战略主题，并将业务战略主题进行分类归纳，制定战略方案。

5. 确定学习与成长主题

企业应根据业务提升路径和服务定位，分析创新和人力资本等无形资源在价值创造中的作用，识别学习与成长维度的关键要素，并相应确立激励制度创新、信息系统创新和智力资本利用创新等战略主题，为财务、客户、内部业务流程维度的战略主题和关键业绩指标（Key Performance Indicator，KPI）提供有力支撑。

6. 进行资源配置

根据各维度战略主题，企业应分析其有形资源和无形资源的战略匹配度，对各主题进行战略资源配置，同时应关注企业人力资源、信息资源、组织资源等在资源配置中的定位和价值创造中的作用。

7. 绘制战略地图

企业可应用平衡计分卡的四维度划分绘制战略地图，以图形方式展示企业的战略目标及实现战略目标的关键路径。具体绘制程序如下：

（1）确立战略地图的总体主题。总体主题是对企业整体战略目标的描述，应清晰表达企业愿景和战略目标，并与财务维度的战略主题和 KPI 对接。

（2）根据企业的需要，确定四维度的名称。把确定的四维度战略主题对应画入各自战略地图内，每一主题可以通过若干 KPI 进行描述。

（3）将各个战略主题和 KPI 用路径线连接，形成战略主题和 KPI 相连的战略地图。在绘制过程中，企业应将战略总目标（财务维度）、客户价值定位（客户维度）、内部业务流程主题

（内部流程维度）和学习与成长维度与战略 KPI 连接，形成战略地图。企业所属的各责任中心的战略主题、KPI 相应的战略举措、资源配置等信息一般无法都绘制到一张图上，一般采用绘制对应关系表或另外绘制下一层级责任中心的战略地图等方式来展现其战略因果关系。

【记一记】战略地图的设计程序：目标设定——改善路径——价值定位——优化主题——确定主题——资源配置——绘制地图。

案例赏析　欧洲福特（Ford）的战略演变

欧洲福特的战略是由国际化公司变为全球性公司，而这一转变是通过战略演变逐渐实现的。

20 世纪 60 年代后期，在亨利·福特二世的领导下，福特将他眼中的世界分为四大区域——欧洲、北美、拉美和亚太地区。在此之前，福特在欧洲设在英国和德国的两个制造公司拥有独立的产品开发和设计小组，开发不同的又具有竞争性的车辆。欧洲福特的成立改变了这种局面。欧洲福特的总裁林赛·霍尔斯特德（Linsey Halstead）解释说："我们在英国和德国的两个产品开发和设计小组开始在我们现有的欧洲产品上进行合作，而不是竞争。"但是，在 70 年代初期，欧洲市场和北美市场上的福特产品仍然差别很大。林赛·霍尔斯特德解释了这种情况改变的过程："美国汽车在石油价格上升的压力之下开始改变。随着汽车变小，制造适用于两大洲产品的部件，尤其是制造像发动机和齿轮箱之类的高成本-体积比的产品已成为现实。福特既收获了规模经济之利，又获得了释放工程设计资源、开发众多的产品、满足日益增长的复杂市场需求的好处。这使得福特进入下一阶段：我们正进行下一步，即在全球范围内，把我们建立欧洲福特和其他区域实体时所做的各种变革付诸实践——利用我们在产品开发、供货和制造方面的经验，多半是在欧洲取得的经验，把产品开发集中于全球'责任中心'——在欧洲 60 年代后期、70 年代初期所做的变革花了 10 年时间才结出硕果。我们要把福特的不同区域变成全球'责任中心'的计划，至少也要花同样长的时间。"

随着这些变化已取得进展，其他方面也已有了进展，已经逐渐使福特能够适应地区和全国性的变化。这包括与日本和澳大利亚的马自达（Mazda）的合作、与 Escort 北美型汽车的合作、与巴西和阿根廷的大众的合作、与韩国起亚（Kia）的合作，其中与韩国起亚合作生产出福特最小的美国汽车。"在福特，每个人的视线都已经移动了许多次。昨天他们做事的方式常常到明天就过时了。"

资料来源：Gerry Johnson，Kevan Scholes. 公司战略教程［M］. 北京：华夏出版社，2002：24.

三、战略地图实施

战略地图实施是指企业利用管理会计工具方法，确保企业实现既定战略目标的过程。战略地图实施一般按照战略 KPI 设计、战略 KPI 责任落实、战略执行、编制战略执行报告、战略的持续改善、战略评价与激励等程序进行。

1. 战略 KPI 设计

企业应用战略地图（见图 8－3），应设计一套可以使各部门主管明确自身责任与战略目标相联系的考核指标，即进行战略 KPI 设计。

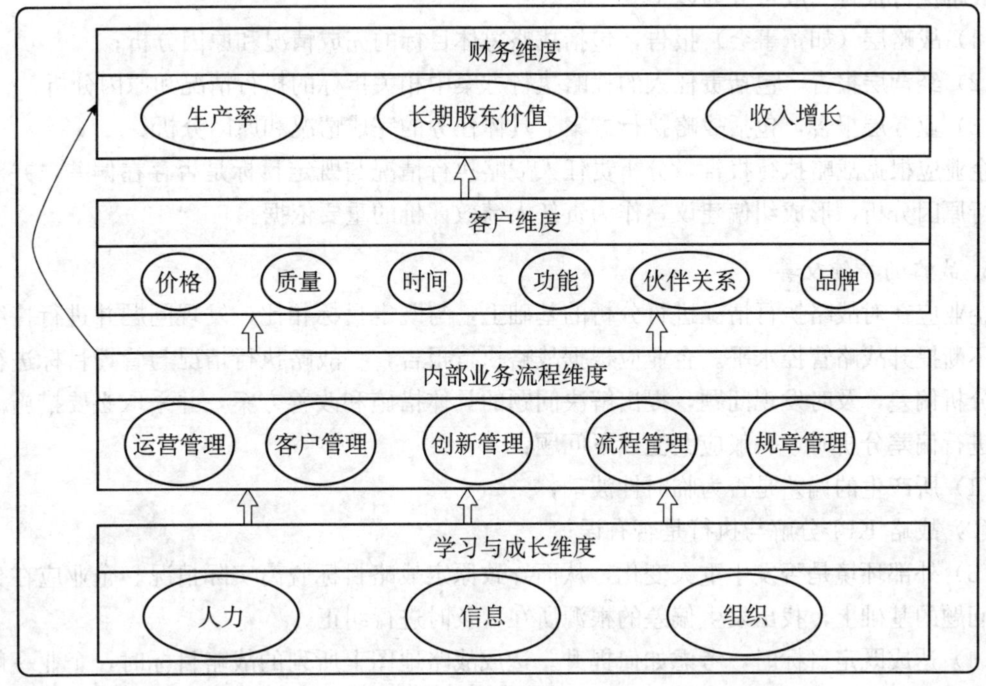

图 8-3　战略地图实施流程

2. 战略 KPI 责任落实

企业应对战略 KPI 进行分解，落实责任并签订责任书。

(1) 将战略 KPI 分解为责任部门的 KPI。企业应从最高层开始，将战略 KPI 分解到各责任部门，再分解到责任团队。每一责任部门、责任团队或责任人都有对应的 KPI，且每一 KPI 都能找到对应的具体战略举措。企业可编制责任表，描述 KPI 中的权、责、利和战略举措的对应关系，以便实施战略管控和形成相应的报告。每一责任部门的负责人可根据上述责任表，将 KPI 在本部门进行进一步分解和责任落实，层层建立战略实施责任制度。

(2) 签订责任书。企业应在分解明确各责任部门 KPI 的基础上，签订责任书，以督促各执行部门落实责任。责任书一般由企业领导班子（或董事会）与执行层的各部门签订。责任书应明确规定一定时期内（一般为一个年度）要实现的 KPI 任务、相应的战略举措及相应的奖惩机制。

3. 战略执行

企业应以责任书中所签署的任务为基础，按责任部门的具体人员和团队情况，对任务和 KPI 进一步分解，并制定相应的执行责任书，进行自我管控和自我评价。同时，以各部门责任书和职责分工为基础，确定不同执行过程的负责人及协调人，并按照设定的战略目标实现日期，确定不同的执行指引表，采取有效战略举措，保障 KPI 实现。

4. 编制战略执行报告

企业应编制战略执行报告，反映各责任部门的战略执行情况，分析偏差原因，提出具体管控措施。每一层级责任部门应向上一层级责任部门提交战略执行报告，以反映战略执行情况，制定下一步战略实施举措。

战略执行报告一般可分为以下三个层级：

(1) 战略层（如董事会）报告，包括战略总体目标的完成情况和原因分析；

(2) 经营层报告，包括责任人的战略执行方案中相关指标的执行情况和原因分析；

(3) 业务层报告，包括战略执行方案下具体任务的完成情况和原因分析。

企业应根据战略执行报告，分析责任人战略执行情况与既定目标是否存在偏差，并对偏差进行原因分析，形成纠偏建议，作为责任人绩效评价的重要依据。

5. 战略的持续改善

企业应在对战略执行情况进行分析的基础上，与既定目标相比，发现问题并进行持续改善，不断提升战略管控水平。企业应根据战略执行报告，将战略执行情况与管控目标进行比对，分析偏差，及时发现问题，提出解决问题的具体措施和改善方案，并采取必要措施。企业在进行偏差分析时，一般应关注以下问题：

(1) 所产生的偏差是否为临时性波动；

(2) 战略 KPI 分解与执行是否有误；

(3) 外部环境是否发生重大变化，从而导致原定战略目标脱离实际情况。企业应在分析这些问题的基础上，找出发生偏差的根源所在，及时进行纠正。

(4) 达成既定目标时，考虑如何提升。达成战略地图上所列的战略目标时，企业一般可考虑适当增加执行难度，提升目标水平，按持续改善的策略与方法进入新的循环。

6. 战略评价与激励

企业应按照《管理会计应用指引第 100 号——战略管理》中对战略评价的有关要求，对战略实施情况进行评价，并按照《管理会计应用指引第 600 号——绩效管理》的有关要求进行激励，引导责任人自觉地、持续地积极工作，有效利用企业资源，提高企业绩效，实现企业战略目标。

案例赏析 **战略改变格局**

一个好的战略不一定要求面面俱到，湖北移动公司的战略实践充分说明了这点，也是湖北移动公司引入战略地图、进行企业的战略管理时，收获的重要心得。湖北移动公司应用战略地图，在实践中很好地解决了战略分解、实施、控制和评价等诸多问题。他们在战略地图的绘制过程中，得到的体会是：在战略规划的组织实施中，高层决策者始终如一地参与和重视是成功的关键要素，而且公司高层要注意保持和各个部门之间的沟通交流，以尽快对公司的战略目标和举措达成共识，同时，战略路线和战略性衡量指标的选择不要贪多求全。

湖北移动公司运用战略地图解释战略、宣传战略，将战略目标与团队、个人的目标挂钩，很好地将公司的战略目标转化为全员参与的战略行动。

资料来源：作者根据相关资源整理编写。

【想一想】 企业为什么把战略放在最核心的位置？

四、工具方法评价

1. 战略地图的主要优点

战略地图的主要优点是能够将企业的战略目标清晰化、可视化，并与战略 KPI 和战略举措建立明确联系，为企业战略实施提供了有力的可视化工具。

2. 战略地图的主要缺点

战略地图的主要缺点是需要多维度、多部门的协调，实施成本高，并且需要与战略管控相融合，才能真正实现战略实施。

※ 任务训练 ※

一、单选题

1. 下列选项中，能准确表明相应企业宗旨的是(　　)。

A. 建筑公司：质量为先，信誉为重　　B. 食品公司：关注生命，关注健康

C. 航空公司：世界主流航空公司　　D. 计算机公司：提供信息存储和处理的方法

2. 企业进行环境分析时，分析企业的发展机会和竞争力，以及各业务流程在价值创造中的优势和劣势，并对每一业务流程按照其优势强弱划分等级，为制定战略目标奠定基础。其中，不可使用的方法是(　　)。

A. 态势分析法　　B. 波特五力分析法

C. 波士顿矩阵分析法　　D. 最小二乘估计法

3. 以下几个选项中，不是对战略进行评价的是(　　)。

A. 战略是否适应企业的内外部环境　　B. 战略是否达到有效的资源配置

C. 战略涉及的风险程度是否可以接受　　D. 战略实施的时间和进度是否恰当

E. 战略是否适应企业的管理方式

4. 下列关于某服装生产企业使命的表述，(　　)最符合。

A. 在服装设计中融入民族元素　　B. 让人民的生活更加丰富多彩

C. 三年内实现利润翻番　　D. 让企业成为员工的家

5. 在客户价值定位维度上，企业一般不设置(　　)等战略主题。

A. 客户体验　　B. 双赢营销关系

C. 品牌形象提升　　D. 客户满意度

6. 对于产品质量差异较小的饮料行业，最重要的企业资源是(　　)。

A. 财务资源　　B. 商誉　　C. 企业文化　　D. 技术

7. 美容美发店应配备充足的、受过培训的初级理发师，雇用他们来为顾客洗头、打扫美发馆和进行一般性的勤杂工作，这样能确保造型师集中精力为美发店创收而不会浪费时间。从价值链角度的战略地图看，这一措施属于企业的(　　)。

A. 必要活动　　B. 主要活动　　C. 基本活动　　D. 支持活动

8. 甲公司是一家国际健康事业领域中居领先地位的集团企业，业务范围主要涉及药品、

医疗诊断、维生素和精细化工等领域。2016年，该公司医疗器械业务取得较好发展，其相关数据如下：投资资本回报率16%，可持续增长率12%，资本成本6%，销售增长率10%。根据以上信息可以判断，最适合甲公司医疗器械业务采用的战略是(　　)。

A. 回购股份　　B. 增加股利支付

C. 出售该业务单元　　D. 横向并购

9. 企业应编制战略执行报告，反映各责任部门的战略执行情况，分析偏差原因，提出具体管控措施。战略执行报告一般不包括(　　)。

A. 战略层（如董事会）报告，包括战略总体目标的完成情况和原因分析

B. 经营层报告，包括责任人的战略执行方案中相关指标的执行情况和原因分析

C. 业务层报告，包括战略执行方案下具体任务的完成情况和原因分析

D. 管理层面的报告，包括管理制度设计、管理秩序维持和管理制度执行

10. 企业应在对战略执行情况进行分析的基础上，进行持续改善，不断提升战略管控水平。企业在进行偏差分析时，除了(　　)外，一般应予以关注。

A. 所产生的偏差是否为临时性波动

B. 战略KPI分解与执行是否有误

C. 外部环境是否发生重大变化，从而导致原定战略目标脱离实际情况。企业应在分析这些问题的基础上，找出发生偏差的根源所在，及时进行纠正

D. 偏差产生的基础是否发生变动

二、多选题

1. 企业应根据业务提升路径和服务定位，梳理业务流程及其关键增值（提升服务形象）活动，分析行业关键成功要素和内部营运矩阵，从内部业务流程的(　　)等角度确定战略主题，并将业务战略主题进行分类归纳，制定战略方案。

A. 管理流程　　B. 创新流程

C. 客户管理流程　　D. 遵循法规流程

2. 企业应根据业务提升路径和服务定位，分析创新和人力资本等无形资源在价值创造中的作用，识别学习与成长维度的关键要素，并相应确立(　　)等战略主题，为财务、客户、内部业务流程维度的战略主题和关键业绩指标提供有力支撑。

A. 激励制度创新　　B. 信息系统创新

C. 智力资本利用创新　　D. 人力资源创新

3. 根据各维度战略主题，企业应分析其有形资源和无形资源的战略匹配度，对各主题进行战略资源配置，同时应关注(　　)等在资源配置中的定位和价值创造中的作用。

A. 企业人力资源　　B. 信息资源

C. 组织资源　　D. 物质资源

4. 企业可应用平衡计分卡的四维度划分绘制战略地图，以图形方式展示企业的战略目标及实现战略目标的关键路径。具体绘制程序包括(　　)。

A. 确立战略地图的总体主题

B. 根据企业的需要，确定四维度的名称

C. 将各个战略主题和 KPI 用路径线连接

D. 形成战略主题和 KPI 相连的战略地图

5. 在战略地图绘制过程中，企业应将(　　)与战略 KPI 连接，形成战略地图。企业所属的各责任中心的战略主题、KPI 相应的战略举措、资源配置等信息一般无法都绘制到一张图上，一般采用绘制对应关系表或另外绘制下一层级责任中心的战略地图等方式来展现其战略因果关系。

A. 战略总目标（财务维度）

B. 客户价值定位（客户维度）

C. 内部业务流程主题（内部业务流程维度）

D. 学习与成长维度

三、判断题

1. 战略地图是指为描述企业各维度战略目标之间因果关系而绘制的可视化的战略因果关系图。战略地图通常以财务、客户、内部业务流程、学习与成长四个维度为主要内容，通过分析各维度的相互关系，绘制战略因果关系图。企业可根据自身情况对各维度的名称、内容等进行修改和调整。(　　)

2. 战略地图实施是指企业利用管理会计工具方法，确保企业实现既定战略目标的过程。战略地图实施一般按照战略 KPI 设计、战略 KPI 责任落实、战略执行、编制战略执行报告、持续改善、战略评价与激励等程序进行。(　　)

3. 企业应用战略地图，应设计一套可以使各部门主管明确自身责任与战略目标相联系的考核指标，即进行战略 KPI 设计。(　　)

4. 企业应用战略地图，应设计一套对各部门都可以进行考核的指标，即进行战略 KPI 设计。(　　)

5. 企业应对战略 KPI 进行分解，落实责任并签订责任书。具体可按两个步骤进行：将战略 KPI 分解为责任部门的 KPI 与签订责任书。(　　)

6. 战略地图的主要优点是：能够将企业的战略目标清晰化、可视化，并与战略 KPI 和战略举措建立明确联系，为企业战略实施提供了有力的可视化工具。(　　)

企业战略目标制定

一、实训目标与能力要求

本实训目标是培养学生对战略目标定位的认识能力，其能力要求是：

（1）正确理解企业的战略目标、战略目标的工具方法、战略目标的制定。

（2）能够运用所学知识对案例进行准确分析。

二、实训方式

根据案例资料和要求，以 4～6 人为一个小组，阅读管理会计的相关内容。在认真研究资料的基础上进行相关分析，得出分析结论，并撰写讨论发言稿和实训报告。

三、实训考核

根据学生选择分析方法的正确性、分析结果的准确性、讨论发言和实训报告写作情况进行评分。

四、实训案例

苹果公司发展战略

苹果公司首席执行官史蒂夫·乔布斯（Steve Jobs）长期致力于研发具有先进技术水平的产品，其功能强大，优雅美观，易于使用。20 世纪 90 年代，苹果公司董事认为乔布斯缺乏研究低成本、低价电脑所要的欲望和技巧，所以他被迫离开公司，之后米歇尔·戴尔（Michel Dell）的成本领先战略受到了大挑战。离开苹果公司后，乔布斯用自有资金开始了他的冒险事业。例如 NeXT，他将其发展成为一家世界上最强大的个人电脑公司；再如皮克斯，一家电脑动制作公司，制作完成的电影大片《玩具总动员》《海底总动员》大获成功。在 NeXT 和皮克斯这些公司中，乔布斯主要充当着规划产品未来发展战略的角色，并创造了一系列新产品。

同时，苹果公司努力与戴尔公司的低成本个人电脑竞争，但产品销量骤然下降，未来堪忧。苹果公司的董事意识到乔布斯承诺的差异化产品是当前公司生存下去的唯一机会，而后邀请乔布斯重新担任苹果公司的首席执行官。1965 年，乔布斯同意苹果公司以 4 亿美元收购 NeXT，通过使用它强大的操作系统和软件作为新型苹果电脑的基础系统。

从 1997 年担任首席执行官以来，乔布斯第一步就是创造清晰的视觉环境，把雇员研发具有先进技术水平、时髦有形的个人电脑和相关数字设备是否有活力作为目标。乔布斯把苹果公司的战略变换为集中差异化战略，这使得苹果公司在高价个人电脑市场占得一席之地，他创造的团队结构允许程序员和工程师将他们的能量汇集，从而研发新产品（这时使用的是 NeXT 技术）。未来更大范围的与个人电脑相关的产品，如笔记本电脑和打印机，随着新型时髦的家用一体电脑奔袭而来，这些产品的销量大幅增加。

乔布斯对员工研发的新差异化产品种类进行投资，鼓励员工提高竞争力。皮克斯展现了乔布斯对数字娱乐产品的潜能，他认为数字 MP3 音乐播放器是对苹果产品生产线的完美延展。这些播放器使苹果电脑更有价值，它们现在可以播放节目，还可以为用户储存数不胜数的音乐文件。2003 年苹果推出了它的 iPod 音乐播放器，与此同时，它声明它的新在线音乐商店叫作“iTunes”，从这个商店用户可以以每首歌 0.99 美元的价格下载歌曲。iPod 的成功令人震惊，在接下来的几年里，乔布斯仍然让设计师不断研发新一代的 iPod 产品。苹果公司的差异化优势使其与过去相比变得更加融合、更加强大、更加多样化。

直到 2006 年，苹果公司获得了 70%的数据音乐播放器市场、80%的在线音乐下载业务，它的股票价格也创出新高。

乔布斯探索的下一个里程碑是 2007 年创建苹果公司的差异化优势。那时，他声称苹果以其自身的竞争力研发了一款革命性新型智能手机——iPhone，它的直接竞争对手是诺基亚和黑莓智能手机。过去几年，苹果的工作团队不仅研发了新手机的硬件和软件，而且建造了在线 iPhone 应用平台，用户可以进行社交等，使手机具有更多用途。到 2011 年，苹果的工作团队研发了 200 万个手机应用软件，iPhone 用户下载数超过 30 亿次。苹果现在成为智能手机的佼佼者。过去，乔布斯主要通过不断改进 iPhone 来保持差异化竞争优势，例如每一两年，苹果就会出一款新升级的 iPhone。而 2010 年，乔布斯精心策划了另一款产品，他宣布苹果会推出一款新升级平板电脑 iPad，这在用户与互联网、电子邮件、照片和视频的交互方面产生的影响是革命性的。其无线阅读应用平台也直接与亚马逊的 Kindle 无线阅读器相竞争。iPad 推出时，消费者疯狂购买，伴随着乔布斯差异化战略的实施，2011 年第二代 iPad 推出。其他的电子公司也纷纷加入提高自己竞争优势的大军。直到 2011 年，在苹果公司的生产团队不断改进 iMac、iPod、iPhone、iPad 的版本的努力下，苹果公司的股票暴涨到每股 400 美元。2011 年 10 月，乔布斯的差异化战略使苹果公司股票成为世界上最具投资价值的股票。当然，这能维持多久取决于它保持竞争优势的能力。苹果公司目前的市值和单股股价相比 10 年前都翻了许多倍，商业上无疑是非常成功的，产品销量和售价、利润率在同行业里面长期稳坐第一。后乔布斯时代的苹果公司，产品越来越精细化，依然保持强劲的发展动力。2020 年 6 月 10 日，是美股中科技股的一个标志性日期，在这一天，苹果的市值突破了 1.5 万亿美元，股价创历史新高，成为全球市值最高的公司。

五、实训内容

根据实训目标与能力要求，对苹果公司的案例进行分析，并回答下列问题：

（1）苹果公司的竞争优势是什么？应该怎样看待一个公司的战略？

（2）苹果公司的战略是什么？公司的战略前后有没有发生变化，怎么变的？

六、实训步骤

（1）教师提示：企业战略从制定到评价和控制的程序。

（2）教师分析案例公司的背景和基本情况，并指出案例分析过程中应注意的问题。

（3）学生针对所选案例，收集、整理有关资料，对公司进行深入分析并形成报告。

【项目小结】

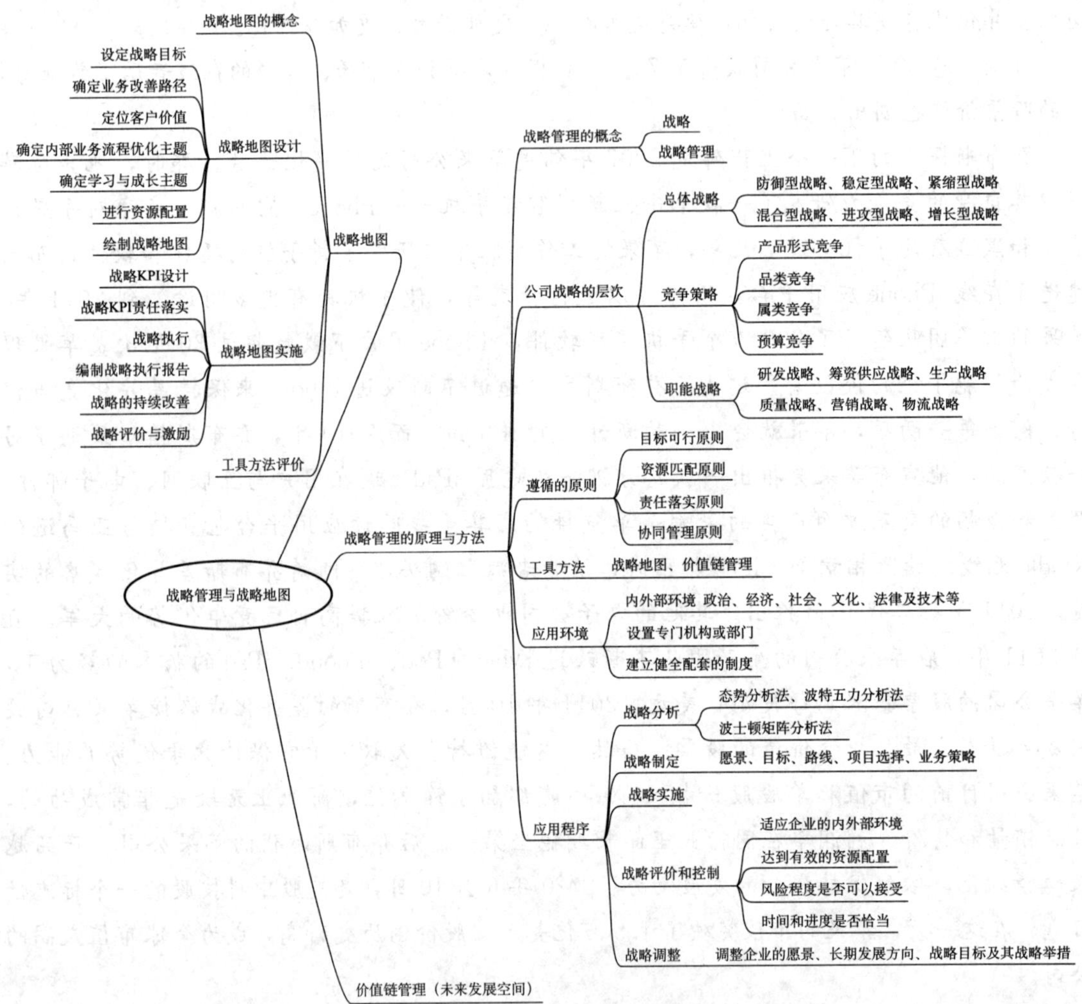

战略管理与战略地图思维导图

管理会计报告与管理会计信息系统

【知识目标】

- 了解管理会计报告的构成内容，熟悉管理会计报告的分类和撰写要求。
- 理解管理会计报告的流程，熟悉不同层级的管理会计报告的撰写方法。
- 掌握管理会计信息系统建设遵循的原则，了解管理会计信息系统构成的框架体系。
- 熟悉管理会计信息系统的运用环境和运用程序。

【能力目标】

- 能重现不同层次的管理会计报告的基本结构，掌握撰写报告内容与要求。
- 能再现管理会计报告的基本流程和管理会计信息系统的基本框架。
- 掌握管理会计报告的基本类型和管理会计信息系统建设的原则、运行环境和运用要求。

【工作任务】

- 认识企业管理会计报告的目标、构成内容、报告的组成要件。
- 熟悉战略层管理会计报告的构成内容、报告的要求和撰写方法。
- 熟悉经营层管理会计报告的构成内容、报告的要求和撰写方法。
- 熟悉业务层管理会计报告的构成内容、撰写时间和要求。
- 熟悉管理会计信息系统的体系构成，了解不同信息模块系统的链接。

【案例导读】

小张刚来到A公司上班，遇到公司正在对一年来施行价值管理进行总结。小张被要求协助公司的相关部门人员完成书面总结报告，据说主要是管理会计报告，而且是分不同层次写报告。但是对于什么是管理会计报告、包括哪些内容、有什么要求、服务对象是谁等问题，小张一头雾水，不知道工作从哪里入手，又如何展开。

请你给小张详细介绍关于管理会计报告的相关知识。

任务一

撰写管理会计报告

一、管理会计报告的概念

企业管理会计报告是指企业运用管理会计方法，根据财务和业务的基础信息加工整理形成的，满足企业价值管理和决策支持需要的内部报告。管理会计报告通常与战略管理相对应，形成战略层管理会计报告、经营层管理会计报告和业务层管理会计报告。

战略层管理会计报告是为战略层开展战略规划、决策、控制和评价以及其他方面的管理活动提供相关信息的对内报告。战略层管理会计报告的报告对象是企业的战略层，包括股东大会、董事会和监事会等。

经营层管理会计报告是为经营管理层开展与经营管理目标相关的管理活动提供相关信息的对内报告。经营层管理会计报告的报告对象是经营管理层。

业务层管理会计报告是为企业开展日常业务或作业活动提供相关信息的对内报告。业务层管理会计报告的报告对象是企业的业务部门、职能部门以及车间、班组等。

二、企业管理会计报告的目标

企业管理会计报告的目标是为企业各层级进行规划、决策、控制和评价等管理活动提供有用信息。

企业应建立管理会计报告组织体系，根据需要设置管理会计报告相关岗位，明确岗位职责。企业各部门都应履行提供管理会计报告所需信息的责任。

三、企业管理会计报告的要件

企业管理会计报告包括报告的名称、报告期间或时间、报告对象、报告内容以及报告人等。

报告的名称是指报告的标题，如星宇公司产品研发报告、广元公司北部市场销售策略报告。

报告期间或时间是指报告所述事件的时间段。企业可根据管理的需要和管理会计活动的性质设定报告期间。一般以日历期间（月度、季度、年度）作为企业管理会计报告期间，也可根据特定需要设定企业管理会计报告期间。

企业管理会计报告的对象是对管理会计信息有需求的各个层级、各个环节的管理者。

会计报告的内容是指报告陈述的具体事项，必须注意三方面问题：

（1）企业管理会计报告应根据管理需要和报告目标而定，易于理解并具有一定的灵活性。

（2）企业管理会计报告的编制、审批、报送、使用等应与企业组织架构相适应。

（3）企业管理会计报告体系应根据管理活动全过程进行设计，在管理活动各环节形成基于因果关系链的结果报告和原因报告。

四、管理会计报告的种类

（一）管理会计报告的主要分类方式

按企业管理会计报告使用者所处的管理层级，可分为战略层管理会计报告、经营层管理会计报告和业务层管理会计报告。

战略层管理会计报告，包括但不限于战略管理报告、综合业绩报告、价值创造报告、经营分析报告、风险分析报告、重大事项报告、例外事项报告等。这些报告可独立提交，也可根据不同需要整合后提交。

经营层管理会计报告，主要包括全面预算管理报告、投资分析报告、项目可行性报告、融资分析报告、盈利分析报告、资金管理报告、成本管理报告、绩效评价报告等。

业务层管理会计报告，应根据企业内部各部门、车间或班组的核心职能或经营目标进行设计，主要包括研究开发报告、采购业务报告、生产业务报告、配送业务报告、销售业务报告、售后服务业务报告、人力资源报告等。

（二）管理会计报告的其他分类方式

企业管理会计报告可按照多种标准进行分类，包括但不限于下列分类：

（1）按照企业管理会计报告内容，可分为综合企业管理会计报告和专项企业管理会计报告；

（2）按照管理会计功能，可分为管理规划报告、管理决策报告、管理控制报告和管理评价报告；

（3）按照报告主体整体性程度，可分为整体报告和分部报告；

（4）按照责任中心，可分为投资中心报告、利润中心报告和成本中心报告。

五、管理会计报告的内容

不同层级的管理会计报告，撰写的内容并不相同。

（一）战略层管理会计报告的内容

战略层管理会计报告在撰写时一般涵盖外部环境分析、战略选择与目标设定、战略执行及其结果、战略评价等方面内容，但是针对具体不同的报告，在内容上又有不同的侧重点。

（1）综合业绩报告的内容一般包括关键绩效指标预算及其执行结果、差异分析以及其他重大绩效事项等。

（2）价值创造报告的内容一般包括价值创造目标、价值驱动的财务因素与非财务因素、内部各业务单元的资源占用与价值贡献，以及提升公司价值的措施等。

(3) 经营分析报告的内容一般包括过去经营决策执行情况回顾、本期经营目标执行的差异及其原因、影响未来经营状况的内外部环境与主要风险分析、下一期的经营目标及管理措施等。

(4) 风险分析报告的内容一般包括企业全面风险管理工作回顾、内外部风险因素分析、主要风险识别与评估、风险管理工作计划等。

(5) 重大事项报告是针对企业的重大投资项目、重大资本运作、重大融资、重大担保事项、关联交易等事项进行的报告。

(6) 例外事项报告是针对企业发生的管理层变更、股权变更、安全事故、自然灾害等偶发性事项进行的报告。

（二）经营层管理会计报告的内容

(1) 全面预算管理报告的内容一般包括预算目标制定与分解、预算执行差异分析以及预算考评等。

(2) 投资分析报告的内容一般包括投资对象、投资额度、投资结构、投资进度、投资效益、投资风险和投资管理建议等。

(3) 项目可行性报告的内容一般包括项目概况、市场预测、产品方案与生产规模、厂址选择、工艺与组织方案设计、财务评价、项目风险分析，以及项目可行性研究结论与建议等。

(4) 融资分析报告的内容一般包括融资需求测算、融资渠道与融资方式分析及选择、资本成本、融资程序、融资风险及其应对措施和融资管理建议等。

(5) 盈利分析报告的内容一般包括盈利目标及其实现程度、利润的构成及其变动趋势、影响利润的主要因素及其变化情况，以及提高盈利能力的具体措施等。企业还应对收入和成本进行深入分析。盈利分析报告可基于企业集团、单个企业，也可基于责任中心、产品、区域、客户等进行。

(6) 资金管理报告的内容一般包括资金管理目标、主要流动资金项目（如现金、应收票据）、应收账款、存货的管理状况、资金管理存在的问题以及解决措施等。企业集团资金管理报告的内容一般还包括资金管理模式（集中管理还是分散管理）、资金集中方式、资金集中程度、内部资金往来等。

(7) 成本管理报告的内容一般包括成本预算、实际成本及其差异分析，成本差异形成的原因以及改进措施等。

(8) 绩效评价报告的内容一般包括绩效目标、关键绩效指标、实际执行结果、差异分析、考评结果，以及相关建议等。

（三）业务层管理会计报告的内容

业务层管理会计报告在撰写时需要根据具体报告的类型确定，不同的报告写法不同，内容不同，侧重点也不相同。

(1) 研究开发报告一般包括研发背景、主要研发内容、技术方案、研发进度、项目预算等。

(2) 采购业务报告的内容一般包括采购业务预算、采购业务执行结果、差异分析及改善建议等。采购业务报告要重点反映采购质量、数量以及时间、价格等方面的内容。

（3）生产业务报告的内容一般包括生产业务预算、生产业务执行结果、差异分析及改善建议等。生产业务报告要重点反映生产成本、生产数量以及产品质量、生产时间等方面的内容。

（4）配送业务报告的内容一般包括配送业务预算、配送业务执行结果、差异分析及改善建议等。配送业务报告要重点反映配送的及时性、准确性以及配送损耗等方面的内容。

（5）销售业务报告的内容一般包括销售业务预算、销售业务执行结果、差异分析及改善建议等。销售业务报告要重点反映销售的数量结构和质量结构等方面的内容。

（6）售后服务业务报告的内容一般包括售后服务业务预算、售后服务业务执行结果、差异分析及改善建议等。售后服务业务报告要重点反映售后服务的客户满意度等方面的内容。

（7）人力资源报告的内容一般包括人力资源预算、人力资源执行结果、差异分析及改善建议等。人力资源报告要重点反映人力资源使用及考核等方面的内容。

六、管理会计报告的要求

1. 战略层管理会计报告的要求

战略层管理会计报告应做到精练、简洁、易于理解，报告主要结果、主要原因，并提出具体的建议。

2. 经营层管理会计报告的要求

经营层管理会计报告应做到内容完整、分析深入。

3. 业务层管理会计报告的要求

业务层管理会计报告应做到内容具体，数据充分。

七、企业管理会计报告的流程

企业管理会计报告流程包括报告的编制、审批、报送、使用、评价等环节。

（1）编制。企业管理会计报告由管理会计信息归集、处理并报送的责任部门编制。

（2）审批。企业应根据报告的内容、重要性和报告对象等，确定不同的审批流程。经审批后的报告方可报出。

（3）报送。企业应合理设计报告报送路径，确保企业管理会计报告及时、有效地送达报告对象。企业管理会计报告可以根据报告性质、管理需要进行逐级报送或直接报送。

（4）使用。企业应建立管理会计报告使用的授权制度，报告使用人应在权限范围内使用企业管理会计报告。

企业应当充分利用信息技术，强化管理会计报告及相关信息集成和共享，将管理会计报告的编制、审批、报送和使用等纳入企业统一信息平台。

企业应定期根据管理会计报告使用效果以及内外部环境变化对管理会计报告体系、内容以及编制、审批、报送、使用等进行优化。

企业管理会计报告属内部报告，应在允许的范围内传递和使用。相关人员应遵守保密规定。

（5）评价。企业应对管理会计报告的质量传递的及时性、保密情况等进行评价，并将评价结果与绩效考核挂钩。

八、管理会计报告的撰写

以业务层管理会计报告为例，说明管理会计报告的撰写方法。

西岭公司产品研发成果报告

项目名称：集成数据模块的研发

编　　制：集成数据模块研发二部

日　　期：2020 年 7 月 10 日

（一）项目实施情况

…………（项目实施从开始到结束的情况介绍，最后的成果。）

（二）项目实施过程

1. 执行期

执行过程中，项目按……执行。

2. 达成的技术指标和参数

…………

3. 项目创新情况

采用复合 RXDDQ 技术的感应器、电子板等核心部件组装，采用模块化的现场安装方式，适应仪表产品小型化、数字化的要求，根据现场总线协议开发，引入 RW 与 EKF 传感器技术制造的智能传导系统。设计具有两个功能单元：主功能单元和辅助功能单元。包括模拟数字通信、HRD 型以及 PPFD 数字信息协议，信号传导中不仅提高了精度、降低了温度漂移，而且符合 QD－XT67 协议的规定。整个产品具有体积小、可靠性高、长期稳定性好，设定、校验以及诊断便捷。

4. 对其他项目及后续项目的技术贡献

采用模块化的现场安装方式，使用独特的电感元件，使得安装更加容易，产品稳定性和适用环境比以前开发的产品更加宽广。通过这个项目的研发，在以后的项目开发和产品二次改进中，可以把这些技术运用进去，可以更好地提高产品的市场竞争力。在产品投入市场后，根据客户反映、市场情况以及前沿技术的发展，本项目产品将做技术改进，降低产品生产成本，提高产品质量，提高产品稳定性，以适应更加复杂的工业环境。

5. 人才培养

通过本项目的实施，公司融合了一支精诚合作、团结进取的优秀研发团队。通过创新人才培养方法，公司充分发挥了管理人才和技术人才的作用，提高了研发能力和水平，造就了一支创新型研发人才队伍。另外，公司建立了研发人员绩效考核办法，以公司制订的新产品开发计划为基础，以公司新产品开发目标和经营目标为导向，年终结合目标责任制要求进行绩效考核，根据绩效考核情况最终确定其报酬，并设立薪资奖励、职务晋升和特殊业绩奖励等多种奖励机制，稳定了技术人员队伍，为公司发展打下了坚实的基础。

（三）资金使用情况

项目自筹资金×××万元。详见研发项目研究开发费用情况归集表。

（四）社会效益与经济效益

1. 社会效益

该公司产品能够在最为恶劣或危险的工业环境中准确、可靠地使用，并且误差率极小。

产品广泛应用于电力、水泥、化工、石化等多个领域，也可在废水处理、制药、制浆、造纸、冶金和采矿等行业使用，可提高我国企业在自动化变量控制方面的精度和品质。尤其是近年来国家要求和谐发展，大力扶植绿色环保企业和节能减排技术，新产品可以快速进入国内垃圾发电、水泥、余热发电等节能环保项目中使用，并产生效益。同国外产品比较，该公司产品拥有稳定性好、抗干扰能力高、使用和安装方便、现场维护简单等优点，产品国产化程度高，价格相对于国外产品具有相当的优势，在市场上具有很强的竞争力，在未来几年内会对传导感应器材的销售产生至少万台（套）以上的拉动。该公司产品能替代国外同类产品，赢得了良好的市场效应，将为我国自主发展传感仪表现出良好效应。

2. 经济效益

××的研发成功完善了公司产品系列，能更好地满足客户需求，提升了产品竞争力，更有利于营销人员的市场开拓。本产品的售价为×××元台，预计 2024 年销售额达×××万元，到 2026 年达到××××万元。产品除个别电子芯片外其余部件全部国产，国产化程度在 90%以上。配套企业也共同分享该产品的经济效益。

【想一想】战略层与经营层、业务层的管理会计报告在内容上有何不同?

构建管理会计信息系统

一、管理会计信息系统的概念

管理会计信息系统是指以财务和业务信息为基础，借助计算机、网络通信等现代信息技术手段，对管理会计信息进行收集、整理、加工、分析和报告等操作处理，为企业有效开展管理会计活动提供全面、及时、准确信息支持的各功能模块的有机集合。

二、管理会计信息系统应遵循的原则

企业建设和应用管理会计信息系统，一般应遵循以下原则：

1. 系统集成原则

管理会计信息系统各功能模块应集成在企业整体信息系统中，与财务和业务信息系统紧密结合，实现信息的集中、统一管理以及财务和业务信息到管理会计信息的自动生成。

2. 数据共享原则

企业建设管理会计信息系统应实现系统间的无缝对接，通过统一的规则和标准，实现数据的一次采集，全程共享，避免产生信息孤岛。

3. 规则可配原则

管理会计信息系统各功能模块应提供规则配置功能，实现其他信息系统与管理会计信息系统相关内容的映射和自定义配置。

4. *灵活扩展原则*

管理会计信息系统应具备灵活扩展性，通过及时补充有关参数或功能模块，对环境、业务、产品、组织和流程等的变化及时做出响应，满足企业内部管理需要。

5. *安全可靠原则*

企业应充分保障管理会计信息系统的设备、网络、应用及数据安全，严格权限授权，做好数据灾备建设，具备良好的抵御外部攻击能力，保证系统的正常运行并确保信息的安全、保密、完整。

三、管理会计信息系统的适用范围

适用于已经具备一定的信息系统应用基础、在此基础上建设管理会计信息系统的企业，以及新建企业信息系统，并有意同时建设管理会计信息系统的企业。

四、管理会计信息系统的应用环境

企业建设管理会计信息系统，一般应具备以下条件：

（1）对企业战略、组织结构、业务流程、责任中心等有清晰定义；

（2）设有具备管理会计职能的相关部门或岗位，具有一定的管理会计工具方法的应用基础以及相对清晰的管理会计应用流程；

（3）具备一定的财务和业务信息系统应用基础，包括已经实现了相对成熟的财务会计系统的应用，并在一定程度上实现了经营计划管理、采购管理、销售管理、库存管理等基础业务管理职能的信息化。

五、管理会计信息系统的建设和应用程序

管理会计信息系统的建设和应用程序既包括系统的规划和建设过程，也包括系统的应用过程，即输入、处理和输出过程。

1. *管理会计信息系统建设程序*

管理会计信息系统规划和建设过程一般包括系统规划、系统实施和系统维护等环节。在管理会计信息系统的规划环节，企业应将管理会计信息系统规划纳入企业信息系统建设的整体规划中，遵循整体规划、分步实施的原则，根据企业的战略目标和管理会计应用目标，形成清晰的管理会计应用需求，因地制宜地逐步推进。

在管理会计信息系统实施环节，企业应制定详尽的实施计划，清晰划分实施的主要阶段、有关活动和详细任务的时间进度。实施阶段一般包括项目准备、系统设计、系统实现、测试和上线、运维和支持等过程。

（1）在项目准备阶段，企业主要应完成系统建设前的基础工作，一般包括确定实施目标、实施组织范围和业务范围，调研信息系统需求，进行可行性分析，制定项目计划、资源

安排和项目管理标准，开展项目动员及初始培训等。

（2）在系统设计阶段，企业主要应对组织现有的信息系统应用情况、管理会计工作现状和信息系统需求进行调查，梳理管理会计应用模块和应用流程，据此设计管理会计信息系统的实施方案。

（3）在系统实现阶段，企业主要应完成管理会计信息系统的数据标准化建设、系统配置、功能和接口开发及单元测试等工作。

（4）在测试和上线阶段，企业主要应实现管理会计信息系统的整体测试、权限设置、系统部署、数据导入、最终用户培训和上线切换过程。必要时，企业还应根据实际情况进行预上线演练。

（5）在运维和支持阶段，企业应做好管理会计信息系统的运维和支持工作，实现日常运行维护支持及上线后持续培训和系统优化。

2. 管理会计信息系统的应用程序

管理会计信息系统一般包括输入、处理和输出三个环节。

（1）输入环节。是指管理会计信息系统采集或输入数据的过程。管理会计信息系统需提供已定义清楚数据规则的数据接口，以自动采集财务和业务数据。同时，系统还应支持本系统其他数据的手工录入，以利于相关业务调整和补充信息的需要。

（2）处理环节。是指借助管理会计工具模型进行数据加工处理的过程。管理会计信息系统可以充分利用数据挖掘、在线分析处理等商业智能技术，借助相关工具对数据进行综合查询、分析统计，挖掘出有助于企业管理活动的信息。

（3）输出环节。是指提供丰富的人机交互工具、集成通用的办公软件等成熟工具，自动生成或导出数据报告的过程。数据报告的展示形式应注重易读性和可视化。最终的系统输出结果不仅可以采用独立报表或报告的形式展示给用户，也可以输出或嵌入其他信息系统中，为各级管理部门提供管理所需的相关、及时的信息。

六、管理会计信息系统的模块

管理会计信息系统的模块包括成本管理、预算管理、绩效管理、投资管理、管理会计报告以及其他功能模块。

（一）成本管理模块

成本管理模块应实现成本管理的各项主要功能，一般包括对成本要素、成本中心、成本对象等参数的设置，以及成本核算方法的配置，从财务会计核算模块、业务处理模块以及人力资源等模块抽取所需数据，进行精细化成本核算，生成分产品、分批次（订单）、分环节、分区域等多维度的成本信息，以及基于成本信息进行成本分析，实现成本的有效控制，为企业成本管理的事前计划、事中控制、事后分析提供有效的支持。

1. 成本核算

成本核算主要完成对企业生产经营过程各个交易活动或事项的实际成本信息的收集、归纳、整理，并计算出实际发生的成本数据，支持多种成本计算和分摊方法，准确地度量、分摊和分配实际成本。成本核算的输入信息一般包括业务事项的记录和货币计量数据等。企业应使用具体成本工具方法（如完全成本法、变动成本法、作业成本法、目标成本法、标准成本法等），建立相应的计算模型，以各级成本中心为核算主体，完成成本核算的处理过程。成本核算处理过程结束后，应能够输出实际成本数据以及管理层和各个业务部门所需要的成本核算报告等。

2. 成本分析

成本分析主要实现对实际成本数据分类比较、因素分析比较等，发现成本和利润的驱动因素，形成评价结论，编制成各种形式的分析、评价指标报告等。成本分析的输入信息一般包括成本标准或计划数据、成本核算子模块生成的成本实际数据等。企业应根据输入数据和规则，选择具体的分析评价方法（如差异分析法、趋势分析法、结构分析法等），对各个成本中心的成本绩效进行分析比较，汇总形成各个责任中心及企业总体成本绩效报告，并输出成本分析报告、成本绩效评价报告等。

3. 成本预测

成本预测主要实现不同成本对象的成本估算预测。成本预测的输入信息一般包括业务计划数据、成本评价结果、成本预测假设条件以及历史数据、行业对标数据等。企业应运用成本预测方法（如算术平均法、加权平均法、平滑指数法等）对下一个工作周期的成本需求进行预测，根据经验或行业可比数据对成本预测结果进行调整，并输出成本预测报告。

4. 成本控制

成本控制主要按照既定的成本费用目标，对构成成本费用的诸要素进行规划、限制和调节，及时纠正偏差，控制成本费用超支，把实际耗费控制在成本费用计划范围内。成本控制的输入信息一般包括成本费用目标和政策、成本分析报告、预算控制等。企业应建立工作流程审批授权机制，以实现费用控制过程，通过成本预警机制实现成本控制的处理过程，输出费用支付清单、成本控制报告等。

成本管理模块应提供基于指标分摊、作业分摊等多种成本分摊方法，利用预定义的规则，按要素、按期间、按作业等进行分摊。

（二）预算管理模块

预算管理模块应实现的主要功能包括对企业预算参数设置、预算管理模型搭建、预算目标和计划制定、预算编制、预算执行控制、预算调整、预算分析和评价等全过程的信息化管理。

1. 企业预算参数设置、预算管理模型搭建

企业预算参数的设置主要是设置预算周期、范围、预算的实施条件等必要参数。预算管理模型搭建是指预算采用的平台，将企业目标、企业活动和企业资源有机联系起来，即目标的合理化规划和资源的有效利用。

2. 预算目标和计划制定

预算目标和计划制定，主要完成企业目标设定和业务计划的制定，实现预算的启动和准备过程。预算目标和计划制定的输入信息一般包括企业远景与战略规划、内外部环境信息、投资者和管理者期望、往年绩效数据、经营状况预测以及公司战略举措、各业务板块主要业绩指标等。企业应对内外部环境和问题进行分析，评估预算备选方案，制定详细的业务计

划，输出企业与各业务板块主要绩效指标和部门业务计划等。

3. 预算编制

预算编制主要完成预算目标设定、预算分解和目标下达、预算编制和汇总以及预算审批过程，实现自上而下、自下而上等多种预算编制流程，并提供固定预算、弹性预算、零基预算、滚动预算、作业预算等一种或多种预算编制方法的处理机制。预算编制的输入信息一般包括历史绩效数据、关键绩效指标、预算驱动因素、管理费用标准等。企业应借助适用的预测方法（如趋势预测、平滑预测、回归预测等）建立预测模型，辅助企业制定预算目标，依据预算管理体系，自动分解预算目标，辅助预算的审批流程，自动汇总预算。最终输出结果为各个责任中心的预算方案等。

预算管理模块应能提供给企业根据业务需要编制多期间、多情景、多版本、多维度预算计划的功能，以满足预算编制的要求。

4. 预算执行控制

预算执行控制主要实现预算信息模块与各财务和业务系统的及时数据交换，实现对财务和业务预算执行情况的实时控制等。

预算执行控制的输入信息一般包括企业各业务板块及部门的主要绩效指标、业务计划、预算执行控制标准及预算执行情况等。企业应通过对数据的校验、比较和查询汇总，比对预算目标和执行情况的差异；建立预算监控模型，预警和冻结超预算情形，形成预算执行情况报告；执行预算控制审核机制以及例外预算管理等。最终输出结果为预算执行差异分析报告、经营调整措施等。

5. 预算调整

预算调整主要实现对部分责任中心的预算数据进行调整，完成调整的处理过程等。预算调整的输入信息一般包括企业各业务板块及部门的主要绩效指标、预算执行差异分析报告等。企业对预算数据进行调整，并依据预算管理体系，自动分解调整后的预算目标，辅助调整预算的审批流程，自动汇总预算。最终输出结果为各个责任中心的预算调整报告、调整后的绩效指标等。

6. 预算分析和评价

预算分析和评价主要提供多种预算分析模型，实现在预算执行的数据基础上，对预算数和实际发生数进行多期间、多层次、多角度的预算分析，最终完成预算的业绩评价，为绩效考核提供数据基础。预算分析和评价的输入信息一般包括预算指标及预算执行情况，以及业绩评价的标准与考核办法等数据。企业应建立差异计算模型，实现预算差异的计算，辅助实现差异成因分析过程，最终输出部门、期间、层级等多维度的预算差异分析报告等。

（三）绩效管理模块

绩效管理模块主要实现业绩评价和激励管理过程中各要素的管理功能，一般包括业绩计划和激励计划的制定、业绩计划和激励计划的执行控制、业绩评价与激励实施管理等，为企业的绩效管理提供支持。

绩效管理模块应提供企业各项关键绩效指标的定义和配置功能，并能从其他模块中自动获取各业务单元或责任中心相应的实际绩效数据，进行计算处理，形成绩效执行情况报告及差异分析报告。

1. 业绩计划和激励计划的制定

业绩计划和激励计划的制定，主要完成绩效管理目标和标准的设定、绩效管理目标的分解和下达、业绩计划和激励计划的编制过程，以及计划的审批流程。业绩计划和激励计划制定的输入信息一般包括企业及各级责任中心的战略关键绩效指标和年度经营关键绩效指标，以及企业绩效评价考核标准、绩效激励形式、条件等基础数据。处理过程一般包括构建指标体系、分配指标权重、确定业绩目标值、选择业绩评价计分方法以及制定薪酬激励、能力开发激励、职业发展激励等多种激励计划，输出各级考核对象的业绩计划、绩效激励计划等。

2. 业绩计划和激励计划的执行控制

业绩计划和激励计划的执行控制，主要实现与预算系统与各业务系统的及时数据交换，实现对业绩计划与激励计划执行情况的实时控制等。

业绩计划和激励计划执行控制的输入信息一般包括绩效实际数据以及业绩计划和激励计划等。企业应建立指标监控模型，根据指标计算办法计算指标实际值，比对实际值与目标值的偏差，输出业绩计划和激励计划执行差异报告等。

3. 业绩评价和激励实施管理

业绩评价和激励实施管理，主要实现对计划的执行情况进行评价，形成综合评价结果，向被评价对象反馈改进建议及措施等。业绩评价和激励实施管理的输入信息一般包括被评价对象的业绩指标实际值和目标值、指标计分方法和权重等。企业应选定评分计算方法计算评价分值，形成被评价对象的综合评价结果，输出业绩评价结果报告和改进建议等。

(四) 投资管理模块

投资管理模块主要实现对企业投资项目进行计划和控制的系统支持过程，一般包括投资计划的制定和对每个投资项目进行的及时管控等。投资管理模块应与成本管理模块、预算管理模块、绩效管理模块和管理会计报告模块等进行有效集成和数据交换。

投资管理模块应辅助企业实现投资计划的编制和审批过程。企业可以借助投资管理模块定义投资项目、投资程序、投资任务、投资预算、投资控制对象等基本信息，在此基础上，制定企业各级组织的投资计划和实施计划，实现投资计划的分解和下达。投资管理模块应实现对企业具体投资项目的管控过程。企业可以根据实际情况，将项目管理功能集成到投资管理模块中，也可以实施单独的项目管理模块来实现项目的管控过程。

项目管理模块主要实现对投资项目的系统化管理过程，一般包括项目设置、项目计划与预算、项目执行、项目结算与关闭、项目报告以及项目后审计等功能。

(1) 项目设置。主要完成项目定义（如项目名称、项目期间、成本控制范围、利润中心等参数），以及工作分解定义、作业和项目文档等的定义和设置，为项目管理提供基础信息。

(2) 项目计划与预算。主要完成项目里程碑计划、项目实施计划、项目概算、项目利润及投资测算、项目详细预算等过程，并辅助实现投资预算的审核和下达过程。项目里程碑计划一般包括对项目的关键节点进行定义，在关键节点对项目进行检查和控制，以及确定项目各阶段的开始时间和结束时间等。

(3) 项目执行。主要实现项目的拨款申请，投资计量，项目实际发生值的确定、计算和汇总，以及与目标预算进行比对，对投资进行检查和成本管控。

（4）项目结算与关闭。通过定义的结算规则，运用项目结算程序，对项目实现期末结账处理。项目结算完成后，对项目执行关闭操作，保证项目的可控性。

（5）项目报告。项目管理模块应向用户提供关于项目数据的各类汇总报表及明细报表，主要包括项目计划、项目投资差异分析报告等。

（6）项目后审计。企业可以根据实际需要，在项目管理模块中提供项目后辅助审计功能，依据项目计划和过程建立工作底稿，对项目的实施过程、成本、绩效等进行审计和项目后评价。

（五）管理会计报告模块

（1）管理会计报告模块应实现基于信息系统中财务数据、业务数据自动生成管理会计报告，支持企业有效实现各项管理会计活动。

（2）管理会计报告模块应为用户生成报告提供足够丰富、高效、及时的数据源，必要时应建立数据仓库和数据集市，形成统一规范的数据集，并在此基础上，借助数据挖掘等商务智能工具方法，自动生成多维度报表。

（3）管理会计报告模块应为企业战略层、经营层和业务层提供丰富的通用报告模板。

（4）管理会计报告模块应为企业提供灵活的自定义报告功能。企业可以借助报表工具自定义管理会计报表的报告主体、期间（定期或不定期）、结构、数据源、计算公式以及报表展现形式等。系统可以根据企业自定义报表的模板自动获取数据进行计算加工，并以预先定义的展现形式输出。

（5）管理会计报告模块应提供用户追溯数据源的功能。用户可以在系统中对报告的最终结果数据进行追溯，可以层层追溯其数据来源和计算方法，直至业务活动。

（6）管理会计报告模块可以以独立的模块形式存在于管理会计信息系统中，从其他管理会计模块中获取数据生成报告；也可以内嵌到其他管理会计模块中，作为其他管理会计模块重要的输出环节。

（7）管理会计报告模块应与财务报告系统相关联，既能有效生成企业整体报告，也能生成分部报告，并实现整体报告和分部报告的联查。

※ 任务训练 ※

一、单选题

1. 下列（　　）不属于综合业绩报告的内容。

A. 内外部环境分析　　　　B. 关键绩效指标执行结果

C. 差异分析　　　　D. 其他重大绩效事项

2. 下列（　　）不属于经营分析报告的内容。

A. 下一期的经营目标及管理措施

B. 影响未来经营状况的内外部环境与主要风险分析

C. 内外部风险因素分析

D. 过去经营决策执行情况回顾

3. 下列除(　　)外，都是企业重大事项报告的内容。

A. 安全事故　　B. 重大担保事项

C. 重大资本运作　　D. 重大投资项目

4. 下列(　　)不属于经营层管理会计报告。

A. 盈利分析报告　　B. 投资中心报告

C. 绩效评价报告　　D. 成本管理报告

5. 下列各项，除(　　)外，都是全面预算管理报告的内容。

A. 预算目标制定与分解　　B. 内外部环境分析

C. 预算执行差异分析　　D. 预算考评

6. 下列关于数据共享原则，说法正确的是(　　)。

A. 企业建设管理会计信息系统应实现需要使用数据的各方全程共享，避免产生信息孤岛

B. 企业建设管理会计信息系统应实现系统间的无缝对接，通过统一的规则和标准，实现数据的一次采集、全程共享，避免产生信息孤岛

C. 企业建设管理会计信息系统应在互联网中共享，并通过统一的规则和标准，实现数据的一次采集、全程共享，避免产生信息孤岛

D. 企业建设管理会计信息系统应实现系统间的无缝对接，通过统一的规则和标准，统一数据采集方法，使大家可以共享数据，避免产生信息传导失真

7. 下列关于灵活扩展原则，说法正确的是(　　)。

A. 管理会计信息系统应具备灵活扩展性，通过及时扩展功能模块，对公司的资金变化及时做出响应，满足企业对资金的管理需要

B. 管理会计信息系统应具备灵活扩展性，通过及时补充有关参数，对产品成本的变化及时做出响应，满足企业对产品成本的管理需要

C. 管理会计信息系统应具备灵活扩展性，通过及时补充有关参数或功能模块，对外延单位，包括合资单位、分公司、子公司等的变化及时做出响应，满足企业内部管理需要

D. 管理会计信息系统应具备灵活扩展性，通过及时补充有关参数或功能模块，对环境、业务、产品、组织和流程等的变化及时做出响应，满足企业内部管理需要

8. 下列不属于成本预测的输入信息的是(　　)。

A. 成本绩效评价报告　　B. 成本评价结果

C. 成本预测假设条件　　D. 历史数据、行业对标数据

9. 下列说法正确的是(　　)。

A. 行政事业单位在进行规划、决策、控制、评价活动中，可以结合实际情况，参照企业相关管理会计应用指引，在战略管理、预算管理等方面，综合应用管理会计工具方法，推动行政任务完成和事业发展规划实现

B. 各行政事业单位在进行规划、决策、控制、评价活动中，应参照企业相关管理会计应用指引，在战略管理、预算管理等方面，综合应用管理会计工具方法，推动行政任务完成和事业发展规划实现

C. 行政事业单位在进行战略管理、预算管理等活动中，可以结合实际情况，参照企业

相关管理会计应用指引，在规划、决策、控制、评价方面，综合应用管理会计工具方法，推动行政任务完成和事业发展规划实现

D. 行政事业单位在进行战略管理、预算管理、成本管理、绩效管理、风险管理等活动中，可以结合实际情况，参照企业相关管理会计应用指引，在规划、决策、控制、评价方面，综合应用管理会计工具方法，推动行政任务完成和事业发展规划实现

10. 下列说法正确的是（　　）。

A. 行政事业单位应根据管理需要编制管理会计报告，并按分层分类管理或垂直管理模式从下向上报送管理会计报告，以提供决策和管理支持

B. 行政事业单位应根据管理需要编制管理会计报告，并按管理部门和管理模式从下向上报送管理会计报告，以提供决策和管理支持

C. 行政事业单位应根据管理需要编制管理会计报告，并按分层分类管理，垂直向上报送管理会计报告，以提供决策和管理支持

D. 行政事业单位应根据管理需要编制管理会计报告，并按分层分类管理和垂直管理模式向上级主管部门报送管理会计报告，以提供决策和管理支持

11. 行政事业单位在核算单位整体、主要业务活动、责任中心的总成本和单位成本时，可应用（　　）。

A. 完全成本法　　B. 作业成本法

C. 变动成本法　　D. 标准成本法

12. 行政事业单位结果类指标是反映行政事业单位产出和效果的指标，主要包括预决算差异率、投入产出比率、投入和过程类的指标、社会效益、经济效益、环境效益、可持续影响等综合性指标。其中（　　）不包括在内。

A. 预决算差异率　　B. 投入产出比率

C. 投入和过程类指标　　D. 社会效益

13. 行政事业单位在对单位整体、内部单位（或部门）、业务活动进行绩效管理中可应用（　　）。

A. 平衡计分卡　　B. 任务清单

C. 目标成本法　　D. 激励计划

二、多选题

1. 按照企业管理会计报告使用者所处的管理层级，管理会计报告可分为（　　）。

A. 经营层管理会计报告　　B. 业务层管理会计报告

C. 专项企业管理会计报告　　D. 战略层管理会计报告

2. 按照报告主体的整体性程度，管理会计报告可分为（　　）。

A. 管理决策报告　　B. 分部报告

C. 战略层管理会计报告　　D. 整体报告

3. 按照管理会计功能，管理会计报告可分为（　　）。

A. 管理规划报告　　B. 管理决策报告

C. 管理控制报告　　D. 管理评价报告

4. 下列各选项中，(　　)属于综合业绩报告的内容。

A. 关键绩效指标预算　　B. 关键绩效指标执行结果

C. 差异分析　　D. 其他重大绩效事项

5. 下列各选项中，(　　)属于价值创造报告的内容。

A. 内部各业务单元的资源占用与价值贡献

B. 价值驱动的非财务因素

C. 价值驱动的财务因素

D. 提升公司价值的措施

6. 下列各选项中，(　　)属于风险分析报告的内容。

A. 主要风险识别与评估　　B. 风险管理工作计划

C. 内外部风险因素分析　　D. 企业全面风险管理工作回顾

7. 例外事项报告是针对企业发生的(　　)等偶发性事项进行的报告。

A. 自然灾害　　B. 股权变更

C. 安全事故　　D. 管理层变更

8. 下列各选项中，(　　)属于经营层管理会计报告。

A. 盈利分析报告　　B. 资金管理报告

C. 融资分析报告　　D. 成本管理报告

9. 全面预算管理报告的内容一般包括(　　)等。

A. 预算目标制定与分解　　B. 内外部环境分析

C. 预算执行差异分析　　D. 预算考评

10. 投资分析报告的内容一般包括(　　)等。

A. 投资进度　　B. 投资效益

C. 投资风险　　D. 投资管理建议

11. 项目可行性报告的内容一般包括(　　)等。

A. 工艺与组织方案设计　　B. 财务评价

C. 项目风险分析　　D. 项目可行性研究结论与建议

12. 融资分析报告的内容一般包括(　　)等。

A. 融资风险及其应对措施　　B. 融资渠道与融资方式分析及选择

C. 融资程序　　D. 融资管理建议

13. 资金管理报告的内容一般包括(　　)、应收账款、资金管理存在的问题以及解决措施等。

A. 应收票据　　B. 主要流动资金项目（如现金）

C. 存货的管理状况　　D. 资金管理目标

三、判断题

1. 企业管理会计报告是指企业运用管理会计方法，根据财务和业务的基础信息加工整理形成的，满足企业价值管理和决策支持需要的内部报告。(　　)

2. 企业管理会计报告的目标是为企业各层级进行规划、决策、控制和评价等管理活动提

供有用信息。(　　)

3. 企业应建立管理会计报告组织体系，根据需要设置管理会计报告相关岗位，明确岗位职责。企业各部门都应履行提供管理会计报告所需信息的责任。(　　)

4. 企业管理会计报告的对象是对管理会计信息有需求的各个层级、各个环节的管理者。(　　)

5. 企业可根据管理的需要和管理会计活动的性质设定报告期间。一般应以日历期间（月度、季度、年度）作为企业管理会计报告期间，也可根据特定需要设定企业管理会计报告期间。(　　)

6. 企业管理会计报告的编制、审批、报送、使用等应与企业组织架构相适应。(　　)

7. 战略层管理会计报告是为战略层开展战略规划、决策、控制和评价以及其他方面的管理活动提供相关信息的对内报告。(　　)

8. 战略层管理会计报告包括但不限于战略管理报告、综合业绩报告、价值创造报告、经营分析报告、风险分析报告、重大事项报告、例外事项报告等。这些报告可独立提交，也可根据不同需要整合后提交。(　　)

9. 战略层管理会计报告的报告对象是企业的投资者、管理部门和主管部门等。(　　)

10. 战略管理报告的内容一般包括内外部环境分析、战略选择与目标设定、战略执行及其结果，以及战略评价等。(　　)

11. 价值创造报告的内容一般包括价值创造目标、价值驱动的财务因素与非财务因素、内部各业务单元的资源占用与价值贡献，以及提升公司价值的措施等。(　　)

12. 风险分析报告的内容一般包括企业全面风险管理工作回顾、内外部风险因素分析、主要风险识别与评估、风险管理工作计划等。(　　)

13. 战略层管理会计报告应精练、简洁、易于理解，报告主要结果、主要原因，并提出具体的建议。(　　)

14. 经营层管理会计报告是为经营管理层开展与经营管理目标相关的管理活动提供相关信息的对外报告。经营层管理会计报告的报告对象是公司战略层。(　　)

15. 全面预算管理报告的内容一般包括预算目标制定与分解、预算执行差异分析以及预算考评等。(　　)

管理会计报告和信息系统

一、实训目标与能力要求

本实训目标是培养学生根据各管理信息，组织编写管理会计报告和信息系统的能力，其能力要求是：

(1) 正确理解管理会计报告，认识不同层次的管理会计报告。

(2) 能够运用所学知识对所选案例进行准确分析，从管理者（可以是不同层次）的角度，撰写一篇管理会计报告。

二、实训方式

根据案例资料和要求，以4～6人为一个小组，收集补充相关资料，阅读相关的信息内容。在整理筛选资料的基础上进行相关分析，得出分析结论，并撰写讨论发言稿和实训报告。

三、实训考核

根据学生选择分析方法的正确性、分析结果的准确性、讨论发言和实训报告写作情况进行评分。

四、实训案例

××公司盈利分析报告

请同学自己到上海证券报或中国证券网（http://xinpi.cnstock.com/）的信息披露平台，选择一家上市公司的年报或半年报，结合公司的公告等信息，撰写一篇报告。

五、实训内容

根据实训目标与能力要求，对选择的案例进行分析，并回答下列问题：

(1) 公司的经营管理有哪些需要改进的方面？

(2) 公司主营业务、次要业务对企业发展的贡献程度如何？

(3) 分别从公司的战略层、经营层、业务层对公司提出一些看法或建议。

六、实训步骤

(1) 教师提示：选择公司最主要或最突出的一个方面来研究，收集好公司的公告信息。

(2) 教师针对不同组的情况，分别给予指导，随时关注分析过程中的问题。

(3) 学生针对所选案例，收集、整理有关资料，对公司进行深入分析并形成报告。

【项目小结】

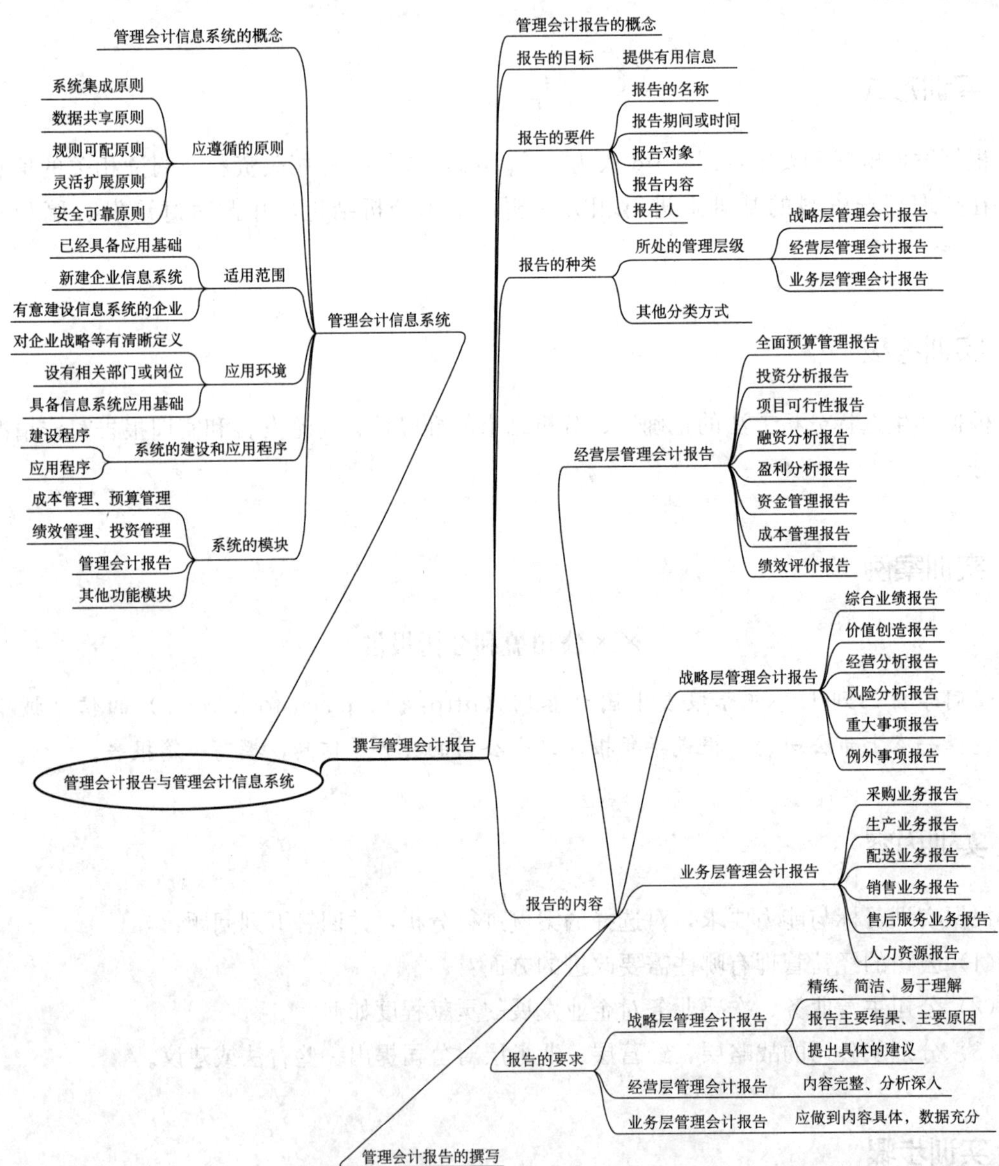

管理会计报告与管理会计信息系统思维导图

参考文献

[1] 财政部会计资格评价中心．初级会计实务［M］．北京：经济科学出版社，2018.

[2] 财政部会计资格评价中心．中级会计实务［M］．北京：经济科学出版社，2018.

[3] 中国注册会计师协会．会计［M］．北京：中国财政经济出版社，2018.

[4] 中国注册会计师协会．财务成本管理［M］．北京：中国财政经济出版社，2018.

[5] 周阅，丁增稳．管理会计实务［M］．北京：高等教育出版社，2018.

[6] 潘飞．管理会计职业道德［M］．上海：上海财经大学出版社，2017.

[7] 高翠莲．管理会计基础［M］．北京：高等教育出版社，2018.

[8] 潘飞，吕长江．管理会计概论［M］．上海：上海财经大学出版社，2017.

[9] 吕长江．预算实务［M］．上海：上海财经大学出版社，2017.

[10] 赵燕．成本管理［M］．北京：机械工业出版社，2017.

[11] 吴大军．管理会计［M］．大连：东北财经大学出版社，2018.

[12] 孙茂竹，文光伟，杨万贵．管理会计学［M］．北京：中国人民大学出版社，2017.

[13] 张远禄．财务管理实务［M］．北京：高等教育出版社，2018.

[14] 张玉明．财务金融案例［M］．北京：北京交通大学出版社，2010.

[15] 周亚力．管理会计——理论·方法·案例［M］．上海：立信会计出版社，2006.

附　录

附表一

复利现值系数表

期数	1%	2%	3%	4%	5%	6%	7%	8%	9%	10%	11%	12%	13%	14%	15%
1	0.990 1	0.980 4	0.970 9	0.961 5	0.952 4	0.943 4	0.934 6	0.925 9	0.917 4	0.909 1	0.900 9	0.892 9	0.885 0	0.877 2	0.869 6
2	0.980 3	0.961 2	0.942 6	0.924 6	0.907 0	0.890 0	0.873 4	0.857 3	0.841 7	0.826 4	0.811 6	0.797 2	0.783 1	0.769 5	0.756 1
3	0.970 6	0.942 3	0.915 1	0.889 0	0.863 8	0.839 6	0.816 3	0.793 8	0.772 2	0.751 3	0.731 2	0.711 8	0.693 1	0.675 0	0.657 5
4	0.961 0	0.923 8	0.888 5	0.854 8	0.822 7	0.792 1	0.762 9	0.735 0	0.708 4	0.683 0	0.658 7	0.635 5	0.613 3	0.592 1	0.571 8
5	0.951 5	0.905 7	0.862 6	0.821 9	0.783 5	0.747 3	0.713 0	0.680 6	0.649 9	0.620 9	0.593 5	0.567 4	0.542 8	0.519 4	0.497 2
6	0.942 0	0.888 0	0.837 5	0.790 3	0.746 2	0.705 0	0.666 3	0.630 2	0.596 3	0.564 5	0.534 6	0.506 6	0.480 3	0.455 6	0.432 3
7	0.932 7	0.870 6	0.813 1	0.759 9	0.710 7	0.665 1	0.622 7	0.583 5	0.547 0	0.513 2	0.481 7	0.452 3	0.425 1	0.399 6	0.375 9
8	0.923 5	0.853 5	0.789 4	0.730 7	0.676 8	0.627 4	0.582 0	0.540 3	0.501 9	0.466 5	0.433 9	0.403 9	0.376 2	0.350 6	0.326 9
9	0.914 3	0.836 8	0.766 4	0.702 6	0.644 6	0.591 9	0.543 9	0.500 2	0.460 4	0.424 1	0.390 9	0.360 6	0.332 9	0.307 5	0.284 3
10	0.905 3	0.820 3	0.744 1	0.675 6	0.613 9	0.558 4	0.508 3	0.463 2	0.422 4	0.385 5	0.352 2	0.322 0	0.294 6	0.269 7	0.247 2
11	0.896 3	0.804 3	0.722 4	0.649 6	0.584 7	0.526 8	0.475 1	0.428 9	0.387 5	0.350 5	0.317 3	0.287 5	0.260 7	0.236 6	0.214 9
12	0.887 4	0.788 5	0.701 4	0.624 6	0.556 8	0.497 0	0.444 0	0.397 1	0.355 5	0.318 6	0.285 8	0.256 7	0.230 7	0.207 6	0.186 9
13	0.878 7	0.773 0	0.681 0	0.600 6	0.530 3	0.468 8	0.415 0	0.367 7	0.326 2	0.289 7	0.257 5	0.229 2	0.204 2	0.182 1	0.162 5
14	0.870 0	0.757 9	0.661 1	0.577 5	0.505 1	0.442 3	0.387 8	0.340 5	0.299 2	0.263 3	0.232 0	0.204 6	0.180 7	0.159 7	0.141 3
15	0.861 3	0.743 0	0.641 9	0.555 3	0.481 0	0.417 3	0.362 4	0.315 2	0.274 5	0.239 4	0.209 0	0.182 7	0.159 9	0.140 1	0.122 9
16	0.852 8	0.728 4	0.623 2	0.533 9	0.458 1	0.393 6	0.338 7	0.291 9	0.251 9	0.217 6	0.188 3	0.163 1	0.141 5	0.122 9	0.106 9
17	0.844 4	0.714 2	0.605 0	0.513 4	0.436 3	0.371 4	0.316 6	0.270 3	0.231 1	0.197 8	0.169 6	0.145 6	0.125 2	0.107 8	0.092 9
18	0.836 0	0.700 2	0.587 4	0.493 6	0.415 5	0.350 3	0.295 9	0.250 2	0.212 0	0.179 9	0.152 8	0.130 0	0.110 8	0.094 6	0.080 8
19	0.827 7	0.686 4	0.570 3	0.474 6	0.395 7	0.330 5	0.276 5	0.231 7	0.194 5	0.163 5	0.137 7	0.116 1	0.098 1	0.082 9	0.070 3
20	0.819 5	0.673 0	0.553 7	0.456 4	0.376 9	0.311 8	0.258 4	0.214 5	0.178 4	0.148 6	0.124 0	0.103 7	0.086 8	0.072 8	0.061 1
21	0.811 4	0.659 8	0.537 5	0.438 8	0.358 9	0.294 2	0.241 5	0.198 7	0.163 7	0.135 1	0.111 7	0.092 6	0.076 8	0.063 8	0.053 1
22	0.803 4	0.646 8	0.521 9	0.422 0	0.341 8	0.277 5	0.225 7	0.183 9	0.150 2	0.122 8	0.100 7	0.082 6	0.068 0	0.056 0	0.046 2
23	0.795 4	0.634 2	0.506 7	0.405 7	0.325 6	0.261 8	0.210 9	0.170 3	0.137 8	0.111 7	0.090 7	0.073 8	0.060 1	0.049 1	0.040 2
24	0.787 6	0.621 7	0.491 9	0.390 1	0.310 1	0.247 0	0.197 1	0.157 7	0.126 4	0.101 5	0.081 7	0.065 9	0.053 2	0.043 1	0.034 9
25	0.779 8	0.609 5	0.477 6	0.375 1	0.295 3	0.233 0	0.184 2	0.146 0	0.116 0	0.092 3	0.073 6	0.058 8	0.047 1	0.037 8	0.030 4
26	0.772 0	0.597 6	0.463 7	0.360 7	0.281 2	0.219 8	0.172 2	0.135 2	0.106 4	0.083 9	0.066 3	0.052 5	0.041 7	0.033 1	0.026 4
27	0.764 4	0.585 9	0.450 2	0.346 8	0.267 8	0.207 4	0.160 9	0.125 2	0.097 6	0.076 3	0.059 7	0.046 9	0.036 9	0.029 1	0.023 0
28	0.756 8	0.574 4	0.437 1	0.333 5	0.255 1	0.195 6	0.150 4	0.115 9	0.089 5	0.069 3	0.053 8	0.041 9	0.032 6	0.025 5	0.020 0
29	0.749 3	0.563 1	0.424 3	0.320 7	0.242 9	0.184 6	0.140 6	0.107 3	0.082 2	0.063 0	0.048 5	0.037 4	0.028 9	0.022 4	0.017 4
30	0.741 9	0.552 1	0.412 0	0.308 3	0.231 4	0.174 1	0.131 4	0.099 4	0.075 4	0.057 3	0.043 7	0.033 4	0.025 6	0.019 6	0.015 1

续前表

期数	16%	17%	18%	19%	20%	21%	22%	23%	24%	25%	26%	27%	28%	29%	30%
1	0.862 1	0.854 7	0.847 5	0.840 3	0.833 3	0.826 4	0.819 7	0.813 0	0.806 5	0.800 0	0.793 7	0.787 4	0.781 3	0.775 2	0.769 2
2	0.743 2	0.730 5	0.718 2	0.706 2	0.694 4	0.683 0	0.671 9	0.661 0	0.650 4	0.640 0	0.629 9	0.620 0	0.610 4	0.600 9	0.591 7
3	0.640 7	0.624 4	0.608 6	0.593 4	0.578 7	0.564 5	0.550 7	0.537 4	0.524 5	0.512 0	0.499 9	0.488 2	0.476 8	0.465 8	0.455 2
4	0.552 3	0.533 7	0.515 8	0.498 7	0.482 3	0.466 5	0.451 4	0.436 9	0.423 0	0.409 6	0.396 8	0.384 4	0.372 5	0.361 1	0.350 1
5	0.476 1	0.456 1	0.437 1	0.419 0	0.401 9	0.385 5	0.370 0	0.355 2	0.341 1	0.327 7	0.314 9	0.302 7	0.291 0	0.279 9	0.269 3
6	0.410 4	0.389 8	0.370 4	0.352 1	0.334 9	0.318 6	0.303 3	0.288 8	0.275 1	0.262 1	0.249 9	0.238 3	0.227 4	0.217 0	0.207 2
7	0.353 8	0.333 2	0.313 9	0.295 9	0.279 1	0.263 3	0.248 6	0.234 8	0.221 8	0.209 7	0.198 3	0.187 7	0.177 6	0.168 2	0.159 4
8	0.305 0	0.284 8	0.266 0	0.248 7	0.232 6	0.217 6	0.203 8	0.190 9	0.178 9	0.167 8	0.157 4	0.147 8	0.138 8	0.130 4	0.122 6
9	0.263 0	0.243 4	0.225 5	0.209 0	0.193 8	0.179 9	0.167 0	0.155 2	0.144 3	0.134 2	0.124 9	0.116 4	0.108 4	0.101 1	0.094 3
10	0.226 7	0.208 0	0.191 1	0.175 6	0.161 5	0.148 6	0.136 9	0.126 2	0.116 4	0.107 4	0.099 2	0.091 6	0.084 7	0.078 4	0.072 5
11	0.195 4	0.177 8	0.161 9	0.147 6	0.134 6	0.122 8	0.112 2	0.102 6	0.093 8	0.085 9	0.078 7	0.072 1	0.066 2	0.060 7	0.055 8
12	0.168 5	0.152 0	0.137 2	0.124 0	0.112 2	0.101 5	0.092 0	0.083 4	0.075 7	0.068 7	0.062 5	0.056 8	0.051 7	0.047 1	0.042 9
13	0.145 2	0.129 9	0.116 3	0.104 2	0.093 5	0.083 9	0.075 4	0.067 8	0.061 0	0.055 0	0.049 6	0.044 7	0.040 4	0.036 5	0.033 0
14	0.125 2	0.111 0	0.098 5	0.087 6	0.077 9	0.069 3	0.061 8	0.055 1	0.049 2	0.044 0	0.039 3	0.035 2	0.031 6	0.028 3	0.025 4
15	0.107 9	0.094 9	0.083 5	0.073 6	0.064 9	0.057 3	0.050 7	0.044 8	0.039 7	0.035 2	0.031 2	0.027 7	0.024 7	0.021 9	0.019 5
16	0.093 0	0.081 1	0.070 8	0.061 8	0.054 1	0.047 4	0.041 5	0.036 4	0.032 0	0.028 1	0.024 8	0.021 8	0.019 3	0.017 0	0.015 0
17	0.080 2	0.069 3	0.060 0	0.052 0	0.045 1	0.039 1	0.034 0	0.029 6	0.025 8	0.022 5	0.019 7	0.017 2	0.015 0	0.013 2	0.011 6
18	0.069 1	0.059 2	0.050 8	0.043 7	0.037 6	0.032 3	0.027 9	0.024 1	0.020 8	0.018 0	0.015 6	0.013 5	0.011 8	0.010 2	0.008 9
19	0.059 6	0.050 6	0.043 1	0.036 7	0.031 3	0.026 7	0.022 9	0.019 6	0.016 8	0.014 4	0.012 4	0.010 7	0.009 2	0.007 9	0.006 8
20	0.051 4	0.043 3	0.036 5	0.030 8	0.026 1	0.022 1	0.018 7	0.015 9	0.013 5	0.011 5	0.009 8	0.008 4	0.007 2	0.006 1	0.005 3
21	0.044 3	0.037 0	0.030 9	0.025 9	0.021 7	0.018 3	0.015 4	0.012 9	0.010 9	0.009 2	0.007 8	0.006 6	0.005 6	0.004 8	0.004 0
22	0.038 2	0.031 6	0.026 2	0.021 8	0.018 1	0.015 1	0.012 6	0.010 5	0.008 8	0.007 4	0.006 2	0.005 2	0.004 4	0.003 7	0.003 1
23	0.032 9	0.027 0	0.022 2	0.018 3	0.015 1	0.012 5	0.010 3	0.008 6	0.007 1	0.005 9	0.004 9	0.004 1	0.003 4	0.002 9	0.002 4
24	0.028 4	0.023 1	0.018 8	0.015 4	0.012 6	0.010 3	0.008 5	0.007 0	0.005 7	0.004 7	0.003 9	0.003 2	0.002 7	0.002 2	0.001 8
25	0.024 5	0.019 7	0.016 0	0.012 9	0.010 5	0.008 5	0.006 9	0.005 7	0.004 6	0.003 8	0.003 1	0.002 5	0.002 1	0.001 7	0.001 4
26	0.021 1	0.016 9	0.013 5	0.010 9	0.008 7	0.007 0	0.005 7	0.004 6	0.003 7	0.003 0	0.002 5	0.002 0	0.001 6	0.001 3	0.001 1
27	0.018 2	0.014 4	0.011 5	0.009 1	0.007 3	0.005 8	0.004 7	0.003 7	0.003 0	0.002 4	0.001 9	0.001 6	0.001 3	0.001 0	0.000 8
28	0.015 7	0.012 3	0.009 7	0.007 7	0.006 1	0.004 8	0.003 8	0.003 0	0.002 4	0.001 9	0.001 5	0.001 2	0.001 0	0.000 8	0.000 6
29	0.013 5	0.010 5	0.008 2	0.006 4	0.005 1	0.004 0	0.003 1	0.002 5	0.002 0	0.001 5	0.001 2	0.001 0	0.000 8	0.000 6	0.000 5
30	0.011 6	0.009 0	0.007 0	0.005 4	0.004 2	0.003 3	0.002 6	0.002 0	0.001 6	0.001 2	0.001 0	0.000 8	0.000 6	0.000 5	0.000 4

附表二

普通年金现值系数表

期数	1%	2%	3%	4%	5%	6%	7%	8%	9%	10%	11%	12%	13%	14%	15%
1	0.990 1	0.980 4	0.970 9	0.961 5	0.952 4	0.943 4	0.934 6	0.925 9	0.917 4	0.909 1	0.900 9	0.892 9	0.885 0	0.877 2	0.869 6
2	1.970 4	1.941 6	1.913 5	1.886 1	1.859 4	1.833 4	1.808 0	1.783 3	1.759 1	1.735 5	1.712 5	1.690 1	1.668 1	1.646 7	1.625 7
3	2.941 0	2.883 9	2.828 6	2.775 1	2.723 2	2.673 0	2.624 3	2.577 1	2.531 3	2.486 9	2.443 7	2.401 8	2.361 2	2.321 6	2.283 2
4	3.902 0	3.807 7	3.717 1	3.629 9	3.546 0	3.465 1	3.387 2	3.312 1	3.239 7	3.169 9	3.102 4	3.037 3	2.974 5	2.913 7	2.855 0
5	4.853 4	4.713 5	4.579 7	4.451 8	4.329 5	4.212 4	4.100 2	3.992 7	3.889 7	3.790 8	3.695 9	3.604 8	3.517 2	3.433 1	3.352 2
6	5.795 5	5.601 4	5.417 2	5.242 1	5.075 7	4.917 3	4.766 5	4.622 9	4.485 9	4.355 3	4.230 5	4.111 4	3.997 5	3.888 7	3.784 5
7	6.728 2	6.472 0	6.230 3	6.002 1	5.786 4	5.582 4	5.389 3	5.206 4	5.033 0	4.868 4	4.712 2	4.563 8	4.422 6	4.288 3	4.160 4
8	7.651 7	7.325 5	7.019 7	6.732 7	6.463 2	6.209 8	5.971 3	5.746 6	5.534 8	5.334 9	5.146 1	4.967 6	4.798 8	4.638 9	4.487 3
9	8.566 0	8.162 2	7.786 1	7.435 3	7.107 8	6.801 7	6.515 2	6.246 9	5.995 2	5.759 0	5.537 0	5.328 2	5.131 7	4.946 4	4.771 6
10	9.471 3	8.982 6	8.530 2	8.110 9	7.721 7	7.360 1	7.023 6	6.710 1	6.417 7	6.144 6	5.889 2	5.650 2	5.426 2	5.216 1	5.018 8
11	10.367 6	9.786 8	9.252 6	8.760 5	8.306 4	7.886 9	7.498 7	7.139 0	6.805 2	6.495 1	6.206 5	5.937 7	5.686 9	5.452 7	5.233 7
12	11.255 1	10.575 3	9.954 0	9.385 1	8.863 3	8.383 8	7.942 7	7.536 1	7.160 7	6.813 7	6.492 4	6.194 4	5.917 6	5.660 3	5.420 6
13	12.133 7	11.348 4	10.635 0	9.985 6	9.393 6	8.852 7	8.357 7	7.903 8	7.486 9	7.103 4	6.749 9	6.423 5	6.121 8	5.842 4	5.583 1
14	13.003 7	12.106 2	11.296 1	10.563 1	9.898 6	9.295 0	8.745 5	8.244 2	7.786 2	7.366 7	6.981 9	6.628 2	6.302 5	6.002 1	5.724 5
15	13.865 1	12.849 3	11.937 9	11.118 4	10.379 7	9.712 2	9.107 9	8.559 5	8.060 7	7.606 1	7.190 9	6.810 9	6.462 4	6.142 2	5.847 4
16	14.717 9	13.577 7	12.561 1	11.652 3	10.837 8	10.105 9	9.446 6	8.851 4	8.312 6	7.823 7	7.379 2	6.974 0	6.603 9	6.265 1	5.954 2
17	15.562 3	14.291 9	13.166 1	12.165 7	11.274 1	10.477 3	9.763 2	9.121 6	8.543 6	8.021 6	7.548 8	7.119 6	6.729 1	6.372 9	6.047 2
18	16.398 3	14.992 0	13.753 5	12.659 3	11.689 6	10.827 6	10.059 1	9.371 9	8.755 6	8.201 4	7.701 6	7.249 7	6.839 9	6.467 4	6.128 0
19	17.226 0	15.678 5	14.323 8	13.133 9	12.085 3	11.158 1	10.335 6	9.603 6	8.950 1	8.364 9	7.839 3	7.365 8	6.938 0	6.550 4	6.198 2
20	18.045 6	16.351 4	14.877 5	13.590 3	12.462 2	11.469 9	10.594 0	9.818 1	9.128 5	8.513 6	7.963 3	7.469 4	7.024 8	6.623 1	6.259 3
21	18.857 0	17.011 2	15.415 0	14.029 2	12.821 2	11.764 1	10.835 5	10.016 8	9.292 2	8.648 7	8.075 1	7.562 0	7.101 6	6.687 0	6.312 5
22	19.660 4	17.658 0	15.936 9	14.451 1	13.163 0	12.041 6	11.061 2	10.200 7	9.442 4	8.771 5	8.175 7	7.644 6	7.169 5	6.742 9	6.358 7
23	20.455 8	18.292 2	16.443 6	14.856 8	13.488 6	12.303 4	11.272 2	10.371 1	9.580 2	8.883 2	8.266 4	7.718 4	7.229 7	6.792 1	6.398 8
24	21.243 4	18.913 9	16.935 5	15.247 0	13.798 6	12.550 4	11.469 3	10.528 8	9.706 6	8.984 7	8.348 1	7.784 3	7.282 9	6.835 1	6.433 8
25	22.023 2	19.523 5	17.413 1	15.622 1	14.093 9	12.783 4	11.653 6	10.674 8	9.822 6	9.077 0	8.421 7	7.843 1	7.330 0	6.872 9	6.464 1
26	22.795 2	20.121 0	17.876 8	15.982 8	14.375 2	13.003 2	11.825 8	10.810 0	9.929 0	9.160 9	8.488 1	7.895 7	7.371 7	6.906 1	6.490 6
27	23.559 6	20.706 9	18.327 0	16.329 6	14.643 0	13.210 5	11.986 7	10.935 2	10.026 6	9.237 2	8.547 8	7.942 6	7.408 6	6.935 2	6.513 5
28	24.316 4	21.281 3	18.764 1	16.663 1	14.898 1	13.406 2	12.137 1	11.051 1	10.116 1	9.306 6	8.601 6	7.984 4	7.441 2	6.960 7	6.533 5
29	25.065 8	21.844 4	19.188 5	16.983 7	15.141 1	13.590 7	12.277 7	11.158 4	10.198 3	9.369 6	8.650 1	8.021 8	7.470 1	6.983 0	6.550 9
30	25.807 7	22.396 5	19.600 4	17.292 0	15.372 5	13.764 8	12.409 0	11.257 8	10.273 7	9.426 9	8.693 8	8.055 2	7.495 7	7.002 7	6.566 0

续前表

期数	16%	17%	18%	19%	20%	21%	22%	23%	24%	25%	26%	27%	28%	29%	30%
1	0.862 1	0.854 7	0.847 5	0.840 3	0.833 3	0.826 4	0.819 7	0.813 0	0.806 5	0.800 0	0.793 7	0.787 4	0.781 3	0.775 2	0.769 2
2	1.605 2	1.585 2	1.565 6	1.546 5	1.527 8	1.509 5	1.491 5	1.474 0	1.456 8	1.440 0	1.423 5	1.407 4	1.391 6	1.376 1	1.360 9
3	2.245 9	2.209 6	2.174 3	2.139 9	2.106 5	2.073 9	2.042 2	2.011 4	1.981 3	1.952 0	1.923 4	1.895 6	1.868 4	1.842 0	1.816 1
4	2.798 2	2.743 2	2.690 1	2.638 6	2.588 7	2.540 4	2.493 6	2.448 3	2.404 3	2.361 6	2.320 2	2.280 0	2.241 0	2.203 1	2.166 2
5	3.274 3	3.199 3	3.127 2	3.057 6	2.990 6	2.926 0	2.863 6	2.803 5	2.745 4	2.689 3	2.635 1	2.582 7	2.532 0	2.483 0	2.435 6
6	3.684 7	3.589 2	3.497 6	3.409 8	3.325 5	3.244 6	3.166 9	3.092 3	3.020 5	2.951 4	2.885 0	2.821 0	2.759 4	2.700 0	2.642 7
7	4.038 6	3.922 4	3.811 5	3.705 7	3.604 6	3.507 9	3.415 5	3.327 0	3.242 3	3.161 1	3.083 3	3.008 7	2.937 0	2.868 2	2.802 1
8	4.343 6	4.207 2	4.077 6	3.954 4	3.837 2	3.725 6	3.619 3	3.517 9	3.421 2	3.328 9	3.240 7	3.156 4	3.075 8	2.998 6	2.924 7
9	4.606 5	4.450 6	4.303 0	4.163 3	4.031 0	3.905 4	3.786 3	3.673 1	3.565 5	3.463 1	3.365 7	3.272 8	3.184 2	3.099 7	3.019 0
10	4.833 2	4.658 6	4.494 1	4.338 9	4.192 5	4.054 1	3.923 2	3.799 3	3.681 9	3.570 5	3.464 8	3.364 4	3.268 9	3.178 1	3.091 5
11	5.028 6	4.836 4	4.656 0	4.486 5	4.327 1	4.176 9	4.035 4	3.901 8	3.775 7	3.656 4	3.543 5	3.436 5	3.335 1	3.238 8	3.147 3
12	5.197 1	4.988 4	4.793 2	4.610 5	4.439 2	4.278 4	4.127 4	3.985 2	3.851 4	3.725 1	3.605 9	3.493 3	3.386 8	3.285 9	3.190 3
13	5.342 3	5.118 3	4.909 5	4.714 7	4.532 7	4.362 4	4.202 8	4.053 0	3.912 4	3.780 1	3.655 5	3.538 1	3.427 2	3.322 4	3.223 3
14	5.467 5	5.229 3	5.008 1	4.802 3	4.610 6	4.431 7	4.264 6	4.108 2	3.961 6	3.824 1	3.694 9	3.573 3	3.458 7	3.350 7	3.248 7
15	5.575 5	5.324 2	5.091 6	4.875 9	4.675 5	4.489 0	4.315 2	4.153 0	4.001 3	3.859 3	3.726 1	3.601 0	3.483 4	3.372 6	3.268 2
16	5.668 5	5.405 3	5.162 4	4.937 7	4.729 6	4.536 4	4.356 7	4.189 4	4.033 3	3.887 4	3.750 9	3.622 8	3.502 6	3.389 6	3.283 2
17	5.748 7	5.474 6	5.222 3	4.989 7	4.774 6	4.575 5	4.390 8	4.219 0	4.059 1	3.909 9	3.770 5	3.640 0	3.517 7	3.402 8	3.294 8
18	5.817 8	5.533 9	5.273 2	5.033 3	4.812 2	4.607 9	4.418 7	4.243 1	4.079 9	3.927 9	3.786 1	3.653 6	3.529 4	3.413 0	3.303 7
19	5.877 5	5.584 5	5.316 2	5.070 0	4.843 5	4.634 6	4.441 5	4.262 7	4.096 7	3.942 4	3.798 5	3.664 2	3.538 6	3.421 0	3.310 5
20	5.928 8	5.627 8	5.352 7	5.100 9	4.869 6	4.656 7	4.460 3	4.278 6	4.110 3	3.953 9	3.808 3	3.672 6	3.545 8	3.427 1	3.315 8
21	5.973 1	5.664 8	5.383 7	5.126 8	4.891 3	4.675 0	4.475 6	4.291 6	4.121 2	3.963 1	3.816 1	3.679 2	3.551 4	3.431 9	3.319 8
22	6.011 3	5.696 4	5.409 9	5.148 6	4.909 4	4.690 0	4.488 2	4.302 1	4.130 0	3.970 5	3.822 3	3.684 4	3.555 8	3.435 6	3.323 0
23	6.044 2	5.723 4	5.432 1	5.166 8	4.924 5	4.702 5	4.498 5	4.310 6	4.137 1	3.976 4	3.827 3	3.688 5	3.559 2	3.438 4	3.325 4
24	6.072 6	5.746 5	5.450 9	5.182 2	4.937 1	4.712 8	4.507 0	4.317 6	4.142 8	3.981 1	3.831 2	3.691 8	3.561 9	3.440 6	3.327 2
25	6.097 1	5.766 2	5.466 9	5.195 1	4.947 6	4.721 3	4.513 9	4.323 2	4.147 4	3.984 9	3.834 2	3.694 3	3.564 0	3.442 3	3.328 6
26	6.118 2	5.783 1	5.480 4	5.206 0	4.956 3	4.728 4	4.519 6	4.327 8	4.151 1	3.987 9	3.836 7	3.696 3	3.565 6	3.443 7	3.329 7
27	6.136 4	5.797 5	5.491 9	5.215 1	4.963 6	4.734 2	4.524 3	4.331 6	4.154 2	3.990 3	3.838 7	3.697 9	3.566 9	3.444 7	3.330 5
28	6.152 0	5.809 9	5.501 6	5.222 8	4.969 7	4.739 0	4.528 1	4.334 6	4.156 6	3.992 3	3.840 2	3.699 1	3.567 9	3.445 5	3.331 2
29	6.165 6	5.820 4	5.509 8	5.229 2	4.974 7	4.743 0	4.531 2	4.337 1	4.158 5	3.993 8	3.841 4	3.700 1	3.568 7	3.446 1	3.331 7
30	6.177 2	5.829 4	5.516 8	5.234 7	4.978 9	4.746 3	4.533 8	4.339 1	4.160 1	3.995 0	3.842 4	3.700 9	3.569 3	3.446 6	3.332 1

图书在版编目（CIP）数据

管理会计实务/王际峰主编．—北京：中国人民大学出版社，2020.7
21 世纪高职高专规划教材．会计系列
ISBN 978-7-300-28352-4

Ⅰ.①管… Ⅱ.①王… Ⅲ.①管理会计-高等职业教育-教材 Ⅳ.①F234.3

中国版本图书馆 CIP 数据核字（2020）第 121112 号

江苏高校品牌专业建设工程一期项目会计专业建设成果
21 世纪高职高专规划教材·会计系列
管理会计实务
主编 王际峰
Guanli Kuaiji Shiwu

出版发行	中国人民大学出版社		
社　　址	北京中关村大街 31 号	**邮政编码**	100080
电　　话	010－62511242（总编室）		010－62511770（质管部）
	010－82501766（邮购部）		010－62514148（门市部）
	010－62515195（发行公司）		010－62515275（盗版举报）
网　　址	http://www.crup.com.cn		
经　　销	新华书店		
印　　刷	北京市鑫霸印务有限公司		
规　　格	185 mm×260 mm　16 开本	**版　　次**	2020 年 7 月第 1 版
印　　张	20.25 插页 1	**印　　次**	2020 年 7 月第 1 次印刷
字　　数	488 000	**定　　价**	42.00 元

信息反馈表

尊敬的老师：

您好！为了更好地为您的教学、科研服务，我们希望通过这张反馈表来获取您更多的建议和意见，以进一步完善我们的工作。

请您填好下表后以电子邮件、信件或传真的形式反馈给我们，十分感谢！

一、您使用的我社教材情况

您使用的我社教材名称			
您所讲授的课程		学生人数	
您希望获得哪些相关教学资源			
您对本书有哪些建议			

二、您目前使用的教材及计划编写的教材

	书名	作者	出版社
您目前使用的教材			
	书名	预计交稿时间	本校开课学生数量
您计划编写的教材			

三、请留下您的联系方式，以便我们为您赠送样书（限1本）

您的通信地址			
您的姓名		联系电话	
电子邮箱（必填）			

我们的联系方式：

地　址：苏州工业园区仁爱路158号中国人民大学苏州校区修远楼

电　话：0512-68839320　　　传　真：0512-68839316

网　址：www.crup.com.cn　　　邮　编：215123